雾隐神龙

冯梦龙及其生死情仇

陆幸生 ◎ 著

中国书籍出版社
China Book Press

图书在版编目（CIP）数据

雾隐神龙：冯梦龙及其生死情仇/陆幸生著.——北京：
中国书籍出版社，2018.8
ISBN 978-7-5068-6946-1

Ⅰ.①雾… Ⅱ.①陆… Ⅲ.①冯梦龙（1574-1646）—人物研究②冯梦龙
（1574-1646）—古典文学研究 Ⅳ.①K825.6②I206.2

中国版本图书馆CIP数据核字(2018)第169947号

雾隐神龙：冯梦龙及其生死情仇

陆幸生　著

责任编辑	牛　超
责任印制	孙马飞　马　芝
封面设计	末末美书
出版发行	中国书籍出版社
地　　址	北京市丰台区三路居路 97 号（邮编：100073）
电　　话	（010）52257143（总编室）　（010）52257140（发行部）
电子邮箱	eo@chinabp.com.cn
经　　销	全国新华书店
印　　刷	北京睿和名扬印刷有限公司
开　　本	710毫米×1000毫米　1/16
字　　数	420千字
印　　张	25.25
版　　次	2018 年 9 月第 1 版　2018 年 9 月第 1 次印刷
书　　号	ISBN 978-7-5068-6946-1
定　　价	49.80元

版权所有　翻印必究

目 录

第一章
神龙见尾不见首

一、山水留韵大泽隐龙　　1
二、口碑相传青山难遮　　4
三、超然礼法性灵独抒　　7
四、钩沉搜轶骊珠初现　　13
五、陋巷龙隐葑溪浮光　　17
六、末世卧龙结局悲壮　　21

第二章
该死的科举制度

一、历代选官制度的成形　　29
二、明初科举制度的创立　　31
三、靖难之役方孝孺罹难　　33
四、人才匮乏教材粗制滥造　　35
五、末世科举渐至没落衰亡　　36
六、落魄经学大师冯梦龙　　38
七、冯梦龙笔下的老秀才　　46

第三章
边关大帅和冯梦龙

一、熊廷弼力挽危局招猜忌　　51
二、儒将统军的悲剧结局　　54

三、明代的军事卫所制度　　　　　　57
　　四、杯酒释兵权的问题　　　　　　　59
　　五、不懂政治的性气先生　　　　　　62
　　六、与熊廷弼的舟中奇遇　　　　　　63
　　七、令人难忘的麻城之行　　　　　　66

第四章
《沈小霞相会出师表》解读

　　一、混沌浊流中喷涌的清泉　　　　　71
　　二、任侠仗义的狂狷之徒　　　　　　73
　　三、一场饭局引发的血案　　　　　　75
　　四、忠烈之士的悲剧命运　　　　　　78
　　五、以毒攻毒的存活之道　　　　　　80
　　六、事态逆转小妾闹公堂　　　　　　82
　　七、良知失落和法制荡然　　　　　　84
　　八、司法腐败导致政治危机　　　　　86

第五章
图书编辑出版及仕途之路

　　一、残阳笼罩的留都风韵　　　　　　93
　　二、帝国人才培养基地国子监　　　　96
　　三、以文会友与阮大铖的交往　　　　99
　　四、与苏松巡按祁彪佳的友谊　　　104
　　五、《金瓶梅》出版的推动者　　　　106
　　六、畅销书作家和资深出版家　　　107
　　七、从日本"返传"的冯梦龙作品　　110
　　八、藏书家与图书编辑出版　　　　112

第六章
遂绝青楼之好的冯梦龙

　　一、吴门画舫青楼梦　　　　　　　118

二、早岁才华众所惊　　123
三、少负情痴皈名教　　125
四、文章憎命颂红颜　　129
五、最是一生凄绝处　　135
六、鸳鸯冢上欲招魂　　138
七、高擎慧剑断情魔　　145
八、凤凰涅槃越千仞　　149

第七章
那场迟来的官场梦

一、忠臣冯梦龙的仕途　　154
二、冯梦龙的《寿宁待志》　　155
三、跋涉千里做官为民　　159
四、海螺壳里的小道场　　162
五、编黄册和官场迎送　　168
六、横征暴敛民不聊生　　173
七、兵壮军事素质低下　　177
八、学宫招牌名不副实　　179
九、统计数据弄虚作假　　183
十、体恤民情移风易俗　　188
十一、礼法并重的司法改良　　192
十二、筚路来去遗泽惠民间　　201

第八章
舐血和泪记甲申

一、走出桃花源的退休乡绅　　207
二、跳梁大丑李建泰的表演　　213
三、明帝国末代皇帝朱由检　　220
四、王朝覆灭的如期到来　　226
五、宫廷禁苑的大血案　　234
六、崇祯帝自缢万寿山　　239
七、千秋功罪话崇祯　　247

第九章
国变中的帝国勋贵

  一、帝国政治体制的弊端 253
  二、浪得虚名的伯爵李国祯 257
  三、壮烈殉国的驸马巩永固 260
  四、崇祯母后娘家人侯爷刘文炳 267
  五、贪生怕死的国丈周奎 270
  六、首鼠两端的内阁大学士 281
  七、谁言信国非男子的范景文 289
  八、独留青冢向黄昏的倪元璐 293
  九、忠贞之士以死效忠帝国 299
  十、对于殉国臣子的中肯评价 303
  十一、殉难实录中的京城百态 307

第十章
国变后的留都君臣

  一、福王朱由崧变身弘光皇帝 315
  二、文震亨的美文和刘宗周的诤言 320
  三、笔耕不辍的冯梦龙 331
  四、儒学宗师黄道周的风骨 332
  五、草莽孤臣的自我放逐 337
  六、命运多舛的老三冯梦熊 348
  七、反清复明梦难圆 361

尾声
魂归苍茫山水间

  一、中兴梦破身死泪满襟 364
  二、八闽遗踪杳然存龙迹 382
  三、感愤心胸浩然返太始 394

第一章　神龙见尾不见首

一、山水留韵大泽隐龙

穿行在苏州古城的老街，那些被春天雨水打湿的青石板路，雨雾中朦胧着黛瓦白墙伴随着小桥流水的诗意，是一幅充满文化风情的水墨图卷。画面灵动摇曳着松风竹影下太湖石独立高标而玲珑透剔着怏然古意。古典窗格中出现的却是一幅幅繁华喧闹的景致：小桥流水，街衢通达，商铺林立，烟雨萧瑟中休闲而雅致的文人生活，城市繁荣里商业文明的曙光照耀着生意兴隆通达三江四海的商人行踪，七里山塘的河水仿佛荡漾着明清朝代交替时期的潋滟波光。

从历史镜像中徐徐走出的名士都风流倜傥。在晚明的风月中，经济的发达，孕育出最初的市民社会，这个东方威尼斯水城的成长发育，几乎和意大利文艺复兴同时锤炼出早期的资本主义萌芽。其间明清小说的发源、兴盛，几乎和市民的审美目光共同投向了世俗的人情欲望，张扬着人性的大旗，搅动得风生水起，冲决着礼教的堤坝。于是有了与薄伽丘的《十日谈》相似的冯梦龙的《古今小说》，以及《金瓶梅》、施耐庵的《水浒传》、罗贯中的《三国演义》、吴承恩的《西游记》、汤显祖的《牡丹亭》等等，形成了明代文学蔚为壮观的小说戏曲群体，延续到了清代康乾盛世中掩藏着的没落王朝的绝世悲歌《红楼梦》《孽海花》《官场现形记》等等近代小说，在明清的历史交替和礼崩乐坏的现实中不断崛起。

无疑冯梦龙是世俗小说发微第一人，这是一位在小说、传说、戏曲、民歌甚至"四书五经"领域中有着百科全书般学识的大师级人物。他在湿漉漉的江南烟雨中渐渐向我们走来，历史的尘土太厚太厚，除了那些难以掩盖的作品仍在历史的深处熠熠生辉，璀璨出生命的光芒，照耀着历史的天空外，那些深入浅出的脚印却被埋没湮灭在尘埃之中，显得朦朦胧胧模糊不清。

冯梦龙生平历史资料很不完整，尤其是其早年家庭、婚姻、科举资料史书几乎没有留存，仅是其晚年在改朝换代天崩地坼的年代，依然坚守着儒家士大夫的情操和理想，像是深埋的宝剑那样入土毫光不减，出世气冲斗牛，在神州的天空如星月般照耀大地，催生着绿色的生命之树永久长青。

冯梦龙只是在花甲之年，以贡生副榜的名分出任福建寿宁县令时的善政良策，为苏州文人和天下士子所挣得的那份清誉足以进入煌煌青史流芳百世；他以明代遗老身份参与明末清初王室遗孓反清复明的壮举，留下了一个忠君报国的光明尾巴，龙尾高扬完全可在明末清初的乱世中，独得一方蓝天。然而，神龙见尾不见首的现实，留下了许多耐人寻味的谜案悬疑，留待后人破解。

烟波浩渺的太湖，波光潋滟，湖山相映，风光旖旎，地处"杏花春雨江南"的天下首富之地，太湖包孕吴越，滋润一方土地，养育一方子民，水利舟楫之便，促进了早期的商业文明，形成了现代城市雏形。繁华的经济又促进了人文思想的发育成长，物阜民丰，人文荟萃，历史悠久，山河绮丽的镜像，使得历代文人先贤缓缓出入其间，演出一幕幕活色生香的情景剧，使得太湖水系所包孕的吴越名人行走在山水胜迹之间，得大自然的恩惠，承前贤大儒新学后进的熏莸，自成一片森林，为后人留下一方独特的蓝天。

当我们品味着这方土地走出的那些百科全书似的学者酸甜苦辣的情感境界和跌宕起伏的人生道路，再去理解魏文帝曹丕在《典论·论文》中所言"盖文章之大业，不朽之盛事"之名言，再去观赏当年吴越名士们所奉献出一颗颗璀璨的明珠，才知道这些作品的价值，它们始终光耀中华，照耀着华夏星空，启迪着人们的智慧，成为照亮人类文明大地道路的启明之星。

和他的那些思想家朋友李贽、黄宗羲、王夫之、顾炎武一样，冯梦龙是活跃其间的一位充满着仁、义、礼、智、信理想信念的先贤，他的诸多通俗小说、戏曲乃至史学、杂学及对于"四书五经"的通俗解读传播等等，虽然可能是为了满足市场经济文化需求或者仕途经济所量身打造的，但是其传播手段却已经打上中国早期商业社会资本主义萌芽破土而出的深深印记。商业文明随出版产业的崛起而广泛传播，促使着人性的复苏、灵性的高扬，孕育出真实的性情，灵动着诗意的光华。由此，儒家文化中民本思想的精华和市民文化世俗意识的生命力优势互补，而成就了我国一代通俗文学文化巨擘的文学创作道路非同寻常的耀眼辉煌。

然而，大泽隐龙，骊首含珠，出入风波，当人们穿越时空拂去尘埃，去寻觅一代文学大师冯梦龙的踪迹时，他就犹如大隐隐市曹，有着真身难见的遗憾。中国古代文学各朝代均有各自的文学标志，从春秋战国时期的《诗经》到《楚辞》为标志的文学水准代表了黄河、长江流域古代文明的起源；先秦时期的散文催生了中国最早的学术思辨水平，诸子百家，形成百家争鸣的局面，可和古希腊哲学相媲美；汉代的歌赋洋洋洒洒丽词透迤绵延不绝，形成新的文学高峰，贯穿了汉魏风骨；以后的唐诗宋词，各自显示中华民族文学史上高峰迭出，蔚为大观；之后，明清小说的问世，显然代表了中国商业文明随着生产力的发展市民阶层的兴起而孕育出了崭新的文学表现形式和传播手段，也即适应市场发展图书出版印刷业的兴起和繁荣，书籍的价值和使用价值在市场交换中得以体现，反之又推动了文学出版业的繁荣。

冯梦龙是图书市场中最早的通俗文学畅销书作家和文史经学仕途经济科举考试教学辅导的教授者和辅导用书的撰写者。如同当代市场覆盖面很广经济价值很高的通俗文学和教辅材料的撰写创作者，他是一位不可回避的图书出版物市场的开山鼻祖和那个年代很难逾越的文化高峰。

然而，明代的各种史料中却难以见到他一部完整的小传，可能是因为市井小说和科举教辅作者，难登文人学士的大雅之堂。可能是冯梦龙仅仅是科举落魄穷酸老秀才，只是在晚年对于秀才中的优秀者授予贡生充当衙门中的胥吏，在"官本位"封建等级中显然属于枝微末节的微官、冷官、杂吏。这一历史现象和历史上一些文学才华卓著者在仕途经济中地位是完全吻合的，比如李贽、吴承恩、汤显祖、蒲松龄、曹雪芹以及晚清时期的龚自珍、刘鹗、李伯元等等几乎都是官场的落魄者。

这就是中国官场八股取士使中国文人犬儒化的结果。官场原则上是容不得个性鲜明，独立高标，特立独行，嫉恶如仇的狂狷之士的，官场需要奴仆和鹰犬。而那些个性才华秉异者是入不得皇权官僚体制掌门人法眼的，因而正史无传，民间却又大量传说。显示了权力垄断对于民间文学的傲慢和无视，本质上是对整个民众阶层文化需求的无视。因而才有了贪墨横行，贫富差距悬殊，苛政暴政蔓延，贵族官僚集团的群体腐败，造成帝国体制的千疮百孔，乃至民变蜂起，关东铁骑入侵，王朝的覆灭，明末的历史确实是耐人寻味的。

对于冯梦龙的生平，至今为止，我们仅仅在《苏州府志》中见到二十八个字的介绍，"冯梦龙，字犹龙，才情跌宕，诗文丽藻，尤明经学。崇祯时，以贡选寿宁知县。"这段惜墨如金的简介几乎根本不提对后世小说创作产生巨大影响的通俗文学创作，包括小说、戏曲、民歌采集方面的巨大成就，反而对于仕途经济必须的敲门砖"经学"着重做了介绍。而体现其才情丽藻的诗文却在大动乱的年头大部丧失，难见真实面目，他的生平只能在他的一些序文和同道之间的诗文酬唱中去揣摩领会了。

二、口碑相传青山难遮

尽管由于官方正史包括明史、实录和地方政府史志中难窥真相，但是冯梦龙家乡——苏州相城区（原吴中长洲县）的文化工作者在冯梦龙故乡冯埂村挖掘整理出了众多的故事，虽然因佐证史料的残缺，难以成为信史。至少还是在扑朔迷离的历史缝隙中挖掘出了不少冯梦龙童年、少年时期的故事，丰富了人们的想象。想象的魅力对于艺术创作来说还是有价值的。

至少说明，民间对于冯梦龙的追思怀念并不因为时代的变迁而变得遥远陌生，反而从微风摇曳的芦苇荡和碧波荡漾的湖泊港汊、水乡阡陌中亲切地向我们渐渐走来，冯梦龙早年的形象在民众的想象中越来越清晰。近年来有关冯梦龙的传说故事在苏州地区被挖掘整理出版，证明了这位毕生注重民间文学收集整理出版的民间文学家、出版家，人民并没有忘记他，在当地老百姓的口口相传中永生着，而他的皇皇三千万字的全集已经校勘标点发行，给当代冯学研究者提供了较权威的冯梦龙文学研究版本。

由于冯梦龙对于清入侵中原占领江南后和他的一些文人同道们进行了殊死的抗争，使得后来的清朝统治者对他的历史创作进行了有意识地焚毁灭迹，他的著作在清代被毁版禁销，乃至于许多重要作品竟然在民国初期出现在日本，从明治维新后的东洋引进，在祖国得以问世。鲁迅在民国初年写作《中国小说史略》时仅仅见到"三言"中的《醒世恒言》的残本（《古今小说》），尚未见到《警世通言》和《喻世明言》，在他去世多个世纪后，才从日本再次漂洋过海回到祖国怀抱，得以公开出版。这不能不说是历史的吊诡和不幸之处。

这位生长在东方威尼斯水乡泽国的大儒和民俗文化的大家，从网络搜索出画像中展示的形象是头戴乌纱帽身着七品文官红袍，长着一副微胖白皙的脸型，慈眉善目，广额丰颐，须眉染霜，这是他以六十一岁高龄长途跋涉出任贫困山区福建寿宁县知县时老官人的形象。这幅画像也许是保留了他在官场拼搏一生所留存最高功名的写真照。此图像是出于当代人美好想象，还是冯氏后人的摹写不得而知，但是按照明代官服规制，添列浊流末位的七品知县尽管在四年任期内政绩卓著名望甚高，却只配穿戴蓝色官服，红袍乌纱只是出于某种善意的艺术加工，只是在成年男子婚娶中毕生只能有此一次。毕竟民间和官方有时又是以在朝官位的高低作为衡量一个人历史上地位的标准。

古往今来，中国的"官本位"文化深入骨髓，已经成了中华文化的基因，基因中的冯梦龙终其一生，大部分时间身穿青衫布袍头戴秀才布帽，衣袂飘飘来往于学堂和书斋教学、著述，直到五十六岁才选入国子监为贡生，接着以岁贡出任丹徒县学训导，一个从九品的县教育局副局长，可以将秀才方巾换成国家公务员的官帽了，以后八品教谕，七品知县直至封顶，仕途到此结束，位不过衙吏，官不过芥微。然而，作为微官俗吏的冯梦龙却有着江海情怀、山水气魄，以其广博高上的学养在一个风云激荡的时代托起的一座文学、史学、经学的高峰，可谓云蒸霞蔚，气象万千，令人赞叹。

画像中描绘的冯梦龙是一个神采飘逸满腹经纶的官员形象，又是一个带点儒雅的苏州老学究的模样，可以想象他操一口绵软的吴侬软语，就是慷慨陈词他的王朝"中兴伟略"时，也应该是斯文儒雅的。

俗语说一方水土养一方人，老子《道德经》有言"水利万物而不争"，先秦哲学是中国历史上首次对事物发展本源的哲理探索，也是中国有史以来最早的百家争鸣、百花齐放的学术繁荣时期，代表道家学说的经典论述，其中蕴含着最早的人文理念和对世界的认识。如孔子所提出的"智者乐水，仁者乐山"实际是先哲们早期对山水精神的理性认知，对大自然的热爱和皈依，渗透着中国早期先秦哲学家"天人合一"的思想雏形，老子《道德经》中对水的精神的描绘"天下莫柔弱于水，而攻坚强者莫之能胜"则是将水之秉性赋予演绎为人之处世智慧，得出"弱之胜强，柔之胜刚"结论。其中蕴涵着对人类"上善若水。水利万物而不争"美好品质的赞美和首肯。荀子"冰，水为之，而寒于水""不积细流，无以成江海"则是对人类坚韧不拔锲而不舍的探索学习精神的形象概括，从吴越地理文化角度来探讨水文化对于人文涵养的培育和性格的形成是科学的，因而吴越文人天韵独成，柔弱如水之绵软外表却潜藏着"攻坚强者莫之能胜"的品质和风骨。

就地理变迁而言，远古时期这里就是一片茫茫大海，后来涌出小岛，几经浮沉才有了沧海变桑田的当下，及至殷末周兴之时，古公亶父的长子泰伯为了将继承权让与自己的弟弟季历，免遭兄弟萁豆之煎而起阋墙之灾，和二弟仲雍逃离岐山来到了这片当年被称为"蛮荒之地"的江南，带领着那些断发文身的原住民，利用得天独厚的地理条件，垦殖荒凉的沼泽地，开拓出这片热土，建立勾吴之国，期间充满了先祖们与大自然斗争的气魄和精神。春秋战国时期吴王阖闾兴建大城，据《越绝书》记载："大城周四十七里二百一十步二尺，外廓周六十八里六十步。"后来有了国家，制定了礼仪，显示了纲常等级中的奴隶般服从，皇权才有了天神的属性，子民们才成了臣民，完全丧失了个人的选择和自由，国家和皇权是强权和理论所塑造，又为人类甘心所俯伏，统治者往往自称在人间代表神的意志来统治国家，但真正的获利者却是他们自己。除了礼崩乐坏，改朝换代，新思想的萌芽才可能破土而出。孔夫子所处的春秋战国时期是如此，冯梦龙所处的明末清初也是如此。

苏州地区位于长江下游，四周有太湖、石湖、独墅湖、黄天荡、金鸡湖以及西阳澄湖等湖泊缭绕，外有护城河，内有护城壕，沿城有运河、胥江、娄江等河流濒临，可谓河叉罗列，水网密布，自古就有水乡泽国之称。唐代诗人杜荀鹤在《送人游吴》诗中写道："君到姑苏见，人家尽枕河。

古宫闲地少，水巷小桥多。夜市卖菱藕，春船载绮罗。遥知未眠月，乡君在渔歌。"可见得苏州早在唐代就是一个水陆繁华，经济繁荣，文化繁盛，人文荟萃的历史文化大集市。

月色笼罩下的姑苏城波光粼粼，伴随着商贩菱藕的叫卖声，和桨声灯影中来往穿梭的商船画舫，在暖风春色中绮罗飘荡出脂粉的香腻显示了城市的富庶繁华。及至明代水陆交通的便利，现代纺织业的勃兴，使得作为鱼米之乡天下粮仓的苏州成为东南商品流通的集散之地孕育出了中国最早的市民社会雏形，从而成了新思想、新文化的起源之地。戏曲、小说、出版业传播业崛起由此而成为市民文化的思想文化的消费品进入市场，使得这些原由贵族官僚文人享受的文化艺术产品走出窄小精致的象牙塔，进入广阔的民间在街巷闾里、乡镇田野、河流船舱广泛传播。

三、超然礼法性灵独抒

明代的东南形胜苏、松、常、嘉四府以苏州为中心形成文化经济圈，均属三国时的东吴地区。商业和经济的繁华孕育出了文学艺术事业的昌盛，成为文学艺术家的摇篮。魏晋以降，几乎每一个朝代都会涌现出一批有成就的文学家。从西晋时期陆机、陆云兄弟，到唐代诗人张籍、陆龟蒙，宋代诗人范仲淹、叶梦得、范成大，明代更是人才迭出，高启、杨基、张羽、徐贲并称"吴中四杰"。

明代中叶和冯梦龙同乡的长洲人沈周、祝允明、文征明、唐寅，他们才华横溢，能诗善画工书，追求个性自由，独抒性灵，超然纲常礼法，以多元文化心态，对人生绚丽多姿文化生活的追求，越明教循自然，风流倜傥，不拘小节。虽有任职官场，不久即退隐乡间，全节不出及至晚明、清初一批江南士子誓师抗清，绝不屈服，如陈子龙、夏允彝、夏完淳、侯峒曾、黄宗羲、顾炎武、瞿式耜、黄毓祺等等均出生于江南水乡，看上去外表柔弱的吴越文人们，内心却是坚强的，尤其是在礼崩乐坏天崩地坼的明末改朝换代的时期，那些风骨凛然的士子，曾经组织人民进行了最顽强的反抗，以至杀身成仁舍身取义。如江阴典吏阎应元，率领民众奋勇抗清，以身殉国；曾任南京兵部主事的进士侯峒曾父子三人，皆为书生，毁家纾难，率领数万嘉兴民众群起抗清，被捕不屈壮烈殉国，乃至造成史书惨绝人寰的江阴、嘉兴大屠杀。复社文人陈子龙、夏允彝、夏完淳等追随南明王朝弘光覆灭后又去福建追随唐王隆武帝最终事败皆以身殉节，这些人至少在南明弘光、隆武朝大小也算是朝廷命官。

退休知县冯梦龙放弃安逸田园生活，却以前朝孤臣名义一直追随鲁王、唐王泥足以耄耋之年奔走呼号于苏浙闽三地之间，又是建言献策，又是图谋反抗，坚持在残明余孽的大旗下，企图圆他那个抗清复明的梦，最终直至王朝美梦的彻底破灭，冯梦龙在忧愤中走进历史，也算是汉民族书生中抵抗异族侵略的最后勇士。以他的名望而遭至清当局嫉恨追杀是不言而喻的，在明王朝余绪唐王隆武帝最终覆灭后，他抗清不屈忧愤而亡，有说他是被清兵杀害，他的家被抢掠烧杀一空，乃至于这位中华通俗文学史上的巨擘大量诗文丧失，湮没在"官本位"和清代统治者多重阴霾的尘埃中，最终在清代统治者的焚书坑儒和严密的书报审查制度中，灰飞烟灭而难觅踪迹。

后代的学者们对他的研究只能穿插于存世的小说、戏曲、民歌和朋友的诗文中以窥一斑而显得支离破碎，他是吴地山水薰荒出的文人，却有着一颗坚定的执着的顽强追逐理想的风骨，然而他的心灵世界却充满着叛逆，崇尚着自由。从他的文学创作而言他显然属于明末大儒"心学"理论肇始者王阳明一脉以承而诞生出李贽所创导的"异端"学派，及至公安三袁的"性灵"学一党，属于反纲常礼教一派非主流成员，他们的狂狷人格导致为以程朱理学为首的主流派士人、官人们所不容。

以冯梦龙从政和最终结局来看，他又是属于传统儒学的忠君报国杀身成仁的忠烈人格铸就的雄魂。两者的混搭形成了他丰富多彩的人生，一个分币的两面彰显了他人生的价值，异端中的忠臣，叛逆中的义士，天崩地坼时的补天派，性格的矛盾决定了他兼具屈原的浪漫和忠烈，导致了他官场中的乖蹇的悲剧性命运，成就了他文学大师的辉煌。因为没有真性情是决然编辑创作不出那些大量的雅俗共赏的通俗文学作品，在他笔下所创造的艺术世界生香活色地灵动着商业文明中市民阶层崛起中的雄魂精魄。

无疑，冯梦龙带有旧信仰广泛崩溃和新思想尚未成熟时期所带来的社会阵痛痕迹。正像恩格斯所说，"是一个需要巨人，而且产生了巨人的时代"的时代，同时恩格斯论述"巴尔扎克在政治上是一个正统派；他的伟大的作品是对上流社会必然崩溃的一曲无尽的挽歌；他的全部同情都在注定要灭亡的那个阶级方面。但是，尽管如此，当他让他所深切同情的那些贵族男女行动的时候，他的嘲笑是空前尖刻的，他的讽刺是空前辛辣的。"说明了旧营垒中突围而出的文学巨匠们充满着新旧思维的矛盾，时代特征铸就了他们两面人格的复杂心理状态。

冯梦龙是晚明时期，最有影响力的白话通俗小说家。美国学者韩南（P. Hanan）在他的《中国白话小说史（The Chinese Vernacular Story）》中，主要就是以冯为立论基础的。他曾感慨说："冯梦龙的为人可以说是二重的，或可说是来往于两极端之间的。两极的这一端是一位机智幽默、风流倜傥，嗜酒狎妓的人物……两极另一端的冯梦龙却是个严肃的儒家正统读书人。""在这两个冯梦龙中，我们感兴趣的是前面那一个。"①

在政治上冯梦龙毫无疑问是一个保皇派，但是他的思想和作品以其独立不羁的才识，无不透露出明末新崛起的商业社会思想启蒙的痕迹，被冯梦龙引为知音的李贽"童心"学派和公安三袁"性灵"学创导者打破的是程朱理学对个人性情的羁绊，追求的是个性的张扬和自由，反对伪道学对人性的束缚。主张独抒性灵，不拘格套，推崇民歌，赞赏通俗文学。他们创导清灵通脱、新颖别致的诗文，感愤家国，关怀民生，率直自然，体现了活脱鲜隽，尊情重趣，求新尚才和趋俗为主要特征的美学意趣。"童心派"和"性灵派"在文学创作上均有俗化倾向，袁宏道主张"信心而出，信口而谈，而"性灵派"诗人则要求以天赋写作，并且所写必须有趣，认为"味欲其鲜，趣欲其真；人必知此，而后可与论诗"。使得文学从高高在上的庙堂走进民间诚如清代诗人袁枚所言，"人闲居时，不可一刻无古人；落笔时，不可一刻有古人。平居有古人，而学力方深；落笔无古人，而精神始出。"并且主张"求诗于书中，得诗于书外"。冯梦龙的"性情说"本质上与上述流派是一脉相通的。冯梦龙在《序山歌》《太霞新奏序》和《步雪新声序》中坦言：

文之善达性情者，无如诗，三百篇之可以兴人者，唯其发于中情，

---

① 胡小伟：《冯犹龙文抄》，中国文学网。

自然而然故也。

　　学者死于诗而乍活于词，一时诗之肉之，渐熟其抑扬节奏之趣。于是增损而为曲，重叠而为套数，浸淫而为杂居、传奇。固亦性情之所必至也。

　　民间性情之响，遂不得列之于诗坛，于是别之于山歌。①

　　因而"性灵派"也好，"性情派"也罢，在创作上讲究真率自然，语言使用上不喜用典，强调浅俗明白，使诗歌语言更加生活化、世俗化、娱乐化。这些文学主张完全符合了晚明时期市民社会悄然崛起的现实，其重要特征就是世俗化。

　　其实，世俗化从神圣化的圣贤帝王崇拜的藩篱中解放，本身就是创导众生平等，人人都有追求自由幸福的权力。只是明末市民意识风起于青萍之末而已，最终被清朝统治者再次以"程朱理学"钳制而归于一统。因此，清代诗人朱彝尊在《明诗综》中评论冯梦龙诗为"善为启颜之辞，间为打油之调，虽不得为诗，然亦文苑之滑稽也。"其中《新列国志》中诗词大部分为其所作，为此冯梦龙在《凡例》有言对原《列国志》中存在的七大问题包括疏漏、杜撰，人名、地点、事件错讹，叙事颠倒，周代兵器车战等问题一一考证订正，最后他认为书中所列诗词"小说诗词，虽不求工，也嫌过俚。兹编尽出新裁；旧志胡说，一概删尽。"② 可见《新列国志》无论在篇幅和史实上均注入了新的元素，后来通行的《东周列国志》版本只是蔡元放的评点本，内容甚少改动，诗词几乎全是冯梦龙的重新创作。那是一种类似《三字经》《神童诗》《朱子家训》一类以史学、义理为内容的普及化写作形式，是冯梦龙凭其丰富的春秋经学知识，参考各种国史经典，苦心孤诣耙梳整理，使历史由殿堂走进民间的世俗化尝试。

　　世俗化其实是反应市民追求社会现代化在文化上的重要标志。从遗存的数量不多的冯梦龙诗词散曲来看，以及他所编撰的白话小说中穿插诗词来看，他的创作确实畅晓通俗，明白如话，融入了诸多的民歌因素。冯梦龙是当时一位独出一格的诗人，曾担任著名诗社韵社的社长，而其社下还

---

① 傅承洲：《明代文人和文学》，中华书局，第57页。
② 《冯梦龙全集》第四册《新列国志凡例》，江苏凤凰出版社，2007年版，第4页。

有钱谦益、姚希孟等著名诗人，可见诗歌功底非同一般。但保存他诗歌的诗集《郁陶集》《七乐斋稿》等都已亡佚，现仅存四十余首诗。在他担任寿宁知县时编修的《寿宁待志》中留存八首，其他多散见于他本人所编辑的书中，如《古今谭概》《情史类略》，另见清朱彝尊编《明诗综》中，清钱尚濠编《买愁集》中。现留传下来的诗歌按其思想内容分类为爱情诗、咏女诗、讽刺诗、农事诗、情景诗和吊唁诗，按这个分类亦可窥见冯梦龙一生生活轨迹以及其诗歌艺术特色。

冯梦龙的忘年交当年研究春秋学派东林党魁首复社领袖钱谦益在他七十大寿时写的祝寿诗所描述的那样，对其一生的凝练表达颇为传神：

晋人风度汉循良，七十年华齿力强。

七子旧游思应阮，五君心咏削山王。

书生演说鹅笼里，弟子传经雁瑟旁。

纵酒放歌需努力，莺花春日为君长。

由此可见，冯梦龙一生都保持着晋人的风度，既有学问又潇洒旷达具备了士子底线和狂傲潇洒的魏晋风骨，然而最终却又维持了汉代儒生的礼义廉耻遵循着官场的良好儒家理想，直至走向人生的终点。

这是一个官场人格分裂的两面体，内心的丰富，知识的广博，使其内心世界交融着丰富的想象，一方面追求着性灵的舒展，又始终遵循儒家忠君报国的理念，他所忠之君乃是明朝国君，所忠之国就是大明王朝，不是儒家原旨意义上的公天下，而实在就是封建王朝的家天下。

然而，他却是一位一直被浑浊官场边缘化的人物，虽然终其一生是儒家理想人格的追求者。在文学创作上他是一个天性奔放，追求自然性灵派的大将，揭橥市民文学的大旗，为不期而来的商业文明开拓了一条广阔的文学大道，而在政治上他绝对是一个忠实于汉民族无亏大节的忠君保皇派。

这样的人生悲剧，其实是王朝没落时期，理论与实践严重悖离而导致的某种"表面上的仁义道德，骨子里的男盗女娼"整个封建专制体制在君主和官僚体系中王道霸道杂陈，奉行"儒表法里"体制制造的学者文人。尤其是王朝衰落期，而使得公然提倡的神圣理论，在苛政暴政推行中完全失去公信力，使得官员人格的分裂化、虚伪化形成两面人，适应表里不一的皇权官僚政体。

而真正践行光明正大儒家民本理想的下层士人，创导真性情写作的性灵派学者，反而为虚伪化的官场所排斥，只能边缘化地窘迫痛苦存活着，有的甚至直接被忧郁着走向死亡，其弟冯梦熊就是不向丑陋现实妥协，拒绝以文才媚俗媚官，而在饥寒交迫中走向死亡的狂狷派文人，在饥寒交迫中走向死亡的典型。

对于钱谦益此公，在明末清初一直是个有争议的人物，争议在于他无论在明末的党争中先是清流东林党人的魁首；崇祯朝覆灭后，又和魏忠贤余孽马士英、阮大铖等人拥立福王登基，清军攻入南京，作为南明礼部尚书，率百官跪拜迎降，落得千古骂名。清初腼颜事敌后，他又辞官归里和反清复明之士暗通款曲，图谋东山再起，因而首鼠两端，两头不落好，成了投机取巧的两面人。乾隆皇帝非常鄙夷其为人，将其列入《贰臣传》下令焚毁其著作。直到清末，士子们在其诗文的字里行间读出排满思想，开始考订其诗文，勾索其情志，钱谦益重新进入历史研究视野，直到二十世纪六十年代，陈寅恪在双目失明处境下，开始撰写《柳如是别传》，以晚年"著书唯剩颂红妆"的悲凉心态，保持"独立精神、自由思想"，移情相忘现实之痛苦，抒发王朝兴亡之感慨。这和钱谦益远离官场纷争，以诗文自娱而怀念亡明在心灵上似有感应之处。陈寅恪以如椽之笔详尽考证钱柳姻缘，勾钩出钱柳诗文中隐藏着对江南抗清复明运动同情支持的微隐心态，这些自然和他的老朋友冯梦龙是心心相印的。钱、柳之耿怀孤忠的心情也开始昭然若揭。

钱谦益以戏谑的笔法在这首诗中称赞了冯梦龙身体健康强壮，回忆了过去求学时的交游和对学问的探讨以及士子们指点江山的慷慨豪情。同时继续鼓励他利用强壮身体纵酒放歌，努力在流莺花丛中追求青春寿命的延长。但是冯梦龙早就在与青楼名妓侯慧卿分手后"遂绝青楼之好"，这也许只是钱诗人自己的卑微追求附会在了冯老官人身上了，甲申之变后不久南明福王政权覆灭，两人在春秋大义面前是分道扬镳了，尽管在年轻时他们都是韵社的诗友，冯梦龙甚至还是共推的社长。

钱谦益屈节投降清人，保住了自己的荣华富贵高官厚禄，想必冯梦龙在政治上是十分鄙视腼颜事敌开门揖盗的钱谦益。而冯梦龙自从自己的心爱之人侯慧卿离他而去后，就已经发誓绝迹青楼，像钱谦益这种以白发黑面老汉娶黑发白面佳人的风流事情冯梦龙是不齿的。

他忙于著述和仕途,埋下了最终殉难全节的伏笔。追根溯源其实是其思想脉络草蛇灰线绵延千里的必然结果。本质上他与钱谦益的人生追求是南辕北辙的,在生死和节操的选择面前,钱谦益选择了苟活,冯梦龙选择了殉节。对于这样一位著作等身开俗文学一代先河的大师级人物长期以来,却只见他中年生活的片段记载,青少年时期生活却杳然不见踪影,形成巨大的空白,填补这些空白的只是少数历史研究者的丰富想象,其晚年的生活却在地方州府史志中偶有出现,乃至于晚年的慷慨大义又只能在其著作和诗词创作中的蛛丝马迹中仿佛羚羊挂角那般若隐若现。

四、钩沉搜轶骊珠初现

明末大文学家、编辑出版家、戏曲民歌搜集整理家,归根结底是中国儒文化民俗文化的集大成者兼身体力行的践行者冯梦龙的出身生平,虽经历代学者苦心孤诣地寻觅论证却总是显得面目模糊不清,不得全貌,仿佛隐藏在城市民居深宅的犄角旮旯的隐士,在那些青砖黛瓦白墙屏障着的老屋中湮没着、沉睡不知苏醒。虽经挖掘钩沉,总是难得一见真容,故而形成种种谜案,耐人寻味。

当地的文化旅游部门,出于现实的需要,开发建设了规模宏大的冯梦龙古文化村于2015年9月25日冯梦龙文化旅游节开幕式上揭牌。位于江苏苏州相城区黄埭镇冯梦龙村冯埂上自然村北的冯梦龙故居也正式对外开放。

据介绍,这座近1000平方米的老宅,按照修旧如旧的原则,宅子的房顶、柱子、屋梁等主体结构,都保持了原状,修复中还原了厨房、中堂、父母主卧以及冯氏三兄弟的寝室,并修建小型私塾,反映冯梦龙自小勤学苦读,而其实这些在冯梦龙降生以来的情况,均无明确史料予以佐证。他的童年和少年时期甚至包括青年时期的出生、生活、读书、婚娶、科举场景的复原,充其量也只是根据传说望文生义的合理想象。

虽然在史料明显缺乏基础上,为了弘扬传统文化,挖掘本地名人的文化资源,取得经济效应这是完全可以理解的。但从严格的史学论证来说只是"小说家言"和冯梦龙似的传奇演绎而已,这与英国伊丽莎白一世时期的戏剧大师莎士比亚(1564—1616)的境况多有雷同。此番雷同,几乎和冯梦龙所处的时代相衔接,冯梦龙只比莎士比亚小十岁,而寿命却要长莎翁16年。莎翁的身世虽然扑朔迷离,但是他的旧居却在其故乡——英国斯特拉斯福保存完好,连房屋式样和屋内家具都是都铎王朝时代的原配。至于沙剧的创作是否是其本人所著或者别人代笔历来争议颇多,但是在英国或世界各国处处都留存在这位世界级大师的痕迹。

冯梦龙编撰或者创作文学戏曲作品却是史料明确记载确凿无疑的,因而两者的生平创作的存疑是有差别的。似乎中国的冯梦龙在创作上成就佐证资料更加丰富确凿一些,而著作也更加宏丰一些,但在世界上的影响力却远远不能和莎士比亚相比。对于冯梦龙的研究显然没有取得如同"红学"和"莎学"这样的学术地位,更不用说成为显学,只能成为明代文学现象研究中的一个支流,这显然和他所取得巨大文学成就所不相匹配。

中国的文化是建立在"官本位"等级文化的基础之上的纲常礼教文化,在九层之塔的官本位封建体制中,冯梦龙是处于统治阶层的枝微末节之下,仅仅为科举制度边缘或者编外的胥吏,因而官方正史不见经传,所有的生平史料来自本人作品中的片段鳞爪和地方志书中雪泥飞鸿,因而前期的求学、婚娶及科举的资料十分稀少,只能发挥想象,空白大了,想象的空间也大。尽管这些空白,可以由民间大量的传说来进行填充,当地江苏苏州相城区和福建寿宁县的地方政府在冯梦龙的民间传说搜集和整理方面做了大量的工作,也仅仅限于当地老百姓的口口相传,当地百姓出于对故乡文豪和父母官的热爱,在朴实的口头文学中穿插了一些明显是演绎的神话故事,使得原本失传的冯梦龙生平开始复活并显得五彩缤纷起来。

据《冯氏宗谱》和《苏州府志》记载冯梦龙祖上是冯氏始祖为隋兵部尚书冯慈明,慈父冯子琮,北齐长乐人,累官吏部尚书、左仆射;慈子二:长名延嗣,工词章,官至左仆射同平章事;次名延鲁,文名甚高,亦以文学得幸为中书舍人、工部侍郎、东都副留守。鲁五子:僎、侃、仪、价、伉,散居江南,繁衍生息,"于是江南诸冯始盛"(《冯氏宗谱》)。冯梦龙就是生长在这样的书香门第、儒官世家。自幼在家庭的督导下,接受严格而系统的正统教育,饱读诗书,熟记经文,聪慧灵异,过目不忘。诗文书画，渐入佳境，其诗丽藻，其文洒脱，其书端庄，其画秀逸。词曲戏剧、琴棋牌艺，无所不精，弥所不通。恃才傲物，锋芒毕露。性格倔强，个性率直，风流放诞，我行我素，倜傥不群颇具魏晋风度。其兄冯梦桂，书画家《明画录》有其小传；其弟冯梦熊，诗人，品格超凡脱俗，《苏州诗钞》有其小传。时人目之兄弟仨为"三珠树"名满江左，被誉称"吴下三冯"。

这是一般宗谱沿用的手法，借助家族历史上曾经出现的官人、名人来光大本家族的在历史中的地位，毫无疑问冯氏三兄弟都是受过良好教育的文化人，在当地也有相当影响。一般寒门子弟很难达到这样一门三兄弟皆成文化名人的境界和地位。而其曾祖、父亲这一辈史传竟然毫无半点资料，只有《冯梦龙传说故事》（古吴轩出版社 2012 年 9 月版）在乡亲们口口相传的民间文学中有零星记载冯氏三兄弟的父亲是苏州城里的米商。苏州府本身就是鱼米之乡，天下粮仓，借助苏州地区水网漕运的优势，长途贩运大米，而家资丰饶，有条件使得子弟受到良好的教育，而当时主流意识形态宣扬的就是程朱理学的"学而优则仕"的仕途经济之路，冯梦龙的祖父、父亲辈不可能脱离这样的窠臼，另辟蹊径。也许他们本身就是科考落榜之士，不得已走上了经商之路，自然希望自己的子孙走上仕途，光宗耀祖，毕竟这在封建社会是正途，其他均为旁门左道。

这是一个在城市文明中孕育出来商业化社会的必然，城市人口的膨胀，而儒家"学而优则仕"的终南途径却显得越来越熙熙攘攘摩肩接踵，越来越拥挤越来越窄小，使得不少儒生脱离官场的羊肠小道而直奔商场的资本大道，这样"官本位"和"钱本位"在现实生活中就进行了换位，历史上称之为是数千年以来的大变局。此类变局所导致的思想和意识上的变化，直接导致了市民社会的崛起，市民文学的脱颖而出。

从冯氏三兄弟所受的教育而言，其父应当也是受受儒家思想影响的读书人，最终在科举无望的时候，加入了商人队伍，这些从冯梦龙的小说《三言》中诸多对于商人故事的描述之生动精彩，细节之真实可信，商人品质之良莠参差，力证了商业化社会从皇权社会专制权力拜物教向市民社会金钱拜物教的转移。均可看到资本主义商业文明的曙光首先普照的是苏州这样的商业化大城市。也许冯家只是这股商业化潮流中的一朵浪花。商人在经济上的崛起并没有马上带来政治地位的提高，因此冯梦龙的父辈、祖父辈依然居于"四民之末"是无疑的。否则一贯按照权力金字塔而决定人之事业成功标志的史传谱系中怎么可能名不见经传呢？族谱中所攀附的竟然是远在隋代的当过高官的祖宗，其实这些高官和冯梦龙本人的成长是八竿子也打不着的。冯梦龙的父亲却杳然不见踪影，他的家庭出身，求学、婚姻之路也仿佛隐藏在云里雾里难以一窥真容。而这些对其创作思想的形成，文学道路的选择，有着非常直接的关系。

诚如余英时先生在《儒家伦理和商人精神·士商互动和儒学转向》一节所言：

"弃儒就贾"作为一个普遍性的社会运动首先与人口增长有关。我在《商人精神》一书中曾指出，明代科举名额——包括贡生，举人和进士——并未与人口相应增长而增加，士人获取功名的机会于是越来越小。16世纪时已经流行了一种说法：

士而成功也十分之一，贾而成功也十分之九。

这当然不是精确的数据，但他在社会心理上所产生的冲击力则甚大，足以激起不少士人放弃举业，献身商业。

就文化经济皆领先的苏州地区而言，冯梦龙的好朋友文从简（字彦可，长洲人，其父文震孟、其叔文震亨皆是冯梦龙中年时担任韵社社长时的朋友，文氏兄弟先后入朝为官，文从简和冯梦龙应当属于父执辈的忘年交）就对冯梦龙久试不第的官场遭遇十分同情，在诗《冯犹龙》中写道：

"早岁才华众所惊，名场若个不称兄。""一时名士推盟主，千古风流引后生"[①] 这大约是指其父和其叔皆推冯梦龙为韵社盟主的往事，而冯的诗友哥们先后入朝为官，文震孟还担任过礼部侍郎、东阁大学士的高官，韵社哥们温体仁甚至成为内阁首辅，而被文从简誉为"千古风流"的梦龙大叔，却依然落魄江湖，一身青衫布衣，十分令朋友们为他在政治上的失落惋惜。

文从简的曾祖父苏州大文人朝廷翰林待召文征明（1470—1559）在《三学上陆冢宰书》就曾一针见血地指出这种官场逆淘汰的问题症结所在：

开国百有五十年，承平日久。人材日多，生徒日盛，学校廪增正

---

① 王凌：《畸人·情种·七品官》，海峡文艺出版社，1992年3月版，第97页。

额之外，所谓附学者不啻数倍。此皆选自有司，非通经能文者不与。虽有一二幸进，然也鲜也。略以吾苏一郡八州县言之，大约千有五百人。合三年所贡不及二十，乡试所举不及三十人。一千五百人之众，历三年之久，合科贡两途，而所拔才五十人。夫以往时人材鲜少，隘额而举之而有余，故宽其额。祖宗之意诚不欲以此塞进贤之路也，。及今人材众多，宽额举之而不足，而又隘焉，几何而不至于沉滞也。故有食廪三十年而不得充贡，增附二十年不得升补。其人岂皆庸劣驽下，不堪教养者哉！故使白首青衫，，羁穷潦倒，退无营业，进靡阶梯，老死牖下，志业两负，岂不诚可痛念哉！①

要知道，文征明这是上书新晋的吏部尚书陆完（1515年—1510年），也即相当于当今的中央组织部长，书中所描述的那些科贡落魄士子之形象，是不是和冯梦龙十分相像。人口激增和科贡名额有限是一方面原因。

另一方面那些落魄文人的性格和封建王朝的官人性格显然是有抵牾的。因而科场失意，官场困顿几乎是中国历朝历代真正有思想、有个性、有才具文学大师的共同悲剧，而且小说这种归于俚俗末节的文学创作形式几乎是登不得大雅之堂的，冯梦龙在脱离了官场正道后，只能是蛰伏于民间草莽的潜龙，困顿于泥沼场屋。在其龙尾高扬遵循着儒家忠君报国理念，追随已经完全覆灭的朱明王朝余孽唐王隆武帝的泥足，前往福建建州寿宁企图实施他的《中兴伟略》的时候已经垂垂老也，终究忧愤成疾郁郁而亡，还是被清军所杀害，也多出自寿宁当地百姓的传说。出师未捷身先死，壮志落空成绝响，是冯梦龙晚年的悲哀。

五、陋巷龙隐苕溪浮光

冯梦龙毕生在追求功名的窄小道路上，踯躅蹒跚而行，尽管他在二十岁的青年时期就高中秀才，在士林也是颇有声望，然而直到五十六岁须眉皆白时还没有考中举人，在这一年（1630年崇祯庚午三年）他被推荐为贡生入国子监学习，这一般是指秀才中的成绩优异者，反复参加科考，而

---

① 《余英时文集》第三卷《儒家伦理和商业精神》，广西师范大学出版社，第201页。

屡试不中的，朝廷在昏暗的场屋启开门缝，恩赐一缕阳光为长期未入仕途的秀才们送来的恩典，也是白发生员不得已的选择，也算着朝廷为那些秀才中的优秀者网开一面，给予候补举人资质。在仕途经济的森严壁垒中打开的这一扇小门，使得官府衙门留存了一些学历不高，却可供驱使的胥吏，以壮声色。一般又分为岁贡和恩贡，冯梦龙以岁贡被任命为丹徒县训导后升至教谕，这就是入了官府胥吏的行列品轶在八九品之间。按照钱穆先生《中国历代政治得失·明代考试制度》中介绍：

举人以下就没有做大官的份儿，如是则科举场中也分了流品。进士及第是清流，浮在上面直向前；秀才举人则变成了浊流，沉淀在下面，永远不超升。鼎甲出身，也成一种流品观念了。我们不能说科场中有阶级，但却有流品。从两汉到唐宋，任何人都是从小官做起，但人人都有当大官的希望。明以后，科举分成两层，下层是秀才、举人，没法当大官。上层是进士和翰林，也没有做小官的。至于考不上进士、翰林的，无论你学问修养好，从政成绩好，总之没办法，依法不依人。①

至于权贵子弟的恩荫制度则另当别说，富贵人家的买官鬻爵，至少是上不得制度台面的潜规则，自古至今都有这样陋规。至于贡生则是府、州、县的儒学生员挑选优秀者升入国子监肄业为基层官衙担任所谓"风尘俗吏"，是地方政府为朝廷作出的举贤贡献。然而，冯梦龙却在终南小道上一直困塞不前，直到61岁才启用为福建寿宁知县。冯梦龙在这个边鄙穷县仕途起步之时，也是他官场终止之际。四年后退归苏州过了几年安稳日子，度过了自己七十岁生日，南明福王政权覆灭。为了反清复明，他以衰年之躯奔波于苏、浙、闽三地密谋起兵抗清，他曾经又到过寿宁，或许生命的休止符最终也止于寿宁。他是事败后回归家乡忧愤疾病而死还是被清兵所杀或者漂洋过海去了日本，至今学界仍有争议。近年由福建冯学专家王凌等人经多方考证，提出确凿证据证明冯梦龙死在福建唐王政权的抗清一线。

总之，冯梦龙之死按照封建正统是壮烈地殉节了，所谓龙尾高扬是最终附骥于真龙天子的后裔而尽忠了，践行了自己的儒家理想，为官清正廉

---

① 钱穆：《中国历代政治得失》，九州出版社，2012年2月版，第126页。

洁，竭尽所能，造福人民；在野忠于君王，肝脑涂地，死而后已，可谓壮烈。诗经有言，"靡不有初，鲜克有终。"冯梦龙却做到了善始善终，真正践行了儒家"达则兼济天下，穷则独善其身"的千古训条，尽管他的所谓"达"也就是在晚年出任了一个寿宁小县穷乡的七品微官，所谓"天下"也就是穷乡僻壤的十几万人口，但是毕竟有了一个实践自己理想的平台，平台不大却足以承载他的志愿。他的政坛实践孕育了他的一部从政百科书简《寿宁待志》，让我们一窥这个麻雀虽小五脏俱全的县级政坛运作模式和冯梦龙知县任上的工作方法。对其政绩、政声、为人和价值观的追求有一个较为全面的了解。

官场的实践是对一个人品性观察的试金石，尤其是早已理论脱离实践，流于虚空玄学的儒家哲学在实践中的应用，说明了一个儒学官员的品质、品德和工作能力。而他的文学实践却是与其官场实践完全背道而驰的。前者讲究朝纲的谨遵，后者注重个性的张扬，这必然形成冯梦龙人生的多面性丰富性，就是这种看似矛盾性格铸就他浓郁的官场人生悲剧和辉煌的文学业绩，这就是所谓的失之东隅收之桑榆的人生辩证。

据王凌先生《冯梦龙生平简介》，冯梦龙出生于1574年（明神宗万历二年甲戌二年），而侯楷炜主编的《冯梦龙传说故事集》中的当地老百姓的传说冯梦龙出生在故里的东桥镇冯埂上村，童年及求学都在村中度过，只是到了7岁才随经营稻米生意的父亲去了苏州，因此，冯埂上村和苏州滚绣坊葑溪苍龙巷7号均为他的故居。王凌先生曾经和当地冯学专家马汉民专程去苍龙巷采风。

在五月春季暖风的吹拂下，两位学者骑着自行车，穿越水乡城市中轴的标志线——人民路，去寻访湮灭在苏州古城一片黑瓦白墙小桥流水伴随中的古老民居。这些明清建筑风格的住宅历经风雨沧桑的洗礼，依然完好保存，形成了姑苏古城的特色。

在冯梦龙生活的明末，人民路的东西两半分属苏州府的长洲县和吴县，因其南起文庙书院巷，北到北寺塔，形如卧龙，古城四周，清清河水环绕，座座城门相通，北有平门，南有盘门，东有娄门、相门、葑门，西为阊门、金门、胥门。

人民路因其长达8.45公里，宛如逶迤而卧之的游龙，明代名为卧龙街。

19

清代乾隆南巡，苏州百官在此护驾，于是改称护龙街。为3米宽的石板街。书院巷以南至沧浪亭，即文庙东侧，原名三元坊，此处原有1781年为连中三元的钱棨所立的牌坊。从人民桥沿人民路北行至三元坊东折，进入明代长洲县辖区。冯梦龙在《寿宁待志》卷下《官司》中自我介绍道：冯梦龙，直隶苏州府吴县籍长洲县人。可见他先祖住在吴县境内，而到冯梦龙这代，已经搬到了长洲县。原来两县只有一街之隔。在明代属于一府两县同治。

可以理解冯梦龙家住长洲，祖籍在吴县，其一生可能奔走于吴县祖屋和长洲居所之间讲学或者著述。[1]

苏州城内港汊密集，静静流淌的葑溪向东流经葑门，注入外城河，两岸布局有序的河房，掩映在花木丛中，白墙黑瓦，俨如古色古香的诗画，演绎着古城千年流淌的历史。进入青石板铺就的苍龙巷，苍苔剥落的素色墙体略显陈旧，落满时代的沧桑，夕阳西下的小巷，明代大文学家冯梦龙的身影驾一叶历史扁舟凌波而来，青衫布衣飘拂，鬓髯须发皤然，一副仙风道骨翩然出世的模样。

老辈人传说，苍龙巷附近有一很深的水池，水池连接太湖，直通龙宫，有时龙王会来显灵，故称苍龙潭。塘边有个水仙池，供着替龙女传书的书生柳毅（后成为水仙）的塑像。现在苍龙潭和水仙祠早已不复存在，地名苍龙巷却保留了下来，多么美好的传说，充斥着中华民族图腾吉祥物"龙"的传说，既有帝王的身影专制王朝的象征，又有着民间对于人中之杰的怀念。

冯梦龙在天启乙丑年（1625年）为王伯良《曲律》作序时明明白白写着："天启乙丑春二月既望，古吴后学冯梦龙题于葑溪之不改乐庵。"冯梦龙及其长兄冯梦桂（字若木）的好友董斯张在《吹景集》卷五中写道："予入吴，饮冯若木斋头。酒次，语若木曰'兄所居葑门，今俗伪为傅音，何也？'若木曰：'葑即为谷风葑菲之葑'"由此可见，冯家就住在葑溪附近。

---

[1] 侯楷炜：《冯梦龙传说故事集》，古吴轩出版社。

六、末世卧龙结局悲壮

冯梦龙生于明神宗万历二年甲戌（公元1574年），故于南明隆武二年、清顺治三年（公元1646年）。在其生活的七十三年中，大明王朝政治日渐腐朽衰败，终至灭亡，然而其内部的不合理性日益暴露，商品流通日益多元活跃，资本主义萌芽在其内部逐步增长，促进了农耕文明向工业文明的转型。因而社会矛盾加剧，危机四伏，思想文化日趋多元，产生激烈的碰撞，所谓异端思想的崛起，向以程朱理学为正统的封建儒学纲常礼教形成了挑战。传统的思想观念和伦理道德被动摇，这就是造成市民社会、市民意识兴起，新兴市民阶层的文化需求导致带有明显商业化痕迹的通俗文学在明代中叶勃兴的历史、经济、社会、文化背景，文学家，思想家，戏曲家、出版编辑家冯梦龙的应运而生。[①]

从冯家同上海嘉定侯峒曾以及长洲王仁孝家都有亲戚关系来看，在当地也是世家。侯峒曾是明末学者。天启五年（1625年）进士，授南京兵部主事，与徐石麟、陈洪谧称"南都三清"。1644年，李自成攻占北京，峒曾叹道："臣若在都，当以颈血殉梓宫，今无死所矣"。

1645年夏，清兵下苏州，攻嘉定，峒曾率二子玄演、玄洁，协进士黄淳耀，率吏民死守，尽散家财，与众同甘苦。城破，叹曰："嘉定亡，余何忍独存"。自沉池中，未死，为清兵俘杀，年55岁。两子同为清兵杀害。史料有载，侯峒曾及其两个儿子与冯氏三兄弟，过从甚密，以至在泰昌、改元之际（也即1620年）冯梦熊"竟以穷死"。后侯峒曾收集梦熊遗稿编成《冯杜陵集》亲自为之作序，可见两家的关系非同一般。

王敬臣，字以道，号少卿，长洲（今苏州）人。生于明武宗正德八年（1513年），殁于明神宗万历二十三年（1595年），享年八十二岁。冯梦龙的父亲与隐居苏州的大儒《俟后编》的作者王敬臣（王仁孝）关系密切。冯梦龙在《俟后编·跋》中说"王先生与先君子交甚厚，盖自先生父少参公即折行交先君子……先君子必提耳命曰'此孝子王先生，圣贤中人也'"。王敬臣被人称道的主要为两大事迹，一个是他潜心儒家学说，一

---

① 《冯梦龙全集·前言》，江苏凤凰出版社。

个是以仁孝而闻名于世。①

王敬臣明史有传，苏州留有后人所建祠堂，又是和冯梦龙家族的通家世交。苏州城里的大儒巷就是因为王敬臣而得名。如今的大儒巷宽约六七米，汽车可以对开。在以小街小巷著称的古城内，一条被称为巷的路何以如此之宽呢？常常引起游人的疑惑。原来，大儒巷从前宽约仅二三米，与其巷的身份完全相配。二十世纪五十年代，把与大儒巷并行的一条小河填了，大儒巷就成了今天的模样。大儒巷的中段有一横巷叫仁孝里，短短的不过二三十米；仁孝里现在的名字很风雅，叫迎晓里，虽然它南北走向并不能面朝东方迎接拂晓。大儒巷和仁孝里都和一个人有关，这个人就是王敬臣。

王敬臣，字以道，长洲（今苏州）人。生于明武宗正德八年（1513年），殁于明神宗万历二十三年（1595年），享年八十二岁。为江西布政使参议（从四品）王庭之子，19岁考中秀才。王敬臣的父亲有一次患有疽背之疾，为帮忙父亲减轻痛苦，王敬臣常常是嘴对着父亲的背疾处进行吮舐，使得父亲的病体后来渐渐得以恢复。还有一次他父亲得了瞀眩病，不能正常行走，王敬臣每晚都睡在父亲床边的地下，而为了照顾好父亲，他更是连衣服也不脱，只要听到咳嗽声就立刻爬起来悉心服侍自己的父亲。而他对待自己的继母也十分地孝顺，就像对待自己的生母一样精心对待。据说继母和王敬臣妻关系不睦，为了解决这一婆媳不和的矛盾，王敬臣竟然不与妻子同房，长达十三年之久。王敬臣的孝行感动了继母，婆媳遂重归于好。

今人看来王敬臣的这种愚孝实在是不近人情迂腐得可笑，不过在提倡忠孝节义的明代，是以"忠孝"治国的，尽管是名义上的，外朝内廷不忠不孝男盗女娼之事司空见惯，皇帝就是顶着天子旗号的"合法嫖客"。理论和实际已经脱离得像是油水分离那般浑浊成一锅杂烩，雾气氤氲中的皇帝尤其是武宗以后的主子早已完全沦落为光着屁股跳舞的小丑，满朝文武只是伴随着荒唐匍匐叩头，或者捧着象牙笏指着混账天子骂的拗臣，满纸谎言、大言、假言又怎能忽悠在商品经济中已然崛起的人性和人心，俨然成为一摞盖着大粪的草纸。但是必要的典型是要树立的，这样王敬臣就和

---

① 王凌：《畸人、情种、七品官——冯梦龙探幽》，海峡文艺出版社，1992年版。

海瑞一样成为帝国的道德模范,用来教化人心,也就虚假伪善得令人恶心。大家称敬臣先生为"仁孝先生",明朝万历年间,苏州知府朱文科特地为他立牌坊,题名"仁孝坊"。

王敬臣其实和一般读书人一样早早走上了读书致仕的道路,在19岁考中秀才后,在嘉靖九年(1530年),王敬臣28岁,有一位吴地的著名学者走进了王敬臣的生活,直接影响了他的儒家学术思想,这个人就是魏校。魏校,字子才,号庄渠,生于1483年,卒于1543年,居于苏州葑门外。魏校是弘治十八年(1505年)二甲第九名进士,官至太常寺卿,是个三品官。致仕回家的魏校开馆讲学,王敬臣拜其门下,成为魏校的弟子。与王敬臣同为魏校弟子的还有唐顺之、王应电;魏校的三名弟子儒学造诣都不错,但唐顺之成就最高,被后人誉为儒学大师;他虽是一个文人,但屡次率军击败倭寇,是一抗倭英雄。

然而,王敬臣科举之路一直不顺,直至明嘉靖四十三年(1564年),王敬臣才成为一名贡生,所谓贡生,就是在秀才中择优送入京城或者留都南京国子监读书;而此时的王敬臣已经两鬓苍苍,年届52岁了。

魏校学识渊博,精通儒家各派学说,尤其推崇胡居仁的主敬之说。胡居仁是明代程朱理学的主要代表人物,曾主持著名的白鹿洞书院。胡居仁的主敬之说实际上强调的就是个人的修身养性,魏校在此基础上提出了理、气、心三者皆与气有关,气能自为主宰,主张个人"蕴蓄""涵养"自身之气,才能厚积薄发。

王敬臣仕途无望便潜心于学说研究,在魏校等明代学者的熏陶下,对儒学研究颇有心得,著有《礼文疏节》《家礼节》《俟后编》等著作,但大多散失,今人已无从知晓王敬臣儒学思想的精髓;只知道他的理论核心是"慎独",也就是类似修身养性的一种理念。不过王敬臣实践"慎独"可能有点过了,他有感于当时吴地文人或追求富贵,或沉溺词章的浮华心态,认为议论不如著述,著述不如实践,因而有些孤芳自赏,故常闭门不出不与任何学子交往讨论学术思想,这种状况直到他与耿定向的相见才得以改变。

耿定向是一个著名学者,曾官至户部尚书,无论是官声还是学问都很不错。曾经在南京清凉山建造崇正书院,书院落成,即令南直隶所属十四府选拔优秀诸生前来学习。耿定向亲自主讲,王敬臣在国子监读贡期间曾经专程拜访耿定向。耿对王敬臣不与人讨论学术的所谓"慎独"行为很不以为然,他告诫敬臣兄,凡圣贤无独成之学,相互讨论是成就一家之说的必由之路。王敬臣倒是个虚心纳谏的主,听了耿定向的逆耳忠言欣然接受;从此像父亲王庭,恩师魏校一样在家开馆讲学,教学相长,先后收有门生四百余人;相较于他的父亲阳湖先生,世人称其为"少湖先生"。

不知何时,王敬臣开始声名鹊起,学问大了,名气大了,自然就有人关注。据明史记载,万历年间,有人推荐他出任国子监博士,这是他父亲王庭初出道时的官职。作为非进士出身的贡生,一跃成为国立行政学院的教授自是莫大的荣耀,不过王老夫子推辞了不愿干。想想也对,就算是万历元年的任命,那一年王老夫子也是整整六十岁了,让一个皓首苍颜的老人家屈就从九品的芝麻官显然有些屈尊。万历二十一年(1593年),太理寺少卿甘士介再次向朝廷推荐王敬臣。吏部考虑再三还是因为王敬臣已是八十高龄没有授予任何职务,只是指令地方政府优待王敬臣。①

王仁孝祠建在苏州护龙街关帝庙附近,这一祠堂在史无前例的"文化大革命"中被彻底摧毁。仁孝里也被改名为迎晓里,从此仁孝祠和仁孝里从苏州版图上彻底消失;如今只剩下大儒巷让人依稀记得五百年前有一名王敬臣仁孝先生,曾经在这片古老的土地上生活。

明末天崩地裂的大分化、大瓦解、大变革、大转折其实是社会诸多矛盾综合爆发,社会、政治、经济、文化危机集中体现的结果。在旧纲常礼教总崩溃的塌陷中,新政治、新思想、新文化理念随着新的经济基础的形成而悄然发生变化,凝聚成新的社会政治力量抗衡着旧体制。诸种矛盾促使统治集团内部矛盾不断地尖锐化,清流官僚集团以东林党人及至后来的复社、几社文人开设书院进行讲学,形成统治集团以外不可忽视的政治力量,形成了春秋战国之交、东汉末年百家争鸣,处士横议的局面,新思想潮流犹如地火那样不可遏制地喷涌聚集成了星火燎原之势。

统治阶级无节制地横征暴敛造成了土地资源急剧整合到大贵族、大地主手中,失地农民形成流民进入城市使得统治者管制危机加剧最终流民成

---

① 《二十五史·明史卷二百八十二·儒林一·王敬臣传》,线装书局。

流寇，造成明末农民大起义的乱局，糜烂不可收拾。白莲教、李自成、张献忠等的农民大起义极大动摇明王朝统治基础，使得江山摇摇欲坠危如累卵。

关外建州贵族趁势而起大举进攻，明王朝腐朽的统治机器已经失去了优秀人才拔擢机制，一些吹牛拍马的奸佞之人、宦官贪墨之徒盘踞中枢秉持朝政，排斥忠良，明末四大督师熊廷弼、孙传庭、卢象升、袁崇焕要么战死沙场尸骨无存，要么被奸佞陷害遭帝王猜忌走进悲剧性人生，以自己的血为末世王朝祭旗，而他们本身都是饱读诗书满腹经纶属于文武兼资干才和不可多得的帝国栋梁之才。这些书生基本是以原教旨主义儒学理想作为自己人生立身、立言、处事之本的，他们都是进士出身的儒生帅才却英雄无用武之地，最终到了死无葬身之地的悲惨之境。

一个王朝凡人才拔擢机制进入"择劣汰优"恶性循环的马太效应基本是无可救药了。再加上失地农民大量涌入类似江南这些大城市，凭借着自己勤奋、聪明、才智进入城市投亲靠友自谋生路进入手工业经营者的行列。类似冯梦龙笔下秦重这样卖油郎，由小本经营完成资本原始积累，再加上类似冯梦龙祖父辈这类书香世家在科举无望之际转入商人阶层，形成早期资本经营的基础。

此外，明末在开放沿海海禁后，打破了过去严禁"交通外番，私易货物"的所谓朝贡体制，与周边国家如日本和菲律宾、西班牙等国家有了近代商业文明的贸易往来，逐步卷入全球贸易的浪潮，在这波非主流的贸易开放中世界白银大量流入中国，几乎占了世界白银产量的四分之一。[①] 东南沿海经济大发展出现了近代资本主义萌芽丝绸纺织业高度发展，江南出现近代城市文明的市镇工业文明孕育了最初的市民阶层的产生，由此而催生了思想解放的高峰，出现短期的文艺复兴，文人结社和言论自由在政治管控中相对宽松，以致出现了类似复社文人这样有组织的大新社团，在东林党人举办书院自由讲学基础上，又有了政治上的拓展，以至于影响到高层官员的拔擢，直接影响到国家政治方针制定和贯彻，成为朝野一股不可忽视的力量。社会、政治、经济、文化都呈现出多元、繁荣、共生发展的

---

① 美·弗兰克：《白银资本—重视经济全球化中的东方》。

新局面，松动着以理学为基础帝王专制的板结土壤，促使了新的社会、经济、政治、文化形态的诞生。

近代航海业的发达，海上交易在东南沿海繁盛，均为早期资本主义价值观的形成开拓了崭新的天空，苍天已死，黄天当立。从冯梦龙所受的教育和晚年人生作为来看，他在政治上肯定是旧王朝的"补天派"而自从共工以头触不周山起，天下洪水泛滥，天其实已经浊浪滔天，完全不可补阙了，共工其实就是明王朝统治集团本身造就封建专制统治及其王朝统治下的官僚体制。因为，明王朝从宪宗以降，在孝宗时期有一个短暂的中兴，至武宗正德皇帝就开始胡闹，任用太监刘瑾、奸佞钱宁、江彬等。之后，嘉靖皇帝，任用奸佞严嵩、严世藩父子长达14年之久。及至天启年间魏忠贤专权，奸佞之臣犹如过江之鲫涌入朝廷，所谓官场清流东林党人始终处于边缘化的在野地位，遭受杀戮迫害，王朝不断地添加忠烈之士，而王朝政治却已经在奸佞们的歌舞升平中，在青词焚烧的斋醮中，滑到了悬崖边际。崇祯朝魏忠贤伏诛后，边庭几无可用大将，内廷奇缺治世能臣，崇祯皇帝在农民军大兵压境之间无奈地走进了夕阳笼罩的煤山，在血与火的笼罩中大明王朝走进落日。以后建州满人贵族被吴三桂引狼入室，落日余晖中的南明小朝廷加上隆武、永历小朝廷苟延残喘地蹦跶了十多年后，被清贵族和大明王朝叛将们送进了坟墓，中国再次进入了最最黑暗的中世纪。明末资本主义萌芽就此被掐死直至清王朝没落期再次萌发。冯梦龙就是出生在这样的时代。

冯梦龙，字犹龙，又字子犹，号龙子犹、墨憨斋主人、顾曲散人、吴下词奴、姑苏词奴、前周柱史等。其最有名的作品为《喻世明言》（又名《古今小说》）《警世通言》《醒世恒言》，合称"三言"。

"三言"与明代凌濛初的《初刻拍案惊奇》《二刻拍案惊奇》合称"三言二拍"，是中国白话短篇小说的经典代表。冯梦龙以其对小说、戏曲、民歌、笑话等通俗文学的创作、搜集、整理、编辑，为我国通俗文学创作做出了卓越的贡献。由他编纂的三十种著作得以传世，为中国文化宝库留下了一批不朽的珍宝。其中除世人皆知的"三言"外，还有《新列国志》《增补三遂平妖传》《古今烈女演义》《广笑府》《智囊》《古今谈概》《太平广记钞》《情史》《墨憨斋定本传奇》，以及许多解经、纪史、采风、修志的著作。他的《桂枝儿》《山歌》民歌集，对苏州的茶坊、酒楼、妓院等下层生活的频繁接触，创作、收集、整理了一批反映底层民众真实生活情感的作品，为传播保存第一手的民间文学资料，做出了杰出的贡献。

考证冯梦龙的名字，说明父母对其寄予不一般意思，"梦"字表明他的辈分，这不难理解，而"龙"字则寄予望子成龙的厚望，而字号"犹龙"、"龙子犹"则暗含了先秦时期两大儒道大家孔子见老子时的典故。《史记·老子韩非列传》载："孔子适周，将问礼于老子"，哪知老子不讲"礼"，反而告诫孔子一番："子所言者，其人与骨皆已朽矣，独其言在耳。且君子得其时则驾，不得其时则蓬累而行。吾闻之，良贾深藏若虚，君子盛德，容貌若愚。去子之骄气与多欲，态色与淫志，是皆无益于子之身。吾所以告子，若是而已。"孔子在弟子面前赞扬老子为："鸟，吾知其能飞；鱼，吾知其能游；兽，吾知其能走；走者可以为罔，游者可以为纶，飞者可以为矰，至于龙，吾不能知，其乘风云而上天？吾今日见老子，其犹龙邪！"

龙是什么？孔子不能知，却称见老子如见龙，云遮雾罩，令人费解。老子只不过是周守藏室之史，并非天子，孔子为何称老子为龙呢？看来，称天子为龙，是以后的事儿，春秋时代的龙是指那些道行高深却深藏不露的智者。也即是说，孔子去见老子，回来后非常感慨地告诉他的学生说，鸟在天上飞，可以用箭去射下；鱼在水中游，可以用网去捞取；兽在地上跑，可以用陷阱去捕捉。但是龙却腾云驾雾，时而露出一鳞半爪，我们就没办法了。此话的含义为大多数人犹如普通鸟兽，有的人看起来很有本事，但是只要采用适当的方法，就能破解他的思维，降服他们的行为。而老子则不行，他的想法高深莫测，变化多端，人们根本就抓不住他的思路，更不要说降伏他了，由此留下了"老子犹龙"典故。

考察冯梦龙的一生犹如云遮雾罩的游龙也是神龙见尾不见首的，一生留下的谜案甚多，颇令后人猜测。当然隐藏深宫自命"真龙天子"蛰居深宫，以九重帷幕遮盖着他们的真容，以神圣伟大的形象，制造天聪英睿的迷信而君临天下，欺世盗名。在愚民的谎言中，行牧民弱民驭民之术而延伸家天下的绵延长久。

然而，王朝没落时期，曲线下滑，明代从所谓"孝宗中兴"起延伸至胡闹皇帝明武宗每况愈下，在官僚集团和太监集团的纷争中逐步走向了覆灭之路，及至崇祯继位朝政已经糜烂不可救药，穆宗、神宗时赖有能臣张居正改革维持着王朝苟延残喘，及至光宗、熹宗时期两朝文盲皇帝更是内忧外患雪上加霜。

清朝崛起，陕西农民军揭竿而起，崇祯皇帝无力回天，在内外交困中走向煤山，大明帝国的帷幕落下。这是一个天崩地坼的时代，这是一个礼崩乐坏的年头，唯有这样的时代统治阶层千疮百孔，统治天网破绽百出，统治思维难以整合人心，新思想、新思潮才在封建岩层的缝隙中艰难地成活。一批类似王阳明、袁宏道、李贽、汤显祖、黄宗羲、王夫之、顾炎武等具有叛逆思维的思想家、文学家才应运而生。冯梦龙只是这股时代潮流中一朵靓丽浪花绽放出绚丽多姿的光彩。也只有新旧王朝的交替，才显示出冯梦龙作为王朝道义最后坚守者的风骨和品格。

冯梦龙是深藏在草野江湖的蛰龙，风和日丽时坚守着自己的信念，保持着特立独行的人格，自由写作，与民同甘苦共欢乐；在暴风骤雨雨来临时，穿云破雾秉持着理想操守，杀身成仁，舍生取义，以屈原似的忠诚，驾曦龙把灵魂托付给了日月，虽九死而犹未悔。从历史发展的角度来看，这虽然是愚忠，但是作为封建社会的知识分子，谁又能够摆脱这样的悲剧性命运呢？

即便是牛金星、李岩、宋献策等底层知识分子选择了农民起义军，也仅仅是重复了千年王朝循环的老路，只是迅速攻占北京，迅速地攫取权利，迅速地腐败堕落，迅速地走上了死路而已，这就是中国封建知识分子难以规避的怪圈，也是封建王朝政治难以摆脱的定律。即便如同钱谦益、龚鼎孳、吴伟业这样在王朝轮回中充当"贰臣"的旧朝遗老新朝权贵，依然摆脱不了臣仆般的妾妇心态，成为新王朝的鹰犬，依然摆脱不了供君主驱使或者被放逐的命运，他们为自己对先朝的背叛，而在儒家忠孝节义的绳索中挣扎，终身受到社会舆论和道德良知的谴责，灵魂备煎熬，余生不得安宁。

第二章 该死的科举制度

一、历代选官制度的成形

自人类社会摆脱愚昧，由迷茫混沌的神话时代，进入文明史以来就一直苦苦思索着人类和自然的关系，"天人合一，和谐相处"的理念就在有道之士也即知识分子之间逐步形成。

孔夫子为《周易·象传》就明确写道："天行健，君子以自强不息。地势坤，君子以厚德载物。"总体意思是君子要懂得顺应天道，懂得承载和包容。老子在《道德经》中明确提出"人法地，地法天，天法道，道法自然"，辩证论述了人和自然的关系。

只是在春秋战国之交"礼崩乐坏"的现实，象征封建秩序的"礼"被诸侯王的僭越所打破，孔夫子强调"克己复礼"，恢复上下有等，尊卑有序的封建秩序。"天"的自然概念才被赋予更多政治上的等级观念，同时孟子又提出了"民为贵，社稷次之，君为轻"的民本思想。

孔孟的恢复周礼和民本思想的并行制约，对大一统专制权力是某种限制，因而在秦始皇统一中国后引发"焚书坑儒"的惨剧，帝国朝纲实施赤裸裸的商鞅、韩非的法家专制统治，导致了秦朝的二世而亡的历史教训。因此，赤裸裸的愚民加暴政恐怕对于王朝的长久延续是不行的，必须有大旗加以掩饰才能使帝国的专制披上合理的外衣，于是才有了汉代"儒表法里"统治理论，孔夫子才开始走运起来，那当然依然是某种脱离王朝统治实际的凌空蹈步，花拳绣脚做给天下老百姓看的。

汉武帝时代儒家代表人物五经博士董仲舒从先秦哲学中抽取天人合一因素，首次将天、地、人的三要素合而为一，建立起王朝的统治秩序，为君臣百姓定位，提出了"罢黜百家，独尊儒术"的口号。将知识分子士大夫阶层纳入文官集团，成为君主的辅佐和老师，而重建朝纲。从而，也确实梦想消弭知识分子的独立思想和自由理念，提挚名缰利索，企图将其柔化为王朝政治的奴仆和家臣。

这种程序就是由原来九品中正制的"上品无寒门，下品无势族"的人才拔擢制度，逐步转化为面对社会的广泛选贤任能。两汉时期设立太学，太学生经考试合格就可入朝为官，这是科举制度的肇始，文官集团由此逐步开始成形。

中国历代选官制度经历了所谓原始社会的禅让、西周的世袭、春秋战国的客卿、两汉的察举、魏晋南北朝的九品中正制到隋代出现科举，唐宋时期逐步完备，明清时期达到顶峰，这是经过统治阶层御用学者精心设计深文周纳而形成的制度性安排。除了保留部分贵族身份的世袭以外，开始打破身份限制，面向全社会的官员选拔，其基础就是经过改造的儒家学说，建立在尊卑有序纲常礼教之上的九层之塔，在塔尖上的皇帝上接青云俯视众生，各个层级的官吏和文士享受不同的雨露，至于普通百姓只能是靠地种粮靠天吃饭地在朝廷各种税赋压榨下苟延残喘的蝼蚁。到了大灾之年就成了携家带口流落四方的流民，为朝廷带来了诸多不安定的因素，汉末和晚唐、元末、明末的农民大起义都是由此而起，掀开了改朝换代的序幕。因此，统治者需要安抚老百姓中的知识分子，使之灵魂归属于朝廷，才能安定这些读书人心，才能不至于成为领头造反的核心骨干。

于是金字塔底层的大门开始向匍匐的士人开放，使得中国的知识分子只能孜孜不倦不分寒暑地苦读经书才能攀上人生的高峰——实践读书做官的人生理想。因为书中自有万钟粟、黄金屋、车如簇、颜如玉在向他们微笑招手，这不能不是某种巨大的名利诱惑。这是封建社会符合人心需要的安排，是较为科学的人才拔擢体系和制度性安排，体现了封建社会的等级秩序，也即纲常礼教的分层级实施的必要性。

尊卑有等，各安其道，上下同流，使得处于山野江湖的文人处士们仰望高山，一门心思孜孜不倦醉心于四书五经，矻矻不辍地热衷于科举考试，向着象征于高贵身份和权势顶峰的九层之塔苦苦攀登，直至位极人臣，成为帝王治国平天下的工具，在士子们心中却是崇高无比的帝王之师。这就是士子们理想追求的最高境界了，排除了自由精神和独立人格这些杂音的干扰，自然心无旁骛地效忠于帝国事业，成为王朝栋梁，如此循环往复，王朝可以更换，帝国读书做官，学而优则仕的科举制度万变不离其宗，凝固成超稳定社会人才拔擢体制，作为帝国政治体制的有机组成部分。

二、明初科举制度的创立

王朝官僚结构的基础乃是人才的拔擢、官僚队伍的组建，这是帝国的执政基础。当武将们功成身退，以杯酒释兵权被荣华富贵圈养，或者被炮轰功臣楼处死，谋士们杀的杀关的关、流放的被流放，协助太祖高皇帝打天下的那一代被作为子孙后代接掌政权的障碍一一剪除。

这就是朱元璋对太子朱标批评对于臣下过于残酷后，丢在儿子面前的那根带刺的蒺藜，他是在为接班人的掌权剪刺，老子的深谋远虑却不一定为儿子所理解。但是儿子早夭，新即位的孙子朱允炆在政治上倒也少年老成，接受汉代吴楚七国之乱的教训，开始削藩，却反而为藩国所治，建文诸臣遭到了燕王朱棣的残酷诛杀，这些文臣武将可都是太祖爷爷留下的宝贵财富啊，尤其是那位抱着舍生取义效忠朝廷的通硕大儒方孝孺，可确实是代表文官中的佼佼者。

治国理政需要走狗和鹰犬管理这个庞大的帝国，帝国建政时期的高筑墙、广积粮已经完成，是到了称王称霸的时候了。王霸之业首要在于统摄人心，亟需筑起另一堵心灵的墙壁，归拢人心确保帝国的长治久安，将帝国那些有文化的子民圈养在王朝的城墙之内，这当然不单单是指物质上的，而是指思想文化的牢笼和高墙，省得这些读书人胡思乱想，枝蔓旁溢，红杏出墙生出是非而危及政权安危。

也就必须建立完备的科举制度统一天下读书人的思想，增强文人们的政治意识以共识来统治天下。于是董仲舒的"罢黜百家，独尊儒术"，程颐、朱熹的"从天理而灭人欲"的理论，无疑是帝国的首选，政治是要讲大局的。大局就是帝国江山的永续永固，也即保证祖宗基业的永不易主，确保朱明帝国的皇祚绵延万世永固。

朱元璋在起兵初期，就注重选拔人才，偿命各级官府每年推举贤才及武勇谋略通晓天文之士，如果遇到兼通文史者也在举荐之列。随着思想文化程度在定鼎江山过程中的不断提高，朱元璋发现儒教自从在宋代经过周敦颐、程颐、张载、朱熹等一帮儒学大家改造后，变成了道学，按照冯梦龙的通俗化解释说：

  道乃道理，学乃学问，有道理，便有学问，不能者待学而能，不知者待问而知，问总是学，学总是道，故谓之道学。①

  起自草野的朱元璋几乎是个文盲，他对于道学的理解在于他的敏而好学，勤而好问，因此，学问不断长进，这也归功于他身边那些儒家谋士不断增加，对他加以理论上的灌输有关。比如他的谋士群中刘基、朱温、宋濂、李善长之流都是学问大家一代硕儒，耳濡目染使他也成了半个儒家，尤其是看到"周程张朱之徒，皆以一介书生，教授后进，隐然以道统为己任，其学以致知力行为主，而归于本诚，故宋室之亡，节义之士独多。盖贤贤之提倡大矣。"②尤其是王朝沦亡之际，那些保持节义的大臣几乎都是儒家学者，如文天祥、陆秀夫等都是饱学之士，崖山一战南宋丞相陆秀夫背着少帝，投海自尽，许多忠臣追随其后，十万军民跳海殉国。真正是进也忠，退也忠，危难之际见臣忠，帝国难道需要的不是这样的忠臣义士吗？

  洪武二年，老朱命五经博士孔克仁教授自己的儿子诸子百家经典，并且命令功臣子弟一并入学听讲，同时昭告天下州府县设立学校。洪武六年，暂停科举，令官府举荐人才，以道德品德为主，才艺为辅，对那些聪明正直、贤良方正、孝悌力田、儒士、秀才、人才、耆宿皆礼送进京，量才擢用。各省还选拔人才进入太学学习名曰贡生。

  洪武七年，下诏修缮曲阜孔庙，以孔子、颜回、曾晳三家为学说教授族人。洪武八年，昭告天下建立社学，请儒生教授民间子弟。

  洪武十三年，昭告天下学校师生，政府每天资助膳食。

  洪武十五年，诏诣国子监，祭尊儒学先师，是年八月，恢复科举考试，以后每三年一次成为定制。朱元璋对于帝国人才培养的计划步步推进，紧锣密鼓，一着不落。此时朝廷文官选拔，举荐和科考同时并举，两条腿走路。

---

① 《冯梦龙全集第10卷·皇明大儒王阳明先生出身靖乱录》，江苏凤凰出版社，第1页。
② 王桐龄：《中国历代党争史》，中国书籍出版社，第171页。

洪武二十五年，惊世大儒方孝孺在四川汉中出山，被聘为汉中府学教授，朱元璋第十一子朱椿被封蜀王，闻其贤名，聘请他到成都为王府世子老师，命名读书之处为正学。建文帝继位，方孝孺被诏到南京为翰林院侍讲，后转文学博士，成为朱允炆的老师。

朱元璋开始修筑一道思想文化上的高墙来统摄人心，当然高墙之上红旗高张，那就是"学而优则仕"的承诺和"读书做官"的吸引力。朱元璋揭橥这面大旗和当年宋太祖"杯酒释兵权"具有同样的意义，也就是功名利禄收买效忠朝廷的治国理政人才，这对天下读书人是颇有诱惑力的。宋代的程朱理学已经久经历练十分成熟。元代不谈，犬戎统治，何来文化？太祖以来开始推崇程朱理学，于是太祖皇帝开始将目光投向宋代孝宗皇帝在乾道四年（1168年）修建的县学、府学考试场所，进行扩建建立江南贡院。

三、靖难之役方孝孺罹难

明成祖年间（1403—1424）经过二十一年的不断扩建，在南京秦淮河边出现了一个规模宏大的建筑群。此刻的南直隶省应天府俨然一所江南乡试的大规模科举场所横空出世，可同时容纳两万余名考生参加考试，规模一度超过北直隶省顺天府的乡试场所，这里所走出的举人进入进士行列的几乎占全国的一半左右。可以想见当年上海、江苏、安徽的考生长途跋涉风尘仆仆来到南京参加南直隶省科考的规模有多么大。

高墙大院建筑得很有特色，如同一座特制的大监狱，而和"大囚笼"比邻的却是作为"天下文枢"的孔庙，南京人称为夫子庙，仿佛和这些文化表征相配套的却是一河之隔的大石坝街，那里青楼林立，脂香粉腻，士子们科举考试结束，就可一步跨过文德桥来到南国佳丽的怀抱，去享受软玉温香的缠绵，这就是才子佳人们在读书做官的同时，去追逐书中自有颜如玉的乐趣。

追根溯源，支撑这座宏伟院墙的基础，就是统摄思想人心的儒家经学理论，而这时却有些捉襟见肘了。自从朱家老四发动"靖难之役"诛杀了自己侄儿建文君臣近万名后，他在儒家读书人的眼中就是"乱臣贼子"。因为他一口气杀了建文帝的老师当朝最最著名的五经博士方孝孺十族之众，足有 873 人。

有意思的是这本来是一次友好的协商，但是气氛却被方老师冥顽不化的态度所破坏。在那场当着群臣面的著名辩论中，方老师义正辞严占尽道德优势，朱老四理屈词穷顿露窘迫丑态，于是一退再退，退无可退时，图穷匕首见，不仅活剐方老师，而且株连十族，祸及门生故友。

开始时双方似乎都引用了《春秋》来各自证明自己行为的正义性，当然朱棣在引经据典的时候，显然有些强词夺理，被方老师四两拨千斤稍稍这么一反击，就完全败下阵来。方老师逞口舌之快，理屈词穷颜面尽失的朱老四却恼羞成怒动了杀心。

魔鬼动了杀心，灾难就要降临，面对灾难的方老师却是一个儒家学说培养出来的真正大丈夫，面对死亡脸不改色心不跳，大有视死如归的英雄气概，显然这种大义凛然使得朱老四相形见绌，反而加深了群臣对他魔鬼加小丑的印象。

事件的起因是这样的，朱棣准备登基当皇帝了，拟请方孝孺为之执笔起草登基诏书，而老先生却穿着孝服，哭声响彻殿堂。那是对故主兼学生建文皇帝罹难的哀悼，也是对乱臣贼子朱棣的声讨。朱老四漫不经心地引经据典说："我不过是学习周公辅助成王而已。"

显然在经学知识方面行伍出身的朱老四不如方博士。方孝孺反问道："如今成王在哪里？"

朱老四冷笑着说"他自焚死了"。

"那为什么不立成王的弟弟？"那乱臣贼子无言以对，但是依然保持着风度。

朱老四慢慢走下宝座耐心地劝导说："这是朕的家事，先生不必操心了。"并急吼吼地叫左右取来笔札恬不知耻地说"诏告天下，朕继承皇位，非借助老先生的生花妙笔不可"。

方博士掷笔于地，干脆对着乱臣贼子边哭边骂："死就死吧，诏书绝不可草！"

朱老四顷刻拉下脸冷笑着说："朕怎么可以让你速死，？即便你不怕死，也可不顾九族吗？"

方答："就是十族又怎能奈何我？"

就这样方孝孺带领他家族和门生故友可以说是一支儒生团队,按照《春秋》的君臣大义慷慨赴死了。

朱棣的谋士道衍大和尚曾在送朱老四靖难大军出征前劝阻朱老四:"占领了南京,一定要善待方孝孺,方先生的学问、品德都是非常优秀的,您成功之日,他是必然不肯投降的。杀了方孝孺,从此天下读书种子绝矣。"这是在北平郊区说的话,当时朱老四一口承诺。

他实在是轻估了中国儒生对于气节的看重,方孝孺是殉难了,然而千秋忠义的美名却永垂史册。道衍大和尚果然一语成箴。言行刚正,风骨凛然的文武大臣慷慨尽节了。朝中只剩下那些趋炎附势吹牛拍马的不学无术之辈。这一恶果要到后来编撰《四书五经大全》才显示出来,当然朱老四皇位虽然得来不正,也希望天下读书人都能够效忠于他,这一精神武器,非儒家的《春秋》经典不可。

燕王朱老四抢班夺权成功了,也许从方孝孺的死,看到了儒生们忠义的神奇魅力,他也要将儒家学术用来巩固自己的权力基础了,他要成批量培养自己的方孝孺,使他们都成为道衍大和尚姚广孝这样忠实于自己的团队。

四、人才匮乏教材粗制滥造

永乐十二年(1414年)朱棣苦心孤诣组织编撰了十多年的《五经大全》和《四书大全》终于颁布了。虽然这两部结构庞大的套书涵盖了儒家所有经典。明末大儒也是冯梦龙的苏州小同乡顾炎武却认为,成祖搞出的这些玩意儿全是剽窃抄袭粗制滥造的东西"无非盗窃而已",知识产权的来源就很可疑,其实施的效果当然也是可疑的,这些却是延续明清两代的五百多年的政治思想源泉。

如《春秋大全》完全是抄袭元人汪克宽的《胡传纂疏》,《诗经大全》则全袭元人刘瑾的《诗传通释》。《四库全书总目提要》进一步考订:《周易大全》是割裂董楷《周易传义附录》、胡一桂《周易本义附录纂疏》、胡炳文《周易本义通释》四书拼凑而成,《书传大全》则完全抄袭陈栎《尚书集传纂疏》,陈师凯《书蔡传旁通》,《礼记大全》采之儒之说凡十二家，也就是说这些皇皇巨著都是毫无独创性拼凑而成的盗版图书。顾炎武慨叹说：

当日儒臣奉旨修订《四书五经大全》……仅取已成之书，抄誊一过，上欺朝廷，下诳士子，唐宋之时，有时事乎？岂非骨鲠之臣已空于建文之代，而制义初行，一时人士尽弃宋元以来所传之实学，上下相蒙，以饕禄利，而莫之问也。呜呼，经学之费，实自此始。①

其中的潜台词是，莫非你个乱臣贼子在靖难之役中已经将建文帝属下耿直忠贞的臣子如同方孝孺那般的通学硕儒都杀干净了，只剩下一些只会剽窃抄袭的庸常之辈来编这本大杂烩似的《四书五经全书》，自己受骗了还不知道，还要骗天下读书人！

五、末世科举渐至没落衰亡

原本明代进入官场有着多种途径，并非只有科举一条道，首先是进入国子监这类中央级的高等学府，被称为监生，进入国子监即可做官，勋贵子弟入学叫着荫监，也即具有高贵血统的子弟托庇祖宗恩荫，入学做官的意思；科举考试的称为举人，考不上入学被举荐入学的称为举监；投资花钱入学的称为例监。

到了明成祖时期，由于生员太乱，官场充斥滥竽充数者，朝廷万法归一，只设科举一个入口，而监生直接做官的机会越来越少，科举考试成为进入官场的主流，统一了标准，以八股考试为取仕标准，公平竞争，优者胜出。屡试不中，确有才华者，通过举荐进入恩贡，称为贡生。冯梦龙就是皓首穷经，在二十七岁中了秀才后，参加乡试屡试不中，在五十七岁作为贡生进入官场，也只能充当下层胥吏。

这样朝廷就将社会的贤达人士，也即从大到小的治国理政人才按照等级纳入统治集团，以官位、俸禄、特权为诱饵使之充当封建君主的臣仆和奴才。知识分子变得俯首帖耳循规蹈矩起来，削去了浑身的芒刺，变得圆滑顺溜了才能作为支撑王朝的栋梁被重用。

---

① 何耿镛：《经学概说》，湖北人民出版社，第110页。

然而，作为王朝的股肱大臣治国理政的人才尤其是军政大员在失去了创新能力之后，王朝的生命力就开始萎缩了。从中国最早的大一统帝国汉朝开始的国子监培养人才以五经考试取仕，到唐宋逐步填充完善如唐太宗亲自注疏《孝经》，到程朱理学对于儒家学术的全面重建，内容不断丰富。科举制度也从程序上不断严格，以至到明清时期完善到了成熟，成熟过后就是腐烂坠落，也就是到了该死的地步了，这就是物极必反，好了就是了了的辩证，到达顶峰期也就开始逐步下滑，当然这其实是随着政治制度的腐败而如影随形般失落的。任何制度仅仅成为某种形式也就成了某种摆设，更何况是涉及国家长治久安政治稳定的制度。

这项制度曾经作为帝国人才的孵化器，从制度设计的理论指导开始就是君臣良性互动相互制约的理想型体制设计。然而理想归理想，现实归现实，现实总是冷酷的，因为这种设计本身就是磨刀石，磨砺出了帝国政治的双刃剑，帝王和文官集团的相互依存相互制约，如车之两轮，只有平衡协调才能使得驾驭者平稳前进。

当帝王不耐烦文官的制约就会依靠外戚和宦官集团相抗衡，或者干脆自己赤膊上阵对于文官集团进行屠戮，大多数的诏狱就是这么形成的。权臣和阉党集团的背后依然是专制王权的阴森森的影子在作祟。此刻，权臣和阉党周围吸附的依然是文官集团分化出的吹牛拍马助纣为虐之辈，成为奸佞团伙，围绕着昏庸残暴的皇帝。这样文官集团中坚持循天道而制约天子的忠臣就会群起以春秋大义捍卫体制的纯洁性，于是"党锢之祸"自汉代始而历朝历代不绝，成为外戚和宦官集团的伴生物和文官集团相比较而存在，相斗争而发展了，实际也成了扰乱和松动帝国政治的重要因素。

行至晚明，引发了阉党集团对于东林党人的群起迫害。才有了后来南明小朝廷的阉党和东林党人及其后代复社人士的暗中较劲，各自推举新皇帝的人选。小福王朱由崧勾结太监集团和军人集团合流拉拢马士英、阮大铖等奸佞对抗史可法和钱谦益等东林党人使自己登上皇位。而矛盾的肇始却可以追溯到神宗年代东林党人发起的那场"国本"之争，是立万历宠妃郑贵妃的儿子朱常洵为太子还是立长子朱常洛为太子，万历无法扭转"立长立嫡"祖宗之法的权威性，不得已只能将朱常洵封为福王，去洛阳就藩，从此种下了福王父子与东林党人的深仇大恨。

科举制度中最直接最权威难度最高的就是考试制度。明代各州府县都设有官学，入学者称为童生，无论老幼只要是考不上秀才的都叫童生。这些童生必须沿着县试、府试、院试、乡试的台阶亦步亦趋步步为营，随着考试等级的提高，难度也不断增大，进入乡试首先确认身份，防止假冒，一旦发现，终身不得应试。然后进入全封闭的如同监狱般窄小的号房，仅南直隶应天府的江南贡院号房就密密麻麻连片如云高达20664间，供考生白天考试，晚上睡觉之用。号房宽三尺，长四尺，高6尺，号舍无门，按照《千字文》编号，考生验明正身后，对号入座，自备油布做门帘以遮风挡雨，号舍内墙离地一二尺，之间砌有上下两道砖槽，上置木板，板可抽动，白天下层木板当座位，上层木板可做几案写作；夜晚抽出上板与下板相拼接，便成床榻，供考生蜷曲而眠。考试三日，考生吃、喝、拉、撒、睡、答题全在号舍之内，不得离开号舍一步。[1]

就这样经过县试、府试、院试、乡试、举子们在过五关斩六将地进入京城参加礼部主持的会试，最终杀到天子脚下，进入皇帝法眼，这就是科举考试的最高境界也即是殿试。

殿试由皇帝亲自命题，亲自监考，亲自排出名次最终考中者被称为金榜题名，统统成为天子门生。这种门生和老师其实是相互的，科举中的成绩优异者最高的理想境界其实也是成为帝王之师，辅助有道君主按照儒家修身、齐家、治国、平天下的原理，将自己修炼成贤明君主、模范皇帝的老师顾问，最终夺取天下，治理王国。儒生中的最不济者也是希望成为为人师表的一代宗师。

六、落魄经学大师冯梦龙

冯梦龙一边在科举路上孜孜以求，一边为了谋生担当私塾教师，只是到了历经无数次的考试而失败后的五十七岁那年，才被举荐为贡生担任了官学中最最底层的丹阳县学训导后升任教谕，步履始终徘徊在民间私塾和官家的县学老师之间。

---

[1] 杨新华、卢海鸣：《南京明清建筑·江南贡院》，南京大学出版社，第82页。

然而，冯梦龙所教授的内容依然难脱儒学的窠臼，无非四书五经，而老资格的秀才冯梦龙不愧这方面的行家。他不仅是四书五经优秀的教授者，还是这方面教学辅导材料的编写者，甚至还延伸出了许多历史文学作品，都是畅销书。这一方面是生计所需，赚些银两养家糊口；另一方面也展示了他的绝世才华是全方位的，除了小说、戏曲、民歌以外，他的经学、历史知识也足以担当国家重任。然而，在创作高峰期，冯梦龙依然没有忘记自己在仕途经济上的长途跋涉，他始终不愿放弃科考，而直接进入拔贡，他必须在官僚阶层的九层高塔上获得一席之地。这一点他没有同为江南名士的张岱看得通透，当然张岱作为家资饶富的仕宦子弟，要比他有钱得多，是不需要为了谋生去当什么私塾教师，靠编写四书五经的教辅材料换取银两以养家的。

虽然，他在仕途经济的路上走得十分艰苦，最终谋求到的职务也仅仅是七品知县而已，但是这在以贡生入仕者中已属凤毛麟角。

请看在四书诠释方面他有《四书指月》对孔孟经典四书做出了通俗化解释，即使今世阅读也不无裨益；在经学方面他有《麟经指月》把儒家学说作为经来解释是从《庄子·天运篇》开始：孔子谓"老聃曰：丘治《诗》《书》《礼》《乐》《易》《春秋》六经以为久矣"，尤精于《春秋》并专就春秋四传《左传》《国语》《公羊传》《谷梁传》撰写了《春秋衡库》和《春秋定旨参新》两书长篇累牍对于春秋经义加以阐述，他曾经引用北宋理学大家胡安国的《各传序略》云[①]：

《春秋》鲁史尔，仲尼就加笔削，乃史外传新之要典也，而孟氏发明宗旨，目为天子之事者。周道衰微，乾纲解纽，乱臣贼子接迹当世，人欲肆而天理灭矣。仲尼天理之所在，不以为己任而谁可？五典弗惇，己所当叙。五礼弗庸，己所当秩。五服弗张，己所当命。五刑弗用，己所当讨。事故假鲁史以寓王法，拨乱世反之正。序先后之伦，而典自此可惇；秩上下之分，而礼自此上下可分；有德者必褒，而善自此可劝；有罪者必贬，而恶自此可惩。而志存乎经世，其功配于抑洪水、

[①] 《冯梦龙全集第16卷·春秋衡库附录前一·各传序略》，江苏凤凰出版社，2007年9月版（以下引用同）。

赝戎狄、放龙蛇、驱虎豹、其大要则皆天子之事也。公好恶，则发乎《诗》之情；酌古今，则贯乎《书》之事；与常典则，则体乎《礼》之经；本忠恕，则导乎《乐》之和；著权制，则尽乎《易》之变；百王之法度，万事之准绳，皆在此书。故君子以为五经之有《春秋》犹法律之有断例也。

　　胡安国这此篇序言中已经将《春秋》大义阐述得非常明白了。故过去就有"孔子著春秋，乱臣贼子惧"一说，目的仍属为了在礼崩乐坏的乱世维持君臣大义的纲常礼教，维护尊卑有序的等级，安顿王道乐土的秩序。

　　当然，冯梦龙为了总结历史教训，以史为鉴，根据中国的二十一史编著了《纲鉴统一》又是厚厚两大本，明末著名学者著名抗清领袖黄道周在崇祯壬午年（1642年）的夏天为本书作序。时间离明王朝的覆灭还有一年多一点点，由此可以推测出在天崩地坼的紧要关头，冯梦龙与诸多抗清名士一样是准备维护王朝一统而不惜牺牲自己身家性命的。在通俗小说方面他在丰富的经史知识基础上改编充实了历史小说《列国志》纠正错讹，补充史实，创作诗词，增加体量，润色文字改写成《新列国志》。也就是当下流传，由蔡元放加注的《东周列国志》。

　　钱穆曾经很清晰地梳理过儒家学说的脉络，儒家的主要政治思想核心并不体现在《论语》当中，而是体现在《春秋》里。他认为：

隋唐以前人尊孔子，《春秋》尤重于《论语》。两汉《春秋》列博士而《春秋》又几乎是五经之冠冕。《论语》则与《尔雅》、《孝经》并列，不专设博士。以近代语说之，《论语》在当时，仅是一种中小学教科书，而春秋则是大学讲座。……此下魏晋南北朝以迄于隋唐，《春秋》刊于经，仍非《论语》所能比。

　　关于冯梦龙对于《春秋》的熟悉程度其弟冯梦熊在《麟经指月》序言中不吝笔墨夸奖他的老兄：

余兄犹龙，幼治《春秋》。胸中武库，不减征南（杜预）。居恒研精覃思，曰吾志在《春秋》。墙壁户牖皆置刀笔者，积二十余年而始惬。其解粘释缚，则老吏破案，老僧破律；其劈（臂）肌分理，则析骨还父，析肉还母；其宛折肖传，字句间传神写照，则以灯取影，旁见侧出，横斜平直，各得自然。盖不止绍兴讲习，习翼解颐即康戌之梦孔子，发墨守，鍼膏肓，书带草悉而教锄矣。烨烨乎古之经神也哉。而荏苒至今，犹未得一以《春秋》举也，于是抚书叹曰："吾怕吾之苦心土蚀而蠹残也，吾其以《春秋》传乎哉。余受《春秋》于兄而同困者也"①

冯梦熊也是秀才中的优秀者，因此有可能被当地府学推荐到国子监当太学生，然而他和他哥哥冯梦龙一样毕其一生就是一个白衣秀才，却是苏州有影响的诗人，其诗作磅礴大气，雄浑悲壮，也是一个"贫贱不能移"具有大丈夫气概的狂狷之士。可惜不愿屈节阿附权贵，不愿降尊纡贵卖文媚俗以求温饱，最终死于饥寒。他在这篇序中，饱含对兄长的赞美之情，以诗人的笔触浓墨重彩地描绘了其兄自小就对《春秋》情有独钟的画卷。赞美老兄胸中的学术见解绝不亚于晋代文武全才的学者兼大军统帅的杜预，梦龙老哥整整花费了二十来年的心血来写作注释《春秋》，欣慰地了结了一桩夙愿，可谓持之以恒，精研覃思，条分缕析，还原了《春秋》本来面目。其对《春秋》的熟悉程度，犹如老官吏破案手到擒来，更像是老和尚解经鞭辟入里，作品语言之生动，字句之传神，如同明灯照耀留下烛影；仿佛梅花临水疏枝斜出，夺自然之天韵，显独具之匠心，仿佛得到孔老夫子梦中真传。其注解的《公羊传》《谷梁传》完全具备了古代经学的精髓，而光阴荏苒一晃二十多年过去了，我家老兄一直没有碰到以《春秋》出题的试卷，一直未能中举，只能抚书感叹到："我怕我苦心孤诣创作出的作品被泥土所侵蚀，被蠹虫所蛀蚀。"梦熊本人也受教于老哥，钻研《春秋》，同样受到影响，弟兄两至今还是仕途无望啊。一声叹息，既为老兄怀才不遇而悲叹，也为自己仕途命蹇而感慨。

翻开浩繁叠卷的《冯梦龙全集》，我们可以发现有相当篇幅和图书是对四书五经的注解和诠释可谓经学方面的通家，尤其是儒家经典《春秋》的专家。

这些其实都是用作科举考试的教学用书，用现代语言来说也就是叩开科举大门的敲门砖。冯梦龙用二十多年心血铸造了这些砖头一样厚重的图

---

① 《冯梦龙全集第17卷·麟经指月序》，江苏凤凰出版社，第2页。

书，用于叩开仕途大门，到头来竹篮打水一场空，这扇沉重的大门对他紧闭着。只是在他的晚年，崇祯皇帝终于悄悄隙开一条缝，使他终于钻进了大门去了边鄙小县福建寿宁，担任了四年知县。

对于朝廷在摇摇欲坠时期的知遇崇祯皇帝及其王朝，虽然他这个芝麻绿豆小官，难以窥见天颜，但是皇帝就在自己身边，皇帝的安危始终在心底荦荦挂牵，就是煤山殉国了，崇祯他老人家的英魂须臾也没有离开过自己，这就是作为臣子效忠情结。这既是老秀才的报恩思想，也是他对于《春秋》大义的坚守。

《春秋》是中国现存的第一部编年体史书，按年记载了鲁国从隐公元年到哀公十四年或十六年间（前722～前481或前479）的历史大事。其纪年体的编制完全依据鲁国历史上发生的真实事件为依据，记述范围却遍及当时整个中国。内容包括政治、军事、经济、文化、天文气象、物质生产、社会生活等诸方面，是当时有准确时间、地点、人物的原始记录。如它记载的三十七次日食，就有三十次同现代天文学推算完全符合，证明《春秋》确是当时的信史，绝非后人所能杜撰。

旧说《春秋》为孔子所作，但近代学者研究证实，它应为鲁国历代史官世袭相承集体编录。因早在孔子出生前就有《春秋》流传，并已具备约定俗成的一套传统义例，即所谓"书法"。当时晋、齐、楚、宋等国均有这样的史官建置和类似的史书编著，其体裁及"书法"也大体一致。《春秋》所以能记载各国大事，就是这些史官相互通报的结果。另外，《春秋》中有违反"书法"、为权贵开脱罪责的曲笔讳饰之辞，也有与孔子观点相反的记载，还有一些缺文讹误，甚至记录了孔子的生卒年。这些都说明《春秋》不可能是孔子所作。

《论语》《左传》中都记有孔子对春秋时代历史人物、事件的评述，可见这是孔门弟子研讨的重要内容之一。当时正值社会剧变，礼坏乐崩，"天子失官"之时，原属官府掌管的《诗经》《尚书》《春秋》等典籍散播民间，成为孔门教学的宝贵资料。将世代相传的国史《春秋》作为教材，转抄流布，大约便是孔门后学所为。传说孔子晚年的高足弟子子夏即为擅长《春秋》的大师，而将孔子生卒记入《春秋》也当出于孔门后学对先师的敬意。孔子虽不曾编写过《春秋》，但讲述研习《春秋》却应肇端于孔子。

现存《春秋》分别载于《左传》《公羊传》《谷梁传》，三传经文大同小异。《春秋》经文极为简略，每年记事最多不过二十来条，最少的只有两条；最长的条文不过四十余字，最短的仅一二字。显然这只是若干历史事件的目录标题。这是由于当时的历史尚以史官口述为主，文字记载仅属起提示作用的备忘录。

《春秋》虽然简短，却记载了准确的时间、地点、人物，从而赋与史官的口头讲述以信史价值，这已是史学发展上的巨大进步。然而由于《春秋》叙事过简，亦被后人讥为"断烂朝报"。《左传》以大量翔实丰富的史实，弥补了《春秋》的不足。但在政治方面，《春秋》又具有不可与《左传》等同的意义。汉以后，《春秋》被尊为孔子编撰的圣经，在政治上、学术上处于至高无上的尊位。历代不少儒生对它曲解依托，尽情发挥，使它在经学和史学领域，以至政治生活方面都产生过重大影响。

明代科举的选题就是依托于这样的历史典籍，加上后来人的注释，包括历朝历代五经博士的注解中的语句提炼而出，让士子们根据现实进行阐发而做成策论。这些其实都是从官方指定的教材也即《五经大全》中选择考题。尤以南、北直隶和各承宣布政使衙门组织的省级考试（乡试）最为严格，一般三年举办一次，因时间是在八月份，被称为秋闱。乡试规模大，难度也大，特别受到地方政府的重视，但凡中举者日后不是地方官就是京官。

乡试分为三场：第一场是官方指定教材四书五经中的教义；第二场，试诏、诰、表、章等官场应用文的写作；第三场，试经史的策论。三场考试分别定在八月九日、十二日和十五日。黄昏时交卷，如果没有答完，则发给三根蜡烛，蜡烛燃尽仍然未答完题的，被强行拖出考场。考试结束后，考生退场收卷、弥封（糊名），然后由助考官员用朱笔誊抄一遍，防止作弊，保证考试的公正性，最后送主考、副主考会审确定名次。

可以想见，当年我们的主人公冯梦龙先生从青春焕发的年轻秀才一直考到鬓发皤然的老年生员，每三年要骑着小毛驴往返苏州、南京两地，每一次的乡试就是一次体力和脑力的双重消耗，从青年考到老年，冯梦龙在年轻学子的讪笑中依然是一位著作等身而又善于指点江山的白衣卿相，从心底来讲是十分失落和悲哀的。而且这些考试虽然被称为是秋闱，南京的

43

气候却是秋老虎式的炎热和潮湿,在那窄小的仿佛鸽子笼似的考棚里挥汗如雨苦思冥想地做那些毫无情趣的八股时文对于头脑敏捷,行动迟缓的老人委实也是一件十分痛苦的事情。

此项制度在唐代初现雏形,形成规模。当唐太宗站在金马门上看着新科进士鱼贯进入朝堂,感慨得意之情油然而生,他挥舞着宽袍大袖得意地长啸道:"天下英才尽入吾彀中",可谓"袖里珍奇光五色,他年要补天西北"都是当年女娲留下的五彩石啊,是用来弥补王朝缺失的利器。到了宋明两代科举在注疏经典方面走向完备,考试制度也走向成型,形成严密的拔擢程序和严格的考试标准,也即人才的选拔、培养、举荐和考核的八股取仕制度,走向了成熟也即走向了僵化,开始由兴盛滑向衰落,而王朝末世苍天已经是难以补阙了。

冯梦龙并不知道科举制度那些光鲜照人的外表下面,又隐藏了多少不为人知的辛酸和不可与外人道的罪恶,能够录取的不一定是人才,徘徊于科场之外的有时往往又是人中豪杰,后来的曹雪芹也有如斯慨叹"无才可去补苍天,枉入红尘若许年,此系身前身后事,倩谁记去作奇传"。尤其在礼崩乐坏的王朝没落期,科举也堕落成一场认认真真走过场的儿戏。

明代以八股时文取仕。八股文形式僵化,内容空洞,无病呻吟。永乐时颁布《四书大全》,以朱熹注为正宗。参加科考的人只读朱注《四书》,却很少披览《五经》的,所以明人学问非常狭隘浅陋。还是那位喜欢挑刺大思想家顾炎武十分透彻地揭露:

今日科场之病,莫甚乎拟题。且以经文言之,初场试所习本经义四道;而本经之中,场屋可出之题不过数十。富家巨族,延请名士,馆于家塾,将此数十题各撰一篇,计篇酬价,令其子弟及僮奴之俊慧者记诵熟悉。入场命题,十符八九;即以所记之文誊抄上卷,较之风檐结构,难易迥殊。《四书》亦然。发榜之后,此曹便为贵人。年少貌美者多为馆选,天下之士靡然从风,而本经也可以不读矣。予闻昔年《五经》之中,惟《春秋》止记题目,然亦兼读四传。又闻嘉靖以前,学臣命《礼记》题,有出《丧服》以试士子之能否记者。百年以来《丧服》等篇皆删去,今则并《檀弓》不读矣。《书》则删去《五子之歌》《汤誓》《盘庚》《西伯戡黎》《微子》《金滕》《顾命》《康王之诰》《文侯之命》等篇不读，《诗》则删去淫风、变雅不读，《易》则删去讼、否、剥、遯、明夷、睽、蹇、困、旅等卦不读，止记其可以出题之篇及此数十题之文而已。读《论》唯取一篇，披《庄》不过盈尺；因陋就寡，，赴速邀时，昔人所须十年而成者，以一年毕之；昔人所待一年而习者，以一月毕之。成于剿袭得于假倩，卒而问其所未读之经，有茫然不知为何书者。故愚以为八股之害，等于焚书；而败坏人才，有甚于咸阳近郊所坑者但四百六十余人也。①

顾炎武所披露的晚明科举之弊端：首先士子们所读皇家钦定《四书五经大全》已是明成祖一朝，在建文儒臣大量被屠戮后人才匮乏之际，由一帮不学无术吹牛拍马的家伙剪刀加糨糊，剽窃前朝学者的拼凑之大杂烩，教材质量有瑕疵。

其次，命题的考官本身素质不高，舍弃内容较经典的《春秋五传》，专捡较为容易的《四书》命题，给以《春秋》为专业的学者冯梦龙的阐述带来障碍。

再次，类似冯梦龙这样持身严谨的通学大儒必然不屑于搞那些鸡鸣狗盗的小动作去博取功名。很多富家子弟则花巨资聘请家教，将有可能出题的《四书》章句事先做好范文，默默背诵，临到考试按照熟记之考题，对号入座，自然无所不中。

其四，考官遴选人才以貌取人尽是年少俊美的小鲜肉，类似冯梦龙这些老秀才鬓发如雪，一袭旧袍看相已是老朽猥琐，更加不入考官法眼，以至屡试屡不中，只能走选贡这条路，充当风尘俗吏。

最后，顾炎武总结道，过去别人用十年寒窗读经所下的功夫，如今一年即可完成；过去需一年所学习的知识，如今一个月即可偷工减料地完成；这种成于抄袭的投机取巧的假学问，如果突然问其未读过的经典，一定是茫然不知为何书。所以我认为八股文之为害，等于当年焚书坑儒，是一种败坏人才的举措，危害性甚至超过当年秦始皇在咸阳近郊坑杀的四百六十多个儒生。因为这项制度面对的是天下成千上万个读书之人。

---

① 何耿铺：《经学概说》，湖北人民出版社，1984年1月版，第111页。

七、冯梦龙笔下的老秀才

冯梦龙在他的《警世通言》中讲了一个《老门生三世报恩》的故事。

话说明代正统年间，广西桂林府兴安县一个老秀才鲜于同久试不中，直到头发胡须花白还夹杂在一群年轻的秀才队伍中参加每三年一次的乡试，遭到同行的奚落耻笑。

用冯梦龙的形容是"科贡官兢兢业业，捧着卵子过桥，上司还要寻趁他。"老秀才所过的桥也就是科举考试通向仕途的独木桥，他青年时代也是神采飞扬的少年神童，曾以优异的成绩考中秀才后，就开始捧着卵子向独木桥进军，科举应试也确实是底层读书人视作生命线唯一一条终南捷径。一直考到三十岁上，按照资历可以升贡了，也就是说作为老秀才可以不参加乡试，按照科举的制度设计将秀才中的优秀者作为向皇上贡献的礼品举荐到国子监读书成为贡生，一年期满后可以出任衙门中的下级官员充当胥吏，挤入体制当中成为钱粮师爷或者县学、府学中的老师、校长一类。

这种官场中的风尘俗吏被称为浊流，是当不了大官的。然而这位自视甚高老秀才却不肯放弃科考这条生命线，八次出售让出了贡生举荐名额，在得到一大笔金钱后，继续混迹于年轻的科考大军中参加三年一次的乡试，以惊人的毅力，忍受着学官和同行小鲜肉们的冷眼，强作欢颜地在嘲笑中继续走着自己的科举之路乐此不疲。在此落魄之际，他慨然吟诗一首鼓舞自己的斗志，估计这首诗也是出自冯梦龙的手笔，因为这篇小说被学者们认为在"三言"中是唯一一篇冯梦龙原创的作品。冯梦龙艰难的科举之路有着太多与鲜于同的相像之处，也算是借小说以浇心中块垒：

从来资格困朝绅，只重功名不重人。
楚士凤歌诚恐殆，叶公龙好岂求真。
若还皇榜终无分，宁可青衿老此身。
铁砚磨穿豪杰事，春秋晚遇说平津。

故作潇洒中渗透着老秀才科考之路的艰辛和悲凉，然而又不失雄心壮志，忍辱负重提着卵子去不畏艰辛地继续着自己的科举之路，或许走过这条幽暗狭窄的小桥就能通向绿树蔽天阳光明媚的彼岸。因为孟夫子曰"天降大任于斯人也，必先苦其心志，劳其筋骨，行拂乱其所为"，最后的坚守也许意味着最后的胜利。

这些表白简直就是冯梦龙本人的写照。从来这些步入朝堂的那些大老绅士们，都是讲究资格出身的，他们只是看中了功名不看重人的才华和品格。当年楚国的狂人接舆在孔老夫子座驾前目不斜视高歌一曲。歌词大意是："凤鸟啊，凤鸟啊，你的德行为什么这样衰微？过去的就不要再说了，未来还可以追赶得上。算了吧，算了吧，现在从政的人多么危险啊！"实际是当着圣人之面大发人才未有知遇之人的牢骚。而朝廷对于人才的追求只是叶公好龙当不得真的。如果还是和金榜题名没有缘分，我宁愿穿着布衣青衫终老此生了。铁砚磨穿了那才是真正的豪杰，熟读春秋在晚年求得功名的还有汉代大儒平津候公孙弘，这些人成为我人生榜样啊。

此诗写得颇有"李广难封，冯唐易老"的感慨和悲凉，站在此岸世界，看着远方的落霞孤鹜，秋水长天，彼岸不可见兮，唯剩悲伤。哎，还是当朝大佬们有眼无珠不识他这样的龙凤人才啊。冯梦龙和鲜于同心心相通惺惺相惜欲说还休呢。他们都如同卧槽的骏马、困潭的卧龙，痴心地苦苦等待伯乐的发现，鄙视叶公似的官场伪君子。

于是冯梦龙在他的苏州苍龙巷憨愚斋书房里，咬着笔杆，对着四五竿翠竹、一二丛芭蕉绿树和满目清瘦的梅花开始构思他的乌托邦，显然他将他的美丽科举梦托付在他小说主人公鲜于同的身上。让这位老秀才在晚年如愿以偿进入天子门生的行列，步步高升，然后以儒家忠义思想去报恩以偿夙愿，从而塑造儒家忠义人格的光辉形象，使这篇小说充斥满满的正能量。

即使其中渗透着诸多因果报应的说教，在文学史中几乎被后来的冯学专家们所忽略，但是却是冯梦龙真实身世写照和其价值观的体现，本文不得不进行详尽的解剖。

这首先在于社会生产力的发展使得社会财富巨额积累更加集中在权贵阶层的手中，而导致了他们实际生活中的骄奢淫逸为所欲为，传统价值观在统治者的整体堕落中的崩溃，他们所倡导的理论与他们的实践严重脱节，用朱熹的话说叫着"先知而后行"用王阳明先生话说叫着"知行合一"也即理论和实践的统一，以良知作为道德杠杆作为价值支撑。然而，良知在心目中失去了地位，没有了摆放的地方，人心只能沦于空空荡荡的堕落，欲望的张扬充斥其间销毁了支撑人的行为准则，欲望就犹如脱缰的野马肆意践踏着原野，而使得人欲横流，腐败蔓延，贫富悬殊的差距越拉越大激起民变，社会就会出现动乱，外敌就会乘虚入侵，王朝就沦于内外压力下的解体，这就是晚明时期的世象。

那种统治机器在诚信丧失、基础动摇的基础上沦于空转，王朝统治者们枕于安乐，麻木不仁，王朝统治也就在阵阵歌功颂德的青词中一天天地满足中一天天堕落。那些符合时代精神的新价值观正在封建的回光返照中艰难地成长着，即将为呼啸而来的异族统治者更加严酷的思想统治和政治钳制所扼杀，新社会的曙光也就成为夕阳长久地消失在地平线以西，不得复明，这就是中国明清交替之际的劫难。

我们可爱的冯梦龙先生在他诸多改编的唐宋元明爱情小说中闪烁着诸多商业文明的人性之光。在这篇标准的正能量官场小说中依然还是以儒家原教旨主义的"学而优则仕"塑造着鲜于同的光辉形象，证明着没落王朝的科举制度虽然在拔擢人才方面有着遗珠之憾，但是是金子终将闪光的大团圆似结局依然使士人们寄托着诸多水镜幻影，忍不住投身其中进行着一场猴子捞月似的人生泅游。

因为鲜于同没有被体制所埋没、所腐化，而是在腐败的体制中脱颖而出，成了忠义的典型，然后成就了地方大员督抚的皇皇业绩，终于实现了人生的理想，这是冯梦龙为自己画的一张蓝图。

首先这必得设计一个救世主的形象，伸出观音大士的臂膀将他从科举苦海中打捞出来。这个人出现了，就是兴安县的蒯遇时。老秀才在县学一次偶然的测试中，文章进入蒯知县的法眼，虽然蒯知县事后深深后悔竟然被这位屡试不中的科考"老前辈"所蒙骗，然而知县的赏识毕竟给他人生幽暗的隧道照进一缕阳光，使他在冰冷的体制中挣扎的心有了一丝温暖，冯梦龙为这丝温暖又赋打油诗一首感叹鲜于同时来运转，此诗通俗易懂，对于人物外貌和内心刻画都十分传神：

矮又矮，胖又胖，须鬓黑白各一半。破儒巾，欠时样，蓝衫补孔层层绽。你也瞧，我也看，若还冠带像胡判。不枉夸，不枉赞，"先辈"说嘴惯。休羡他，莫自叹，少不得大家做老汉。不需营，不须干，序齿轮流做领案。

　　就是指这位其貌不扬，着装陈旧的老汉被身穿豪华时髦的年轻秀才轻蔑称为"前辈"的鲜于同，他的文章被蒯知县一次偶尔的疏忽中，拔得头筹。又进入三年一次的秋闱省试也即是乡试中的举人考试，这可是进入官场的第一道门坎，他必得迈过去也就是鱼跃了龙门，可以直达天庭了。碰巧这位蒯知县被征聘出任乡试的《礼记》房考官，因为明代科考的题目均出自四书五经中题目，由秀才们点评做出和时政相关的策论，而考官和秀才们钻研的也各有侧重。凑巧鲜于同与考官蒯时通有相同的爱好，研读的经书也一致。而冯梦龙研究的重点则是《春秋》一直碰不到出《春秋》的考题，就毕其生未能中举，这种科举考试也像是轮盘赌，凑巧押宝押对了满盘皆赢，有时是靠手气和运气的。

　　鲜于同押宝压得顺手，在喝醉酒之后，又腹泻得肚里空空，在昏昏沉沉中只是顺手写来，也不想高中，却偏偏无心插柳柳成荫，得中高魁，再次夺得文案之首，偏偏兴安县只中了他一个举人。这样顺利进京参加会试，又在考试前的当晚梦里梦到考题出自《诗经》，事有凑巧，蒯遇时因为官清正升任礼部给事中，又入经房担任考官，这样无巧不成书地按照自己的理想境界编书，鲜于同没有不高中的。

　　当然这些小说家言编造痕迹太重，失去了真实性。这种府试乡试到京城会试手续繁杂，程序极严。主考官与考官之间隔着几层，也即秀才、举人的墨卷要由考官重新誊写成朱卷才能呈主考审阅，免得认得字迹，而为熟人作弊。所以冯梦龙为了使自己小说主人高中实在编造了太多的偶然。这次会试不出冯梦龙编造鲜于同高中，顺利进入殿试。一般殿试也只是走走形式，显示一下天子门生的权势而已，而且不出所料六十一岁的老举人被考上二甲头等，得选刑部主事。当然比他年轻十一岁的蒯遇时就这样在诸多的偶然中，成了鲜于同的三世老师。

　　门生要报老师的三世知遇之恩，随着鲜于同由刑部主事外放台州知府、惠宁道兵宪、河南廉使直至浙江巡抚，可谓青云直上，晚年得志，一路风光一路报答小蒯当年知遇之恩，连续三次使得蒯家逢凶化吉，直到自己的孙子和小蒯的孙子在老鲜于的辅导下同窗读书，在鲜于同九十一岁告老还乡的六年后，两孙儿统统高中进士。冯梦龙的科举梦在他的精心策划下完美告结。

然而，现实归现实，小说归小说。现实永远没有想象的那么完美。冯梦龙的乡试之梦一直延续到了五十七岁的当儿，才被补了贡生，去了江南的丹阳县先是当上了训导后是升任教谕。直到六十一岁才升任远在福建的边鄙穷困之县的寿宁当了四年知县，开始践行他的济世报国的梦想，可惜他没有鲜于同那样的时运，尽管他干得非常出色。然而，在仕途上他终其一生是一个用于科举敲门的砖块，尽管他是一个分量很足的金子，他发出光芒体现在他对经学的研究方面，他是四书五经的诠释者普及者，科举通俗教材和教学辅导用书的编写者。官场的尝试只是人生游戏中的偶然，他对这个给他创造偶然机会的崇祯皇帝视为恩师，终生效忠，践行了自己作为儒家学说忠实弟子的诺言。他因此在那个社会顶天立地，光彩照人。

第三章 边关大帅和冯梦龙

一、熊廷弼力挽危局招猜忌

明代的统兵、治兵、监军督察分权制约体制，有对军阀集团控制的实际功效，却在事实上造成了文臣和武将的对立。再加上太监监军和御史纠察，使得武装集团和文官集团的矛盾更加尖锐，军力难以整合，军队的作战能力和机动转移能力受到掣肘。和游牧民族崛起的建州贵族武装集团相比较，在作战效率上差了许多。

万历四十六年（1618年），努尔哈赤在统一了女真部落后，自称后金，便和明帝国撕破脸皮，以"七大恨"誓师，乘明疏于防守，一举攻下抚顺等地，连败明军，全辽大震，撼动朝廷。明万历四十七年（1619年）特派兵部侍郎杨镐巡抚辽东，率领十多万大军，四路合击后金。杨镐本无将才，在朝鲜抗击倭寇时，曾经弃军队先逃，致使全军溃败，由于和当时执政的浙党集团头目关系密切，才得以重用。

东路总兵刘綎骁勇善战，可由于杨镐的猜忌，便让他孤军深入。随行的朝鲜将领问他为何不请兵，他说："杨爷与俺自前不相好，必要致死，咱也受国厚恩，以死自许。"当时的朝廷上下均十分轻视刚刚崛起的后金，以为以优势兵力一举可以获胜，而杨镐也本无战意，只想取得一些小胜就冒功请赏。大雪初晴，明军出发，由于行动迟缓，后金早已侦知，努尔哈赤斩钉截铁地说："凭你几路来，我只一路去"集中八旗精锐，首先扑向西路军。

西路军首领是有勇无谋的杜松，他立功心切，率军直到萨尔浒，留下两万兵马，又马上领兵渡浑河，进攻界凡城，后金挑坝放水，使得正在渡河的明军淹死无数，并且切断两岸明军的联系。随后乘天黑雾浓猛攻萨尔浒大营，明军迷失方向，士兵点起火炬，全部成为后金兵的活靶子，很快被斩尽杀绝，死者满山遍野，血流成渠，僵尸如冰块一样府浮于水面。

北路军将领马林听到败报，将部队分为三路，被各个击破，仅自己只身逃回。刘綎东路军误入埋伏，全军覆灭。杨镐急令南路明军撤退，后金二十多人吹号虚张声势，吓得明军狂奔逃窜，相互踩踏，死亡一千多人。萨尔浒战役明军以优势兵力而在战略战术上的一再失误，导致一败涂地，从根本上改变了辽东双方的力量对比，从此大明帝国在辽东的战局一阕不振，军事上一路走低。

杨镐三路丧师，帝国举朝震惊，杨镐被逮下狱处死。熊廷弼被任命为辽东经略。

熊廷弼，字飞白，湖北江夏（武汉）人。身长七尺，个头至少在一米八零以上，可以说身材魁梧相貌堂堂，但是他面部少胡须，就显出某些书生气质来。

熊公在二十九岁那年万历丁酉年（1597年）乡试第一，成为解元，万历戊戌年（1598年）进士，授保定府推官（法院院长正七品），召入为御史，特命巡抚辽东。他虽然以科举正途担任边关统帅，但是身上具备明显的军人气质：首先他有一身好武艺，膂力过人，可以说是孔武有力，能够左右开弓连发两箭；而且他对于军事战略不陌生，有勇有谋，在辽东任职数年，禁止贿赂，整肃将吏，风气为之一变。

这时老熊受命于危难之际，辽东萨尔浒大败之余，一片混乱，士兵对后金闻风而逃，人人要逃，营营要逃，个个都成了亡命之徒。各营逃兵每日数以千百计，老百姓也纷纷逃往关内，沈阳及诸城堡几乎都逃光了，数百里皆无人烟。

熊廷弼抱着尚方宝剑出了关，日夜兼程赶往前线，在途中遇到逃兵便劝说、命令回营，并斩杀逃将三名，制止了三军大规模的溃逃。当时官吏更为怯惧，熊廷弼命佥事韩元善去安抚沈阳，他死活不肯去，又命佥事阎鸣泰去，他走到虎皮驿就哭着回来了。

熊廷弼一拍桌子，决定自己亲自前往，部下纷纷劝阻，他却豪爽地说："冰天雪地，敌人肯定想不到我会来。"他到沈阳安排好防务，又乘雪夜直入抚顺，所致杀贪官，罢庸将，督促军士造战车，收拾火器，修城浚壕，严肃军纪，很快安定人心，巩固了边防。

熊廷弼认为速战进攻是不合实际的，要采取"坚守渐逼"的策略，他集兵八十万，分守沿边重镇，辽东形势大为好转。这时神宗、光宗相继去世，朝中党争闹得不亦乐乎。老熊性情刚直，好谩骂，为官清正，不取一钱，也不结交朝中诸党，于是大臣都不帮他说话。而且他不徇私情，执法严厉，部下左右颇有怨愤，有人上疏攻击，说他出关一年无功无谋，甚至说不去廷弼，辽东不保。朝廷因此将他罢免。

继任经略袁应泰不知兵事，尽改老熊所为，急于三路出击后金。天启元年（1621年），努尔哈赤率军攻克沈阳、辽阳，经略袁应泰自杀，其后攻下大小七十余城。

辽阳、沈阳失陷后，军民恐慌，纷纷逃亡，以至前线200余里烟火断绝，京师大震，白天也紧闭九门，实行戒严。此刻朝廷又想起了闲居在家的熊廷弼，再次启用老熊为辽东经略，赐给他尚方宝剑，许诺总兵以下可以先斩后奏。但是熊廷弼此次出关并无实权，巡抚王化贞和兵部尚书张鹤鸣有私交，拥兵十四万驻守广宁，可不受老熊节制。而熊廷弼只有五千人马，加上他恃才自傲，朝臣都不待见他，要兵要饷都无门，实际成了光杆司令，于是憋了一肚子气。熊廷弼主张固守，王化贞主张速战一举收复失地。

熊廷弼说："守备之道不可不预先谋划，若只图进攻，被敌追袭，恐怕后果不堪设想。"王化贞上书朝廷慷慨陈词："愿以六万兵进战，一举荡平，我并非贪功求赏，只愿从征将士得到厚赏，辽东人民免税十年，海内除去加赋，而我归老上林便满足也。"一番话说得漂漂亮亮无懈可击，朝廷君臣听了很是感动，都认为后金指日可亡了。于是经抚不和，遇事必争，形同水火。导致掌握优势兵力的王化贞不听熊廷弼的指挥。熊经略难于指挥调动王巡抚的兵马，再加上朝廷中兵部尚书张鹤鸣的牵制，熊廷弼的收缩战线，经营和坚守广宁，集中优势兵力在寻战机出击收复失地的战略，不被理解难以实施。

天启二年正月（1622年）八旗兵进河西，王化贞命将迎战，手下他最为亲信的骁将孙得功早已为后金收买，成为内奸，出阵迎敌，蓄意投降，刚一出战，便率众先逃，明军不战而溃。孙得功等企图奔回广宁，生擒巡抚王化贞为见面礼，便大呼小叫"金兵来了"城中大乱，王化贞正在巡抚衙门里伏案处理文书，参将江朝栋撞开府门，化贞气得大骂他无礼。朝栋大叫："事急矣，请公速走"，化贞惊呆，朝栋将他夹持上马，夺门便走。逃难途中，迎面遇见前来救援的熊廷弼，王化贞不禁哭出声来。老熊微微一笑："以六万众一举荡平，结果如何呢？"化贞羞愧得说不出话来。①

王化贞从广宁溃逃，驻扎右屯的熊廷弼没有收拾残兵败将，固守关外，而是选择了和逃难的辽民散兵一起回撤山海关，这给他埋下了杀身之祸。老熊为什么会做这样的选择呢？这和他一直准备实施的所谓"三方布置"大战略有关。在《明史纪事本末补遗》中都有记载：增加登莱、天津军队守备数量，而把重兵屯在山海关，等各镇兵马都调集过来后登莱的策应也准备齐全，然后三方大举进攻。

在《明熹宗实录》的表述略有不同：兵部右侍郎熊廷弼建议，认为恢复辽左必须有三方布置，广宁用骑兵步兵和金兵对垒河上，牵制住其全力；海上督舟师，乘虚进入南卫（指金、复、海、盖等地），大张声势，动摇其人心；金人必定忌惮，只能匆忙回护老巢，如此辽阳可复。于是提议广宁、登莱、天津这三方，而山海关仅仅是居中节制。这是个大胆的战略收缩再图集中优势兵力，以"围魏救赵"实施黑虎掏心的方法，一举收复辽东失地的完整战略设想。可惜这一计划未能得到鼠目寸光的朝廷君臣认同，也得不到辽东前线同僚的支持，反而上下左右处处掣肘，致使一代名将被冤杀。②

二、儒将统军的悲剧结局

因为在传统的军事行为认识上，只进不退，不断地扩张领土，才被认为是真正的英雄。而战略上收缩，集聚优势兵力和其他战略要地形成犄角再待机进攻，收复失地，往往被朝中那些只进不退的士大夫认为是畏葸怯敌的表现，于是交章攻击，使得手中仅仅有五千兵马督师熊廷弼腹背受敌。

---

① 《明季北略卷二·广宁溃》，中华书局，第32页。
② 杜车别：《明冤》，三联书店，第63页。

再加上对于巡抚军队的指挥不动,作为蓟辽经略的他实在也是很难实施自己的辽东战略。

天启二年(1622年)王化贞不听熊督师劝阻,狂妄出击结果损兵折将全线溃败。建州后金政权出兵先后攻克西平堡、广宁。仅仅六个月之后,致使辽西重镇广宁等四十多座城市失守。熊廷弼、王化贞退入山海关,丧师失地,加上督师大人性格傲慢,不太把兵部领导放在眼中,人际关系不好,无人帮其辩白,部下出了问题,领导也要负责任,他和王化贞双双被逮北京。

王巡抚用钱买通东厂上下,却一直未处死刑,熊督师快行刑的时候,家人给内廷许以重金,结果没有能力兑现,更加惹恼了魏忠贤。当时刚好逮捕了杨涟等一干东林党人,魏忠贤趁机诬陷他们受了熊廷弼的贿赂,又罗织了他若干罪状,加上朝廷里的一些官员的诋毁,天启五年(1625年)不是主要责任人的熊廷弼被阉党串通部分朝臣,冤杀于菜市口。

临刑之际他洗浴整理冠带说:"我大臣也,死当拜旨,岂容草草!"于是从容就戮。赋有绝命词一首云:

他日倘附骭,安得起死魄。绝笔叹可惜,一叹天地白。

熊廷弼被下令从速处死后,被传首九边,即将他头颅割下后,从京城开始,依次传到明代的辽东、宣府、大同、延绥、宁夏、甘肃、蓟州、山西、固原九个边区示众,直到崇祯时才有辅臣韩爌为其申冤,得赐身首缝合予以归葬。① 当年比熊廷弼下场更加惨烈的袁崇焕,曾有《哭熊经略》诗流传于世,吟咏之,则泪落:

记得相逢一笑迎,亲承指授夜谈兵。

才兼文武无余子,功到雄奇即罪名。

慷慨裂眦须欲动,模糊热血面如生。

背人痛极为私祭,洒泪深宵哭失声。

后金迁都沈阳,大学士孙承宗经略蓟辽,进而守锦州、右屯、大凌河、开屯田五千顷,启用名将袁崇焕筑宁远城,基本稳住阵脚,辽东经营有声有色。此刻,正是魏忠贤专权对于东林党人进行残酷迫害的政治黑暗时期,

---

① 《明季北略·卷之二·熊廷弼传》,中华书局,第38页。

孙承宗这位带有东林色彩的儒将并不被信任，不久被罢免，由阉党色彩的兵部尚书高第出任蓟辽经略。

高第胆小，得知被委以重任后吓得大哭。到前线后，下令放弃关外堡垒，军民全部撤退山海关，锦州、右屯、大小凌河、松山、杏山、屯山尽行放弃，十余万石粮食弃于空城。

当时的宁前道袁崇焕坚决抵制撤退，保住了宁远孤城，抗击了努尔哈赤的猛烈进攻，努尔哈赤病发身亡。皇太极即位是为清太宗。崇祯二年（1629年），皇太极施反间计，借崇祯之力剐杀袁崇焕。至此，辽东两位最能打仗的儒将先后被酷刑宰杀，辽东几乎无战守大将可用，前者死于皇帝身边的阉党，后者死于皇帝本人的昏庸。帝国军事颓败已然无可挽回。

崇祯三年（1630年）以东林党嫌疑被长期赋闲在家的孙承宗被重新启用。孙承宗是万历三十二年进士，高阳人，曾经是光宗、熹宗两代帝师，其年轻时候在边境地区官员家中当老师，对于边关的情况非常熟悉。在天启年间曾经被重用，以兵部尚书兼大学士身份亲赴辽东，主持战局，一度稳住辽东局势。孙承宗有才干，能办事，也深谙朝廷上下的利害关系，处事方式温和中庸，但不失机敏。虽然在思想观念上与东林党人相一致，但长期在前线指挥作战，从未介入朝中党争，魏忠贤试图拉拢他，被严词拒绝。阉党横行时他只是被闲置不用。此刻阉党覆灭，被重新招用时，已经六十一岁，属于三朝元老。

他在危难之际受命收拾辽东残局，尽心尽力，先后收复遵化等四城，为崇祯皇帝笼络住几乎要叛变的祖大寿，深得崇祯帝赏识。他不顾年老体迈，出巡关外，提出了全线战略计划。崇祯四年（1631年）皇太极亲率大军两万余人在大凌河城下聚集，大凌河守将祖大寿在几次突围未果后投降后金。大凌河之败，招致朝中以温体仁为首的文官集团对孙承宗的猛烈攻击。孙承宗以年老为由，请求致仕，再次回乡闲居。

崇祯十一年（1638年）清兵入塞，一路掩杀，进攻到北直隶保定高阳时，年已七十六岁的孙承宗带领全家人率众据守孤城。城破后全家老少尽行殉节。孙承宗被俘，拒不降清，三次自杀，被清兵救下，最终向着京城的宫阙叩首，向崇祯皇帝以死明志，投缳自尽，为大明朝流干了最后一滴血。

此后，洪承畴出任蓟辽总督，崇祯十五年（1642年）清兵攻克松山，洪承畴被俘投降，朝中几乎已经无可用大将。直到甲申年（1644年）李自成农民军攻陷北京，崇祯帝自尽煤山。

三、明代的军事卫所制度

大明帝国军事体制的全面解体，战略举措的全面失败，其祸根早已在太祖皇帝建立政权时就已经埋下。朱元璋是靠枪杆子夺取政权的，当然念念不忘控制枪杆子。立国之初，他和刘基反复研究历代兵制，认为征兵制和募兵制各有长短，前者兵员素质好，军费开支少，后者训练充分，战斗力强，但军费开支大。于是综合二者之优势，创立卫所兵制。即军人列入军籍世代相袭，不受地方行政长官管辖，平时既要屯田，又要进行军事训练，是一支耕战结合的队伍。全部兵士编入卫所之中，各地视防务需要设置若干卫所，大致以5600人为一卫，设指挥使等官，下辖五个千户所；以1120人为总旗等官，下辖2个总旗，10个小旗。卫所上设都指挥使司，都司上属中央的都督府。

洪武初年，中央的军事机关为大都督府，后朱老大认为权力太大，把之分解为左右中前后五军都督府，分管全国的都司、卫所。都督府只管军籍和训练，没有指挥和统率军队的权力。遇有战事，由兵部遵从皇帝的旨意，任命总兵将官，发给印信，然后调集各兵卫所军队作战。战事结束，军归卫所，将帅立即交还印信。军籍、军政与军队的调遣指挥权分离，实现将不专军，军不私将，军权便集中于皇帝一身，避免了将帅擅兵的危险，但也造成了兵不认将，将不识兵的状况，削弱了军队的战斗力。军人的来源有朱元璋本部的士兵，敌人的降兵，充军的罪人及征调的民户。

全国统一之后，后两种成为主要兵员，特别是边防卫所多由罪人充军，因此军户受人歧视，"人耻为军"甚至一般民户怕受军户的牵连，往往不愿意与军户通婚。此外，卫所军人为军官任意驱使为役，甚至被迫为权贵种田，生活十分困苦，纷纷逃亡，而军官借机贪污缺额月粮，并不卖力制止。

到明中期，卫所便走向衰败。到了明后期，内外交困，战事频生，军士便成带枪的土匪，所到之处，烧杀抢掠无恶不作，成为民众公敌。朱老大的这种军事制度的设计，是根据开国初期军事强人的特色定身量制的军事体系。他以为他的后代遗传了他的英雄基因，一定也是天资聪睿的全能型政治军事强人，谁知道他的后代一代不如一代，不断因为贪图奢侈和享受，耽于声色犬马，走向腐败堕落的深渊，对于军事的统领也就是盲人骑瞎马，顺着悬崖的坡道下滑而万劫不复。

再加上军事监军制度的设立，内廷太监和外朝御史的参合，军队内部形成了更加错综复杂的矛盾对立体系。对于军队而言，管控难以形成统一指挥动作协调的整体。明代实施的是职业军人制度，平时募集的军士集中居住于卫所，也就是兵营，由总兵官、副总兵、参将、游击、守备分领各卫所管理，士兵开垦荒地自收自支，地方财赋给予补贴，这就是养兵的意思。战时由朝廷派出督御史兼任总督或者巡抚管理一方军政，明代特设经略，地位高于总督，往往特受兵部尚书衔加太师或者太子太保等虚衔，授尚方宝剑予以生杀予夺大权。然而，文官统兵，却不治兵，武将治兵却不统兵，统治分离，往往统治难于协调，形成对立。朝廷的战略意图不是脱离实际难于操作，就是骄兵悍将难以调遣驾驭实施。

太监、御史监军，享有红旗专报特权，也就是如同一把利剑时时刻刻悬挂于统兵督师将帅的头顶，使之战战兢兢时刻处于皇帝眼线的监督之内，难以放胆施展拳脚，如愿据实指挥作战，战略意图在贯彻上障碍颇多。而这些监军往往都是军事上的外行，只是遵循明朝旧制一味弄权徇私。皇帝唯恐将帅在外君命有所不受，所以拟定了一种红旗，上面盖有御宝，中绣火珠三颗，并书有"万急如律令"的字样，边将接到这面红旗，无论如何困难也要拼死出战进军，如果仍然按兵不动，红旗再发。依旧不肯进兵，红旗三颁。到了第三次颁至，将帅再按兵坐视就是该将帅已经变心，兵部奏闻皇帝，就要下旨拿办了。自永乐以后，红旗从未用过，到了万历年代老谱沿用，就预示着王朝已经到了危亡之际了。一般在前线将军太监、御史也有红旗专报和调兵的特权，时刻监督将帅对于帝国的忠诚度，如发现边将有投敌嫌疑，可以红旗调兵镇压叛乱，也可以红旗向朝廷专报大捷。

军事指挥系统因分权制约而缺乏战略实施的灵活性，带兵作战系统因统治分离而难以适应机动作战的需要。文武两大集团虽然也有综合素质较高的官员如胡宗宪、熊廷弼、孙承宗、袁崇焕等等，但是受制于朝廷内外各种势力的钳制，下场都很悲惨。明末清初大思想家黄宗羲在《明夷待访录·兵志三》中指出：

  唐宋以来，文武分成两途。然其职官，内而枢密，外而阃帅州军，犹文武参用。惟有明截然不相出入。文臣之督抚，虽与军事而专节制，与士兵则离而不属。事故莅军者不得计饷，计饷者不得莅军，节制者不得操兵，操兵者不得节制。方自以犬牙交制，使其势不得叛。

  这种相互掣肘，严重扯皮的体制，原本就是防止武将势力坐大，形成军阀割据，尾大不掉的乱局，周到而严密编织的一张政治大网，目的是为了王朝社稷不被军事集团倾覆。为的是防止唐代安史之乱和元末农民大起义那种现象的出现。

四、杯酒释兵权的问题

  太祖皇帝效宋太祖赵匡胤杯酒释兵权，而又处心积虑设计了这套军事制度。然而，这样的兵制却衍生出了许多问题，军事实力的削弱，边防武备松弛，军队毫无战斗力是一个方面。另一方面军队作为武装集团坐镇各地，却也变成了严重扰民的一股强大势力，无异于手持武器的强盗，军民关系恶劣，真正打起仗来得不到民众的支持，必然变成无水之游鱼，等待的就是被大网捕捞，作为被送进敌军饕餮大口的美食。

  冯梦龙在《甲申纪事·序》中有切中时弊的分析：

  夫军政之未立，非无兵也；有兵而若无兵，且其害更甚于无兵，是以虑也。古者用兵，宁使饷浮于兵，不使兵浮于饷。今未聚饷而先聚兵；兵既聚而饷不足。于是倡为打粮之说，公然扫掠民间。掠妇女则为妻妾，掠壮丁则为奴仆，一兵家属多者至十余人。朝廷养一兵，不能并养其十余人的家属，其势益不得不出于扫掠。而有兵之处，闾里皆空。未见一二贼兵，先添万千兵贼。百姓嗷嗷无所控诉，良可痛也。不特此也，兵既有家属，势不能草居露宿。于是占民间之居，用民间之物，兵富而民贫，兵乐而民苦。才一征调，则又有安插家小之说，拣择瘠肥，迁延月日势所必至。从设兵以来，未有是也。

  兵之恋恋室家如此，即便驱之赴敌，亦内顾之意多而进取之意少，求其死绥立功，尚安可得？此弊不革，恐饷终无时而足，兵终无时而可用。

冯梦龙在序言结尾处非常气愤感慨地写道：

孔子答子贡问政：先足食，次足兵。及不得已而去，则先去兵。谓国家多事之日，兵反为害，不若去之。今也不得以之时矣！如子之言，何以守？何以战？曰：孟氏有言，与民守之，何必兵！若夫战，吾也知非兵不可。而在今日之兵必不可，何也？勇于残民，而怯于赴敌，则军政之不立也；军政立，而一兵费一兵之饷，饷何患不足？一兵得一兵之用，兵何患不强？[①]

这是冯梦龙在甲申之变以后，通过和从北方逃难来的一些官员交谈，看了他们的笔记，得出的结论。那些流亡到南方的北迁之士，提到官军之所为，无不切齿痛恨。冯梦龙记下他们的见闻，痛心不已地写下了自己的体会，这些体会刻骨铭心，他特地作为序言，写在《甲申纪事》的卷首以为警示。

尤其在王朝末期，礼崩乐坏朝纲坠落，文官集团已经难以驾驭雄霸一方的骄兵悍将，军事首长就有可能操纵政局，那些内阁大学士、督抚大员甚至皇帝都只是台面的摆设。以后要登场的南明小朝廷面临的就是这样的尴尬局面。

当福王朱由崧通过太监暗中勾结江左四镇总兵官黄得功、刘良佐、高杰、刘泽清冲破文官集团尤其是主政的东林党人兵部尚书史可法、钱谦益等人拥立潞王、桂王的阻力当上监国后，皇位已经唾手可得。而这些在与农民军、清军作战中屡遭败绩，一路烧杀抢掠退走江淮的败军之将，原本需要追究责任的家伙，俨然具有了护驾拥立之功，一个个封伯拜侯，割据一方，以军队之威绑架总督马士英，为实现自己的政治上扩张目的服务。

此刻名义上总理朝政的内阁大学士史可法就是摆设了，朱由崧只是军阀们的台前提偶。因为，此刻的拥戴就是王朝生命力得以最后延续的最大政治，这面旗帜却被这些表面上看上去不懂政治的军汉们所抢夺，看上去最懂政治的文官集团却陷于拥立哪一位王爷的无休止争论，最终埋下了南

---

① 《冯梦龙全集》第15卷《甲申纪事》，江苏凤凰出版社，第2页。

明弘光朝覆灭的种子。

以后的隆武、永历小朝廷均难以摆脱这样军事操控政治的局面，最终南明王朝未能形成南宋王朝以半壁江山形成南北对峙的局面。可以说这是崇祯帝拒绝南迁，南方缺少强有力的政治代表统摄人心的结果，也是南明文官集团没有果断推荐拥戴政治行政能力极差，却易于操控的朱由崧，而拓展自己政治空间的短视行为，致使大权旁落到军事集团和阉党余孽、宦官势力相勾结的败局轮回之中。

明代的文人统军体制，沿袭了宋太祖留下的"杯酒释兵权"的统军、治军、监军的三权分立，相互监督的用兵体制。本质上是君主生怕与他一起打天下的功臣武将反手拥兵自重夺取自己出生入死为子孙万世打下的一统江山社稷。这是某种统治分离的军事布局。因为宋太祖赵匡胤和明太祖朱元璋本身就是行伍出身，利用统兵之权和阴谋手段，以军事强人的面目出现，夺取柴周王朝的君位和小明王韩林儿王位的两位枭雄。他们更懂得军人干政对于政权的威胁，因而设计了精巧周密的统治分离统军和领兵之权分散的、相互牵制制约的军事体制。体现了君主专制帝王独尊从中驾驭控制武装力量的苦心。以体制机制的延续来保证帝国不至于因为军人内乱而崩溃或者分裂。即使君主孱弱，强大的文人内阁和庞大的军事体制机制依然能够有效运作，足以把控国内局势。

但是面对边患这种体制难以首尾相顾和各种军事力量的有效协调和总体平衡。一是内阁和边疆大帅的矛盾，尽管这些统兵大帅本身也是儒家文人出身的经略、总督、巡抚一类。大多数都拥有两榜进士那样的高级文官资质，且手中都握有代天子行令的尚方宝剑，有的也在少时研读兵书，略知军事一二，比如明代的熊廷弼、袁崇焕、孙承宗、卢象升一类可算是文武兼资的统军人才。但是依然受到内阁兵部、户部等部门多方制约，再加上司礼监派出的监军太监、御史衙门派出的监军御史的双重严密监控以及朝中言官，如六科给事中、监察御史的舆论监督，往往统军主帅的战略意图难以彻底贯彻，受到的掣肘甚多，很多时候是"出师未捷身先死，长使英雄泪满襟"的悲剧性结局。

此外，各路军阀总兵骄兵悍将难以把控，明军的战斗力因为内部矛盾重重，难以真正做到一心对外，战斗力在内耗中大打折扣。熊廷弼、卢象升、袁崇焕、杨嗣昌、孙传庭、侯恂、方孔炤、史可法等文官大帅下场都不美妙，不是被内寇外虏所杀，就是被皇帝所杀。反而武将总兵们一个个活得有滋有味，因为他们并不承担整个战略失败的责任。南明时期江北四镇总兵甚至可以左右政局，以成尾大不掉之势。

五、不懂政治的性气先生

文官大帅们的悲剧性结局，甚至以付出生命为代价的冤假错案，实际是明代政治、军事体制之悲哀，他们的牺牲，是体制导致的冤屈。其实，这些人和文化人都有着割不断的血缘关系，有的人本身就是学者兼政治家、军事家这样难得的人才。因为这些大帅督抚本身就是具备儒家情怀的大文化人，比如孙承宗就是光宗、熹宗皇帝的经筵讲师，天启帝对于老师极其尊重，几乎言听计从。熊廷弼和诸生冯梦龙也是亦师亦友的君子之交。

熊廷弼是个文武兼资，个性鲜明，嫉恶如仇，爱憎分明的人，因其心怀大略，腹有良谋，因而在官场是个鹤立鸡群特立独行的家伙。他的个性鲜明，喜怒哀乐溢于言表，缺乏心机属于我们当下所说的性情中人。他对同僚们显得很是倨傲不恭，这其实是对当时那种结党营私朝风政风的反讽和叛逆，因而始终难以左右逢源。据计六奇《明季北略·熊廷弼传》记载：

己未，杜松等败衂，神宗用御史杨鹤言，召公前往宣慰，随授兵部侍郎，代杨镐经略辽东，赐剑。以八月初三受命，整顿年余，会熹宗立，与中朝议多不合，为阅科姚宗文构退，而以袁应泰代之。四阅月而辽阳亡。上忽思曰"假令熊廷弼在，岂坏至此！"召公为兵部尚书，且赐手召曰"汝当年先皇赐环之恩，朕在冲年，遘之患难，勉为一出，以全君臣始终大义。"公赴召出关，大司马张鹤鸣设饯三十里之外，冀有所嘱。公手击案曰："今日不得言边事！"鹤鸣由此啣公，迺怂恿巡抚王化贞以分公权。

从上述记载我们可以看出，熊廷弼的悲剧，既有朝中党争的的背景，也是其个人性格所导致，才华出众难免自视甚高而目中无人，因而和朝中议论皆不合，导致去职。即使去职后的起复，受到皇帝重用，可能心中依然愤愤不平。于是人家是恨上了你，专门设置了经抚不和的圈套，以巡抚来牵制你经略的权力。朝廷大员是玩政治的，而你却是骨子里的文人，表面上的战略军事专家。战略不能按照意图实施，只能是一纸空文，而人家却是上下联手将你玩到死，真正是死得不明不白。而朝廷的政治军事却是死于你们这帮书生的任性啊。熊廷弼的悲剧其实是王朝政治的悲剧。

帝国士大夫的气节支撑着熊廷弼坚守君子不党的原则，而且他是个极具儒家侠义精神的人，在朝中不依附东林党人，也不阿附阉党分子，他的特立独行，拒绝媚上压下使他在官场显得很是另类，而官场逆淘汰体制是容不得才华出众却性格禀异的异端的，他必然遭到大部分资质平庸尸位素餐官员的嫉恨，最终引来杀身之祸，下场奇惨。

熊廷弼关心国事，有胆有识，精于兵法与作战方略，目光远大，热情对待下属；另一方面性格暴躁，心胸狭隘，好意气用事甚至显得清高孤傲盛气凌人，不善与人交往，不谙人情世故，尤其不屑于官场潜规则的仕途经济。因而在朝廷中树敌甚多，既不善于与同僚交往，也不善于同上级沟通，从而陷入东林党和阉党的党争之中以至被冤杀，铸成人格悲剧。就是这样一位性格鲜明的熊廷弼在与冯梦龙的交往中显示了难得的细心、体贴很具有人性化的一面。

六、与熊廷弼的舟中奇遇

南京最吸引文化人关注的是每三年一次的"秋闱"科举考试，这里是帝国的直属考场——江南贡院的所在地，朝廷有一半高官几乎都出自这个考试院，只有秋闱高中举人，才算是领到了进入官场宫门高墙的入场券。当然作为留都，这里也设有帝国最高的学府国子监，江南的贡生就会在拔贡后在这里读书一年，考试合格后进入官场底层作为胥吏，服务朝廷，这算是最最基层的公务员。

作为留都的南京也是帝国的人才储备库。比如说苏州大儒《俟后编》的作者王敬臣被称为仁孝老先生就如同冯梦龙一样先后在南京国子监当过贡生。南方基层公务员的选拔就是由南京的吏部和御史提督江南学政共同进行，冯梦龙进入熊廷弼的视线就是老熊担任提督江南学政，驻节江南提学衙门时发生的事情。那年冯梦龙已经三十九岁，至于拔贡还是十多年以后的事情。当时只是以秀才（诸生）的才情和文章惊动提学大人是解释得通的。

因为在冯梦龙三十三岁至五十五岁之间公开出版了大量的作品，如话本小说《喻世明言》《警世通言》《醒世恒言》《新平妖传》，笔记小说《古今谭概》《情史类略》《太平广记》《智囊》，笑话集《笑府》《广笑府》，民歌集《挂枝儿》《山歌》，散曲集《太霞新奏》，传奇《楚江情》等等，均在这个时间段完成。体裁多样，内容宏丰，才情洋溢，成就巨大，这些著作的公开出版发行成就了冯梦龙江南名士的声望。熊廷弼与冯梦龙的交往，可以追溯到他在万历辛亥年（1611年）第一次从蓟辽总督的大帅岗位上被贬谪下课，重新启用为江南提督学政（从二品负责一省学政，又称提学御史）的位置上为帝国遴选人才的时候。

官场异端，必然也有不少性格随心所欲之处，以显示出类拔萃异于常人的地方。据徐朔方先生在《冯梦龙年谱》引用玉樵钮琇《人觚》中记载：①

万历三十九年（1611年）老熊在督学南京，担任南直隶省提学御史时，常常亲自批阅考生的试卷。他审视试卷不是在静静的书房中，而是在大堂空地上命人拼接起长条几案，将试卷如同鱼鳞般层次叠开摊放在上。左右两旁置美酒一坛，宝剑一把。老熊逐一翻看，不漏一份，一目数行，高下优劣，慧眼自辨。每每看到锦绣文章，常常忍不住大声夸奖，并饮美酒一杯，以抒发心中快慰之情；遇到文章荒谬狗屁不通的，则舞剑一回，以发泄舒缓心中的郁闷。但凡遇有特别隽秀的耆宿硕学之人才，每每甄别提拔不加遗漏。

苏州人冯梦龙也是其门下的客人，这时冯先生已经三十九岁了，且他的文章多为游戏之作。他的《挂枝儿》民歌集和《叶子新斗谱》《马吊牌经》十三篇是关于如何打牌赌博的攻略之书皆是他所撰写。那些浮浪浅薄子弟看了这些书后，一味痴迷沉醉其中，有的甚至倾家荡产的。他们的父兄群起攻击冯梦龙是教唆犯，将他告到官府，此事在苏州闹

---

① 《冯梦龙全集·附录》，江苏凤凰出版社，第27页至28页。

得不可开交。

万历四十八年（1620年）熊廷弼从辽东经略岗位下野"听堪回籍"在家乡等待处理，四十八岁的冯梦龙应湖北友人之邀去黄州麻城讲学，实际是避难躲官司。在路过湖北和江西交界的西江时专程去拜访老师熊廷弼，希望能够找到解决的办法。

两人一见面，老熊就问他："海内盛传冯先生你所写的《挂枝儿》一书，有没有携带一二册赠给老夫拜读？"冯梦龙面带羞愧之色，几乎不敢对答他的问话。只能诚惶诚恐地承认错误，进行自我批评，并且说明了千里之遥前来恳求援助的意思。

老熊宽慰他说："此事容易解决，老兄不必担心。我先请你吃饭，慢慢再想办法解决。"

过了一会，饭菜端了上来，装菜瓦簋两只，一装干巴巴的小鱼，一装烧焦的豆腐，小米饭一瓦盆。冯梦龙看到如此简单粗陋的饭食，几乎不敢下筷子。

熊廷弼却神色泰然地说："早晨选择美好的饮食，晚上享用精致的饭菜，是你们苏州大多数读书人选择的生活方式。按理说我不应该用这样的饭菜招待你，然而大丈夫处世，不应该过于追求饮食上的精美丰盛，能够饱食这般粗粝饭菜的人才是真正的英雄。"

于是老熊只管自己大吃起来。冯梦龙只是稍稍吃了一点，意思意思而已。饭后，老熊起身入内，过了很长时间才出来，对冯梦龙说："我有一封书信，你可顺路带交给我的老朋友，请一定不要忘记。"

对于冯梦龙请求援助的事，并无一言以答，而只是挟了一个几十斤重的大冬瓜赠送他，冯梦龙只得弯下腰用两手接住冬瓜，而且力不能受，使得他怏怏不乐，很是失望。

这段文字很是传神，写膂力过人的老熊只是神态自若地挟着大冬瓜，而文弱书生的冯梦龙要"伛偻祇受"。冯梦龙吃力地捧着大冬瓜还未及返回到自己乘坐的小船上，冬瓜即摔在了地上，他只能心情沉重地鼓棹乘船而去。

七、令人难忘的麻城之行

舟行数日，停泊在一个很大的镇子旁边。老熊朋友的府邸就在这个镇子上。冯梦龙书信投进去不久，主人便亲自出来拜见他，并将他请到家中，摆设丰盛的宴席盛情款待他，还安排了妙龄歌姬前来表演助兴。

欢宴结束后，主人深深向冯梦龙一拜说："冯先生文章霞光焕然，才智辩解词彩流溢，珠光璀璨流淌，天下士人莫不伸长脖子，踮起脚跟期待您的光临。今天我有幸盼到先生亲临鄙舍，多少年的愿望终于实现。这是老天眷顾给我一个和先生相见的机会。但是念及吴楚两地相距长江头尾之间，其间云绕树遮，实在遥远，我的陋室寒舍，岂能够长期羁留先生的车马，只能准备些薄礼赠送给先生的随从。希望先生不要推辞。"

冯梦龙不解其中缘故，婉言道谢，辞别主人。等他回到船上，才发现主人早已派人送来三百两银子。等他回到家中，发现熊公的书信早已写给了当地的官员，别人诬告他的官司已经解决。实在是老熊有心爱护梦龙，可惜其才气外露名声过于张扬，所以有意示以菲薄故意慢待他，挫其锐气折其锋芒。看他行李之简陋，知其生活拮据，家道贫寒，则假借途中友人之手予以丰厚馈赠接济。至于对冯梦龙的诬陷诽谤之灾难，则悄悄不动声色地写信予以消除。英雄豪杰的举动往往是不易令人揣测的。这是熊廷弼异于常人对于文人名士遭遇困难时的一种无私援助，是真正设身处地对于冯梦龙的关爱。透过这段故事，可见其人的智慧和禀赋过于常人的风采。

故而，徐朔方教授在撰写《冯梦龙年谱》时，摘录引用了《人觚》中的记载。并加上了长长的说明文字。他利用了熊廷弼的自传《性气先生传》及《熊襄愍公集》卷二《狱中别亲家书》，《明史·熹宗本纪》以及梅之焕所作《麟经指月序》中的相关记载进行了一番论证和探讨。徐朔方指出：

《挂枝儿》出版不迟于万历三十八年，《叶子新斗谱》当即《马吊牌经》十三篇。今存《续说郛》卷三九，当刊于此前。"事不可解"，未免夸张失实，但梦龙远游黄州，或也有趋避纠纷之意。"熊公在告"，当为贤者讳，事实乃是"听堪回籍"也。据自传《性气先生传》，听堪凡两度，一为万历四十一年，四十七年"起大理寺寺臣，升兵部侍郎兼佥都御史经略辽东"，一为万历四十八年即泰昌元年（今年），明年"原官启用，寻以兵部尚书兼副都御使镇山海关节制广宁、登莱、天津三路，仅六月广宁路兵败，与巡抚并论"下狱……

据梅之焕《麟经指月序》，梦龙黄州之行，"田公子"实为东道主。梅、李、田诸家与熊廷弼为"莫逆"之交，《人觚》所云"巨镇"及"故人"似即为黄州田家，本为应聘而往，由黄州而至江夏，略有虚构，改为由江夏而至黄州，而事实不难推见也。①

徐朔方先生所说的冯梦龙黄州麻城之行，也是其在熊廷弼的鼎力推荐下，在麻城广交朋友，边讲学边读书，进一步学习理解李贽学说而在在思想认识上和其文学创作风格上转折的关键时期。据史家考论冯梦龙的麻城之行应当在万历四十年前后，是由吴县县令麻城人陈无异举荐，而直接邀请冯梦龙来麻城讲学的是"田公子"也即老熊所谓的"巨镇故交"。田公子是麻城名士田生芝。据《麻城县志》记载，田生芝是"万历二十八年（庚子，1600年）举人，四十四年（丙辰，1616年）进士。"当时正在家乡攻读经书。

据福建冯学专家王凌先生研究，冯梦龙此行麻城：②

一是研究《春秋》冯梦龙自小对《春秋》就有较深的研究，麻城在明季"独为麟经薮"，"四方治春秋者往往问渡于敝邑"而梦龙到麻城后，因为学问渊博，麻城学者反而向他请教，他赢得了麻城诸友的赞赏，他与八十八人结成研究《春秋》的文社，后来编成《麟经指月》一书，他对历史的了解和熟悉，对他改编历史题材的小说、戏曲是大有裨益的。

二是广交朋友。麻城的丘长孺、梅之焕、梅之熉等人都与冯梦龙保持了友好的交往。梅之焕，字彬父，号长公，别号信天，是侍郎梅国祯的侄子。他为人耿直，不畏权势。在当时"部党角立"的情况下。他敢于尖锐地指出"附小人者必小人，附君子者未必君子，蝇之附骥，即千里犹蝇耳。"梅国祯、梅之焕都与李贽有交情，梅之焕还受到李贽的称赞。先后为冯梦

---

① 《冯梦龙全集第18卷·附录·冯梦龙年谱》，江苏凤凰出版社，第27/28页。
② 王凌：《畸人·情种·七品官·冯梦龙麻城之行》，海峡文艺出版社，第62页。

龙的《麟经指月》和《智囊补》作序。他表弟梅之熉"持身方正,励学甚深,博极群书,工制举艺",是个无意功名的人,与冯梦龙志趣相投,曾经是冯梦龙韵社成员,他阅读了冯梦龙编撰的《古今谭概》后,十分理解地感叹道:"士君子得志,则见诸行事,不得志则托著空言"。他称赞此书"罗古今于掌上,寄春秋于舌端……此诚士君子不得志于时者之快事也。"他以古亭舍弟的名义,为《古今谈概》作序。冯梦龙在麻城期间与袁宗道也有交往。

三是冯梦龙在麻城期间更多地接触了李贽的著作。他参加过李贽评点《水浒传》一书的整理出版工作,深受这位被视为"异端之尤"的封建叛逆者的影响。麻城是李贽晚年生活的主要地点。他于明万历十二年(1584年)即由湖北黄安移居麻城定居麻城龙潭湖芝佛院,并在此完成《初潭集》、《焚书》《藏书》等著作。他在麻城讲学"儒释从之者几千万人","一境如狂",冯梦龙赴麻城,离李贽去世时间(1602年)不到十年,正是接触李贽思想的好机会。冯梦龙的好朋友丘长孺、梅之焕、梅之熉、袁宗郎兄弟都与李贽有交往,正好是冯梦龙接触李贽思想的桥梁。

综上,可以说明冯梦龙在陈无异、熊廷弼等人的鼎力推荐下奔赴麻城,无疑为冯梦龙思想的升华和社会交流提供了一个广阔的平台,对于其胸襟眼界的提升都是十分有益的。至于冯梦龙是否曾经作为大帅府的幕僚追随熊廷弼前去辽东边区考察,目前只是学者推测,而无史料佐证,不能定论。

徐朔方先生认为这段冯梦龙和熊廷弼遇合的故事,在细节可能有虚构,但是事实却是不难推论的。他引用熊廷弼自传《性气先生传》的话说明这位明末著名的军事战略家自称性气先生的熊廷弼出身的苦寒和幼年读书的艰辛,故而对人生曲折官场沉浮的三起三落有着特别独到而深刻的认识,然而性气先生耿直正派的本性难移,最终召来杀身之祸。

熊廷弼身上体现着儒家孟子学派所提倡的大丈夫精神,所谓"性气先生"即任性使气,很难做到孔夫子说说的"随心所欲,而不逾矩"的大境界,也即奉行中庸之道,在为人处世上做到不偏不倚,是有着某种偏颇的执拗,性格非常接近中国历史上的狂狷之士。诚如在明代被朱元璋所彻底抛弃的孟夫子所言,熊廷弼是那种:居天下之广居,立天下之正位,行天下之大道。得志与民由之,不得志独行其道。富贵不能淫,贫贱不能移,威武不能屈的大丈夫。

而提倡奴性和臣妾性格的宫廷王朝文化,以其专制力的结构性组成庞大的统治机器,以传统文化的巨大影响力,将人的个性碾压同化成俯首帖耳的奴才臣仆。因而在本质上是难以包容特立独行的君子大丈夫的。它总是以它那巨大的堕落性和邪恶性将一个个具有独立意识的儒家知识分子逐步磨砺成平庸无能的俗人,冥顽不化的愚人,多智多疑的小人,心怀叵测的奸人。尤其是王朝没落期"礼崩乐坏、纲常坠落"更是给官场小人的纵横卑阖提供了投机取巧的巨大空间,然而朝政只能在官场的腐败和大丈夫之儒臣的沉沦中轮回,渐至沉入深渊,乃至万劫不复。

《性气先生传》中熊廷弼自述:

幼时聪颖强记,自就乡塾后,家益贫,废而事樵牧,拾野谷,负《列国》《秦汉》《三国》《唐》《宋》,各演义及《水浒传》挂牛角读之。

故徐朔方先生有言,性气先生就是在"入狱后犹不忘此等小说,可见《人觚》所记索《挂枝儿》于梦龙,于梦龙有情若此,非虚言也"[①]

看来这位有情有义,贵为朝廷二品大员完全是苦孩子出身,硬是靠自己的勤奋苦学而冲入官场成大器者。他的学历很不完整,连私塾都未读完整,就家贫辍学,依靠打柴放牧拾麦穗为生,只能靠在牛角挂书、牛背阅读完成了自己的学业,而在乡试中却能以解元高中魁首,以后连续的两榜进士,而成朝廷高官。可惜天不假命于英才,将帅不能效命疆场,收复故土为国驱使,而冤死于体制内的党争,这不能不说是熊廷弼的悲剧。

在武汉江夏区建有熊廷弼公园,公园在威风凛凛的熊廷弼铜像后面,建有"飞白亭",内竖着一块巨型石碑,刻着清朝乾隆皇帝评价熊廷弼的碑文。熊廷弼曾是清朝的死敌,但乾隆皇帝对他深怀敬意,评价很高。乾隆在碑文中对熊廷弼的评价大致如下:有明一代通晓军事者,当以熊廷弼为巨擘。读其陛辞一疏,几欲落泪,如此尽忠为国之人,首被刑典,那些自坏长城、弃祖宗之基业而不顾者,还能说有人心、有天良乎?熊廷弼自

---

① 《冯梦龙全集第18卷·附录》,江苏凤凰出版社,第29页。

田间召还，出任辽东巡抚，日驰二百里，待国何勤，来之何速。然姚宗文腾谤于朝，刘国缙掣肘于外，群小党伐，横议繁滋，致使志士扼腕，无能而为，明社以亡，究竟是谁之过？乾隆的碑文如同一篇悼词，对熊廷弼的评价是公允的。熊廷弼确是明代一位通晓军事的巨擘，但他正确的战略受到了朝中小人的诽谤与攻讦，致使克敌制胜的方略无法实施，使战果前功尽弃，最后被阉党所杀。

第四章 《沈小霞相会出师表》解读

一、混沌浊流中喷涌的清泉

在明末宫廷那一股混沌浊流如同山洪暴发那般喷涌时，不时有一缕清泉般的活水从深涧奔腾而出，准确地说是带着一股热血和泪泉，以磅礴的气势一往无前义无反顾，他们冲决道道关隘面对层层顽石的阻力，也是背负青天，面朝大海，绝不回头，显示了超凡的勇气和胆识。这就是执著追求儒家理想的朝野文官和儒林士子的合流，犹如铁马冰河那般先声夺人，尽管有可能折戟沙场，蹄陷深渊。然而前仆后继不屈不挠，如同地火喷发，掀起一股股灼热的巨浪，染红了中华民族的天际，显示出最值得称赞的人文品格和理想追求，这就是"士志于道"而又殉之于道的可贵大丈夫精神。

道义的追求支撑着他们的风骨宁折不弯，最终玉碎于血染的祭坛。此刻，那些有着相同信仰的民间知识分子就会运用自己的笔墨和着血泪记载下这悲壮的一幕。大幕开启，靓丽照眼，绚丽夺目，使得晦暗的历史喷薄出一线曙光，牺牲的先贤们在历史舞台华丽转身，光照千秋。尽管他们生前历经磨难，死后却百世流芳。

冯梦龙在那个溷秽污浊的年代以他的如椽大笔在《喻世明言》中写下了《沈小霞相会出师表》这篇传奇小说，以明代嘉靖年间被严嵩父子迫害，几乎满门被害的沈鍊家族遭遇为素材，用艺术夸张的笔法，以诸葛亮的《前后出师表》为精神支撑，以"鞠躬尽瘁死而后已"毅勇升华了整个小说的主题、贯穿于小说的整体结构、写尽了明末政治的黑暗、奸佞集团的残酷无耻、沈鍊的狷介慷慨勇毅、民间义士的任侠仗义、沈小霞小妾的智慧胆略以及两位公差作为助纣为虐鹰犬被牺牲的悲哀。其中不乏凄呛泪水中浸泡出的幽默，令人心情黯然中平添一丝悲壮，诚如鲁迅所言"悲凉之雾遍被华林，将萎之花惨于槁木"，蠹虫的啃噬，江山已经朽木难支，王朝没落已然无可挽回了。这就是冯梦龙小说主题深刻和艺术语言的张力在巧妙的小说艺术结构的魅力所在了。①

其实冯梦龙提供的还不仅仅是他对事件本身的艺术描绘，其中的背景所显示的却是明末整个社会的政治、文化、社会的离奇光谱，折射出末世王朝的诸多微言大义很耐人寻味。

沈鍊《明史》有传，较为简单。这些原始素材应当也是当年在民间文本中流传的记载，仅为故事提供了一些梗概。冯梦龙在这些梗概基础上进行了艺术的加工，使得忠奸两股势力中的主要人物在性格刻画上更加丰满，这些人物在小说前半部分的表演中，显得更具有戏剧性和趣味性。而小说后半部分的主要人物却是沈鍊的儿子沈小霞的小妾闻氏，此妾贤淑聪慧，有情有义，有勇有谋，有胆有识，很有点当年俄国十二月党人妻子追随自己获罪丈夫同赴流放地西伯利亚的豪气，也算是闺阁中的佼佼女侠。

她要追随丈夫同去千里之外的宣州府，而在途中闻氏将两个蠢笨如猪的解差玩弄于股掌之上，既解救了丈夫，自己也机智脱险。这段故事读来妙趣横生，令人拍案叫绝。而作者对于此段文字的创作也情有独钟。他所创作的素材来之于楚人江近之《沈小霞妾传》，冯梦龙在他的《智囊》和《情史》两书中均收入此传，《智囊》收在"妇智"篇、《情史》收在"情侠"篇中，也算是闺阁中的智者，情场中的侠女，邪恶世道中升腾出的一股凛然正气。冯梦龙在这篇故事结尾评论道：

严氏将耍襄（指沈鍊的儿子沈襄，字小霞）杀之，事之有无，不可知。然襄此去，实大便宜，大干净。得此妾一番耍赖，则上官亦疑真有其事，而襄始安然亡命无患矣。顺、凯辈死，肉不足喂狗，而此妾与沈氏父子并传，忠智出于一门，盛矣。

要理解这段话，请看冯梦龙根据当时流传的沈氏父子三传创作的小说，人物性格丰满，情节一波三折，事件峰回路转，很有可读性。

---

① 《冯梦龙全集第一卷·古今小说·沈小霞相会出师表》，江苏凤凰出版社，第613页。

二、任侠仗义的狂狷之徒

明朝嘉靖年间，皇帝昏庸，久处深宫，沉迷斋醮，不理朝政，重用奸臣严嵩。此人诗文出众，外表谦恭，为人圆滑，内实尖刻，对上柔顺至极，尤其擅长写作青词，因此很受嘉靖皇帝信任，他的儿子严世蕃比起老子更加阴毒尖刻，父子把持朝政，狼狈为奸，被称为"大丞相""小丞相"，无人敢与之较量。

这时有一位饱读诗书，秉性刚直，嫉恶如仇，笑傲王侯颇具侠义之风的狂狷之士出现在他们面前。这个人物就是后来成了冯梦龙笔下的人物——沈錬。

沈錬，浙江会稽人（绍兴），会稽自古就有报仇雪恨之乡的称谓，古越民风崇文尚武，诗酒风流，剑侠生风。《汉书·地理志》载曰："吴越之民皆尚勇，故其民好用剑，轻死易发。"刚柔相济的古越绍兴，更体现在深厚的人文内涵里。大禹为治理水患"三过家门而不入"、越王勾践为复国雪耻而卧薪尝胆、嵇康桀骜不驯、视死如归之名士风范……，皆令后人敬仰不已。他曾经有诗言志：

男儿从来通六艺，不分尘沙杂边骑。

剑磨流出射斗光，赋成常有凌云气。

由此可见其慷慨悲壮任侠仗义的狷介之气，这种狂狷人格和严氏父子媚上压下的臣妾心态是完全对立的。因此，他们之间的冲突既是价值观的对立，也是不同性格之间的冲突。孔子所言"狂者进取，狷者有所不为""不得中道，也必狂狷"也就是说，狂者的本质是有进取心的，血气方刚，言谈举止无所顾忌，刚强好胜，固然有失偏执，但那是进取心强的表现，因而不但可以原谅，甚至有几分可爱可敬可佩之处，夫子是乐于和他们做朋友的。而狷者的有所不为，也就是所有的言行遵循一定的道德标准，"随心所欲，而不逾矩"。而孔夫子最讨厌的却是那些口是心非的"乡愿之徒""乡愿，德之贼也。"孟子这样描绘乡愿：媚世，表面看上去忠信、廉洁得很，骨子里却不是那么回事，往往言不顾行，行不顾言。如同阮籍诗中描绘的那样"外厉贞素谈，户内灭贞芳。放口从衷出，复说道义方。""假廉而成贪，内险而外仁"。严嵩父子就是这种官场的两面派，口诵道义，行若狗彘的伪君子。

《明史》有传：沈錬（1507年-1557年），字纯甫，号青霞。嘉靖十七年进士，幼聪敏能攻古文，汪文盛以提学副使校浙士，得其文惊绝，谓为异人，拔居第一，始补府学生。历任溧阳、茌平、清丰县令，为官清廉，颇著政绩，为百姓所称道。但因其不阿谀奉迎，而秉性耿直，每每龃龉权贵，被贬职为锦衣卫经历。可见其人学养深厚，不善巴结权贵，虽然政绩卓著，却在官场命运蹉跎，去京城担任锦衣卫经历并非提拔，而是左迁，当然京城的正处级调研员和知县的权重方面是有差别的。知县和经历也许都是七品，但是一为官，一为吏，实际权力和地位还是有差别的。①

好在沈錬和锦衣卫的督师陆炳关系很好。这陆炳在明代嘉靖、天启年间一直是个权势熏天的人物。明史载：

陆炳（1510—1560），字文孚，浙江平湖县人。祖陆墀，以军籍隶锦衣卫为总旗。父陆松，袭职，从兴献王驻守安陆，为仪卫司典杖，累官后府都督佥事，协理锦衣事。母为崇祯乳媪。陆炳幼即从母入宫中。嘉靖八年（1529）武会试，授锦衣副千户。其父死，袭指挥佥事，寻进署指挥使，掌南镇抚事。嘉靖十八年，从崇祯南巡至卫辉，入夜行宫起火，从官仓猝不知崇祯所在，陆炳从大火中救出崇祯，自是益得宠，擢都指挥同知，掌锦衣事。陆炳骤贵，又得阁臣夏言、严嵩欢心，以故权益重。后夏言劾其不法事，遂严嵩陷夏言至死。不久进左都督，加太子太保。又加少保兼太子太傅，复加太保兼少傅。明代三公无兼三孤者，仅陆炳而已。陆炳势倾天下，积赀数百万，营别宅十余所，庄园遍四方。崇祯数起大狱，陆炳多所保全。嘉靖三十九年十二月十一日病死于官，年五十一，赠忠诚伯，谥武惠。②

也就是说陆炳的母亲是朱厚熜的奶妈，他和皇帝是吃同一个人的奶长大，两人从小还是玩伴。按照明代祖宗陈例世家子弟不得参加文科科举考试，但是可以参加吏部举办的武举考试。武举考试也颇不容易，先也得考试军事论文，然后展示武艺，可见此公也是文武全才之人。严嵩的儿子

---

① 《明史卷二百九·列传之九十七·沈錬》，线装书局，第1144页。
② 《明史卷三百七·列传第一百九十五·佞幸·陆炳传》，线装书局，第1680页。

严世蕃一贯恃才傲物目中无人，却说："尝谓天下才、惟己与陆炳、杨博为三"。

也许是才子之间的惺惺相惜，这位当年的锦衣卫大帅，对于他手下这位文武全才耿怀剑胆琴心的沈经历十分器重，也经常带着他参加高层的一些吃吃喝喝。这就有了沈鍊和严世蕃的交集也埋下了他后来遭遇杀身之祸累及全家的地雷。

起因是沈鍊参加了一次官方的聚会。宫内宴请文武百官，席间自持有权有势严世蕃旁若无人，俨然以主人自居，这厮长得白白胖胖，脖子短头大，还有一只眼睛半瞎，是当朝内阁首辅严嵩的独子，虽然并非科班出身，却是国子监恩荫的贡生，也就是说就是和冯梦龙老先生一样的身份，但是两人的官阶却要相差许多，他已经是官居工部左侍郎的三品大员了，相当于现在的建设部副部长。不要以为这位靠着老子官大恩荫出身的衙内是一个不学无术的家伙。那就完全错了，他可是饱读诗书，很有见解的衙内，堪称其父的得力助手，还是一个有些真才实学的家伙。

《明史》载：严嵩再任首辅时，已经年近七旬，逐渐有些年迈体衰，精神倦怠。这时，他还要日夜随侍在皇帝左右，已经没有时间和精力处理政务。如遇事需要裁决，多依靠其子。他总是说"等我与东楼小儿计议后再定"，甚至私下让世蕃直接入值，代其票拟。票拟就是内阁在接到奏章后作出批答，再由皇帝审定，是阁臣权力的重要体现。世蕃的票拟多能迎合嘉靖的心意，因此多次得到嘉靖的嘉奖。严嵩干脆就将政务都交给其子，世蕃一时"权倾天下"。①

三、一场饭局引发的血案

严世蕃因为家世显赫加上有些才学，其气焰就十分之嚣张，这就反映在群僚聚会餐饮时就有些以我为中心地狂呼乱叫，其实这种状态在当下也很常见。这叫权大仗势，财大气粗，两者独占，自然先声夺人。

此刻，锦衣卫经历沈鍊看在眼里气在心头，心中对这个肥头大耳的家

---

① 《明史卷三百八·列传一百九十六·奸臣·严嵩传》，线装书局，第 1685/1687 页。

伙已经十分不满。这时的严世蕃竟然吩咐侍从拿来一个可以盛酒一斤多的巨型酒杯（巨觥），斟满后轮番让文武官员喝，喝不完的加倍处罚，这哪里是喝酒取乐呢，分明是权势的滥用，拿群臣们取乐消遣。众官员因为惧怕世蕃威势不得不喝。这就是大家的沉默，弄得痞子的气焰越发嚣张。一位马给事本不善饮酒，严世蕃故意将大酒杯放在他面前，马给事再三告饶，严世蕃不依不饶，竟然揪着马给事的耳朵给强行灌了下去。马给事当场给灌得面红耳赤头昏脑涨，醉倒在地。严世蕃见状拍手大笑乐不可支。

这边沈经历实在看不下去，一股热血气冲大脑，愤怒之火难以压抑，他拂袖而起，抢过大杯，将酒斟得满满，走到严世蕃面前，要替马给事回敬严侍郎。严世蕃当即感到十分愕然，瞪着一只眼睛奇怪地看着沈经历，大概是从没有遇到过这种不知大小的微官，竟然敢于以下犯上，逼迫上司喝酒。于是推辞不喝。谁知沈经历怒目圆睁声色俱厉地吼叫道："此杯别人吃得，你也吃得。"未等世蕃反应过来，世蕃一只耳朵就被沈经历拎了起来，一杯酒就这样在严世蕃的嗷嗷怪叫中被灌了下去。

然后沈经历当众将巨觥扔在桌子上。看着世蕃揉着耳朵怪像，拍手哈哈大笑，在座众文武却是吓得面色如土瞠目结舌说不出话来，一个个低着头不敢说话。严世蕃假装喝醉，先行离席。沈鍊也不相送，只是坐在椅子上长叹道："哎，汉贼不两立"。一连说了七八遍，取酒又连饮数杯，尽醉而归。

一般官场聚会，连座位安排都是严格按照等级秩序尊卑有序排次座，酒场只能以职务高者为中心，职务高者可以谈笑自如旁若无人，这是权势的气场，其他陪客只能围绕气场转圈，看着高管脸色来决定自己的面部表情，自然长官可以命令部下多喝酒，那是某种荣誉和抬举，哪里有部下揪着长官耳朵灌酒的。这就是逆势而为反传统的大逆不道行为。偏偏沈鍊就是这种所谓"越名教而任自然"的狂狷之士，这类人士一般都是性情中人，是不大讲究等级尊卑的。他们很自我很任性，追求个性的张扬，对那些仗势欺人权贵子女极其鄙视，如魏晋时期的阮籍、嵇康之流，当然名士自有名士的本钱，那就是腹有诗书气自华，沈鍊就是这样有名士气的狂狷之徒，恰恰叫严世蕃遇上了，那只能自取其辱。沈鍊所体现的就是历来为文人们提倡的魏晋风骨。

沈鍊回到家中，倒头便睡，五更醒来，反复思忖，昨晚使性，逼着严世蕃喝酒，他必然记恨来暗算我，干脆先下手为强，上书状告严家父子。于是焚香盥手，提笔濡墨，竟写出一疏弹劾严嵩父子罪行，疏言：

　　今大学士嵩，贪婪之性疾入膏肓，愚鄙之心顽于铁石。当主忧臣辱之时，不闻延访贤豪，咨询方略，惟与子世蕃图自便。忠谋则多方沮之，谀谄则曲意引之。要贿鬻官，沽恩结客。

　　奏疏一共列举了严嵩父子的十大罪状："大学士严嵩，贪婪之性的毛病已达膏肓，笨拙浅陋之心顽如铁石。在皇上忧虑臣民受外寇之辱的时候，没有听说他延访贤豪，咨询方略，只与他的儿子严世蕃规划图谋自己的私利。多方阻止忠诚谋略的上告，而曲意引荐谀谄之小人。索贿卖官，沽恩结客。朝廷赏赐一人，他说'由我赏他'；朝廷罚一人，他说'由我罚他'。人们都窥伺严嵩的爱恶，而不知朝廷的恩威，哪个敢议论他？现在姑且列举他罪状中大的来说吧。收纳将帅的贿赂，破坏边陲的安宁，这是第一点。接受诸王的馈赠，每事都暗中予以庇护，这是第二点。收揽吏部之权，虽然是州县的小官吏也要以贿赂获得，致使做官应守的常道大受破坏，这是第三点。每年向抚按索取成为惯例，致使有司递相承奉，而闾阎百姓之财一天天减少，这是第四点。暗中制抑谏官，使人不敢直言，这是第五点。嫉妒贤能，只要有人一忤逆他的意思，必定被致之死地，这是第六点。纵容儿子接受财物，使天下人怨恨，这是第七点。运财物回到家乡，无日不有，致使道途驿站骚扰，这是第八点。久居政府，擅宠害政，这是第九点。不能协助谋图讨伐敌贼，致贻害君父忧虑，这是第十点。"

　　这道奏疏在朝堂无疑是石破天惊，对严嵩父子而言是虎口捋须。因为此刻嘉靖皇帝正宠着这对父子。读罢奏章，不但不可能诛伐严氏父子，反而定沈鍊沽名钓誉、诽谤大臣之罪，令锦衣卫重责100大板，发配关外保安（河北逐鹿）劳动教养。严世蕃差人吩咐锦衣卫务必在行刑时将沈鍊活活揍死。好在锦衣卫是沈经历任职的衙门，从上到下都是自己弟兄。锦衣卫一把手左都督陆炳就是上级兼好朋友，行刑的哥们更是部下，陆炳一个眼色，弟兄们只是在屁股上象征性地敲了一百下，保全了沈鍊的性命。

四、忠烈之士的悲剧命运

沈錬即日带了妻儿告别京城，向保安进发。途中又遇到仕宦子弟贾石，贾公听说是弹劾严嵩父子的沈经历来到保安，立即表示对沈公的仰慕之情，两人相见恨晚，贾公酒肉款待，席间相谈，竟然英雄所见略同，对奸臣当道，十分不满，遂结成兄弟，贾石慷慨赠送院落，沈錬一家也就在关外安顿下来。

谁知保安州父老乡亲得知沈錬被贬斥到此，慕名而来，络绎不绝，门庭若市。地方父老还将子弟相托，拜沈錬为师。沈錬每日与他们讲论忠孝大节及古往今来忠臣义士的事迹，说到动情之处，有时毛发倒竖，拍案大叫，有时悲歌长叹，涕泪交流。弟子们得知沈錬文武全才，邀他去射箭。沈錬让人用稻草扎成箭靶，上写"唐奸相李林甫""宋奸相秦桧"，此类性情中人绝不善于掩饰自己的情感，可谓禀性难移，喜怒哀乐溢于言表，他竟然毫不吸取教训，将当朝首辅写上"明奸相严嵩"当成靶子，射出一箭高喊一声"贼人看箭"。如此恶毒攻击当朝首辅的言行当然有好事之徒报告给严氏父子。严氏父子对沈錬恨之入骨，商议要寻一理由务必杀死沈錬。当时宣州总督出缺，严嵩就派自己的干儿子杨顺补缺。临行前严世藩置酒践行，密令杨顺务必将沈錬置于死地，以绝后患。

杨顺怀揣密令到任，只等时机对沈錬下手。沈錬不知一张大网正静悄悄地向他撒来，他的言行依然不知道收敛。此时鞑坦入侵，连破四十余城。掳去百姓无数，杨顺不敢出击，在鞑虏撤退时，才发兵追击，密令将士搜索避兵平民，刺死斩首杀良冒功。沈錬闻之写诗讽刺：

云中一片虏烽高，出塞将军已著劳。

不斩单于诛百姓，可怜冤血染弓刀。

又修书一封，谴责杨顺杀平民以冒功，其恶更甚于鞑虏……，他还亲自等候在总督府，杨顺接信看后大怒，将信撕碎。他手下将沈錬的诗抄上，密呈杨顺。杨都督将诗进行篡改后上报严世蕃，诡称沈錬怨恨相国父子，想借鞑虏之手，趁机报仇，意在不轨，改过的诗如下：

云中一片虏烽高，出塞将军枉著劳。

何以借他除佞贼，不须奏请上方刀。

严世蕃见书大惊,即请心腹御史路凯商议。路凯自请前往宣州清除沈錬,路凯出任宣州巡按御史开始与杨顺合谋陷害沈錬。次日中军报告捉拿到两名勾结鞑虏的叛贼白莲教党徒,杨顺一听喜上眉梢,正好借此类涉及邪教造反案件将沈錬此贼一并牵扯其中。他深知朝廷最恨这种内外勾结谋反逆案,沈錬此次难逃死罪,果然此案报上,嘉靖皇帝大怒,下旨将沈錬处死,冤案就此铸成。阴谋还远不至此,罗网张开势必株连家属,所谓斩草除根的行动也开始实施。

贾石闻讯劝沈夫人携子逃走,以保血脉宗祀,沈夫人不忍抛弃沈錬,即使死于狱中也无人收尸。沈錬被诬陷入狱,大骂不止。杨顺自知理亏,秘密派人在狱中结果了沈錬生命。尸体由贾石出资买通狱卒,悄悄安葬。

贾石告知沈家噩耗,非常欣赏沈家墙上悬挂的由沈錬亲笔书写的两幅诸葛亮的工楷《前后出师表》,沈家见赠。他匆匆告辞,连夜带着家人远走河南避祸而去。果然杨、路二贼开始对沈錬家属下手,家人尽行被拘拿,两个儿子当堂被杖杀。沈錬的那些学生均定为同谋之罪被拘捕,唯贾石一家成为漏网之鱼,逃过一劫。幼子沈袠尚在襁褓之中,被判随母亲徐夫人迁徙云州边境。至此杨路二贼仍不死心,密谋杀害沈錬长子沈小霞。两人亲拟行文,以钦犯之名将沈小霞从绍兴老家提到宣州问罪。派出张千、李万两名能干的解差,一路押解沈小霞,密嘱两位解差途中加害。

《水浒传》中薛超、董霸押解林冲的明代版本开始上演,只是情节更加戏剧化,剧情开始由悲剧转为喜剧。而此剧的主角除了两名解差和沈小霞外,还多了一位美丽聪慧胆识超群的年轻女子闻氏。

沈公长子沈襄,号小霞,是绍兴府学廪膳秀才。忽有一天,本府差人将其押往大堂,知府将拘捕文书念了一遍,沈襄才知父亲和两弟已经死于非命,母亲和幼弟被驱离迁徙边远地区,放声大哭。两解差将沈襄带走。出了衙门小霞一家老小已经哭哭啼啼乱成一团,原来官府已经奉旨将沈府查抄,全家被逐出。此刻,小霞之妻要安顿全家,唯小妾闻氏已有身孕,坚决要求追随沈襄前往宣州,一路好有照应。

于始两位解差还好言好语,态度友善。过了长江进入山东济宁界开始变脸,恶言恶语,凶相毕露。夫妻俩还发现两人包袱中还藏有倭刀,情知前程险恶。因为过了济宁便进入太行山,地处僻野,荒郊罕见人迹,正是杀人的好场所。夫妻俩连夜商量对策。

五、以毒攻毒的存活之道

小夫妻深夜密谋，也就是利用帝国政治法则疏漏，以毒攻毒，以阴谋对付阴谋，四两拨千斤的政治智慧就是在危难之中练成的。而牺牲在智慧下的人物就是帝国的鹰犬，鹰犬本来在嗜血的丛林或冷酷无情的官场就是用作牺牲的备胎，谁让你为了追逐蝇头小利而忽略了神圣使命的落实，也就是顺利将帝国钦犯谋杀在中途，或者解押回宣州听候发落。他们却失落在一个小妇人精心布置的政治陷阱中，先是被覆盖着的鲜花所蒙蔽自觉走进陷阱，后是失足身亡万劫不复，徒留笑柄。是活该，也是天意。这就是小公务员之死的悲哀。

看小夫妻的阴谋如何巧妙实施。

次日，晨起赶路，沈襄对两位警察说："东门冯主事曾借我家二百两银子，现在正路过他家，我去讨来路上花销，也免致吃苦。"

张千还有些作难，李万随口应承，向张千耳语道："沈公子的行李和爱妾都在此处，料无他故。他取来银子也是你我的造化。"

张千道："我到饭店安歇行李，守住小娘子，你紧随着同去，万无一失。"

夫子有言："君子喻与义，小人喻与利"喻与义者已经杀身成仁，喻与利者静等上钩。李万兴冲冲随着沈小霞去了冯主事府。途中上了一次茅厕，沈小霞已经不见了踪影。这冯主事虽然是朝廷某部某司的副司长，但在当地也算是大家族，庭院深深，足有好几进，门禁森严，一般人不经通报也是难以闯入的。冯主事因和沈经历是同榜进士，在当时称为同年，又和沈经历同朝为官，自然对沈鍊冤案十分清楚，其本人对于这位同年的高风亮节十分仰慕。故人公子到来，自然十分热情，但是怯于当时的白色恐怖，严党横行，对于处理沈小霞之事自然十分谨慎，随即将他引入暗室藏了起来。

李万终于找到了济宁城东的冯主事府，眼见得高大门楼，红门紧闭，只有一门公在扫地。上前打听："可有一穿白衣的官人来见你家老爷。"

门公答道:"正在书房吃饭呢",遂放心在门口等待,直等到下午两三点钟,饥肠辘辘,见得一白衣官人走出,但不是沈小霞。

　　李万又等了一会,肚子越发饿起来,又去问老门公,老门公说:"那白衣官人不是已经走了吗,那是我家舅爷。"李万一听心中就有些慌了,只好将前后事实说了。老门公当面对他一啐,就是这些六品主事的家人,也并不把他这个外地来的警官放在眼里,大骂道:"见鬼,何时有什么沈公子到来?我家老爷正在丧中,一律不见客。你这畜生休要在此纠缠。"

　　老门公说完独自走了进去,不再理睬这畜生。这畜生一急自己窜进了大宅院,门庭深深摸不着北,只能张开喉咙大喊:"沈公子该走了",却无人理睬。他只能退出大宅院,但见张千正和门公吵架,见到李万骂道:"都什么时候了,你还在此闲逛,快催犯人出来,我们还要赶路呢。"李万把刚才发生的事情说了,张千说:"这都是你干的事,不关我的事。"说完独自走了。

　　太阳西斜,张千腹内空空却无钱吃饭,只好当了身上的衣服,换了几文钱买了两个烧饼充饥。看来当畜生也很可怜,出公差经费有限,难怪对金钱有诸多幻想,才落得鸡飞蛋打,踟蹰街头形影相吊的下场。李万吃完烧饼,回到冯主事的大宅院门口,大红门紧闭。西风落叶中只能穿着单衣蜷曲在门槛下过夜。

　　捱到天明,张千带着公文解批又来到冯府,这回气势比较壮了些,因为有了红印文件撑腰,谅你小小主事也不敢包庇皇帝点名要抓的钦犯,于是大门一开,两位警察不顾门公阻拦闯将进来。大声叫嚷:"让沈小霞出来。"沈小霞没有出来,主事老爷慢悠悠地晃将出来。两位警察也不敢放肆,只得恭恭敬敬行礼,递上公文。冯主事仔细阅读了朝廷公文,马上用手掩住两耳,把舌头一伸,道:"你这两个畜生,好不知厉害,那沈小霞是相国的仇人,哪个敢容?他昨日何曾来我家?分明是你们图了钱财,放走人犯,却来赖我!"老奸巨猾,反而倒打一耙,沾着地位上的优势并不把两个最最基层的外地公务人员放在眼里,尽管他们穿着警察制服,还是被家人们用乱棍轰出了冯府。

　　这时两个畜生,恍如流浪狗那般,有着走投无路的感觉,找不到犯人,如何向主子交差？李万提醒道："他们夫妻恩爱，沈小霞行踪，他老婆一定知道。"两个畜生飞奔出城，返回旅店。

六、事态逆转小妾闹公堂

以后的事态发展，两个公差已经完全无法掌控，主动权落在闻氏手里。先是哭哭啼啼向两位公差讨要丈夫，后是挺着大肚子当街哭诉两位警察谋害亲夫，为的是贪图她的美貌。引得街坊邻居过路百姓层层围观。老百姓早已闻知沈鍊冒犯严嵩父子，遭遇奸臣迫害的故事，闻氏的哭诉完全打动群众，所谓众怒难犯，群众的眼睛是雪亮的，闻氏诉说凄凄惨惨戚戚，入情入理入心。于是济宁人民同仇敌忾义愤填膺将两个河北来的警察当成杀人犯押解到了当地官府。

汹汹民意完全呼应了小夫妻俩阴谋的实施，因为这样的编造完全符合奸臣当道黑白颠倒的现实，在一个由昏庸帝王掌控奸佞集团运作的帝国对于忠良的迫害就在于编造冤假错案，以杀人来维持统治，沈鍊的被杀本身就是一起假案错案，而对于沈鍊家人的斩尽杀绝本身就是这起冤案上的一个环节，现在这个环节断了，被衔接到了两名原本实施阴谋还未及杀人恶棍身上，因为没有来及实施就被闻氏夫妇实施了调包之计，使得剧情完全逆转。

众人簇拥着闻氏和两名警察，将两名公差推推搡搡地拽到山东兵备道大堂，闻氏擂响大鼓王兵备升堂问事。张千、李万说一句，闻氏顶一句，而且说得句句在理。王兵备心想，这严府势大，私谋杀人之事往往有之，也就是说在逻辑关系上是顺理成章的，但是此案关系重大，作为兵备道他只是负责地方民兵预备役等军事防务的准军事官员。他不想揽这种关系重大的杀人案件，于是差中军押了三人，发往本州府勘审。济宁知州老贺接了这案子，开始进行调查研究。先去拜访冯主事，想听听他的口风。冯主事听到"沈小霞"三个字，立即做出掩耳之状，面露恐惧之色道："此乃严相国仇家，老公祖休得下问，免得连累于我。"贺知州见冯公如此惧怕严府，心想，沈小霞必然不在他家，于是告辞。

回到州中，知州提审四人，闻氏一口咬定两名警察谋财害命，店家从旁佐证。张千、李万要分辨时。知州大人惊堂木一拍喝道："你二人谋死沈小霞，图得钱财，有何理说！"张千、李万当堂被打三十大板，皮开肉绽，鲜血迸流，二人仍是不招。闻氏在旁哭得越发伤心。知州见妇人悲哀，又命用夹棍重刑，将二人夹起。那公差确实没有谋害沈小霞，一连上了两夹，只是不招。官员审案只要形成思维定式，就很难改变了，于是再命上夹，两人受苦不过，乞求贺大人给出时限，两人一定访察，抓到沈小霞，给妇人一个交代。

两位警察在贺大人派出的警员押解下，四处寻找沈犯小霞。闻氏暂被发往尼姑庵暂住。这样闻氏每五天去一趟知州衙门寻死觅活地追问结果，当然是毫无结果，两名宣州警察定期被处杖刑。就这样一直打了数十期，两人已经被打得爬走不动。张千连受竹杖，加上患病竟然死在济宁街头。李万委实无奈，只好去尼姑庵乞求闻氏不要再去州府大堂浑闹了，并将全部实情和盘托出。闻氏道："既然如此，奴家且不去禀官，容你去查访，只是要抓紧。"李万连声答应。

沈小霞在冯主事家躲藏数月，得知闻氏在尼姑庵居住，暗自欢喜。又过了一年张千已死，李万外逃，这公事已经松懈。冯主事收拾书房三间让其读书，不许外出。转眼过了八年，严氏父子专权误国，被邹应龙弹劾，严世蕃被处死，严嵩被打发养济院收容。沈、闻夫妇得以团聚，此时儿子已经八岁。父亲沈鍊冤案得以平反，官升一级，妻子诏回原籍，发还家产，沈小霞升为贡生，敕授知县。后来冯主事从云州接回母亲和幼弟，全家团圆。在访察父亲沈鍊忠骨途中见到父亲抄录诸葛武侯的手迹《前后出师表》，巧遇父亲故友贾石。贾石引路迎取父亲忠骨回乡安葬。

《明史·沈鍊传》记载：

后来严嵩败露，严世蕃被诛。临刑的时候，沈鍊所教的保安子弟在太学的人，用一锦帛写上沈鍊姓名官爵，持举入市。看到严世蕃断头完毕，大呼说："沈公可以瞑目了。"接着恸哭离去。

隆庆年初期，皇帝下诏令褒赏言事的人。赠沈鍊光禄少卿，任用他一个儿子为官。沈襄于是上书，陈述杨顺、路楷杀人媚奸的情况。给事中魏时亮、陈瓒也相继疏论这件事。于是将杨顺、路楷交付官员审理，处以死罪。天启初年，赠沈鍊谥号忠愍。①

七、良知失落和法制荡然

《前后出师表》的象征。冯梦龙的《沈小霞相会出师表》，以三国时期的蜀国丞相诸葛孔明的《前后出师表》为精神支撑统领全篇，赞美的是沈鍊对于朝廷的无比忠诚，对于败坏朝纲贪贿自肥严嵩父子的无比仇恨，因而水火不容，绝无妥协余地。是属于诸葛亮式的"进也忠，退也忠，死也忠"的忠臣人格的典型。

《前后出师表》是诸葛亮在大军北进祁山远征魏国前对于后主刘禅的劝告之言，分析形势，讲明厉害，提出注意事项，目的在于极尽忠诚，报答先帝的知遇之恩，这也是古代先贤儒家思想中的忠义报国之举身体力行的座右铭，历来为儒生所追捧。《出师表》更是千古名篇，大字屡书不绝，而这些均为帝国危急存亡之秋的慷慨受命，是帝国名臣鞠躬尽瘁，死而后已的忠心独白，诸葛孔明最终死于军旅途中践行了自己的伟大理想，他的后代在保卫蜀汉的危急关头，都有不俗的表现，可谓满门忠烈，这不能不归功于诸葛先生的言传身教。《前后出师表》的出彩之处在于对于后主刘禅的拳拳忠告：

侍卫之臣，不懈于内；忠志之士，忘身于外者：盖追先帝之殊遇，欲报之于陛下也。诚宜开张圣听，以光先帝遗德，恢弘志士之气；不宜妄自菲薄，引喻失义，以塞忠谏之路也。

《后出师表》又言：

亲贤臣，远小人，此先汉所以兴隆也；亲小人，远贤臣，此后汉所以倾颓也。先帝在时，每与臣论此事，未尝不叹息痛恨于桓、灵也！。

唐代诗人杜甫赞美诸葛亮是"三顾频烦天下事，两朝开济老臣心。出师未捷身先死，长使英雄泪满襟。"冯梦龙以诸葛孔明之忠心，暗喻沈鍊对于帝国的忠诚，而明末之危局与东汉末年桓帝和灵帝时期太相似。先是外戚梁冀专权，桓帝借助宦官之手除掉梁冀，又很快落入宦官专权的怪圈，

---

① 《明史卷二百九·列传之九十七·沈鍊传》，线装书局，二十五史第十三卷第1144页。

在外戚和宦官的轮转中，忠贞之士李固、李膺、范滂、陈蕃等儒家官员被当成"党人"在帝国血腥的专政碾压下先后殒命。这点和明末武宗朝到熹宗朝奸佞横行宦官张目，无数忠臣义士惨遭杀戮，几乎就是汉代桓灵时代血腥历史的轮回。先是太监刘瑾，后是权臣严嵩，再后是宦官魏忠贤，这种奸佞的轮流当道，耗尽了帝国仅存的一点忠义之血，而把王朝政治已经玩弄成了病入膏肓仅存躯壳的残疾巨人，庞大躯壳的怦然倒地寿终正寝，也只是时间问题。

沈錬就是最后坚守的诸葛孔明，然而他要寻找的诸葛祠堂，已经为阴森森的阎王殿所取代，他要走上的只能是历代圣贤所必然要履行的，在血泊中所开拓出"出师未捷身先死，长使英雄泪满襟"的悲剧之路。因而《出师表》的出现为小说的故事构成串联了一条起伏跌宕的红线，是小说主题升华的象征，作为贯穿始终的道具，前后呼应出现的是帝国忠义之士毁灭的呼唤，是帝国走向灭亡的痛苦预言。

孟子在《滕文公·下》中阐述了孔子作《春秋》的本意：

世道衰微，邪说暴行有作，臣弑其君者有之，子弑其父者有之。孔子惧，作《春秋》。《春秋》天子之事也，是故孔子曰："知我者其为《春秋》乎。"

孟子认为孔子出于对纲常礼教尊卑有序的现实毁弃的巨大恐惧，怀忧患而做《春秋》，《春秋》讲的是天子之事，由于天子衰微，而纲常解钮，孔子以《春秋》作为武器，对现实政治进行批判，主要是以暗喻褒贬的语法和句式来实施的，被后来的儒家概括为"贬天子，退诸侯，讨大夫"上下无义而推演出春秋战国的乱世。汉代公羊学大师董仲舒借阐发《春秋》微言大义而对暴君虐政痛加贬斥，他在《春秋繁露·俞序》中说："不爱民之渐乃至于死亡，故言楚灵王、晋厉公生弑于位，不仁之所致也。"明代末期的正德、嘉靖、万历、天启朝难道不是这样的无道之世？故而耿怀忠义之士牺牲于奸佞阉党之手甚多。沈錬和后来的东林党人就是其中的佼佼者，也是为天朝殉道的牺牲品。道统的传承是中国文化基因中血脉相传一以贯通的。诚如美国学者普汶在《人格心理学》中引用克罗贝所言：

文化对每一个人塑造的力量很大。平常我们不太能看出这塑造过程的全部力量，因为它发生在每个人身上，逐渐缓慢地发生，它带给人满足，同样也带给人痛苦，人除了顺着它走以外，别无选择。因此这个塑造过程便很自然，毫无理由地被人接受，就像文化本身一样——也许不全然是不知不觉的，但确是无可指责的。

这就是儒家文化的入世情怀，不知不觉地对于文化人灵魂和人格的塑造，使得这些忠义思想不自觉地在自己的血液中流淌，在时代的流转中传承，不屈不挠前仆后继带着热血和为正义而战的悲壮走进历史。尽管这些儒家忠义之士也带有自己本身的人格缺陷或者时代的局限性，但是对于历史的开拓和进取，依然具有正面的道义价值，成就了末世残阳中一缕理想主义的晚霞。绚丽霞光中回肠荡气的英雄品格依然有着激动人心的力量，不过这一切与天下大势的不可逆转相比，无疑是女娲补天、夸父追日、精卫填海似的虚妄。最终只能是王朝专制主义最忠诚的卫道士被强权绞杀，那些助纣为虐的贪官污吏反而成了专制王朝的掘墓人。

八、司法腐败导致政治危机

从冯梦龙的《沈小霞相会出师表》这一传奇故事我们可以看出，帝国的司法制度实际已经名存实亡，小说中的皇帝没有出场，但是无处不在，冤案的制造离不开皇权的纵容，这几乎是从武宗朝一直延续到熹宗朝的痼疾，明朝开国之初，鉴于元代法律松弛，贪腐成风的现实，明太祖十七年建三法司于太平门外，中山之阴，名曰"贯城"。三法司是指刑部、督察院和大理寺三个相互制衡的法律机构——刑部受理天下刑名，督察院负责纠察，大理寺驳正，相当于现代的公安、检察、法院的分工制约，有大案太祖亲自参加审讯，防止构陷，重要案件采取三法司会审的制度，并实行三审五覆之法，防止冤假错案的发生。[①]

洪武十八年颁布《大诰》，明代法律（刑法）大致形成。贯城乃是取"法天"之意，所谓"贯索七星如贯珠，环而成像名天牢。"三法司乃是天道的象征，立法的本意，也就是天道、德治、法律三位一体，成为帝国

---

① 《明史卷九十四·志第七十·刑法二》，线装书局，第 596 页。

礼法的三大支柱。无非贯彻朱元璋：

仁义者，养民之膏粱也。刑法者，惩恶之药石也。舍仁义而专用刑法，是以药石养人，岂得为善治也。

《明史卷九十三·六十九·刑法一》记载："明太祖平武昌，即议律令。吴元年冬十月，命左丞相李善长为律令总裁官，参知政事杨宪、傅瓛、御史中丞刘基、翰林学士陶安等二十人为议律官，谕之曰'法贵简当，使人易晓'"。可见老大对于以法治国的重视，组建专家班子，提出制定原则，定期听取汇报。最终"类聚成篇，训释其义颁之郡县，名曰《律令直解》"，依据汉、唐、宋律，结合大明实际由通硕大儒李善长等人牵头制定多年，修订完成颁布。[①]可见朱老爷子本意也还是为了贯彻以仁义治天下的儒家理念，虽然在现实中他对于高层政治势力的警惕，在清洗危及政权及贪污腐败的官僚方面毫不留情，对于敢于犯颜直谏者残酷打击。因而明初的重刑酷典层出不穷。明初的胡惟庸、蓝玉两案株连死者高达四万。明成祖"靖难之役"杀建文旧臣株连家族，无所不用其极。

但是针对民间的普遍性执法还是强调礼制的教化作用，用刑的宽简恤民。明代对于官员多用重典，对于百姓相对宽松。《大明律》对于刑讯拷问也有严格规定，要求案件审判必须审慎"凡内外问刑官，惟死罪并窃盗之重犯，始用拷刑，余止鞭扑常刑。"在一般案件中，严禁使用挺棍、夹棍、脑箍、烙铁、灌鼻、钉指等手段取得口供，哪怕是未去棱的竹片鞭背、脚踝而至伤，审问者也会被问罪、充军。

明仁宗时，刑律方面有了许多特殊规定，禁用鞭背、宫刑及连坐等暴酷之法。明代法律对于用刑的规定，不可谓不细密；对于防范严刑逼供，不可谓不重视。但是在晚明时期，早期对于民间的轻刑宽政政策为暴政苛政中酷刑私刑所取代。

"诏狱"事实上是皇权回避三法司私设的公堂，最终成为太监所把控的地狱，地狱之门的敞开，既可打击政治对手，又可趁机以刑案索取贿赂进行敛财，而这些特务机关基本为东厂西厂和锦衣卫所控制，成为迫害持不同政见官员的屠宰场。上行下效，从省、府、州、县的各级衙门，几乎

---

① 《明史卷九十三·志第六十九·刑法一》，线装书局，第590页。

无不使用酷刑以断案的,此类根据主刑官员的基本判断来进行邢鞫,是最简单的逼供破案手段,期间又是办案人员接受贿赂的大平台,那么朝廷仅存的一点公平正义,也就仅仅停留在纸面上,在办案中基本就是"八字衙门朝南开,有理无钱莫进来",其中的人情往来,权钱交易铸就了司法腐败的利益链。

当朝一品大员辽东经略熊廷弼受到巡抚王化贞掣肘丢失宁远被朝廷追责,主要责任人王化贞在使出银两后保住了性命,大太监魏忠贤在熊家允诺给予贿赂,未能兑现后,联想到东林党人也可能收受熊家钱财,故而以满朝文武尽皆贪贿的思维定式,企图嫁祸东林党人。魏忠贤的推理模式是建立在当朝政治腐败基础上的有罪推定,在制造经济借口打击政治对立面。为了栽赃东林党人因而对熊家人严刑拷问,试图诬陷东林党人杨涟,除去心头大患,刑讯逼供,制造冤案,成为政治斗争的残酷伎俩。

对于东林党人杨涟的酷刑拷掠,由此可见一斑。据明代学者计六奇所著《明季北略》记载[1]:杨涟,万历三十四年进士,曾担任常熟县令,迁户、礼、兵垣给谏,后升任礼科都御史。历事三朝。以熹宗朝"移宫"一案为群奸所嫉恨。天启四年两次弹劾魏忠贤和客氏(天启帝奶妈、魏忠贤相好)二十四大罪。此时南北两京所有科道官员上疏弹劾魏忠贤的奏章,皆被老魏隐瞒不报,并开始了对杨涟等人残酷的打击报复,在未经内阁讨论,直接伪造皇帝手敕下达礼科,宣布将杨涟削职为民,押解镇抚司拷问,时值炎夏,锁链铁铛加身,惨如炮烙。京城的士民数万人拥道哭泣,争先抢夺官旗而救杨公。杨涟分别向四方围拢的士民,晓之于君臣大义,民众才散去。他被押解镇抚司,由东厂头目许显纯亲自审问,严刑逼问"移宫案"和接受熊家贿赂的问题。

许显纯"密承珰意,异刑酷拷,肉绽骨裂,坐赃二万,五日一比,髓血飞溅,死而复苏。许显纯竟将头面乱打,齿颊尽脱;钢针作刷,遍体扫烂如丝。公骂不绝口,复以铜锤击胸,肋骨寸断,仍加铁钉贯顶,立刻致死……延七日始得领埋之旨,赤炎蒸暴,蛆蝇填集,止存血衣数片,残骨几根,以恶木敛之。老仆比赃身死,三岁幼弟惊死,亲戚

---

[1] 《明季北略·杨涟惨案》,中华书局,1984年6月版,第47页。

朋友图圄，家财产业席卷扫卖完赃。"

以经济贪贿案件为手段，行政治报复铲除政敌为目的，不惜制造冤假错案，司法腐败莫此为甚。朝廷大员如此，更何况天下百姓。

这些社会现象在冯梦龙的传奇小说中也有着十分生动的描述，在他的小说中，凡遇开庭审案，无不先以大刑伺候，甚至在公差衙役办案过程中也是贿赂公行，私刑拷问，先逼取口供，再上公堂拘审。

《沈小霞相会出师表》中对于沈鍊及其家族的政治迫害如此，济宁知州老贺对于两个陕西保安派遣的公差张千、李万也是如法炮制，可谓以制忠臣之道还制走卒之身，可见闻氏作为一介女流对于世事的洞悉之透彻，固有如此妙计而致夫妇脱险，就是巧妙地利用了体制的疏漏，也可见酷刑滥用的普遍性是司法结构性腐败的体现，是冤假错案滋生的土壤，和政治体制的朝纲坠落法治松弛密不可分。

在《警世通言》中冯梦龙写了一个《金令史美婢酬秀童》的故事。[①]苏州府昆山县管理县库的令史，类似县银行行长的小官。县库里突然少了200两银子，知县限十天破案，一直没有眉目，只得自己变卖财物冲抵县库失银，私下里将侦办案件的捕快们召集饮酒，许诺凡侦破此案赏银20两。令史先是听了道士的胡言乱语怀疑自己的童仆秀童窃取了银两，私自沟通捕役密捕金秀童绑到郊外偏僻处，私刑拷打，获取口供。先是铁尺拷问，后上极刑脑箍夹头，秀童熬刑不过，承认偷银，但是人已经奄奄一息，被打残了。直到捕快去取赃银一无所获，才知是屈打成招，冤枉了秀童。年初，老门子陆有恩来拜年，在接受了金令史金耳扒后告知实情，邻居胡美和芦智高有偷银嫌疑。几经周折抓获疑犯，起获赃银，此案才算水落石出。为了补偿自己的过失，金令史将自己的美丽的婢女嫁给了秀童，算是有了一个圆满的结局。

再看一篇充满传奇色彩的精彩故事去一窥衙门里的阴暗，这就是《醒世恒言》中脍炙人口的《秋翁遇仙记》。说的是仁宗年间江南平江府长乐村老花农，养得一手好花，辟有一片花树繁茂的花圃园林。平江城内有一衙内张委平时欺男霸女无恶不作，觊觎秋翁花园，先是上园打闹，破坏花

[①] 《冯梦龙全集·卷二·金令史美婢酬秀童》，江苏凤凰出版社，第196页。

木，大打出手，后是企图霸占园林。由于秋翁得到花神保护落花得以返枝，张委一时无法得手。于是勾结官府将秋翁诬告为妖人，企图借政府之手霸占花园。衙役进园抓捕秋翁，张委在村口接到公差用银子打点停当，衙役一条绳索将秋翁捆上押到平江府，大尹不分青红皂白先要大刑伺候，只是花神暗中作法使得大尹头痛难忍，秋翁才免去一顿暴打。这是苦难深重的老百姓因无法忍受官府的欺压，才企图借助超自然的神仙法力而惩恶扬善，花神暗助秋翁得救，张委等黑恶势力遭到严惩。这是童话里的美好想象冲淡了现实中的无边黑暗，借助神的力量为苦难的百姓申冤，而现实远没有想象的那样美好。

冯梦龙在《喻世明言》的《沈小官一鸟害七命》中揭露的现实，官府中的从上到下的司法审判状似地狱，简直惨不忍睹。宋代宣和年间，是杭州海宁郡的织造锦缎之家，似乎属于专为皇家服务的织户，老板沈昱育有一纨绔儿子沈秀。此君娇生惯养，只爱玩画眉鸟。凌晨在柳林遛鸟，一时小肠气发作，痛苦难忍，鸟儿被路过箍桶匠张公夺走，本人又被杀害，脑袋被割下塞入树洞。张公在鸟市将画眉卖予药材商人李吉。命案报到府衙，沈家和官府均悬赏捉拿凶手，有地痞黄老狗一家贪图赏钱，父亲老狗提议两个儿子大保小保将自己杀了割下头颅，冒充沈秀脑袋，骗取巨额赏金。如此这般，果然官府和沈家均被欺骗，大保小保骗得赏钱1500贯，从此改变贫困命运，但是凶手缉拿一直无果。数月之后，沈昱作为皇家注册织户，领命前去东京交付织锦绸缎。完成任务后闲逛禽鸟御用监房，巧遇自家画眉，想到被杀害的儿子，大呼小叫痛哭莫名，被校尉押解到大理寺。于是沈昱申冤，大理寺立案调查。此案好查，此鸟乃京城商人李吉进贡。人犯立即抓捕归案，嫌犯不老实交代，推脱说是那鸟儿是向一路过花鸟市场的箍桶老儿买的，姓名不知。这分明胡说八道，愚弄官府，于是一顿苦打，皮开肉绽之际，屈打成招，承认杀人夺鸟，被问成死罪，开斩以后，头颅示众。同行去杭州采购药材的商人觉得李吉冤枉，开始在杭州暗访真凶。于是箍桶匠张公落入法网，在交易现场两名商人指证下，依然嘴硬，拒不交代，大刑之下，皮开肉绽，鲜血淋漓，夹棍伺候，只得交代，此案水落石出。沈秀头颅被从柳树洞子取出。于是大保小保杀父冒功骗钱之罪行暴露。二人被官府吊打半日，不肯招供，再遭烙铁烫全身，打得二人死去活来好几次，只得招供。

全案真相大白，知府大人对此等杀父骗钱之行为，实在深恶痛绝，于是一阵乱棍狠打，最终张公、大保、小保被凌迟处死，剐割二百四十刀，分尸五段。大理寺官员被撤职查办，李吉平白冤死赏金钱一千贯，免除全家子孙官派差役。尾声非常光明，符合冯梦龙一惯的因果报应大团圆喜庆结局。故事讲述的朝代在宋朝，但是生动的细节描绘逼真的场景描绘却是穿越时空来到了明朝，证明刑讯逼供在本朝作为办案的手段却是常态。

酷刑拷问在明代衙门办案几乎是常态，就是明代著名清官况钟也不能幸免，冯梦龙在《警世通言·况太守断死孩儿》一案，也是通过对犯罪嫌疑人支助的刑讯逼供，酷刑逼供，支助在被夹棍夹昏的情况下才不由自主地如实招供。况钟审完该案得意洋洋地亲自撰写了文采飞扬的判决书：

审得支助奸棍也。始窥寡妇之色，辄起邪心；既乘弱仆之愚，巧行诱语。开门裸卧，尽出其谋；固胎取孩，悉堕其术。求奸未能，转而求利；求利未厌，仍欲求奸。在邵氏一念之差，盗铃尚思掩耳；乃支助几番之诈，探箧加以踰墙。以恨助之心恨贵，恩变为仇；以杀贵之后自杀，死有余愧。主仆即死无论，秀婢已杖何言。唯是恶魁，尚逃法网。包九无心儿遇，腌孩有故而啼。天若使之，罪难容也！宜坐致死之律，兼追所诈之赃。

一篇法律文书，况爷以四六骈文书写，可谓言简意赅，对仗工整；起承转合，无不妥帖分明；案情分析，丝丝入扣，精到准确；一案三命的来龙去脉解剖得清清楚楚。使旁听的知县，自知才力不及，惶恐无地自容。

然而，其中透露的信息，却是王朝末期的法治瓦解，时时处处的严刑逼供，有可能侦破案件，但也可能屈打成招，导致冤案发生。如是只能是冤魂遍地，民怨沸腾，礼法尽失，司法腐败成为政治腐败的象征，而使统治基础动摇，朝堂还会安稳吗？茅盾文学奖得主格非在他评论《金瓶梅》的专著《雪隐鹭鸶——金瓶梅的声色与虚无》有一段对于晚明政治和法律的剖析非常经典[1]：

---

[1] 格非：《雪隐鹭鸶——金瓶梅的声色与虚无》，译林出版社，2014年8月第1版，第75页。

当时明代经济和工商业的发展，导致了商业和消费文化的泛滥。世风尚利，人情日伪，整个社会陷入纵情声色的享乐主义氛围之中，在商业利益面前，传统的礼仪道德对个人的约束力日渐衰微，而与之相适应的新的社会管理模式尚未建立，这会的政治、法律及原有的制度设计，出现了空前的危机，社会逐渐陷入无序状态。

此类无序从上到下形成连锁反应，锁链捆绑和绞杀的就是帝国本身的生态，死神的乌云即将聚拢而遭遇雷电的轰劈，王朝的生命也就戛然而止了。

第五章　图书编辑出版及仕途之路

一、残阳笼罩的留都风韵

南京是六朝古都，根据晚明和冯梦龙同时代的文人余怀在《板桥杂记》中记载：

> 金陵为帝王建都之地：公侯戚畹，甲第连云，宗室王孙，翩翩裘马，以及乌衣子弟，湖海滨游，靡不挟弹吹箫，经过赵李；每开筵宴，则传呼乐籍，罗绮芬芳，行酒纠觞，留髡送客，酒阑棋罢，堕珥遗簪，真欲界之仙都，升平之乐国也。[1]

旖旎之文字写尽了留都人间酒色之繁华。这里是帝国之祖朱元璋开创大明江山的发祥之地，也是太祖爷和懿文太子朱标、太孙建文皇帝的陵寝安葬之处，更多地代表着帝国的受命于天的意味，因而又是南直隶应天府的所在地，和北直隶的顺天府同时代表着王朝的天命所系。

靖难之役后，明成祖将首都迁移至北京，南京仍然作为留都而保存着与北京相一致的帝国政治体系。作为应天府所在地，始终和顺天府相对应着成为南北两大支柱支撑着帝国政治、经济、军事、文化的运作。因而北京在作为政治首都的同时，南京更多的时候是作为文化、军事、经济上的基地而相对独立地存在着，其政治上的意味并不浓，唯掌管经济和税赋的户部各司科分外忙碌，显然作为江南发达地区的首善之地，是帝国税赋的主要来源；兵部的司道和由大太监掌握的提督衙门负有保卫和管辖富饶的江南地区的重要军事责任，也是权重比较大的部门。甲申之难中首位殉国

---

[1] 余怀：《板桥杂记》，南京出版社，2006年9月，第9页。

的内阁大学士范景文就当过留都的兵部尚书，江南才士余怀当时是他的幕僚，由此可见，当年皇帝对留都的政治、经济、军事建设都是非常重视的，范景文上调京城后，继任者就是名垂青史的东林儒将史可法，而史可法的考察却是崇祯皇帝的妹夫后来殉国的驸马巩永固。

对于南京冯梦龙应当是不陌生的，只是他和南京这座城市的关系史料记载几乎没有，我们只能沿着冯梦龙的人生轨迹和对他作品的分析进行符合逻辑的推测。

冯梦龙是随着科考大军的脚步多次出入南京的，他对于南京的熟悉程度并不比他对于家乡苏州差。每三年一次的秋闱科举考试作为早在十七岁上就中了秀才的冯老先生是必须风尘仆仆地到江南贡院参加考试，从青丝黑发的青壮年一直考到霜鬓白发的老年，这期间有多少次从苏州到南京的长途跋涉中往返奔走在终南捷径上，可以说吃尽千辛万苦。其实，此刻他早已是著作等身，名扬中外的学者和作家，可以说人生成功的一切要素都不缺乏，唯一缺少就是本朝以科举取士立国的名分，这对于一个毕生追求科举功名儒生来说，不能不是很大的遗憾。在那个仕途经济高度发达的社会这也是读书做官的最高境界。他只有在科举阶梯上不断跋涉直到取得成为统治集团的一员，才算得上人生的成功。

从十七岁时以优异成绩高中秀才后，在五十七岁拔贡这三十多年中要往返十多次，其中甘苦想必自有许多难言之处。然而，直到1630年（崇祯庚午三年）国子监肄业，就可外放成为帝国底层垫底吏员。冯梦龙成了一个从八品的丹徒县训导，也就相当于现代县中学的副科级教导主任。

这段难得的读书学习时间，对于早已饱读四书五经，且有丰富想象力的学者而言，在诗书、小说、戏曲上都是著作等身的人纯属走走过场，混一张文凭而已。因此，在这一时间内他也可以以文会友，广结人缘。

在帝国留都他可交接南京的一帮名士骚客，落魄官僚，出入南京夫子庙、三山街的书肆进行图书出版的勘刻、印刷、发行等等业务。当然，在酒足饭饱之余，经济条件允许的情况下，也可以去仅和江南贡院一河之隔的大石坝街勾栏妓院去会会那些才貌双全的艺妓们，与佳丽同游秦淮河，在软玉温香中体验秦淮风月的温馨妙曼之处。

冯因为愤恨考官的昏庸，故"忧郁无聊"，"放歌纵酒"却没有放弃对于功名的渴求，而在此时这位官场的落魄者，文化界的大名人有幸进入提学大人熊廷弼的法眼，成为他的幕僚，并于天启元年（1620年）随老熊第三次巡按辽东，可惜第二年（天启二年1621年），老熊便被冤下狱致死，头颅被传首九边。冯梦龙为恩师蒙冤而感到悲哀，只能结束宦游，无功而返。他的初次从政活动，前后不到一年，可以说和恩师共进退了。[①]

遥想当年热衷科举的青年冯梦龙在早早获得秀才身份风尘仆仆地骑着毛驴带着书童往来于苏州、金陵两地参加科考，一直考到了头发胡子发白，也没有混到这张梦寐以求的入场券，终南捷径的羊肠小道消磨了他的大好年华，也风流了他的才子生涯。

因为这里除了进入仕途的诱惑，还有着诸多佳丽的吸引，"江南佳丽地，金陵帝王洲"，还是那位余怀被称作余澹心的人在《板桥杂记》不无蛊惑地写道"旧院与贡院遥对，仅隔一河，原为才子佳人而设。"这很是应对古贤对于读书乐趣的描绘因为"书中自有黄金屋，书中自有千钟粟，书中自有颜如玉，书中自有车马簇"，学而优则仕的快感和乐趣尽在这四句不言而喻的至理名言中掩藏着。

跨过秦淮河上那座文德桥就来到了河房青楼比肩接踵的佳丽云集之地，帝国为他们未来的接班人考虑得非常周到。帝国副中心的酒色财气甚至远超过首都北京，才可能为国难当头的帝国士子们提供更多享受欢乐的资源，使之成为乱世之中的桃花源。因为这里应有尽有。作为风流才子的冯梦龙当然也会去尽情享受，就是在晚明这个帝国奄奄一息的时候，才子与佳人的故事依然不断发生，只是添了少许悲壮的爱国情怀。比如秦淮八艳中的李香君和侯朝宗，柳如是和钱谦益，董小宛和冒辟疆，卞玉京和吴梅村，陈圆圆和吴三桂，顾眉和龚鼎孳等等，风流韵俨然千古佳话。尤其是那位陈圆圆还赢得边关大将吴三桂"冲冠一怒为红颜"引狼入室，成为满洲大军入关驱赶大顺军出京的导火索，导致了帝国北方疆土的全面沦亡。

半壁江山的沦陷又使得罹难北京的官员和太子党们像是丧失了家园的流浪狗那般麇集到留都来了，而这些末代贵族官员们且将"杭州当汴州"，把南京当成北京继续着纸醉金迷花天酒地的生活，于是秦淮河波光流影的

[①] 王凌：《畸人·情种·七品官》，海峡文艺出版社，1992年3月第1版，第85/86页。

河面又是笙歌莺舞，画舫来去，只是增添了少许"商女不知亡国恨，隔江犹唱后庭花"的悲凉和悲愤。

二、帝国人才培养基地国子监

国子监读书的贡生也叫监生，是由国家供养的人才。明太祖在建国之前就刻意网络人才，为政权服务，帝国建政后就在鸡笼山下建立相当于国立大学的国子监。除了为帝国培养统治人才外，就是汇总南方各地宋元以来的图书典籍编辑和出版图书。明成祖迁都北京后依然保留了南京的国子监，简称为"南监"，所勘印的图书被称为"南监本"。

冯梦龙在五十六岁被举荐拔贡以后，根据明制必须在国子监学习一年，考试合格后，才能出任地方行政部门的小官吏，想必也就是和北京同等地位的南京国子监。在南京诸多保持完好的明清建筑中已经找不到留都国子监的影踪了，史料记载应当在南京城中心的鸡笼山脚下，当年民国中央大学旧址附近，现在的东南大学校址至珠江路碑亭巷一带。

据《明史志四十五·选举一》记载：

科举必由学校，而学校起家，可不由科举。学校有二：曰国学，曰府州县学，府、州、县学诸生入国学者，乃可得官，不入者不能得也。入国学者通为之监生，举人为举监，生员曰贡监，品官子弟曰荫监，捐赀曰例监。同一贡监也，由岁贡，选贡，有恩贡，有纳贡。同一荫监也，有官生，有恩生。[①]

这说明明朝的官吏是从县学、府学初级教育取得生员，也即秀才资质以后，才能参加乡试进行举人资质的考试，学习成绩优异的还可选拔进入国子监进行深造，成为太学生，比如冯梦龙的老弟冯梦熊就是由秀才直接选拔成为太学生（贡生）的。

学生的来源主要是全国各州、县每年选送的"贡生"（每县每年送一人），类似冯梦龙这样的宿儒被称为"拔贡"是特殊人才的一种，还有功臣和贵戚子弟，送入国子监混学历的叫着"荫贡"，也就是靠着祖先追随

---

① 《明史卷六十九·志第四十五·选举一》，线装书局，第452页。

太祖爷创业打天下经历和家庭地位显赫而保送进来的资质。这是历代历朝延续至今的恩荫制度，故而部队的战斗力因贯彻了血统的背景，这些公侯伯勋贵子弟靠恩荫获取的地位本身导致了战斗力的低下，而这些勋贵子弟虽然世受国恩对于本朝的忠诚度也很可疑。由其是在本朝堕落的甲申之变中勋贵子弟和太监内卫部队担负着保卫首都的重任，以及后来南明覆灭所担负的守卫南京的重任，他们和文官集团一起出卖了帝国和君父，成为了汉奸部队的主力军。

按照开国皇帝朱元璋对于帝国考试制度的设立，无论举监、贡监，或者朝廷高官勋贵的荫监及捐资换来例监等等，都得经过国立大学系统培训考试合格才能到朝廷为官，尽管可能在考试合格的程度上会有区别，但是这套程序是必须走走的。

南京的国子监之设立，自明初乙巳（洪武七年1374年）始，说明明代的科举考试制度开始建立，建成于洪武十四年（1381年）。这座被称为帝国的"国立大学"面积很广，东到小营，西抵进香河，南至珍珠桥，北迄鸡笼山麓，大体上相当于六朝皇宫的中心区。今东南大学一带是国子监的主要部分，屋舍建筑由于久经兵燹战火已经荡然无存，唯剩一棵"六朝古松"屹立千年见证了历史的变迁，成为国子监的遗物。因为在国子监读书之后可以成为"贤人"，故附近街道有命名为"成贤街"的，在成贤街的南口和东西两侧各有牌坊一座，国子监的南门还有一座大牌坊，所以俗称"四牌楼"，这些地名均沿用到当代。

国子监内共有学生读书和住宿用的"号房"一千多间，外国留学生使用的"王子书房"和"光哲堂"一百多间，以及教师住宅数十间。另有"讲院"几十间供教师讲学之用，"射圃"一处供学生练习射箭之用。还有"菜圃"八十多亩，以供应日常的蔬菜。学生人数最多的时候是明成祖永乐年间（公元十五世纪初）曾经达到过九千多人。洪武末年到宣德年间也曾有过八千多人。到了明代中叶以后，逐渐减少到三四千人，明代后期只有一千多人。学生来源主要是全国各州、县每年选派的"贡生"（每县每年送一人），功臣和贵戚子弟，以及边疆少数民族"土司"的子弟等，学生中的外国留学生，通常在二十名上下，大部分来自日本、高丽（朝鲜）、琉球和暹罗（泰国）等地，其中还有少数女留学生。见于记载的教师只有三十七人（五经博士五人，助教十五人，学正十人，学录七人），教学行政人员不足十人（祭酒即校长一人，司业一人，监丞一人，典簿一人，典籍一人，以及管理伙食的掌馔二人）。说明当时学校编制是极其精简的。

国子监学生的学习内容，以儒家的四书五经为主。还要学习数学、书法、射箭和明代的政策法令。每月考试四书五经各一次，写作有关法令和时政论文两篇，每月练习射箭两次，要求能在九十步（合五百四十尺）之外，连续四次射中目的物，其中一部分学员选学外国文字，仅明成祖一代就培养出翻译人才两百多名。有时还要到玄武湖中的梁洲去清查"黄册"，到外地去参加清理田赋和修治水利工程，并派到中央机构实习一年，成绩优良的留用，差的再回监学习。[1]

当然国子监不仅仅是帝国的高等学府，而且还是科举考试的人才储备库，其教学人员很多都是在学术上造诣很深的专家和学者，比如明末大思想家李贽就曾经担任过南京国子监五经博士（从八品）。横跨明清易代之际的大诗人吴梅村就曾经担任过南京国子监的司业（帝国大学教务长从六品）。

按照明制冯梦龙在科举道路上久试不第，熬到了一定年限就可以走恩贡的道路，进入帝国最最底层的公务员行列，出任衙门胥吏。崇祯三年（1630年）鬓发胡须花白，已经五十六岁的他，终于进入贡生行列，准备出任朝廷低级公务员了，只是冯贡生年龄实在是大了些，混迹于一帮从各地府、州、县学选拔来的优秀人才相比，就如同老腌肉混杂于和小鲜肉之间，不知会不会如同鲜于同那般自惭形秽，只是他已经是闻名南都著作等身的江南大名士，和初出道的小鲜肉相比，他是名副其实的科考老前辈，应该说也是很有底气的。

估计他进入国子监学习属于形式上的短期培训，因为所谓"四书五经"对于他而言是再熟悉不过了。因而吃着国家优待的免费膳食，穿着贡生制服，还可享受免除两个人丁的徭役，有妻子的每月再给米六斗，每年有固定假期两个月等等待遇。这说明帝国对于接班人的培养是高度重视的，不仅在思想灌输和学业操守上有严格的要求，而且在生活待遇上非常优厚，

---

[1] 蒋赞初：《南京史话》，江苏人民出版社，1980年11月，第138页/140页。

明史记载：

> 厚给廪饩，岁时赐布帛文绮，袭衣巾靴。正旦元宵诸令节，俱赏节钱。孝慈皇后积粮监中，置红仓二十余舍，养诸生之妻子。历事生未娶者，赐钱婚聘，及女衣二袭，月米二石。诸生在京师岁久，父母存，或父母亡而大父母、叔伯父母存，皆遣归省，人赐衣一袭，钞五锭，为道里费。其优恤如此。①

由此可见，帝国元首朱元璋虽然对于高级干部的违规犯法异常严厉，但是对于帝国接班人的关怀爱护还是无微不至充满温情的。甚至皇帝夫妇还有分工，文中提到的孝慈皇后就是朱元璋的妻子马娘娘，她负责对于贡士们家眷的生计保障问题，以保证帝国接班人在读书期间无后顾之忧。

而作为恩贡入国子监短期深造的冯梦龙，可以说是著作等身，此前已经是各类图书的纷纷面世，给他带来了不小的声望和财富，他也算是社会名流、成功人士了。他有钱、有闲，进入国子监读书深造，也即是履行官场形式走走过场，为他结交南都名士，提供了方便。即使如同阮大铖这样的政治名声很臭，却在南曲创作上颇有名气的大家，他也不避嫌疑照样往来。对他来说恩贡的进修也即在高等学府休闲度假。周旋于南都官场和文坛，以文会友，著述立说，吃吃喝喝，品评戏曲，交流创作体会，打造进入官场前的人脉关系网而已。

作为戏曲创作和票友的阮大铖和同为戏曲传奇作者的冯梦龙同为南曲爱好者，有过交流。那肯定是阮大胡子这朵奇葩吸引了冯老先生的目光，作为政治上落魄者，不断被东林党及其复社余党口诛笔伐的阉党余孽能够为江南大名士冯梦龙看中，这对于声名狼藉的老阮而言当然也是某种慰藉。于是以文会友，冯先生常常出入巢园去赏戏切磋交流也属正常。

三、以文会友与阮大铖的交往

大约是在1629年（崇祯三年）冯梦龙56岁时实在科举无望，不再参加每三年的一次的秋闱考试了，只能走恩贡入仕之途。也就是在南京国子

---

① 《明史卷六十九·志四十五·选举一》，线装书局，第153页。

监读书一年，积累资历的时候，他似乎和阮大胡子走得比较近，经常出入巢园，听戏评戏再加上吃吃喝喝，欠下了人情债。

第二年冯梦龙出任丹徒训导（镇江），崇祯六年（1633年）冯训导邀请阮大铖、潘匡美、彭天锡一帮昆曲爱好者到京口，一起饮酒吟诗，畅游了一回北固山，去了甘露寺。阮大胡子在他的诗集《咏怀堂》集卷三中记载了这次出游。①

《同虞来初、冯梦龙、潘国美、彭天锡登北固甘露寺》云：

莫御冯高义，同人况复临。云霞邻海色，鸿雁赴霜心。

川气饮残日，天风侮定林。无嫌诵居浅，暝月已萧森。

这一行人是在冯梦龙的盛情邀请下去的镇江，也许是冯老先生刚刚提拔了县教育局副局长兼县学副校长也想感谢一下当年在南京一起演绎昆曲的同行，其中这位彭天锡就是留都很有名气的昆曲大家，曾经被明末大名士大玩家张岱邀请先后五次去绍兴张府唱昆曲。张大少爷也是阮大胡子好朋友，在大胡子遭到复社诸子大字报围攻几乎无脸见人的时候前去"裤子档"巢园慰问有加，可见两人很能玩在一起，张岱大少爷在他的散文小品集《陶庵梦忆·卷六》中记有《彭天锡串戏》②专文记载了昆曲著名表演艺术家彭天锡的风采：

彭天锡串戏妙天下，然出出皆有传头，未尝一字杜撰。曾以一出戏，延其人至家，费数十金者，家业十万缘手而尽。三春多在西湖，曾五至绍兴，到余家串戏五六十场，而穷其技不尽。天锡多扮丑净，千古之奸雄佞幸，经天锡之心肝而愈狠，借天锡之面目而愈刁，出天锡之口角而愈险。设身处地，恐纣之恶不如是之甚也。皱眉视眼，实实腹中有剑，笑里有刀，鬼气杀机，阴森可畏。盖天锡一肚皮书史，一肚皮山川，一肚皮机械，一肚皮磊砢不平之气，无地发泄，特于是发泄之耳。余尝见一出好戏，恨不得法锦包裹，传之不朽；尝比之天上一夜好月，与得火候一杯好茶，只可供一刻受用，其实珍惜之不尽也。

张岱这文字短小精炼，寥寥数语写尽彭天锡神采，可见天锡其人也是

---

① 《冯梦龙全集卷18·附录：冯梦龙年谱》，江苏凤凰出版社，第40页。
② 张岱：《夜航船·陶庵梦忆卷六》，四川文艺出版社，第462页。

怀才不遇之梨园奇葩，只是借演戏而浇心中块垒，原也是胸怀大志之人，可惜天不假才人于时运而沦为名伶戏子，故有一肚子的愤懑需要抒发。于是微末冷官、下野官员、落魄秀才、江湖名伶走到了一起，登北固山，游甘露寺，上多景楼，观长江滔滔逝水，感人生短暂须臾，在落日余晖下共同咏叹鸿雁之志的失落，不知不觉一轮明月的银晖像是妙曼的轻纱已经洒落在萧瑟曳动的秋林，人生是那样的捉摸不定虚幻缥缈。情景交融，诗意情怀，令人感慨万分。

过了一年（1643年、崇祯七年），同样是秋天，冯梦龙已经破格被提拔去了福建寿宁当知县，已经有了一个施展抱负的舞台。为此，冯老先生一直感谢英明睿智的崇祯皇帝，终于圆了他一个官场梦。然而，这时的冯梦龙已经六十一岁高龄了。

冯梦龙好像在政治上并不选边站，也不像他的东林党老朋友钱谦益那般对过去是非太分明，因为过去他就是一个久困场屋久试不中的老秀才。过去他的起点比钱谦益还高一点，他毕竟是韵社诸才子民主推荐的社长。而钱那时候只是年轻的后生，后来政治上的发达却远在他之上，但是老朋友在关键时刻却不能持节守义，最终成为不伦不类的贰臣，受到后人耻笑。

后人对冯梦龙是不是东林党人或者复社名士多有争议。从思想脉络分析冯梦龙肯定是同情东林党人的，他对两任吴县知县万谷春和陈文瑞都有好感，而且关系密切。万谷春，字拙庵，进贤县人，万历四十七年进士，万历四十八年任吴县令，天启五年升兵部主事，故冯梦龙称他"莅吴者五载"。

继万谷春任吴县县令的是同安人陈文瑞，于天启五年中进士后即任吴县县令，崇祯四年离任。《吴郡文钞》中收录冯梦龙此时所作或代作的十七篇文章，特别是《代人为万吴县考绩序》《吴邑令万公去思碑》《代人赠陈吴县入觐序》《真义里俞通守去思碑》，比较集中地体现了冯梦龙这一时期的政治思想。[①]

冯梦龙对于社会黑暗的认识是比较深刻的，他看到"况今天下东北往夷，西南往黔蜀，济沛间多盗起。军兴络绎"；他感慨道："势豪既吮血

---

① 王凌：《一个文学家的仕途》，海峡文艺出版社，第85页。

磨牙，虎豺遍地；而小民也揭杆斩木，烟焰涨天。间左之报复，缙绅之攫攘，伸法则情郁，伸情则法废，两难之。"清醒地看到了"小民"和"势豪"之间尖锐复杂的矛盾，势如水火，作为深受儒家熏陶的经学大师其人格倾向必然是忠君报国的，这在政治清明时期没有丝毫问题，属于"邦有道则仕"正可以大展理想宏图的好时机；在政治腐败朝纲堕落时期则属于"邦无道则隐"穷则独善其身的时候，然而"学而优则仕"的诱惑不断刺激他奔着终南捷径而去，他又势必站在朝廷的立场维护封建统治秩序；作为有良知的通俗文学大师他接触民间具备着天然的民本苍生理念"哀民生之多艰，感呛然而涕下"的诗人情怀，这就有了屈原似的痛苦。

当然屈原毕竟是贵族又是楚国高官，而冯梦龙当时只是一个拔贡出身未入流的训导，因而内心纠结矛盾，处于"两难"境地，他不可能去投江自杀，这就是蚂蚁和大象在生死方面不同的抉择，小人物选择大死亡与身份很不符合。就如同后人评价屈原对于楚怀王的所谓忠诚，是某种"臣妾"心态，也就是既不受君王重视，又想讨好君王，结果处境尴尬，这是比较符合冯梦龙这类文人真实心态的。处于他这种微官末吏，不可能不知轻重地跻身于均是进士、举人出身，曾经也在中枢任要职的东林党人之间充当同党。

在一个十分讲究出身等级的官场，就是清流也是有身份意识的，对于冯梦龙是不是东林党人的争论，笔者认为还是身份低微，无缘入得东林党人法眼。他其实只要头脑清醒地活着，创作出更多反映民生疾苦作品就是他存在的价值。

至于是否复社社员就更不可能，作为科考前辈，再与那些晚生后辈的小愤青搅合在一起，从年龄身份和行事风格上讲也是完全没有必要的。他要更加成熟得多，因此不妨放下清流的架子和阮大铖这些阉党分子在兴趣爱好上交流交流也未尝不可，作为大名士的张岱也基本就是这样的人生状态。

他们都不是年轻的复社生员，没有必要那么嫉恶如仇。他们是社会经验、人生阅历都比较成熟的老秀才，讲究"费厄泼赖"中庸之道，况且他们在人生乐趣方面与老阮有相当多的共同点，是不主张去痛打落水狗的，更加注重的是儒家的恕道和宽容。这种与老阮艺术上的周旋，纯属个人兴趣，未必认同阮大铖的政治价值观念。

其实在他们的内心中对魏忠贤阉党行为的是非曲折是非常清楚的，冯称此时"逆珰权焰如汉，黄雾四塞天下，而吴中逻稠犹密，士大夫饮食言笑将罹罪案"。冯梦龙的同乡他的学生戏曲家李玉《清忠谱》的主角周顺昌在京为官，因上书指责阉党被削职罢官闲居乡间，"又时时嚼齿穿龈拍骂激之"天启六年"缇骑变起"，魏忠贤矫旨派锦衣卫来苏州逮捕周顺昌。冯梦龙形容此时形势"如天河覆，海水立"，表现了无限愤慨。冯对尽心保护周顺昌，保护"属籍钩党者"，使"文学子弟""人人坐春风中"的吴县县令陈文瑞十分敬佩，称他为"异才""异骨""异人"，堪作"龙门之砥柱"；称赞他"独以党碑为护，俯销斩木于潢池，而默摄当道之豺狼。"显然这些思想是完全与东林党人和复社文士们相契合的，对阉党倒行逆施是极端不满的，在思想感情上是爱憎分明的。

冯梦龙对当时的正邪清浊一类门派纷争表面上看不甚关心，或者可谓糊涂，骨子里是很清楚的。但是仔细分析，他的性格由于久困场屋，锋芒和棱角早已为随着年龄的增长，苦苦追求的仕途经济所磨平，而显得温和圆润，因此和阉党分子也算是帝国的戏曲家阮大铖周旋得游刃有余，再加上有着共同的兴趣，也就有着同气相求的时候。他在万历末年在辑行《麟经指月》列参阅名氏时，除了东林的友人外，也把李蕃、曹钦程这样一些后来成为阉党中坚的人拉在一起，只要他们是注解"春秋"的名家而不问其余。

崇祯初年形势大变，阉党已如过街老鼠，阮大铖已被"钦定逆案"指为对魏阉"颂美赞导"，且"交接近侍次等"而"坐徒三年，纳赎为民"，虞大复亦因"挥霍有馀，操持多议"而"冠带闲住"，冯梦龙却仍然和这样一些东林、复社不齿的家伙一起登高赋诗，显然也只是考虑到阮娴曲学，虞治《春秋》，而不问其他政治倾向了，这是冯老先生处事的圆通。从留存的史料分析，冯梦龙早年就曾经创作过南曲《双雄记》，即使在寿宁知县任上，公务之余还完成了《万事足》剧本的改编。后来从寿宁知县任上退休后，曾经参与了苏州一批南曲大家从事昆曲的创作，作为文坛前辈他还帮助李玉等后起之秀修改过剧本，并对汤显祖的《牡丹亭》剧本进行了再创作。1642年（崇祯十五年）冯梦龙68岁，自号苏州第二狂的毕魏（号万后）将冯梦龙的白话小说《老门生三世报恩》改编成昆曲《三报恩传奇》，冯梦龙帮助其润色并为之作序：

余向作老门生小说，改所谓少不足矜，二老不可慢，为目前短算者开一眼孔。滑稽馆万后氏取而演之为《三报恩》传奇，加以陈名易付恩之事，与鲜于老相形，令贵少贱老者，浑身汗下……万后氏年甫弱冠，有此奇才异识，将来岂可量哉！①

四、与苏松巡按祁彪佳的友谊

崇祯六年（1633年）冯梦龙60岁，绍兴世家子弟祁彪佳（1602年出生）31岁出任苏州、松江两府巡按，这也是一位公忠体国，多才多艺的昆曲专家，史料载：

祁彪佳所著传奇如《全节记》，皆佚。惟戏曲批评著作《远山堂曲品剧品》存世（其中《曲品》有残缺）。《剧品》收杂剧剧目242种，是明代著录名人杂剧的唯一专书；《曲品》收传奇剧目467种。其中有明、清同类著述中未见著录的戏曲曲目295种。两书增录了许多重要戏曲作家的作品，并改订了以前曲目的错误，另附杂调一类，收弋阳诸腔剧目46种，尤为可贵。与吕天成《曲品》相较，以搜罗广博著称。每种剧目后都有简短的评论，从中可见祁彪佳的戏曲主张。在作品内容上，他强调戏曲应当反映尖锐的社会问题，"外御强敌，内除奸佞"；而在艺术上则着眼于"词以淡为真，境以幻为实"，颇有见地。

这位少年得志17岁就乡试中举，20岁（天启二年1622年）即中进士被皇帝授予福建兴化推官的少年才俊、官宦世家子弟、戏曲行家的到来，当然和名扬苏州的大才子冯梦龙颇有相见恨晚的感叹，虽然两人在身份地位和年龄上悬殊颇大，但是共同的爱好，使得两人走得很近。据明末清初著名戏曲家沈自晋《重订南词新谱·凡例续记》记载：

祁公前来巡按时，托子犹（冯梦龙）遍索先词隐传奇及余拙刻，并吾家弟侄辈诸词待尽。向以知音，待善子犹。是日（甲申冬杪）送及平川而别。

---

① 《冯梦龙全集第18卷·附录冯梦龙年谱》，江苏凤凰出版社，第49页。

祁彪佳所著《按吴尺牍》癸酉秋季册《与冯学博犹龙》云：

凤耳芳声，欣瞻丰采。昨承佳刻，顿豁蓬心。三吴为载籍渊薮，凡为古今名贤所撰辑著述者，不论坊刻家藏，俱烦门下裒集其目。仍开列某书某人所刻，出于何地，庶藉手以披获数种，聊解蠹鱼之癖，拜教多也，诸不一。南都近日新刻有足观者，望并示数种之目。

巡按为辖制两府的副省级官员，与巡抚并称为"两抚台"，祁彪佳能够屈尊礼遇三吴名士比他大将近三十岁的冯梦龙，可见此公颇有古之礼贤下士之风。他早就听说过冯梦龙的大名，见到本人果然风采过人，收到冯梦龙所赠送的图书，使他心胸豁然开朗，三吴所载典籍的来龙去脉，凡是古今名家所撰辑著述条分缕析，不论民间坊刻图书还是家藏典籍，均搜集整理，注明出处，某人所刻，某家书店出版，均记载得清清楚楚。一到吴地即命冯梦龙收集当地的戏曲传奇。那么冯梦龙到底赠送了祁彪佳什么样书使得巡按大人如此兴奋呢？

因为巡按大人的父亲祁承煠（字尔光，号夷度先生，万历甲申年进士，官至江西布政使参事）就是浙东有名的藏书家，故祁彪佳也是好书如癖之人，自称书虫（蠹鱼）。祁彪佳是浙东有名的少年才子。据《祁忠敏公日记》记载，19岁时在家丁忧闲居时，就曾经在家乡绍兴的旷园，听说过冯梦龙的大名，写信向他索要出版勘刻的图书，后来冯梦龙凡有新书出版均有所赠送，这些书都成为祁家藏书的一部分，祁彪佳的儿子祁理孙《奕庆楼藏书楼书目》中有记载。

到苏松巡按任上与冯梦龙的关系日渐亲密遂成莫逆之交。据福建学者王凌先生考证冯梦龙于崇祯七年六十高龄罕见地以贡生出任福建寿宁知县与祁彪佳和沈几（字去疑，长洲人，天启七年乡试解元，崇祯四年进士，曾为冯《智囊》作序，此时出任福建福宁州知州）鼎力推荐有关。[①] 这是和阮大铖、虞大复等阉党余孽同游镇江北固山后第二年的事情。

这位祁彪佳后来在南明弘光朝出任苏松巡抚，南明王朝覆灭后以身殉节，是明史上大名鼎鼎的模范官员，不仅持节守义，而且在私生活非常严谨，其两个儿子最后死难于抗清复明的事业，为清军所谋害。笔者将在《明

---

① 王凌：《畸人·情种·七品官——冯梦龙探幽》，海峡文艺出版社，第88页。

末轶事》中专章介绍他的情感生活及和冯梦龙的友谊。

当下,我们完全不能用非黑即白的脸谱化模式去看待明末的知识分子,这些文人生活是丰富多彩的,情感是奔放的,人格是多元的,人性所表现的形式也是多样的。活跃在明末历史舞台上的冯梦龙、阮大铖、张岱其性格体现了时代风云变幻中的多面性,才显示了人性的复杂和多变性。但是最终评价历史人物还是看其在民族大义面前的最终选择。冯梦龙、张岱与阮大铖的关系也可作如是观,在大铖落难之际去看望老阮显示了其的叛逆性格,未必就是赞成老阮对于魏阉集团的政治选择。

五、《金瓶梅》出版的推动者

此时的冯梦龙虽然只是拔贡出身官居从八品的丹徒训导,区区微末小吏但是名气却大得惊人,已经是出版了数十种图书的江南大名士。早已在天启年间完成了《喻世明言》《警世通言》《醒世恒言》三部白话小说集,被文学界称为"口授艺术转为案头文学的第一座丰碑"。"三言"在文学史上的地位可以和《金瓶梅》相媲美。

万历二十二年(1594年)秋,政界新宠袁宏道以新科进士名义实授吴县知县时和冯梦龙结成莫逆之交,冯在袁宏道(袁中郎)处看到了《金瓶梅抄本》曾经推荐给书商希望勘刻成书,发行于世。

据冯梦龙的友人沈德符在《万历野获篇》卷二十五"词曲""金瓶梅"条中记载"袁中郎觞政,以金瓶梅配水浒传为外典,予未见。丙午(万历三十四年)遇中朗京邸,问曾有全轶否?曰:'第睹数卷。甚奇快。今惟麻城刘涎白(承禧)即刘金吾,冯之友人家有全本'盖从其妻家徐闻贞录得者。又三年(明万历三十七年),小修(即袁中郎之弟袁中道)上公车,已携有其书。因与借抄挈归。吴友冯犹龙见之惊喜,怂恿书坊以重价购刻马仲良时榷吴关亦劝予应梓人之求,可以疗饥。……未几时。而吴中悬之国门矣(万历四十五年。《金瓶梅》出版,有东吴弄珠客作序'于金阊道中')。"

上述记载明证了冯梦龙推动书商购印了《金瓶梅词话》的出版。详细记录了此书从传抄到刊印的来龙去脉。也就是说,沈德符在万历三十四年之前还未看到过《金瓶梅》，这年他在北京袁中郎家中借此书看过。袁中郎说，他只看到了几卷，但他知道麻城的刘涎白家有全本，是从他妻子家徐文贞处抄来的。过了三年（万历三十七年，1609 年）袁小修进京考试，身边带着这本书。沈德符十分高兴，就向他借来抄录。回到苏州后，被冯梦龙看到，大喜。怂恿书坊勘刻。沈德符怕这本书印出来会"坏人心术"，将来被阎罗王"究诘"，不敢答应，便固藏了起来。

没过多久在苏州的市场上就有公开出售了。时间大约是在万历四十年到四十三年时（1612—1615 年）这和最早看到的刻本万历丁巳年（1617 年）在时间上是一致的，这就是由"东吴弄珠客"作序的《金瓶梅词话》系列。据李渔记载，在明末明确提出"四大奇书"一说的就是冯梦龙，只是他所指的奇书是《水浒》《西游记》《三国演义》和《金瓶梅》，这是"四大名著"一说的前身。

六、畅销书作家和资深出版家

可以说，冯梦龙在当时是数一数二的畅销书作家兼编辑、出版家，除了最负盛名的"三言"以外，他还曾经改编长篇小说《三遂平妖传》、《新列国志》，刊行民间歌曲集《挂枝儿》《山歌》，编辑出版了 4 部笔记小品集《智囊》《谈概》《情史》《笑府》，编辑有散曲集《太霞新奏》，也曾写过传奇剧剧本，并刻印《翰墨斋传奇定本》10 种。

当年应对科举考试的各种教辅图书也是十分畅销的图书，作为科举考试的落败者，私塾老师和基层县学训导的老学究还曾经编写出版了大量阐述"四书五经"的教学辅导用书如《四书指月》《春秋衡库》，历史类图书《纲鉴统一》《太平广记钞》等等。明亡以后，他收集塘报、揭帖等资料编写了《甲申纪事》等记载时事的书，以及为流亡福建的南明隆武小朝廷献计献策的《中兴伟略》和他在任职寿宁知县时所撰写的《寿宁待志》一书。这些图书是在清顺治三年在日本刊行。

此外在二十世纪六十年代初又在日本发现由冯梦龙撰写跋并参与出版事宜的南京和苏州妓女选美和排名题咏的《金陵百媚》和《吴姬百媚》两本书。冯梦龙当然也是秦淮河的常客，对于青楼文化自然不陌生，他在秦淮河畔的小旅店中巧遇落魄文人撰写了有关描述秦淮妓女的花名席次的书名为《金陵百媚》嘱其为跋，准备公开刊行于世，他欣然从命，此书出版前一年，还有一本品评苏州妓女的《吴姬百媚》出版。这两本书的出版事宜，都有冯梦龙的积极参与。很多文人作诗词曲称赞某位妓女，这些歌妓舞姬，花魁娘子们就像是梁山泊英雄好汉排次座那样呈现在世人面前，统领时代的审美潮流。包括服饰和时尚及饮食文化。《吴姬百媚》《金陵百媚》也可以说是当时文人歌咏妓女的两本诗文集。

妓女的选美活动，对一般的老百姓，尤其是女性，影响力非常大。妓女的服装、化妆等都起到榜样的作用，就像时尚风向标一样。当时的流行服饰、流行歌曲，都是从妓院传播到社会上。可以这么说，在当时，青楼是市井文化传播的核心。冯梦龙所选的俗曲集《挂枝儿》和苏州民歌集《山歌》中有不少歌，就自己标明是在妓院里妓女亲自教他的。

思想界这时涌现了一股反理学、叛礼教的思潮。以王艮、李贽为代表的王阳明心学左派，公开标榜利欲，认为欲为人之本性，反对理学家的矫情饰性，主张童心本真，率性而行。这无疑是对传统礼教的反叛，对程朱"存天理，灭人欲"的理学的挑战。在这种思潮的推动下，纠枉过正，以示反抗和叛逆。文人士子在对社会不满之余，纷纷追求个性解放：纵欲于声色，流连于青楼，在山水人欲的释放中寻求人性的解放，最大程度地追求物质、精神和肉欲的满足。他们一方面标榜高雅清逸，悠闲脱俗，在风花雪月、山水园林、亭台楼榭、花鸟鱼虫、文房四宝、书画丝竹、饮食茶道、古玩珍异、戏曲杂耍、博弈游冶之中，着意营造赏心悦目、休闲遣兴的艺术品味，在玩赏流连中获得生活的意趣和艺术的诗情；另一方面他们在反叛名教礼法的旗号下，放浪形骸，纵情于感官声色之好，穷奢极欲，焚膏继晷，不以为耻，反以为荣。"人情以放荡为快，世风以侈靡相高。"

在熹宗天启元年（1621年）冯梦龙48岁的时候完成了《情史》的创作，了却平生一大夙愿。该书选录历代笔记小说集成，凡二十四类，八百七十余篇，上起周代，下迄明季。该书按照情贞、情缘、情私、情侠、情豪、情爱、情痴、情感、情幻、情灵、情化、情谋、情憾、情仇、情芽、情报、情秽、情累、情移、情鬼、情妖、情外、情通、情迹等可谓集古今情文化之大成。以后情史中的许多故事均被冯梦龙演绎成了"三言"中白话传奇小说和被后人改编成了戏曲故事如脍炙人口的《杜十娘怒沉百宝箱》《金玉奴棒打薄情郎》《众名妓春风吊柳七》等等。这些小说和戏曲对于研究中国古代爱情与两性关系，以及对于青楼文化的源流发展和晚明社会文化思潮嬗变，都具有十分重要的价值。

追踪寻源可以看出冯梦龙对于编撰这本著作是下了大功夫的，不仅出入古今典籍摘录爬梳整理，而且还深入烟花柳巷采集辑录比较鉴别应用。他在《情史》署名上也是别别扭扭欲盖弥彰假马日鬼地以"江南詹詹外史评辑""吴人龙之犹"作序，似乎对自己参与此类文稿编撰很有些见不得人的样子。原因在于他有着对于功名的汲汲以求，虑及自己的名声，因而对于收集整理此类男女情爱的文字有心理障碍。他在《情史》序中云：①

情史，余志也，余少负情痴……又尝欲摘取古今情事之美者，各著小传，使人之情之可久，于是乎无情化有，私情化公，庶相国天下，蔼然以情相与，于浇庶是有更焉。而落魄奔走，砚田尽芜。乃为詹詹外史所先，亦快事也！

他不像同时代的风流才子张岱那样，看透官场堂奥，已经完全不屑于仕途经济，只是一味追逐着个性的解放和欲望的松弛，公然展示男欢女爱而大言不惭。

冯梦龙和张岱出生于完全不同的家庭，有着迥然不同的人生追求，出生官人家庭的阔少张岱完全可以财大气粗地随心所欲放纵自己的感情，滥觞自己的欲望，真实的性情不必加以掩饰，出入花街柳巷是某种优越身份和地位的昭示和彰显。他可以在家庭破落后展示过去的奢华，自贬的文字中透露出无比的自傲和自负，唯一在文章中回避的却是藏掖在自己身后妻子，这证明他根本就没有把这个家庭的伴侣放在眼中。而冯梦龙却对自己的家庭在所有文章没有任何表示，只能在零星记载中知道他的家庭比较富裕也是诗书礼仪传家，三个儿子培养得很不错，有"吴下三冯"的美誉，从当地民间传说推测冯梦龙家族属于新兴起商人阶层，否则如果出生于

---

① 《冯梦龙全集第7卷·龙子犹序》，江苏凤凰出版社，第1页。

显赫门第的世家子弟，财大气粗则完全没有理由回避自己的家庭和情欲嗜好。

七、从日本"返传"的冯梦龙作品

在14、15世纪，东南沿海地区出现了现代规模的缫丝业和纺织业，作为早期资本主义的萌芽，促使东南地区逐步围绕苏州、南京、杭州、广州等大城市出现星罗棋布的小城镇，成为借助水陆交通运输枢纽商品贸易的集散之地。经济的发展促进了城市的繁荣，出现了资本主义早期的市民社会雏形，因而文化需求逐步突破士大夫阶层的小圈子阅读而借助新的文化需求向社会全方位拓展。最初的资本主义萌芽，便是近代纺织业崛起。

春江水暖鸭先知，作为明代出版大家冯梦龙最先以他的作品反映了这样的现实，比如《沈小官一鸟害七命》中的海宁纺织大户沈昱。《醒世恒言》中写的施复发家的故事，施复原来是一小的机织户，夫妻共织，惟有一台织机，后来因为善于经营、产品十分畅销，在赚取利润的同时，生活获得改善，还将盈余资金投入到扩大再生产中去，将织机增加至十台，逐步由作坊式小本经营，扩张成为拥有三四十张织机的纺织工厂，这就接近近代资本主义工厂资本家的性质，奋斗和发家类似于资本的原始积累。同时类似于纺织丝绸业的集散之地也以乡镇形式在苏州、嘉兴、杭州等地形成，于是商贾云集自由民不断增加，早期市民社会的基础已经形成。他们的文化需求促进了图书产品的形成和大量流通。可以说冯梦龙是最早适应市场经济发展而根据出版物市场需求，策划选题，编辑规划图书出版，适应读者需求，我国出版产业发展的开拓者。

然而，冯梦龙的许多著作都是首先在日本发现，一方面说明作为反清复明人士的作品遭到了后来清代统治者的全面封杀；另一方面也说明了明末文化出版对外交流图书贸易的活跃，使他的作品不胫而走大量流传到了海外。这在中外出版史上被称作为"返传"，中国书籍传到国外，被妥善保存着，年长日久之后，中国本土已经失传，而在国外却保存完好，被作为中国的国宝，重新返赠给中国，或者由中国学者访求后，回国再刻印。冯梦龙的几部主要著作，都是靠返传才使国人重新看到。一部是"三言"

中的《喻世明言》，1930 年，鲁迅写《中国小说史略》时只看到两种，尚未见《喻世明言》，因此论之语焉不详。一直到 1946 年，才由王古鲁从日本拍了照片，逆向传回中国。第二本是笔记小说中的《笑府》（十三卷本）；第三本是冯梦龙在福建任职做县官时别具一格的志书《寿宁待志》。

明末，冯梦龙的"三言"出版后，很快传到日本，引起极大的兴趣，在民间广泛流传，经过翻译后形成日本本土的"三言"体系，由港田白驹在"三言"中选出 10 篇、《初刻拍案惊奇》中选出 2 篇、《西湖佳话》中选出一篇，编成《小说精言》《小说奇言》《小说粹言》三部书，分别在 1743、1753、1758 三年出版。

其次是"翻案"系统，在日文中，"翻案"并非法律用语，而是一个文化交流用语。按照日本《广辞苑》解释是"换言、改写前人的所作趣意，特指借用本国古典、外国小说戏曲等的故事梗概内容，而在人情、风俗、地名、人名等方面加上自己意思进行修改创作"，即采用外国作品的主旨、情节，换上本国的人名、地名、时代、名物。这是一种特殊的翻译方式，是改编、仿作、嫁接、移植，把外国作品来一番改头换面入乡随俗移花接木的改造以适合本国国情。比如《警世通言》中的《金玉奴棒打薄情郎》在日本的《繁野话》中，题目被改成《马场求马沉妻成樋口之婿》，时代和人物被"翻案"成：

时代——改为"日本战国"。
莫稽——改为落魄浪人"马场求马"
乞头——改为"僧人净应"。
金玉奴——改为"阿幸"。
许德厚——改为"诸侯若狭武田家"[①]

冯梦龙的作品在日本如此流行，在国内市场更是被普通市民阶层所钟爱，并被如同祁彪佳这样的著名藏书家所收藏。

冯梦龙显然是明末出版大潮中涌现出的一朵别具特色的靓丽浪花。

---

① 廖咏禾：《明代出版史稿》，江苏人民出版社，2000 年 10 月，第 420/421 页。

八、藏书家与图书编辑出版

明末大的藏书家往往又是有影响力的大出版家。祁承爜、祁彪佳的藏书往往伴随着他们的编辑出版图书的爱好，紧密联系在一起。

祁家父子和冯梦龙共同被名列在明代出版史中成为中国古代以来晚明出版业的开创者，附丽于近代文明的曙光而大放异彩。在本省著名出版前辈廖咏禾所箸的《明代出版史稿·明代出版人物小传》中，祁氏父子和冯梦龙均列入其中。

祁彪佳终其一生和冯梦龙有着密切交往，两人不断有各自勘刻的图书相互进行交换。由于两人政治理想、文化追求的一致性，使他们共同走进历史成为著名的出版家且均被打造成了明王朝最后的忠臣。冯梦龙还因为激烈的组织武装抗清活动，其苏州老宅房屋被清军焚毁，其诗文和著作遭到清王朝的禁毁，只是由于明末对外图书贸易的发达，他的许多图书后来在民国时期或者解放后在日本陆续被发现，被遗弃在历史烟尘中的明珠才被挖掘了出来，重放了异彩。被引进到国内出版，再现于世上。

在明代著名的藏书家黄虞稷（1629年—1691年）所编制的家藏图书目录《千顷堂书目》中就记载有冯梦龙的著作如下：

卷二春秋类：冯梦龙《春秋衡库》三十卷前后附录二卷。第七地理类：冯梦龙《寿宁待志》二卷。卷十二小说家类：冯梦龙《智囊》二十卷，又《古今谭概》三十四卷。卷二十八别类：冯梦龙《七乐斋稿》，字犹龙，长洲人，贡生，寿宁知县。

黄虞稷，字俞邰，又字楮园，南京人，祖籍福建晋江，其父黄居中，万历乙酉年（1585年）举人，官上海教谕，迁南京国子监监丞，转黄平知州，喜欢藏书，藏书号称8万卷。黄虞稷幼承家学，16岁考中秀才，以后科举不利，便埋头读书。入清以后，经大学士徐元文推荐，入明史馆任职，负责艺文志和部分列传的编写工作。他利用家中的藏书，和在明史编撰工作中接触的许多典籍，对明代的图书有详细的了解，撰写了《千顷堂书目》一书32卷，收书12000余种，除书名和作者姓名外，有些书还附有辩证、考证、编撰经过、简要介绍等资料。这部书目的最大特点是只收录明代的著作，明代以前的著作则用"补"的形式，放在书后。他所编定的《明史·艺文志》就是在《千顷堂书目》的基础上编成。《四库全书总目提要》曰：

> 焦竑《国史经籍志》既诞妄不足为凭，傅维鳞《明书·经籍志》、尤侗《明史艺文志稿》尤冗杂无绪，考明一代著作者终以书为可据，所以钦定《明史·艺文志》颇采录之。

南京大学中文系国学教授汪辟疆先生在《目录学研究》[①]中指出：

> 明代目录虽多，其典则可法者，私撰则有黄俞邰之《千顷堂》。

《千顷堂书目》三十二卷是黄虞稷在其父黄居中的《千倾斋藏书目》六卷的基础上编撰而成。成书于冯梦龙死后（1646年）不久。

在他家的藏书书目中多有冯梦龙的著作，包括后世已经难以见到的《七乐斋稿》也就是冯梦龙的诗稿。

为什么这样一位著作等身的文学大家竟然在整个《明史·艺文志》中回避了他的大部分著作，尤其是大家耳熟能详的白话小说。仅仅收存了一篇阐述经学的目录也即是为了参加科考的士子所编写的《春秋衡库》，类似儒家春秋大典的教科书，而那些透彻着作者、编辑者灵性和创造性的"三言"《列国志》《三遂平妖传》等白话小说荡然不见踪影。就是在天启年间为了反抗魏忠贤阉党集团为了启发民智应对黑暗统治所编写的《智囊》也无存，这不能不说是因为清代统治者对这位民间文学大家有所避讳了，更为可惜的是代表冯梦龙诗歌创作的真情化、平民化、通俗化的《七乐斋稿》在《明史·艺文志》中汗牛充栋的诸多士大夫毫无创建的平庸诗稿目录中我们已经难以寻觅，就遑论最终被清兵焚毁的冯氏晚年的诗稿《墨憨斋诗稿》，这不能不说是对其文学思想和生平事迹研究的一大缺憾。

《智囊》是带有鲜明政治色彩的，冯梦龙间有大量的评语，这些评语在由乾隆审定的《四库全书总目提要》中评价到："间系于评语，佻薄殊甚"，可见主流并不看好这部古今智慧集大成的图书，对其启发民智的评语尤其充斥着诋毁。

冯梦龙在《智囊叙》总说中曰：

> 人有智，犹地有水；地无水为焦土；人无智为行尸。智用于人，

[①] 汪辟疆：《目录学研究》，华东师大出版社，2000年，第52页。

犹水行于地，地势坳则水满之，人事坳则智满之，周揽古今成败得失之林，蔑不由此。①

冯梦龙编撰这本书的年代正是明末天启六年（1625年）是政治最黑暗的岁月，魏忠贤掌控东厂、西厂和锦衣卫滥行诏狱，手握生杀大权，禁止私人讲学解散书院，排斥异己，对东林党人进行残酷迫害，天下人人自危，在这个历史时期，《智囊》一书刊行后，市场行情走俏，从政界、商界，乃至市民百姓都喜欢看，为防范被骗被坑提供了自我保护的手段。全书共收从先秦至明代的历史智慧故事1238则，依内容分为十部二十八卷。《上智》《明智》《察智》，收入历朝历代政治故事，《胆智》《术智》《急智》编选的是各种应对政治事件的手段和智慧，《语智》则是各种能言善辩的语言艺术智慧，《兵智》则是集各种出奇制胜的军事谋略。值得一提的该书还收入《闺智》，记述了许多有才智、有勇谋、有远见卓识的妇女形象，明末妇女已经有了个性解放的追求。比如《沈小霞妾》中的闻氏就是《沈小霞相会出师表》故事闻氏的原型。《杂智》则收各种狡黠小伎俩以至种种骗术。冯梦龙在《杂智》篇中指出：

正智无取于狡，而正智反为狡者困；大智无取于巧，而大智或为小者欺。破其狡，则正者胜也；识其小，则大者又胜也。况狡而归之于正，未始非正，未始不大乎？②

这是明末政治现实的写照，也是冯梦龙意图借助这些政治、军事、外交方面的大谋略大智慧，包括贩夫走卒、漂妇农夫、僧道画工等小人物日常的机智，企图匡正时弊的写作编撰初衷。然而明末的现实如同冯梦龙在《甲申纪事·叙》所描绘王朝覆灭前的形势那样：

方今时势，日如御漏舟行江湖，风波正急，舵师捝手，兢兢业业，携手共济，犹冀免溺。稍懈玩必无幸矣，况可袖手而间诟谇乎！庙堂隐忧，无大于此。③

针对南明小朝廷而言，大朝廷的病灶如同溃疡那样在小朝廷有过之而无不及地蔓延着，帝国整体覆亡的命运也就指日可待了。后来陈子龙重复

---

① 《冯梦龙全集第五卷·智囊》，江苏凤凰出版社，第1页。
② 《冯梦龙全集第5卷·智囊·杂智部总序》，江苏凤凰出版社，第643页。
③ 《冯梦龙全集第15卷·甲申纪事叙》，江苏凤凰出版社，第1页。

了同样意思的话之后，南明王朝果然漏舟倾覆于汪洋，陷于灭顶了。

由清王朝康雍乾三代帝王宠臣张廷玉主持修订的《明史》和《四库全书》当然要努力回避冯梦龙这些启发民智，反映民众真实性情和社会状态的敏感书籍的收入，这是清代文化专制禁锢人性屠戮人心的需要，他们需要的是按照经程朱理学改造后的儒家学说，继续以"三纲五常"教化、奴化民众，使得老百姓安心成为可供驱使的羔羊似顺民，却不能培养出孙悟空似的造反者，这是毋庸置疑的事实。

然而，恰恰是那些在承平时期逆来顺受貌似羔羊的愚民，在秩序失衡时期就可能铤而走险成为打家劫舍杀人如麻的暴徒，这在明末农民大起义中李自成、张献忠部队的杀戮成性中已经初见端倪，在法国大革命中乌合之众在革命狂热煽情的鼓动下也是杀人如麻，整个社会失去理性，国家和民族只能在冤冤相报的罪恶轮回中被撕裂。

冯梦龙作品的在清代全面被禁毁，我们只能理解为冯梦龙在寿宁山区组织义军抗清复明举动触怒了清代统治者，黄虞稷只能在编撰明史中回避了这个敏感的人物。然而，他的名声似乎已经走红，变成了一支出墙的红杏，墙内开花墙外香了，他的许多作品在日本国已经占有了相当的市场。

冯梦龙出版勘行的图书在祁彪佳家族的藏书中我们也可寻觅到蛛丝马迹。祁家三代从老爷子祁承㸁的"澹生堂"到老爷祁彪佳"八求楼"直至二少爷祁理孙（字奕庆）的"奕庆藏书楼"，可以说爱书藏书著书都是一脉相传情有独钟的。祁理孙还将自己的藏书编著有《奕庆堂藏书楼书目》，在子目之九稗乘家一说著录记载有"吴县冯梦龙辑"。

祁彪佳对戏曲、小说有浓厚的兴趣，其深受好友冯梦龙的影响，在他的好友交遊圈中，与梦龙的交往甚为密切。崇祯三年（1630年）29岁的祁彪佳，曾经写信索要冯梦龙新勘刻的散曲集《太霞新奏》，并把自己家刻书籍赠送冯梦龙，他在信中饱含深情地对这位大自己三十岁的文坛前辈耆宿说：

"恨平生不得一奉冯先生颜色，乃至咫尺清光而睽违如故也……《太霞新奏》敢乞一部。外家刻與坊刻数种，奉供清览。"[①]

---

① 祁彪佳：《远山堂尺牍·与冯梦龙》。

冯梦龙曾以所刻数种寄彪佳，彪佳回信深表感谢：

惊承云翰，且拜琼瑶……尊刻拜教实多。[①]

检索祁彪佳尺牍他与冯梦龙除在两任苏松巡按和南明时期任苏松巡抚之间工作交往密切以外，就是书信往来也很频繁，大多与图书编辑出版有关。崇祯七年（1641年）61岁的冯梦龙在祁彪佳等人举荐下以拔贡出任福建寿宁知县，专程去苏州的巡按府向祁彪佳辞行，并在旅途的船中完成了《智囊补》的修撰，而成《智囊全集》。

据王思任《祁忠敏公年谱》和《祁忠敏公日记·归南快录，》祁彪佳于崇祯八年六月从苏松巡按任上告病返乡，其实是在江南巡按任上严格执法惩处周延入家人得罪首辅，受到周政治上的打击报复，一气之下以生病为由，返回老家造园子去了，肯定是朝中之事使得他心情不爽，所以真的忧郁成疾，害起病来。日记中说"医者以予心脉耗竭已极，宜避客省事。"然而，在收到冯梦龙惠寄刻本后，心情还是非常愉快的，回信作答：

昔先子幸叨一日之雅……而不肖获以共事之缘，得瞻风采，且聆絮诲，三生之多幸也。因以乔迁之早，未遂推毂素心，然台下有为有守，仁生仁闻，千村棠荫，万姓口碑，在不肖之借光实侈矣。自惭菲劣，待罪名邦，蒙诸君子过嘉许可，实无以仰报地方。因病乞身入里，而抱恙转甚，即今困顿床褥，以越四旬。忽以罗雀之门，惊承云翰，且拜琼瑶。在台下独厚愈甚，不肖愧怍转兹也。至于鸿猷卓品，当道自加赏识，然不肖顺风之呼，岂敢后乎。……尊刻拜教实多，不肖吴中罪状及先子生平附呈郢政，不尽注切。

祁彪佳首先回顾了两人短暂共事时建立的友谊，那时候彪佳是江南巡按，梦龙只是他手下的一名丹徒训导，在年龄和地位上悬殊很大，但是小祁自幸能够瞻仰到老冯的过人风采，经常聆听到老冯的教诲，使他三生都感到十分幸运的事情。虽然由于自己离开得早，两人未能够敞开心扉倾心交谈，但是老兄有作为有操守的品格，以及对老百姓的仁爱之心，在当地推行的惠民政绩，已经在民间留下很好的口碑，自己也沾光不少。自己惭愧水平有限，在苏州这个有名的地方犯下了错误，反而蒙受诸多君子的夸

[①] 祁彪佳：《林居尺牍》。

奖。（这当然是小祁的自谦之词，其实也不过是得罪了当朝权贵首辅周延儒，损害了他在家乡的利益。在京察考核中被栽赃陷害，不得已离开了岗位。）他深深感到对苏州的乡亲父老无以为报，所以只能因病乞求回到家乡，而小病转成了大病，如今卧床不起，已经超过四个月。在门可罗雀的落难之际，却非常惊喜地收到老朋友来信和惠寄的图书，拜读之后如同品尝了琼瑶甘露。深深感觉到老友对自己的深情厚谊，使他深感惭愧。至于老兄卓越的道德文章，朝廷当权者自会赏识，自己只是顺应了朝廷的启用贤人之举，作为老朋友自然要尽力举荐，岂敢落后。（这是指朝廷启用冯梦龙以拔贡之出身，破格出任福建寿宁知县这件事。）拜读老兄的书自己受教良多，我在吴中犯的错误，以及先生对于许多政策实施所提出的宝贵建议，我会牢牢记在心中的。这大约是指祁彪佳巡按吴中时，冯梦龙作为幕僚经常陪同他巡察地方政情民情，提出了不少好的建议。

由此可见，两人的交情不同寻常。而对音律或者对于戏曲、通俗文学的热爱成为了两人友谊的纽带。如崇祯十一年（1638年）冯梦龙曾寄祁彪佳以诗稿《七乐斋稿》

崇祯十七年（清顺治元年1644年）12月冯梦龙专程至吴江送巡抚祁彪佳去任。据《祁忠敏公日记》记载：

今年十二月十五日云"乡绅文中台、严子章、冯犹龙、金君帮柱前来送行"。冯赠以家刻时在吴江。十七日云"舟中无事，阅冯犹龙所制《列国传》"（即现在流通的《东周列国志》）

直到顺治二年（1645年）在祁彪佳坐毙殉国之前的日记中依然记载着冯梦龙追随鲁王踪迹到浙江活动的情况。"去年八月二十六日鲁王启行台州，子犹此行或与此有关"，也就是说，祁彪佳去职不久冯梦龙就先追随鲁王朱以海去了浙江，后追随唐王朱聿键去了福建。

第六章　遂绝青楼之好的冯梦龙

一、吴门画舫青楼梦

每当冯梦龙踟蹰徘徊在南都夫子庙秦淮河畔，情不自禁地会去贡院街穿过文德桥向大石坝街流连漫步，看着河面穿梭往来的画舫，听着那些轻柔妙曼的歌声，某种惆怅伴随着脂香粉腻的暖暖熏风扑面而来，就会引发许多的联想。他年轻时出入吴门花街柳巷的酸甜苦辣往事就会触景生情，浮现在脑海中挥之不去。

作为一个常年奔走在科举道上的老秀才，每三年一次的秋闱科考给他留下了太多的失落和痛苦，而科考后的放纵又使他的灵魂仿佛抽干了的皮囊在秋风沉醉的夜晚晃晃荡荡无处安放，再去寻找软玉温香的寄托似乎已经失去了年龄的优势，也没有了那些个曾经像是鸦片烟瘾一般的浓烈情趣。因为他现在也是一位名满江南著作等身的名士了。

自从他和侯慧卿分手之后，他就已经和青楼断绝了往来和联系，偶尔有些应酬也是应别人的邀请为那些青楼的选美写写序，安排出出书，毕竟他已经是著作等身的资深出版编辑家了。只是在功名的追求上一直没有搞出什么名堂，这是他一生最大的隐痛。后来有人编印过的两本似乎与妓女有关的书《金陵百媚》和《姑姬百媚》就是求他写的序，由他在苏州联系出版问世。写这样的应酬文章，情不自禁使他隐隐约约再次回忆青年时代在科考落第之后，在苏州七里山塘那些青楼中放荡厮混的往事。

这类歌颂南京和苏州妓女的诗歌文学小册子，赞美那些花魁娘子的书，也只是一些行文典雅，比喻新奇的诗词小令，赋比兴的创作手法运用到极致，病态的畸形的文人墨客的业余情感或者肉体的放纵就附上了一层淡淡的高雅的文学色彩，显得既活色生香，又十分富有诗意就是可歌可吟可低斟浅唱的艺术作品，不乏那些被称为江左大家钱牧斋、龚鼎孳、吴梅村之类的名家之作。当然诗词中绝不会公然出现那些淫亵的赤裸裸的词汇，时人称作艳体诗。

冯梦龙先生回忆起早年在烟花柳巷中那些可爱的妓女小姐中搜集《山歌》《挂枝儿》和散曲《太霞新奏》时有着相同的心境，尤其是其中还凝聚着自己除去了父母之命，媒妁之言婚姻之外的那段刻骨铭心的感情。

这就是当时的仕途经济和青楼文化的紧密相连之处了，之所以读书做官和酒色财气都是紧密联系在一起对于士子们就特别有吸引力，在于既娱耳愉情入心，还有愉悦身心的鱼水之欢，这些花间小曲和艳词俚曲从春秋战国以来的诗词曲创作就是有传统的。南都的夫子庙贡院考棚与青楼妓院的一桥相通对于世家大族子弟，这里是通向天堂的路，对于贫寒士子而言这里又是叩响天堂之门的入口。也就是功名利禄和人的世俗江湖与庙堂宫廷的勾连是多么紧密，能够满足文化人报国济世的崇高理想，又能获取诸多只可意会不可言传潜在的生理和心理的欲望。

南都湿漉漉的空气里飘荡起甜丝丝的空气，使得当年被程朱理学塑为纲常理教的神圣儒学变得世俗化起来，"从天理灭人欲"的说教就变得虚伪而被士子们扔在了脑后，反而使得"书中自有黄金屋，书中自有千钟粟，书中自有颜如玉，书中自有车如簇"被捧为圭臬。科举之途变得更加实在，更加诱惑人心。

至于那些修身齐家治国平天下的所谓信仰理念，就变得十分缥缈而虚无。因为遥远的崇高，远没有眼前的实惠更加深入人心。用现在的话说就是理想和信念的缺失了，帝国靠着这帮口是心非的家伙去支撑还有希望吗？这对于科举路上的耆宿冯梦龙而言实在是非常痛苦的事，天理和人心人性的二律背反是时常矛盾的，也就是理想和现实的冲突，理性和感性的悖离，使得人心变得浮躁而功利，解决痛苦的唯一办法也就是沉湎和借助于酒色而使人在昏睡中解脱，尽管这是鸦片，这却是一个生产罂粟和鸦片的年头。存在决定意识，使人堕落，而统治集团和高层知识分子的堕落才是社会国家最最不可救药之处。

这年头在王阳明心学的启示下，倒也诞生了一批具有独立意识的知识分子，尤其是以王艮为代表的王学左派，号称"泰州学派"又衍化出了颜山农、李贽等一批持不同政见的学者，却遭到当时主政的东林党人的迫害。他们的学术又影响了以"公安三袁"等"性灵派"的诞生，乃至文学理论直接成为汤显祖、冯梦龙等文学大家的横空出世。这些王学传承者在政坛和文坛都是堪称另类和异类，而就是这些当年帝国体制内的奇葩，在家国沦亡之际大部分回归了儒学的正统，以民族气节相砥砺，以取义成仁，舍身报国为归宿，成为帝国的忠臣。

或者拒绝新朝的任命，终身成为遗民成为学者，记录下当年帝国一段沉痛的往事。遗民学者以黄宗羲、王夫之、顾炎武、方以智、张岱为代表。都有惊人的学术或者史学成果问世。

对冯梦龙而言，他虽然家道殷富，却并非官宦子弟，只是一个落第秀才，这些都能引起他的无限回忆。使他情不自禁地回想起当年失落在苏州烟花柳巷的青春梦。

明末清初有西溪山人仿照余怀《板桥杂记》著有《吴门画舫录》备述苏州的绮丽繁华，脂香风腻的文字飘荡着金钗玉佩的叮当作响声，仿佛金声玉匮那般会久久在那段令人心醉的空间绕梁不去。才子佳人低斟浅唱中回旋着南曲柔靡轻盈的曲调，无不勾引起人们对明末那些风流雅士的回望：

吴门为东南第一大都会，俗尚豪华，宾游络绎，宴客者多买棹虎丘，画舫笙歌，四时不绝。垂杨曲巷，绮阁深藏，银烛留髠，金觞劝客，遂得经过赵李，省识春风，或赏其色艺，或记彼新闻，或伤翠黛之漂沦，或作浪游之冰鉴。①

备述繁华的背后是城市工商业的长足发展，促进了经济繁荣和文化的进步。水陆交通的发达，使得苏州早已成为大宗商品和漕运的集散之地，自然各路商人云集。冯梦龙在他的文学作品中集中展示了大量商人的形象，和官商勾结的社会世像，同时青楼文化在商品和金钱势力的挟裹发生嬗变，世俗意识深入人心，金钱至上的观念也渗透于妓女的迎来送往中，显示出明代资本主义萌芽的崛起和民间官场在金钱主导下道德沦丧沉湎于极度的

---

① 《苏州文献丛钞初编·下》，古吴轩出版社，第750页。

享乐之中。纸醉金迷的人欲流觞的社会世像，使得理学的堤坝陷于崩塌。帝国伦理纲常的崩溃意味着朝纲已经堕落，官场极度腐败，已经难于避免帝国覆灭的命运。

这时如同冯梦龙这样的落魄才士在流连花街柳巷的同时，成了一个时代新闻的记录者，目睹那些色艺双全的妓女的沦落飘零记下她们命运沉浮的故事，成为后来浪游者的借鉴。实际上反映了一个沉湎于男欢女爱肉欲狂欢而不顾国家沦亡的时代面貌的侧影。明帝国已经沦落为当年罗马帝国在毁灭前夕的种种乱象，而这些却成就了文学的兴盛和繁荣，预示着市民文化的韧兴，成为中国文化历史上一个使人仰视的高峰。

明代著名书画家唐伯虎有诗道：

世间乐土是吴中，中有阊门又擅雄。

翠袖三千楼上下，黄金百万水西东。

五更市贾何能绝，四处方言总不同。

若使画师描作画，画师应道画难工。①

在《吴门画舫续录纪事》中记载了类似青楼中女子的才艺展示和文士们诗文的刻意渲染，均来自于这种酒色财气对于创作欲望和灵感的刺激，因而诗文才显得十分生活化而几近于生活的原生状态，这是冯梦龙及其青楼朋友生活不假修饰的白描，明末社会的一幅社会风情画，使得这位世俗大画师，民歌俚曲的收集整理和写作者几乎不能搁笔：

然奢云艳雨，浦里诗夸；高髻云鬟，司空见惯。高楼明月，夜夜清歌；烟波画船，朝朝载酒。以至卖花声里，梦蝶随廿四番风；压酒垆头，诗仙艳十千一斗。耳闻目见，感慨系之，有不能恝然搁笔者。②

在这些花里胡哨的文字里，至少可以嗅出一些信息：在明末那方皇天后土之下，奢靡之风如同天际的彩云洒下一片花露艳雨，连空气中都带有花的馨香，这些香味萦绕在烟浦柳丝掩映的精致青楼内外，那里荡漾着浓烈的诗意，可供文人墨客去采集；那里时髦的女性们追逐时代的潮流在装束打扮上也是领先整个世俗社会，成为明星，供人模仿，成为标杆，开一

---

① 《苏州史话》，江苏人民出版社，第199页。
② 《吴门画舫续录纪事》，古吴轩出版社，第791页。

代新风。那时高耸的楼阁亭台，在清风明月朗照下几乎是夜夜轻歌曼舞，成为艺术创造的发源地，证明艺术已经走出殿堂进入世俗，这是艺术在内容和形式的创新，代表了新的时尚和情感在青楼教坊中冲破专制的牢笼而获得个性的解放。人情人性得以自由抒发，从某种意义上说是旧的忠孝节义典型的破产破灭，人性人情在欲望的张扬中舒展。

万顷烟波在七里山塘流水中载着画舫，在诗酒流觞中才子佳人相互欣赏着对方的美色和艺术才华，刺激着创作灵感的迸发，诗歌舞蹈和才艺方能尽情喷发，以至于在此起彼落的买花声中，沉湎在彩蝶飞舞的爱情之美梦中，随着二十四个节期绚丽多姿地变幻着不同的色彩。以至于在卖酒的小店里也流传着那些黄色歌曲，那些写着流行歌曲的高手们身价陡涨。耳闻目睹的人感慨系之，决不能漠然冷视而搁下手中笔的。

商品经济的大潮改变着人们的行为方式和价值理念，一种贴近世俗生活的文化审美形式脱颖而出。首先刺激带动的是处于最底层从事性交易的妓女和落魄文人的联手创作，动力当然是交易带来利益。也许带有商业化金钱交易形式双方的互换更带有人格平等的意义，那么他们中的佼佼者就是出自于江湖草根色艺双全的名妓，她们是当时演艺界的明星，还有落魄江湖行走在花街柳巷底层名士诸如冯梦龙那样的才智卓越之落魄文人。

在追求婚姻外情爱尝试的可能中体验生活，采集民歌，创作民歌和具有市场价值的小说、戏曲，这是明末为什么市民文学流行的原因。喜怒哀乐寄托于并不体现高大上，旨在弘扬忠孝节义的主流文本，而在于流行与花街柳巷传唱于青楼妓院的民间俗文学题材。从某种意义上说，社会底层妓女与文人的结合，是对专制化了的主流意识形态的叛逆。所以才有了冯梦龙的"三言"和凌濛初的"二拍"，以及那些脍炙人口的《山歌》《挂枝儿》和《太霞新奏》似的散曲。都代表着作者提倡文学艺术的真情实感和世俗化创作倾向。其中还隐藏着作者一段不为人知，却终生难忘的爱情故事，作者所有作品似乎都回避着自己的家庭和夫人，其中难道有难以言喻的隐衷吗？

二、早岁才华众所惊

热衷于科举仕途的冯梦龙，从小就熟读四书五经，学习八股时文，在二十左右成为秀才。然而在追逐功名的路上一直止步诸生，未能更上一层楼达到举人这一层级。也就是一直在努力争取那张进入官场的入场券而不得。这对于希望在仕途上有所作为的冯梦龙始终是人生的一大遗憾。

青年时代的冯梦龙是一位才情跌宕、风流蕴藉的才子，并在同时代的文人中享有极高的威望，他在韵社时期社友文从简称赞他为"早岁才华众所惊""一时名士推盟主"可是长期的科举不第，在科考失意之余过着一种"逍遥艳冶场，游戏烟花里"（见王挺《挽冯梦龙》诗）放荡不羁的生活。在其早期的著作中毫不避讳地写下了他和诸多青楼女子交往的情况：

每见青楼中凡受人私饷，皆以为固然，或酷用，或转赠，若不甚惜。至自己偶以一扇一帨赠人，故作珍秘，岁月之余，犹寻存否。而痴儿亦遂珍之秘之，什袭藏之。甚则人已去而物存，犹恋恋似有余香者，真可笑已。余少时从狭邪游，得所转赠诗帨甚多。夫赠诗以帨，本冀留诸箧中，永以为好也。而岂意其旋作长条赠人乎？然则汗巾套子耳，虽扯破可也。[1]

这些风尘女子不少也是训练有素琴棋书画略通一二的才女，颇能赢得文士们的欢心。

用现代的审美眼光来说，是生活在底层的文艺创作和表演艺术家，才艺双全的可算是当年的艺术大师。可惜对于流落风尘的底层女子，才艺和相貌都是谋生的手段，虽然也可以算是体现自我价值的标志，但绝非自己最终追求的事业或者理想的人生目标。她们的追求，大都是在年老色衰之前，觅得一位才貌双全加上资财饶富的公子而脱籍从良，相夫教子，就算是作为丈夫的妾媵，就算是人生很好的归宿。那些参与科考的士子无疑就是人生感情投资的潜力股是值得尝试的。就如同杜十娘、董小宛、顾横波、玉堂春、辛瑶娘等等妓女无不做如是筹谋。

当然作为名士们换取才貌芳心的基础是财富和地位。青年时代的冯梦

---

[1] 《冯梦龙全集第10卷·挂枝儿隙部五卷》，江苏凤凰出版社，2009年，第62页。

龙并不具备这样的家庭条件，但是他学识广博，才思敏捷，情感丰富，长相不俗也自可以作为出入冶游场所烟花巷里的资本。

冯梦龙曾经回忆自己的童年说："不佞童年受经，逢人问道，四方之密荚，尽得疏观。"他在研究义理经书的同时，还广采博取，涉猎各种稗官野史，他名确提出"虽稗官野史，莫非疗俗之圣药。"这就在某种程度上冲决了封建纲常四书五经专制教育的局限，大大开拓了视野，扩大了知识面。这为后来编纂《古今谭概》《广笑府》《智囊》《情史》《古今小说》《新列国志》等创造了条件。王挺在《挽冯梦龙》中说："上下数千年，澜翻廿一史。修辞逼元人，记事穷纤委，笑骂成文章，烨然散霞绮。"

他在二十多岁便创作了传奇《双雄记》，后来又编纂了大量的诗词散曲，显然在俚曲、民歌创作上也是高手，而且阅读广泛，多才多艺，终身笔耕不辍。他除了四书五经和历史掌故等正规学问之外，触类旁通，在小说戏曲、书法绘画、牌经酒令、风水堪舆、古今笑话、易经八卦等方面几乎无所不通，也就是说除了科举仕途经济的学问以外，插科打诨，打情骂俏在诙谐幽默的谈吐中体现出全方位的智慧和知识面。他的作品除了能够适用于科考的《麟经指月》《春秋衡库》《纲鉴统一》等官场必备教科书外，也能适应情场、青楼及整个市民社会等各类畅销图书。这样的文人翘楚、青年才俊、欢场玩家当然是受到青楼名姝广泛欢迎的。

冯梦龙出入青楼，生性风流，是与他不羁的性格、浪漫的情怀、绝伦的才华紧密相连的。他很会享受生活，赌博、行酒令可入行家行列，这不是无稽之谈，有他现存的著述为证：《酒令》《牌谱》《牌经》《马吊脚例》和教导众生写作文牍书信的《折梅笺》等都是有关这类生活游戏和民间实用性的专著。

据褚人获《坚瓠》记载，马吊这种赌博形式从冯梦龙才开始出现。他说："古惟扯张斗虎，至冯梦龙始为马吊。"马吊是一种游戏。玩这种游戏的人，一般与轻浮联在一起的，很容易令人想起那些游手好闲的纨绔子弟的轻狂行为。冯梦龙擅长此道，尽管不能与之相提并论，但至少已不是一个在封建礼教和科举制熏陶出来的正统文人所为，其行为和生活方式已经世俗化，在世俗中寻找一种人生坐标，在世俗中实现某种人生的价值。

清人褚人获《坚瓠集》中记载了这样一件事：

冯犹龙先生偶与诸少年会饮，少年自持英俊，傲气凌人，犹龙觉之。掷色，每人请量，俱云不饮。犹龙饮大觥曰："取全色。"连饮数觥曰："全色难得，改五子一色。"又饮数觥曰："诸兄俱不饮，学生已醉，请用饭。"而别。诸少年衔恨，策曰：做就险令二联。俟某作东，犹龙居第三位，出以难之，令要花名、人名、回文。曰："十姐妹，十姐妹，二八佳人多姐妹，多姐妹，十姐妹。"过盆曰："佛见笑，佛见笑，二八佳人开口笑，开口笑，佛见笑。"过犹龙，犹龙曰："月月红，月月红，二八佳人经水通，经水通，月月红。"诸少年为自毙，俱三大觥，收令亦无。犹龙曰："学生代收之。"曰："并头莲，并头莲，二八佳人共枕眠，共枕眠，并头莲。"

一群纨绔少年掷骰子赌酒行酒令，和冯梦龙较量，无论在技巧的熟练或者酒量的高低以及对于酒令的文化内涵上均不能和冯大相公相匹敌。准备好了难度很大的酒令想让冯梦龙挨罚，没想到才思敏捷的冯梦龙很快接上，还代为拟作收令，反让群少们受罚。从冯梦龙饮酒的豪侠之气与酒令的内容来看，此事当发生在冯梦龙诗酒流连、略脱行迹、放浪不羁的青年时代。可见冯梦龙当年在吴门欢乐场的名气还是很响亮的。《坚瓠集》的作者褚人获也是苏州人，记录了当时喧闹热烈的场面。冯梦龙竟然以年轻女子的月经初潮和男女野合此类秽行作为行令的内容，实在算不得高雅，难怪那些阔少们竟然无法应对收令，可见其想象力的奇诡丰富，可以说是别出心裁，出奇制胜。

三、少负情痴皈名教

当然现在我们也可以这样认为，他的才华在众多管道中流淌挥洒，那么集中在科考做官方面反而显得心思不够集中，精力有所分散。因此他的最高学历也即到秀才（诸生）为止，充其量照顾其面子弄了一个候补举人（贡生）的身份戛然而止。这和同时代的才士有诸多相似之处，比如张岱、冒襄、余怀、李渔、凌濛初等人均为乡试落榜之人，却才气凌云，著作等身。余怀在为李渔的《闲情偶寄》作序中在品评了古代历史人物王莽、王安石这些无情无趣之人的虚伪后，对于苏东坡、谢玄、白居易等人的真性情大加赞赏，进而对于李渔所著《闲情偶寄》的审美情趣给予很高的评价，这些评价用在青壮年时期的冯梦龙身上也是很形象的。

至于在三十五岁之后，在历经了和苏州名妓侯慧卿的爱情悲剧之后"遂绝青楼之好"，冯梦龙人生转折而在孜孜以求科考之外的著述不辍，以适应市场需求而成为出版编辑大家、名家，不成名宦却成为名士后，名声和财富的增加，出入花街柳巷的嗜好逐步递减，而在追逐功名的路上却终其一生兴趣不减。此外就是编辑出版的科举畅销书和戏曲小说等热销著作不断在占领市场中获取金钱，谋生的手段在市场化运作中逐步确立，刺激着他科举之余的创作欲望。在充当幕僚和写手或者以拔贡身份充当下层胥吏，由于名望和身份的局限，在情感上归于成熟而在理性平和中失去了青壮年时期的活力，也即缺乏出入花街柳巷的激情。

余澹心有言：

苏明允（苏洵）云："凡事之不近人情者，鲜不为大奸慝者"古今来大勋业、真文章，总不出人情之外，其在人情之外者，非鬼神荒忽虚诞之事，则诗张伪幻狯獝之辞，其切于男女饮食日用平常者，盖已希矣。余读李子笠翁《闲情偶寄》而深有感也。昔陶元亮作《闲情赋》，其间为领、为带、为席、为履、为黛、为泽、为影、为烛、为扇、为桐，缠绵婉娈，聊一寄其闲情，而万虑之存，八表之憩，即于此可类推焉。今李子《偶寄》一书，事在耳目之内，思出风云之表前人所欲发而未竟发者，李子尽发之；今人所欲言之而不能言者，李子尽言之。其言近，其旨远，其取情近多而用物闲，潝潝乎，俪俪乎，汶者读之旷，僿者读之通，悲者读之愉，拙者读之巧愁者读之忭且舞，病者读之豁然新兴。

接着，余澹心为李笠翁作了有力的辩护，他例举谢玄、白居易、韩愈、苏轼等历史名人事迹之后说：

故古今来能建大勋业、作真文章者，必有超世绝俗之情，磊落嵚崎之韵，如文靖诸公是也。今李子以雅淡之才，巧妙之思，经营惨淡，缔造周详，即经国之大业，何遽不在是，而岂破道之小言也哉？[①]

---

① 《闲情偶寄·余怀序》，天津古籍出版社，1996年2月，第1页。

细品余序，绝非"哥们儿"之间不着边际的好话，而是说出了许多为文的真道理。譬如，余澹心突出"人情"对作文的重要性，就是至理名言。"情"是为文的根本，无情即无文。文章之所以感人，全在有真情。余澹心之所以突出"人情"，也是他从自己创作实践中得来。余澹心的名篇《板桥杂记》中，他以亲身经历所记述的秦淮妓女和名士的故事，那些遭遇不同、性格各异，却闪耀着人性光辉的可歌可泣的人物，常常使三百年后的今人为之潸然泪下。

余怀所言的情也就是感情不虚伪的人，这样的人往往性情外露，嫉恶如仇，爱憎分明，不顾及传统风俗礼仪的束缚，不善于掩饰真情实感，率性而为，常常被称为性情中人，或者被目为狂狷之士。在冯梦龙早年放荡不羁的生活中，我们可以看出年轻时冯梦龙往往是真实性情外露，是所谓特立独行喜怒哀乐溢于言表的人。其中表现了对黑暗现实的消极反抗，对真正爱情的倾心追求。他一生执着地认为人要有"情"，"情"定要"真"。而他的所谓"情"除了男女私情外，也可广义地推及到君臣、父子、朋友之间。他在《情史》序中表示：

情史余志也。余少负情痴，遇朋侪必倾赤相与，吉凶同患。闻人有寄穷奇枉，虽不相识，求为之地。或力所不及，则嗟叹累日，中夜辗转不寐。见一有情人，辄欲下拜；或无情者，忐言相忤，必委屈以情导之，万万不从乃已。①

可见冯梦龙眼中的情是人间的大情怀大胸襟，是对君王的效忠之情，对朋友的赤诚相见之情，对弱者的怜悯之情，对于顽劣者的开导教化之情。推而广之时间万物皆有情，除了人间真情以外，被拟人化的自然也是有情的，这就已经是建立在"赋比兴"基础的形而上学人本主义文学创作观了，因而他在《太霞新奏》所收集词曲创作开篇名义就申明：

文之善达性情者，无如诗，三百篇之可以兴人者，唯其发于中情，自然而然故也。②

他一生为人为文的实践，事实证明他是一个有情有义的人，而是顺其

---

① 《冯梦龙全集第7卷·情史》，江苏凤凰出版社，第1页。
② 《冯梦龙全集第10卷·太霞新奏》，江苏凤凰出版社，第1页。

自然的发乎于内心的真情，而绝不是虚伪的矫情。最后他以五言"偈语"为自己的情史观做了最生动的注脚：①

  天地若无情，不生一切物。一切物无情，不能环相生。
  生生而不灭，由情不灭故。四大皆幻设，唯情不虚假。
  有情疏者情，无情亲者疏。无情与有情，相去不可量。
  我欲立情教，教诲诸众生。子有情与父，臣有情于君。
  推之种种相，俱作如是观。万物如散钱，一情为线索。
  散钱就索穿，天地成眷属。若有贼害等，则自伤其情。
  如睹春花发，齐生欢喜意。盗贼必不作，奸宄必不起。
  佛也何慈悲，圣也何仁义。倒却情种子，天地亦混沌。
  无奈我情多，无奈人情少。顾得有情人，一起来演法。

  因此，他将自己的宇宙观推定为情教，其教义等等来源，却可以追溯到几千年之前的儒学六经中，他以《易经》《诗经》《尚书》《春秋》《礼记》的事例来举例子说明"情"所贯穿于宇宙万物之间实为提纲挈领统率万物之网而笼罩天地主导万物。

  对于毕生都汲汲于科举功名的老儒生冯梦龙而言，他的灵魂和思想始终都挣扎在人情和世故之间，最终还是归之于儒教，即使那些来自生活的感人肺腑、情节曲折的世情小说，都会按上一个男主角金榜题名，男女情爱圆满收官，有情人终成眷属等的大团圆的光明尾巴。因而依然脱不了因果报应最终皈依儒家学说忠孝节义的原点的窠巢。比如《玉堂春落难逢夫》《两县令竞义婚孤女》《卖油郎独占花魁》《钱秀才错占凤凰俦》《白玉娘忍苦成夫》《穷马周遭际卖䭔媪》《金玉奴棒打薄情郎》等等来证明他的情教理论最终是来教化民众的。

  虽然上述题材有许多都被改编成了戏曲作品成为传世经典在民间传唱不绝，但是在思想和艺术价值上仍然没有反抗专制纲常礼教，最终投江自沉或者遭受镇压的《杜十娘怒沉百宝箱》《白娘子永镇雷峰塔》来得震撼人心。这就是鲁迅在《再论雷峰塔的倒掉》中所论述的："悲剧将人生的有价值的东西毁灭给人看，喜剧将那无价值的撕破给人看"的证明。在明

---

① 《冯梦龙全集第 7 卷·情史》，江苏凤凰出版社，第 1 页。

末的现实生活中，真正争取个性自由的男女还是悲剧的人生多。包括文学大师冯梦龙的一生。

　　反而是进入社会尤其是踏进官场后，冯梦龙由少不更事的小鲜肉在官僚机器的同构体运转中，消磨了个性受到传统习俗和纲常礼教的制约而变成了风干的老腊肉。多少是在事业、爱情遭遇挫折之后，性情就会有所收敛，性格也会有所改变。也就是用当下语言说是被官场的陋习或者潜规则所异化了。早年的真实性情当尽量去适应生存的需要和官场的礼仪而戴上理学的面具后，才情就会受到制约，性格变得中庸起来，棱角反而磨平了许多，他成了帝国所需要的模范官员加道德典范。即使这样，他依然是"文章憎命达，魑魅喜人过。应共冤魂语，投诗赠汨罗。"只是担任了李白、杜甫这样的小官、微官。

　　单就冯梦龙的身份而言，他既是仕途经济方面的经学大师，又是俗文学白话小说的大作家，早年还是混迹于娱乐界的大玩家。唯一他在混迹官场时的知县身份，恐怕也是失足于吹牛拍马的功夫欠缺，也就是无耻得还不够，扬才露己，疾恶如仇得太过分，才被官场逆淘汰了。这一点在他晚年所撰写的《寿宁待志》中笔者有详细的分析。

　　即使老年以后仕途踯躅成为幕僚小吏直到七品芝麻官，其在官僚同构体中依然还是秉持了儒家的理想人格，不同凡响表里如一地塑造自己，绝不投机取巧，随波逐流。冯梦龙终身为自己的儒学信仰和理想奋斗着，直至舍生取义杀身成仁，从狂狷人格走向忠烈人格的完美塑造。最终以屈原似的忠贞在末世穷途中义无反顾地与帝国共存亡，他走向了自我的毁灭。

四、文章憎命颂红颜

　　至于冯梦龙年轻时那些仕进功夫之外的才艺还是很有人格魅力的，尤其是在才艺双全的漂亮女人面前。这些都使他很有女人缘，艳福并不浅。在冯氏著作中留下姓名的歌女便有十人之多，她们是：侯慧卿、啊圆、董四、冯贞玉、冯喜生、冯爱生、白小樊、来姬、陌花馆主、王生冬、薛生。其中在《挂枝儿》卷四《送别》的戚戚惨惨切切的别离曲后面附有一篇名妓冯喜生的小传。

冯喜生是一位容貌美丽，生性活泼，言语机智幽默的少女，与风流才子冯相公关系特别好。在她即将从良嫁人的前一晚上，特别邀请他深情话别，可见两人心性相通，在挥泪相别之际，别有一番不便明言的情愫珍藏在心中，需要向堪称知音的冯梦龙倾诉。在夜深人静之际，冯相公应邀悄悄蹩进青楼小院。

在朦胧迷离的灯光下，小冯问小喜说："你还有什么话要对我说么？"小喜子告诉他："我还记得小时候所唱过的《打草杆》和《吴歌》各一首，还未及演唱给你听，今晚是特地请你前来听歌的。"莞尔一笑，献上茶水之后，冯喜生挥动手绢，亮起珠喉，开始了声情并茂的表演，她唱的是吴歌：

隔河看见野花开，寄声情歌郎，替我采朵来。姐道我郎呀，你採子花来。小阿奴，奴原捉花谢子你，绝弗叫郎白採来。

写到这里，冯梦龙不禁悲从中来，在行文间竟然感叹道，呜呼，那姑娘美丽的容颜如同妖艳的桃花，现在已经成为梦境渐渐远去了，但是每次看到这两首民歌，依稀如同绕梁的清音依然在耳畔回响。佳人不再来了，成为永远的悲伤啊！

记得当时她还问他："我为你唱了这一首好听的歌，你是否也为我献歌一首呢？"小冯当时随手赋歌一首曰：

据你说，烧窑人，教我怎么不气。砖儿厚，瓦儿薄，即是一样的泥。把他做成砖我作瓦，未为无意。便道头顶着我，道与你挡风雨。那脚踹的吃什么亏，头顶是虚空也，脚踹是着实的。

这一夜，他们围绕着烧窑的做砖做瓦不同的比喻，寓寄着不同的人生哲理，或诉说着社会的不平等，或寓寄着爱情的永久长远等等不一而足的主题，度过了冯梦龙在冯喜生出嫁前夜最令人难忘的一夜。

青年冯梦龙是一位极富正义感与同情心的文人。冯梦龙散曲《青楼怨》及传奇《双雄记》都是为多情的妓女白小樊而作。

《青楼怨序》云：

余友东山刘某与白小樊相善也，已而相违。倾偕余往，道六年别意，泪与声落，匆匆订密约而去。去则不复相闻，每睭小樊，未尝不哽咽也。

世果有李十郎手？为写此词。

东山刘某和白小樊都是冯梦龙的朋友，两人相善，白小樊一往情深，而刘某则逢场作戏，冯梦龙见白小樊如此伤心，作《青楼怨》曲，同情白小樊的不幸遭遇，谴责刘某的负心薄情。篇后附记云："子犹又作《双雄记》，以白小樊为黄素娘，刘生为刘双，卒以感动刘生，为小樊脱籍。孰谓文人三寸管无灵也？"冯梦龙将刘某与白小樊的事写进传奇《双雄记》中，最终感动刘某，为白小樊赎身脱籍。此事在青楼传为美谈，使得冯梦龙名声大震。

冯梦龙的这种义举还有安葬名妓冯爱生的故事。冯梦龙《爱生传》载其事。[①]

名妓冯爱生并非苏州本地人，也不知其真实姓名，十四岁被卖到苏州金阊冯老太家做妓女。冯家几代人在苏州经营妓院为青楼之首户。在吴语中称呼妓女为某生，所以她就被称为冯爱生。冯老鸨家养有四位妓女皆有名，而老二冯喜生最为出名。四位妓女渐渐都出嫁后，冯老太很是失落，就由其新寡的媳妇八娘子主持妓院事务。此时爱生被卖到了冯家。爱生美丽而聪明，只到了半年就学会了苏州话，过了一年名声大噪。小女子酒量很大善于豪饮，还很会开玩笑，调节气氛。需要陪酒的家伙，往往会说，没有冯爱生就不热闹。而同辈的姐妹都很忌讳她的伶牙俐齿，不愿意去充当陪客。冯爱生很讨厌这种出入风尘的生活，一心想着求得一个心上人从良出嫁。然而，有心看上她的却无财力迎娶，财力丰厚者，爱生却看不上。就这样爱生整天闷闷不乐，以至于屡次对客人怠慢失态，经常喝醉了酒，对着老白干自斟自饮，借酒浇愁而已。

本地的秀才丁老二和爱生相好，准备变卖产业而娶冯爱生，事情久拖不决，爱生抑郁成病。八寡妇越来越讨厌冯爱生，将她匆匆忙忙卖给了松江的一位贵公子，这实在不是爱生所希望的结局。这位公子得到她之后，对她不甚怜重，日渐慢待。冯爱生落落寡欢，忧郁成病，生不如死，病情日益加重，公子便将她退还给老鸨，不久病死，年仅十九岁。对于爱生的悲剧，冯梦龙给予了深切的同情，疾呼"呜呼，红颜薄命，曾有如爱生者

[①] 《情史·爱生传》，江苏凤凰出版社，第442页。

乎！"记完爱生的遭遇，冯梦龙在传记中写到：

十四未知名，十九病死，中间衣锦食甘，选胜而游，剪红浮白，谑浪笑傲于王孙公子之场者，才三四年耳。以生之风调，更得从容旬载，庶几一遇，可毕此生无憾。即不然而效彼营营者流，安意风尘而无远志，则此三四年者，亦可稍占人生万一之娱。而不幸早慧，洞识青楼风波之恶，故汲汲求事有心人不得，以致衔郁以死。悲夫！虽然男儿薄幸有力者甚焉，即假生数年，犹未必遂生之志，徒多苦生耳。然则天之纵生以慧者，适以祸生，而其啬生以寿者，安知非怜之脱之也？于生又何悲哉！

冯爱生死后棺材一直停放在郊外，久久不能安葬，丁老二借钱买下一块墓穴。家住苏州东山洞庭的许无功先生年少仗义，曾经也是爱生的朋友，经过梦龙的建议，筹得银子若干，付给了冯老鸨家，使得她入土安葬。知道冯爱生悲剧的人，全部穿上白色的素服为她送行。冯梦龙最后感叹道：

呜呼！宋词人柳七，不得志于时，落魄以死，赖诸名妓筹钱而葬。今爱生不葬于妓家而葬于吾党，所以报也。则吾又安知今之所谓爱生者，非即宋之诸名妓中人乎？而对此一抔土以俟后之好事者，怜而吊之，志之铭之，亦庶几与乐游原柳七墓并传不朽矣！

一条卑微的生命，就这样静悄悄地来，轻飘飘地走了，冯喜生是被这个罪恶的社会所扼杀，被杀人的纲常礼教所吞噬。她是专制体制下的牺牲品，她是被碾压在社会最最底层饱受欺凌，饱受凌辱的年轻女性。尽管她聪明伶俐并不缺乏才华，也有着追求幸福自由爱情的美好理想，而在这个杀人的体制下，这些美好的畅想如同肥皂泡沫那样在瞬间闪烁出五光十色后迅疾破灭。

冯梦龙对她的命运深表同情，也看得很透彻。他在最后的那段感慨是参透人生严格等级秩序的生存状态的肺腑之言。也许冯喜生是死于自己的幼稚，在厌恶那种被人玩弄于股掌之上的卖笑皮肉生涯后觉醒后的过早反抗，导致了她的过早被风雨摧折，即使懂得隐忍，忍得一时的屈辱等待命运的转机又会如何呢？妓女从良后的遇人不淑比比皆是。即使嫁入豪门也是处于最最底层的妾媵地位常常有被虐待致死的事发生，朝廷的处罚也只是判处流刑三年。家庭也只不过是社会大牢笼中小牢笼而已。

冯喜生是被豪门与妓院双重虐待致死的，人的生命就这样如同羽毛那样轻飘飘地走了。同是天涯流落人的落魄士子与这些才自精明志自高的妓女有同病相怜之感。早年的冯梦龙也曾经穷得无米下锅，在诸人获《坚瓠集》中记载了冯梦龙卖文为生的往事。袁韫玉的《西楼记》刚完成，就去冯梦龙那请求指正。冯梦龙看完之后就放在书桌的前面却不评价。袁韫玉因为迷惑不解而辞别了。那时冯家刚刚断粮了，家人告诉他断粮了。冯梦龙说："没事，袁先生今天晚上会馈赠我许多钱财的。"于是告诉看门的人："不要关门，袁相公肯定会在一更后送我银子。来了可以直接把他带到我的书房来。"家里人都以为他在说笑话。袁韫玉到家，在家徘徊到了夜里，突然叫人掌灯拿着钱去冯家。到了之后，却发现门依然开着。问看门人为什么，门人说："我家主人点着蜡烛在书房等着你呢！"袁蕴玉大吃一惊，快步进了书房。冯梦龙说："我认为你肯定会来的。你写的稿子词和曲都很好，不过还差一段，现在我已经帮你加了。"是《错梦》这一折。袁韫玉惊叹佩服，感慨不已。那个时候《西楼记》大受欢迎，《错梦》一折尤其脍炙人口。

由于生活境遇的相同，他对底层妓女谋生的艰难感同身受，无论是在小说和民歌的收集整理中都寄予了深刻的同情。他在《冯爱生传》结尾引用了他在另一篇传奇故事《众名姬春风吊柳七》[1]中的宋代著名词人柳永与下层妓女的故事，这是落魄文人与红尘女子的感人故事，歌颂被人轻贱的底层女子发自内心的美好情感对于文人才士的同情，集资安葬穷困而死柳永的往事。如今冯梦龙等一班底层文士筹资安葬冯爱生的事迹岂非是一种历史的轮回？是文士们对于艺妓的回报。这是一段可以流传于青史的佳话。而苏州名妓冯爱生的坟应当同润州（镇江）柳三变墓一样受到文士们的祭拜。冯梦龙在故事结尾引用后人吊柳七诗云：

乐游原上妓如云，尽上风流柳七坟。

可笑纷纷缙绅辈，怜才不及众红裙。

冯梦龙与妓女的交往，与一般文人狎妓并不完全相同。他从青年时期就开始创作戏曲，搜集整理民歌。而当时的名妓，大多色艺双全，所

---

[1] 《冯梦龙全集第 1 卷·古今小说》，江苏凤凰出版社，第 175 页。

谓艺，就是指吹拉弹唱等艺术修养，不少名妓，同时又是优秀的戏曲演员和流行歌曲歌手。冯梦龙与妓女往来，还有共同的艺术追求。冯梦龙的《挂枝儿》、《山歌》中有不少篇章便来源于妓女口中。《挂枝儿》三卷《帐》篇后附记："琵琶妇阿圆能为新声，兼善清讴，余所极赏。闻余广《挂枝儿》刻，诣余请之，亦出此篇赠余，云传自娄江。其前尚有《诉落山坡羊》，词颇佳，因附记此。"阿圆知道冯梦龙在搜集挂枝儿，特地将自己得到的一首新挂枝儿《帐》交给冯梦龙，冯氏将它收进集子中并注明来源。

他所历经艰辛和波折，编辑、评注、刻印的两本民歌俗曲集《挂枝儿》、《山歌》总数多达八百余首的吴地民歌，《挂枝儿》十卷除记录民歌四百三十五首之外，还有其他民歌六首，笑话一则，谜语十七则、俚语一则。集中附有冯梦龙拟作的挂枝儿四首，以及二十三则酒令。他编的《山歌》除收有山歌三百五十九首外，还有儿歌、民谣、笑话等作品。冯梦龙旗帜鲜明地宣称"但有假诗文，无假山歌"，山歌可以"借男女之真情，发名教之伪药"。这些民间文学作品所表现的男女情爱的大胆、热烈足以使封建道学家触目惊心。在《挂枝儿》问世之前，冯氏原有《广挂枝儿》流传，这本今日已不可见的小书，在当地引起了轩然大波。当地缙绅、名教之徒群起攻之，认为其"坏人子弟"等等，导致他远避湖广，向赏识他的熊廷弼求助，靠着老熊的"飞书当道"事态得以平息。

冯梦龙一生科举之路的坎坷，与他思想上的离经叛道、行为上的"越名教而任自然"有密切关系。被封建道学目为异端之尤的李卓吾被其"奉为蓍蔡"，当然是不合时宜的。李卓吾评点、推崇难入大雅之堂的小说、戏曲，冯梦龙在仕途失意之后，却以主要精力投入了小说、戏曲、小品、民歌的收集整理，勘刻出版工作，卓然成为一代通俗文学大师。同时他也不失为主流意识形态的传播的经学大师，只不过后者在很大程度上是为了改变生存状态的谋生手段，为了适应科举教学的需要，注经授道而已，真正有学术价值，自成一家理论的突破不多。

五、最是一生凄绝处

失意时的冯梦龙难免有沉湎声色流于世俗的一面。他流连风月,狎妓同游,在诗酒风流中以浇仕途失落块垒。然而也正是世俗的沃土浇灌了他的文学才华使其在通俗文学大海中遨游,汲取营养,终至锻造出自己璀璨夺目珍珠塔,在中世纪的黯夜中发出人性人情的曙光。这其中蕴藏着自己在冶游场所和身份卑微的妓女所产生的那段刻骨铭心终生难于忘怀的情爱火花,证明他可以游戏人生,但绝不亵玩爱情,他可以口无遮拦,臧否人物,但绝不放肆而下流。这就是追求真情真爱的冯梦龙。

冯梦龙爱过一个叫侯慧卿的苏州妓女,并有白头偕老的海誓山盟,以致使他铭心刻骨,誓死以情相守。后来侯慧卿别嫁他人,冯氏极为伤心,曾为她写下三十首怨离诗以及怨离词和《端二忆别》[①]。后来同友人唱和成《郁陶集》。在作品中他毫不掩饰自己地表达了对这位青楼女子的深沉的爱意。他在《端二忆别·序》中说:

五月端二日,即去年失慧卿之日也。日远日疏,即欲如去年之别,亦不可得,伤心哉!行吟小斋,忽成商调,安得大喉咙人,顺风唱入玉耳也!噫,年年有端二,岁岁无慧卿,何必人言愁,我始欲愁也。

真乃此恨绵绵无绝期,此愁悠悠如水流,五月端二这天是侯慧卿嫁人的日子,冯相公将自己锁闭在简陋的书斋内,焚一炉好香祭奠自己失去的爱情,纾解自己满腹的愁肠,他徘徊良久,一气吟成数十首小令词曲,真想请得男高音独唱家来充满激情地高歌一曲,使得高亢深情的歌声随风飘送到侯慧卿耳畔,让她知道自己的真情和失去她的悲伤,就不必让别人说自己惆怅了,还是他自己来诉说的好。

他最后在这套写给侯慧卿散曲后面注明,此套散曲名为《满林莺》,也就是暗喻在这个季节中自己脑海中涌现的全是侯慧卿的美好形象。兹全部照录如下,由此可证冯梦龙对侯慧卿的拳拳眷恋之心迹:

【黄莺儿】

端午暖融天,算离人恰一年。相思四季都尝遍,榴花又妍。龙舟又喧,

[①] 《冯梦龙全集第10卷·太霞新奏卷十一》,江苏凤凰出版社,第192页。

别时光景重能辨。惨无言，日疏日远，新恨与旧仇连。

【集莺儿】

隔年宛似隔世悬，想万爱千怜。眉草裙花曾婉恋，半模糊梦里姻缘。情深分浅，攀不上娇娇美眷。谢家园，桃花人面，教我诗向阿谁传？

【玉莺儿】

想红楼别院，剪新罗成衣试穿。昨朝便起端阳宴，偏咱懒起游舡。三年艾怎医愁病痊？五色丝岁岁添别怨。怪窗前，谁悬绣虎？唬醒睡魔缠。

【羽林莺】

蒲休剪，黍莫煎，这些时，不下咽。书斋强自闲消遣，偶阅本离骚传。弗吊屈原，天不可问，我偏要问天天。

【猫儿逐黄莺】

巧妻村汉，多少苦埋冤。偏是才子佳人不两全，年年此日泪涟涟。好羞颜，单相思万万不值半文钱。

【尾声】

知卿此际欢和怨，我自愁肠不耐煎，只怕来岁今朝想更颠。

他的朋友剑啸阁评云：句句是端二，句句是周年，而一段真情蓬勃，绝不见使事之迹，是白描高手。

侯慧卿出嫁从良的那天，应该是春末夏初的日子，天气渐渐变得暖和起来。那是刚刚过了端午节的第二天，苏州七里山塘的清清河畔在一片烟柳丛中掩映着一座精致的庭院，这座庭院在当地很有名，被称为谢园，也许主人姓谢的缘故。主人也就是老鸨，现在被称为妈咪的人，养了一群漂亮的妹妹，专门从事皮肉生意，只是那时的妓女更带有文化色彩。即使是青楼的妹妹除了绝色之外表以外，也是有些文化内涵的女性，琴棋书画训练有素，其中不乏人才，只是出身寒微一些。接待的对象也多为官宦、名士、商人等等多少是有些层次的人。从本质上说，那些色艺双全的妹妹们多为权贵们亵狎玩弄的对象，是金钱和权力的猎物，她们也是以皮肉和才情谋生而已。当然色艺才情有时也会和才貌相当的书生小鲜肉们摩擦出一些情感的火花。

看上去裹着锦衣堆着珠玉如同富家小姐的妹妹们，身躯却是十分卑微低贱的。为了接待那些贵客，小小的庭院和精致的小楼布置得素雅幽静，庭院兰花甬道假山亭台楼阁，很有些苏州园林的韵味。院中的小楼珠帘低垂，绣户明窗，常有幽幽琴声和郎朗吴歌传出。这里就是谓之青楼的地方，常常是一面靠街，一面临河，红灯高挂。再加上七里山塘的烟柳迷离，河水汤汤，就十分富有诗情画意，引得那些文人墨客纷至沓来寻花问柳，一掷千金买笑。入夜时分则山塘河的两岸，红灯闪烁，画舫穿梭来去，在箫吹夜月和笙歌燕舞中点缀着帝国最后的纸醉金迷。七里山塘分为上塘和下塘，沿河林立着诸多青楼小院，如同明代诗人画家唐伯虎形容的那样"翠袖三千楼上下，黄金百万水西东"，山塘河和南京的秦淮河流觞的全是金钱和人欲的粼粼波光，很引起人们对于晚唐诗人杜牧那首"烟笼寒水月笼沙，夜泊秦淮近酒家，商女不知亡国恨，隔江犹唱后庭花"的联想。

因为端午刚过，谢家院的大门上悬挂的菖蒲草依然散发出淡淡的清香，昨晚的粽子宴和姐妹们的送行宴筵的欢闹声言犹在耳，从青楼门口穿越而过的赛龙舟的喧闹声预示着这个纪念屈原的传统节日还在进行当中。清晨一叶轻舟已经在鞭炮声中接走了谢家院的一位丽人，这是苏州名妓侯慧卿。

小舟渐行渐远，消失在山塘河的尽头，侯慧卿怅立船头看着熟悉的景观从眼前渐次消失，热泪潸然，若有所思。立在她身后那位郎官似乎年龄要大些，从体型的富态和穿着的鲜亮来看，一定是富贵人家的子弟。那些鳞次栉比的街衢和河面的画舫以及河畔隐约浮荡的阵阵歌声随着新人的远去渐渐淡出视线，苏州特有的小桥流水消逝了。

前路茫茫，侯慧卿自己也不知道等待她的命运到底是什么。也许她对那些河畔青楼的景观和歌声有所留恋，也许她根本就是怀着一种庆幸从良的心态告别过去扑向自己崭新的生活，这里的一切就像是脱去了旧衣衫而换上新罗衣，伴随着丰厚的妆奁去一个完全陌生的，却是日夜向往的生活。尽管作为妓女从良，历来只是做小妾的，未来的生活怎样，迎娶她的这位相公习性脾气人品到底如何？她心中完全没有底，但是迎接她出嫁的人至少在目前是符合她选人标准的，首先是富裕，才貌也还说得过去。

这时不知哪一家的姐妹唱起了那首脍炙人口的诗句"半塘春水绿如渑，赢得桥留揽酹名。桥外酒帘轻扬处，画船箫鼓正酣声"。这歌声勾起了她的一丝惆怅，使她情不自禁地想到一个人，这个人曾经创作过一系列的散

137

曲，颇有当年宋代柳永之风，所谓"凡有井水饮处，皆能歌柳词"，冯相公所创作的散曲、民歌也几乎达到了这种境界，很受青楼里姐妹们欢迎。

六、鸳鸯冢上欲招魂

冯梦龙在得到了侯慧卿从良的信息后，曾经写过一组散曲就叫《从良》，[①]那一唱三叹反复咏唱的"铁石心肠一迳自从良了去"似乎满怀怨气，又多少预测了她去后十分不确定的命运，对于他的心爱之人的远去，提出了一些忠告：

铁石心肠一迳自从良了去。做梦儿也不想你要嫁渠，又不知那一件中了你的意。从良的有千千万，没像你从得奇。好似大风里的杨花也，一阵就不见了你。

又

铁石心肠一迳自从良了去。你只道从良好，不道得吃亏。那从良的十人中，到有九人反悔。男子汉心易变，大娘子醋易吃。你若过了七日三朝也，只怕规矩儿重立起。

又

铁石心肠一迳自从良了去。多少人从不了，这也是个常规。求天拜地做成个机会。或是夫妻们斗寡气，或是朋友们搬是非。不是咒你的分离也，只为舍不得分离你。

又

铁石心肠一迳自从良了去。你名誉高，年纪小，忙作甚的。把好风光一旦都抛弃。不记得吹箫同度曲，不记得剪烛共弹棋。对着那明月清风也，难道一点念头都不起。

又

铁石心肠一迳自从良了去。做偏房，要小心，受多少矜持。那假逢迎诈鹊突怕不是你的长技。好睡迟还起早，粉妆要老成些。只怕你还是那平日的娇痴也，教我颠倒愁着你。

[①]《冯梦龙全集第 10 卷·挂枝儿》，江苏凤凰出版社，第 74 页。

又

铁石心肠一迳自从良了去。你与我往常说尽了话儿，谁知道如今造下拖刀计。曾被买糖人骗了，再不信口甜的。想起往日的恩情也，呸，分明是白日见了鬼。不成被她迷杀，侥幸侥幸。

真正是往事不堪回首，对于侯慧卿违背诺言的突然从良，爱恨交加，既有对两情相悦，情感才艺交流的深情怀念；又有着情感失落以后的万般痛苦；还有些吃不到葡萄说葡萄酸的嫉妒；更有着一丝丝对于侯慧卿从良后未来命运的担忧，各种复杂的情感如同打翻了五味醋瓶子，纠结心头。最后对她从良后必须注意事项的谆谆告诫，恨由爱起，可谓爱之深而恨之切也，爱恨交加编织成了这篇通俗易懂明白如话的民歌体小曲。

显然，这个春夏之交端午前后发生的"情变"是冯梦龙人生发生转折的重大事变。冯相公对于侯小姐择偶从良标准的介绍是符合侯慧卿理性抉择实际的。这是冯相公爱侯小姐实在太深刻，而且并无实际经济能力来堆砌自己婚外恋的情感大厦，只能借助笔端来倾泻自己情感的潮水，纾解自己万般难舍的离情。这段青楼之恋在冯梦龙的情感中掀起的轩然大波还要有一段时间才能真正平复。

冯相公和许多青楼姐妹保持着非常好的关系，可惜他只是一名穷秀才，尽管桥外酒帘高扬的地方就有他创作歌曲的点唱。侯慧卿在告别青楼，远离苏州那天，隐隐约约感觉到有一双悲伤眼睛在默默地注视着她的离开，他似乎就在附近，隐身在柳叶飘荡的树下，一直目送着她的离去。他似乎失魂落魄地将自己封闭在狭小简陋的书斋中，以泪水和着笔墨写下一曲曲吴歌，追忆着他们过去的欢愉和如今的失落，想到这里侯慧卿潸然泪下。

看来她选择从良的日子似乎一直是保密的，走得也很突然，故而对于冯梦龙而言不啻是五雷轰顶，晴天霹雳。因为就是从良之前的那段日子，他们似乎还是腻歪在一起，卿卿我我缠缠绵绵的秀恩爱。尽管侯慧卿对于自己择偶从良的标准早已告白，但是突然而来的决绝，对于冯梦龙而言还是意想不到的。他仍然希望能够与她隔天对吟，诗词酬唱，牵肠挂肚着以往的情丝，这绕指轻柔的情愫，最后幻化为一弯天际的冷月，成为山塘河破碎的明镜，回映着过去的辉煌或者是荒唐。成为他心中放飞的风筝去情天恨海中遥望往日邂逅的晴空，这些迷离而恍惚的情丝在茫茫夜色中无根地飘荡，俨然会变为身后慢慢消逝的烟花，在绚丽之极后最终陨落死亡。

　　这是端午过后，暖融融的天气，也是人心最容易柔软的季节，算算慧卿女士离开了一年，而他却在相思中苦苦煎熬了一年，此时榴花如火一样再次开放，龙舟又开始了喧哗仿佛启动他心底的烈火如同烹油般炸裂，如同巨浪般翻卷，他们悲痛分离时的情景再次浮现。相隔一年仿佛相隔了一世，中间却悬挂着万千的相爱相怜。最终还是情爱深厚却是缘分浅薄，他只能感叹自己的攀不上娇娇美眷。谢家院里艳如桃花的美人啊，已经远嫁到了红楼别院了，试穿着新剪裁的美丽衣服，又怎么能再想起端阳节的离人宴呢？此刻，再也懒登画舫，即使三年也很难医治自己的相思病，五色丝线捆扎的粽子增添着别离的怨恨，只怪窗前不知被什么人悬挂了一只刺绣的老虎，将他相思梦儿吓醒了。此刻菖蒲懒得剪去，米饭也不想打理，难以下咽。只想关上门强迫自己读书消遣，偶尔翻阅着《离骚》，却不想去凭吊屈原，只想问问老天，为什么有情人难成眷属？娶着灵巧的媳妇偏偏对着粗俗的村汉，人间有多少爱恨情仇，偏偏显示了才子佳人难以两全。年年到此时热泪长流，只感到了羞愧，知道是单相思，也理解侯慧卿的欢乐和幽怨，只是自己放不下的愁肠不耐煎熬，怕是明年更是癫狂难减啊。

　　冯梦龙为侯慧卿写的散曲《怨离词》[①]中真切地倾诉着对于这位青楼女子眷恋之情，再一次展示了他白描高手的神韵，这些散曲写得明白如话，雅俗共赏，发自心声，常人亦能歌唱，他在《太霞新奏·序》中开篇明义就说：

　　文之善达性情者，无如诗，三百篇之所以兴人者，唯其发于中情，自然而然故也。自唐人用以取士，而诗入於套；六朝用以见才，而诗入于艰；而诗歌变得宋人用以讲学，而诗入于腐。而从来性情之郁，不得不变而之词曲。

　　说得再明白不过，春秋时的"诗三百篇"主要是用于表达性情的，是内心真实的情感的自然流露，所以受到大家的欢迎。到了唐代诗进入应制取士的范畴，就进入了政治的套路；六朝时期的诗歌创作主要是表达才华

[①] 《太霞新奏·卷七》，江苏凤凰出版社，第114页。

的，而诗歌创作变得艰涩而困难了；到了宋朝诗歌创作用来阐发义理，变得迂腐。也就是诗的创作脱离了真实情感的自然流露，进入官场俗套或者仅仅是展示个人才华的工具，或者干脆成为理论教学工具也就走向了穷途末路，文学的创作形式就必须另辟蹊径，于是词曲这种形式应运而生了，对于抒发自己忧郁或者豪壮的情怀是时代的产物。冯梦龙用这种形式尽情表达了对自己心上人离他而去的悲伤和眷恋，请看他专为侯慧卿所写的《怨离词》套曲，明白如话，朗朗上口，畅述心曲，愁肠百转，凄清委婉，动人心魄：

【绣带儿】

离情惨何曾惯者？特受这个磨折。终不然我做代缺的情郎，你做过路的妻妾。批颊，早知道这般冤债谁可惹？被人骂作后生无籍，青楼里少甚调风和弄月。直凭蠢魂灵依依恋着传舍。

【其二换头】

作业，千般样牵肠挂肚，怎做得顺水浪一泻？没见了软款趋承，再休提伶俐帮贴。悲咽，偶将飞燕闲问也，你想不想旧时王谢？心儿里知伊冷热，只奈何少年郎清清捱着长夜。

【太师引】

他去时节也无牵扯，那其间酥麻我半截。自没个只字儿伤犯。也何曾敢眼角差撇？蔷薇花臭味终相野，越说起薄情难赦。不信你自看做寻常侠邪，把绝调的琵琶，轻易埋灭。

【其二】

几番中热难轻舍，又收拾心狂计劣。譬说道昭君和番去，那汉官家也只索抛卸。姻缘难合都是天判写，天若肯容人移借，便唱个诸天大诺。算天道无知，怎识得苦难别？

【三学士】

忽地思量图苟且，少磨勒恁样豪侠。谩道书中自有千钟粟，比着商人总是赊。将此情诉知贤姐姐，从别后我消瘦些。

【其二】

这歌案的相思无了绝，怎当得大半世郁结？毕竟书中那有颜如玉？我空向窗前读五车。将此情诉知贤姐姐，从别后你可也消瘦些？

"离情惨,何曾惯者,特受这个磨折!终不然我做代缺的情郎,你做过路的妻妾,批颊。"侯慧卿的移情别嫁,太出人意料,冯梦龙全身心的情感投入,而今却是一场春梦。青楼依旧,佳人不再。满心的离愁转而变为一腔愤激和埋怨:"早知这般冤债,谁肯惹?被人骂作后生无藉。青楼里少甚调风和弄月?直恁蠢魂灵,依依恋着传舍。"

理智告诉他,爱情尽管很神圣,但在现实面前又是那样脆弱,想起离别时节,"他去时节也无牵扯,那其间酥麻我半截。自没个只字儿伤犯,也何曾敢眼角差撇。蔷薇花臭味终向野,越说起薄情难赦。不信你自看作寻常侠邪,把绝调的琵琶轻易埋灭。"尽管这样,冯梦龙还是痴心一片,"将此情诉知贤姐姐,从别后我消瘦些?""将此情诉知贤姐姐,从别后你可也消瘦些?"他以虔诚般的态度期望着爱情,经营着爱情,这期间,他把爱情看成了自己的整个的精神支柱。支柱一倒,整个精神堡垒全部塌瘫了似的。

在《挂枝儿》卷二所引民歌《感恩》之后,冯梦龙加了这样的批注"'生则愿同衾,死则愿同穴。'李三郎千古情语。余有忆侯慧卿诗三十首,末一章云:'诗狂酒癖总休论,病里时时昼掩门。最是一身凄绝处,鸳鸯冢上欲招魂。'亦此意。"

有些冯学家仅凭"鸳鸯冢上欲招魂"一句就断定侯慧卿是嫁给了一位商人,不长时间就因为内心的痛苦去世了,这是不对的。因为侯慧卿端二一别从良后,就杳无了音讯,再也没有文字记载冯侯还有任何情感和实际的交集。冯梦龙回忆侯慧卿诗三十首,末一章也只是作为诗人的冯梦龙单相思想象。这种想象是建立在千古情语"生当同衾死同穴"美好基础上,是一种完全诗意化的乌托邦似比喻。如同《孔雀东南飞》中"在天愿为比翼鸟,在地愿为连理枝"一样出于对于美好感情的深发联想而已。

这里的鸳鸯冢并不是指侯慧卿的坟墓,而是作者单相思的情感指向所引用的典故,见干宝《搜神记·韩凭夫妇》:荒淫无道的宋康王为了夺得韩凭美丽的妻子何氏,囚禁韩凭。韩凭夫妇相见无望,双双自杀。何氏临死留下遗书:"王利其身,妾利其死。愿以尸骨,赐凭合葬。"康王"勿听,使里人埋之,冢相望也""宿夕之间",便有大梓木生于二冢端,旬日而大盈抱。屈体相就,根交于下,枝错于上。又有鸳鸯雌雄各一,恒栖树上，晨夕不去，交颈悲鸣，音声感人。"这是连理枝和鸳鸯冢的典故出处。只是冯梦龙先生对于侯慧卿深深爱意艺术化表达，用的是"比兴"手法，完全是诗歌创作的拟人化比喻，并非现实。

同样冯梦龙在民歌《感恩》中也记载了这种深沉的情感表达，以示绵绵情思无绝期的意思：

感深恩，无报答，只得祈天求地。愿只愿我二人相交得到底，同行同坐不厮离。日里同茶饭，夜间同枕席。死便同死也，与你地下同做鬼。

那么在冯梦龙交往的众多苏州名妓中为什么独独钟情于侯慧卿，而对于侯慧卿的远嫁，感到万分地痛苦惋惜，写下如此众多的肝肠寸断的诗词散曲，以抒发自己的相识相恋之情，在《山歌卷四·多》中冯相公作出如下说明：

民歌《多》：

天上星多月不明，池里鱼多水不清。朝里官多乱子法，阿姐郎多乱子心。

在明末这方夜空中，青楼漂亮的妹妹多如繁星，星光璀璨得使得月亮也显不出光彩了，就犹如池子里的鱼儿多了水就不可能清澈；朝廷里的官儿多了就乱了规矩；漂亮姐追求的男子多了心里也就乱了方寸。冯相公问侯慧卿如何应对众多靓仔的追求，侯爱卿的回答，非常让他折服，证明侯姐姐不仅漂亮，而且非常有见识：

余尝问名妓候慧卿云："卿辈阅人多矣,方寸得无乱呼？"曰："不也。我曹胸中自有考案一张，如捐额外者不论，稍堪屈指，第一第二以至累十，井井有序。他日情或厚薄，亦复升降其间。傥获奇才，不妨黜陟。即终生结果，视此为图，不得其上，转思其次。何乱之有？"余叹美久之。虽然慧卿自是作家语，若他人未必不乱也。世间尚有一味淫贪，不知心为何物者；则有心可乱，犹是中庸阿姐。"

冯梦龙对与侯慧卿的爱情是严肃认真的，看不出有半点轻薄的举动。 那么是什么让冯梦龙这样痴心如故？侯慧卿美貌绝伦的外表固然让人赏心悦目，但更吸引冯梦龙的，还是侯慧卿练达的人生阅历和从容的处世态度。在妓院侯慧卿的住处，两人上述这段对话，可以帮助我们破译这一秘密：侯慧卿这位出自底层的妓女有才有貌还有见识，她的回答非常的实际，并不像秀才出身的穷书生冯梦龙那样生活在情感的诗意中，她是从追求自己的幸福生活出发，去辨别众多追求者的诚意，她心中的标准很明确首先考虑的是金钱，这是体面生活的必要条件。这样才不至于被书生们充满诗情画意的甜言蜜语哄得团团转。生活毕竟是形而下的，况且是从风月场中磨砺出的底层妓女，出身卑贱但不失生活经验，那就是除了按照标准支付的嫖资以外，看看给的小费多少，从一到十甚至更多，以金钱的给付来验证情感的诚意和深意，心中这杆秤的秤砣和戥星的平衡当然是银子的分量，这是下层女子很实在的考量。其次才是对象的才华和相貌，当然有才有貌的小鲜肉，那么她的身价是可以降低的。

妓院是藏污纳垢的地方，上自王公大臣，下到地痞无赖，要与这些人周旋，没有足够的经验和超人的智慧，是很难抵挡这些人的肆无忌惮的践踏和摧残的。可能侯慧卿在保护自己的同时，也捍卫了自己的人格。这种人格力量有一种醉人的神力，冯梦龙有所闻，有所感，才有上面的疑惑。冯梦龙此时可能与侯慧卿相识还不久，很可能还是一个地地道道的嫖客，对侯慧卿这样薄命下贱女子，只是怀有一种深深的同情和怜惜。现在与侯慧卿的一番对话，使冯梦龙对她的了解更加深了，一股敬佩之情油然而生。随着时间的流逝，冯梦龙对侯慧卿的感情又上升一个层次，以致发展到寸步不离、难分难舍的地步，很明显，他们相爱了。爱得那样热烈，那样痴情。我们在冯梦龙的作品中仿佛都能找到它的影子。可是，侯慧卿终究是现实生活中的漂亮女人，而且出身寒微，她对幸福生活的追求首先是解决自己的身份，其次才是最起码的生活保障，才会有人格的尊严，那么财富和金钱是她人生选择的第一考量，才是切合实际和理性的，她只能斩断情丝狠心离他而去，才是合情合理的解释侯慧卿负心远嫁的根源。

侯慧卿这样托付终身的标准是建立在改变现实处境基础上的，以这样准星衡量事物，抉择终身大事，井然有序，丝毫不乱。于是她反问冯老二何乱之有？使得这位饱读诗书，一心想以"情教"而教化于人甚至以诗言诗语演绎鼓吹什么"天地若无情，不生一切物。一切物无情，不能环向生"等等的迂腐书生之论要实在得多。两相比较，冯梦龙显得迂腐而天真，而侯慧卿显得更加成熟而贴近生活本身。

侯慧卿对自己婚姻这样的取舍标准，决定了当年的穷书生冯老二对于侯大姐的爱只是单相思和一场春梦，只有生活在梦中，沉湎在梦中一切才是美好的。现实却是残酷而冷峻的，没有这么多的诗意栖息。很多冯学研究者，仅仅引用了侯慧卿这段话的前半部分，省略了后边那些十分功利的言辞，就将冯侯之恋演绎得如同梁山伯、祝英台那样美妙动人，两情相悦，死后化为蝴蝶，紧紧相随。

其实侯慧卿并非情痴情种，这一点冯梦龙看得很透彻，痛苦归痛苦，评价非常客观。他称赞侯慧卿为"中庸阿姐"，中庸乃儒家的最高境界，意思就是从实际出发，任何事情不偏不倚，取折中调和的处世态度才能够成功。孔子在《论语·庸也》："中庸之为德也，其至矣乎。"

请看秦淮八艳中结果比较好的，哪一个不是金钱和地位第一，才貌是第二的，就是柳如是、董小宛、顾横波、葛嫩娘没有一个是嫁给穷酸秀才的。即使没有从良的也在等待着心中有钱有势有才有貌的郎君出现，宁缺毋滥，标准几乎和侯慧卿完全一致。即使冯梦龙小说中的人物，也是在孜孜以求男主人求取功名，得做高官后的封妻荫子，光耀门楣。

侯慧卿最终从良出嫁的对象，非富即贵，冯梦龙却只能眼巴巴地看着心上人被远嫁他人而无助、无奈地，失魂落魄，在痛苦中煎熬了很长时间，只好把自己的满腔的迷茫和痛苦书诸笔端。

七、高擎慧剑断情魔

下面我们将从冯梦龙浩如烟海的著作中梳理出来的片言只语和一些含蓄深沉的诗词散曲用情感的线索串联起来对他高擎慧剑断情魔的思想心路进行简单的解读。

在《太霞新奏·怨梦》[①]中，冯梦龙借助于梦境向侯慧卿的隔空表达，非常真实而通俗，又是白描似地绘制放飞自己情感的风筝，到浩渺的太空传达自己向心上人的问候。可惜从了良的侯慧卿就是他眼底消失的星座，

[①] 《冯梦龙全集·太霞新奏》，江苏凤凰出版社，第 126/127 页。

只在他心中迷离闪烁诱惑着，引诱着他去天际的晴天恨海，迷途难返，但是斩断情丝，放弃幻想，皈依现实，又必须迷途当返。这是理性和感性的缠斗和决战。一段自我内心的情感博弈，否则那就是单方面殉情，以后就没有了冯梦龙今后那段多彩多姿的人生旅程了。

【大胜乐】

活冤家难遣心窝，似金枷和玉锁。恩负义寡我也丢得过。直凭的费吟哦。又不是倾城倾国无觅处，抵不过为云为雨直甚么？此恨终没结果，则索高擎慧剑，斩断情魔。

【其二】

便比你做赛琼花独一无多，被攀折须不可。假如你在花前月下难忘我。也只是空纪念怎腾挪？明知是有团有散官筵席，反害了无夜无明久病疴。

【不是路】

梦里差讹，化作鸳鸯做一窠，知她是人间天上鬼婆婆。笑呵呵，霎时相问还相贺，亏杀你跳出清洪万丈波。情如火，一场欢喜天来大，大音堕，被鸟声啼破，鸟声啼破。

【吊角儿序】

眼儿前恍惚婆娑，舌儿尖淋漓香唾。肩儿上愁担还挑，意儿中爱河重堕。想他柳如芽，花似朵，影难拿，风难缚，闹市张罗。当初会少，如今梦多。恼杀人，魂来魄往，可奈他何！

【其二】

誓今生绝不念她，惯憸儸。频跌蹉，瞌睡哥哥。

【尾声】

冤家做事多颠簸，常把芳魂来料我，索性画个真儿供养她（音拖）

冯梦龙是我国通俗文学开一代新风的大师，他的文学创作包括小说、戏曲、诗词相对于桐城派复古运动的散文大家而言是通俗易懂的。因而用以记录自己情感生活的散曲作品均是真实描述的典范，可以说用语通俗，明白如话，雅俗共赏，他的朋友点评他的散曲是"白描高手"是非常符合冯梦龙的艺术创作风格的。包括他在寿宁县令任上所发布官方文告也是尽量使用民间口语化通俗语言，有别于公文中的官话套话，尽量让老百姓都明白官方的意思。

　　这些他怀念侯慧卿的散曲均是朗朗上口可歌可泣的过耳难忘的词曲。就是他对于青楼女子那段真挚情感的内心独白，可以说九曲回肠在痛苦中磨砺出感人肺腑的真实情感，一切艺术作品的审美基础首先是立足于真实事件的真实情感倾诉才是感人的。其次才是善良的价值判断，用当时冯所崇拜心学大师王阳明先生的话来说就是"致良知"内心的光明而导致"善"的价值判断，这是作品思想性的导向。他的作品价值在于对于身处于社会底层受压迫受凌辱对象的真实同情心、怜悯心，发掘底层小人物心中最美好的东西，从爱的角度写尽了他的痴情，在情与理的内心博弈中宣泄自己心中的矛盾、痛苦、无奈。最后才是美的艺术表达形式。在他的作品中真、善、美是相对统一的，才可能给人以真切的艺术享受，思想上启迪，三者结合产生思想和艺术的感染力，这是他散曲作品魅力所在。没有多少华丽辞藻的堆砌，一切倾诉就是使用的比喻都是明白如话的，如同面对一个感情生活的落败者与人娓娓而谈如话家常倾诉心中离愁怨恨，自然使人产生诸多同情和联想。

　　侯慧卿的最终离他而去是必然的，这是冯梦龙所处的社会地位所决定的，并不受双方的情感所制约。然而朝夕相处，曾经的亲密无间，耳鬓厮磨所发下的山盟海誓，在他内心激起无数绚丽的浪花是难以一下平复的，那是一道创伤，一个巨大的情感漩涡，需要有时间推移而使生活恢复常态，他的人生小舟才能沿着既定目标扬帆起航，暂时他只能在漩涡中挣扎。因此，冯梦龙称侯慧卿是"活冤家"这是命中注定的宿命，他无法回避，这是情感的无形枷锁，是侯慧卿辜负了他的一片深情，冯称之为"恩负义寡"。

　　其实侯慧卿不如此选择，又能怎样呢？她所需要的脱离卖笑皮肉生涯，这些都需要金钱去赎买。作为落魄书生，自己的生计都无着落，又拿什么去解救侯慧卿。这是专制体制下娼妓制度和科举制度的邪恶，更是社会分配体制不公平导致的阶层固化产生的贫富悬殊。"官本位"体制下的罪恶，是主流意识形态"程朱理学"纲常礼教的束缚，这才是真正的"金锁玉枷"冯梦龙和侯慧卿都难以跳出这样的牢笼。他们其实都很无奈，因为他们都是自觉自愿进入这个牢笼的。冯的自觉在于对于功名的追求，侯的自愿在于将幸福寄托在改变身份，追求自己的幸福和自由。而其实皇权专制体制下的社会本身就是一个黑暗的牢笼，包括社会、国家大囚笼中画地为牢的小家庭，哪一个不是建立在君臣父子夫妻纲常礼教上的等级同构体呢？进入同构体只能情不自禁地随之运转，否则只能被专制机器碾压粉碎。他们只是被安装在不同部位螺丝钉。尽管这台机器已经老朽面临解体，谁又能预料新建的机器比之更加残酷更加灭绝人性呢？王朝循环的逻辑必然导致同构体在形式上的刷新，而在骨子里的一切照旧，因为这一切都是建筑在深厚的传统文化基础上的，惰性和顽固性才如此坚实。

唯有人性、人情才是这个黑暗牢笼的一丝微光，至少其中孕育了最本初的人格平等意识，这就是人的心灵世界的广阔天地。而这样寄生于精神形而上世界的微光，又哪里能够敌得过漫无边际的现实黑暗呢？这一豆渔火只能飘荡在梦中，最终还是覆灭在海雨天风的无情侵袭之下。

冯梦龙死于追求功名的路上，为帝国殉葬；侯慧卿从良后的命运，冯梦龙在散曲《从良》中已经为她预设，尽管她后来杳无了音讯。冯相公再在憨墨斋中独自吟哦吭歌，身为闺房妾妇的她也许根本就听不到，最终会否出现冯爱生这样的悲剧还很难说。即使听到又能如何？最终黑暗无情的现实迫使他必须高悬慧剑斩断情丝。所谓智慧的利剑也就是情感的九曲回环最终皈依到生活的原点。一切重新开始，著书立说解决生计问题，重走功名路解决仕途问题。这也是作为儒生的冯梦龙必然的理性选择。

因而，冯梦龙和侯慧卿这朵开放在谢家院的情爱理想之花，只不过是短暂开放的三月琼花，犹如雪花那样靓丽飘飞于一时，最终必然为夏天的阳光所融化，消失于无形，被攀折欣赏几乎不可能。那些花前月下的山盟海誓虽然令人难忘，也只是空中飞舞的诺言，嫁为人妇的侯慧卿是很难腾挪飞跃到冯梦龙身边的，这是时空的限制，是两人立足于悬崖边的隔空的呼唤和轻盈相对的舞蹈。过去的情爱只是梦中出现的雾红，轻盈如练，七色流动，彩云聚散，心可随彩云飞翔，他们只能在悬崖两边苦苦凝望。这其中又蕴含了多少《红楼梦》中后来点破的道家"虚空"理念，这就是冯梦龙所强调的"明知是有团有散官筵席，反害了无夜无明久病疴。"

《红楼梦》里借助了冯的想象，以贾蔷媳妇秦可卿的口对贾府大管家王熙凤提出警示"千里搭长棚没有不散的宴席"来说明，大家族的由荣到衰的必然。政治变迁如此，情感变幻也是如此。也就是曹雪芹后来为晴雯之死所写的《芙蓉女儿诔》中所述的"霁月难逢，彩云易散。心比天高，身为下贱。风流灵巧招人怨。寿夭多因毁谤生，多情公子空牵念。"很难说曹雪芹不是因为冯梦龙这些散曲的点化延伸而出。因而，鲁迅先生在评判红楼梦的那句话也是合适的，即"悲凉之雾，遍被华林，然呼吸而领会之者，独宝玉而已"。而梦龙非贵族公子贾宝玉，他只是一介穷书生，清帝国和明帝国覆灭前的景况难道不是一样的吗？情爱只是社会的一个缩影，面对帝国的覆灭和情爱的破灭，他挣扎过，拼搏过，最终灰飞烟灭，归于沉寂，落得白茫茫一片大地真干净。

梦里的错讹，乃是日有所思夜有所梦的回放而已。欢乐场中虚拟的夫妻曾经是露水鸳鸯双栖双宿幻想着成为比翼的鸟儿在天空自由自在地飞翔。原来只是鬼使神差的灵魂出窍，面对嬉笑呵呵的鬼婆婆相贺相问，刹那间侯慧卿首先跳出了情天恨海。

那场梦中燃烧的情感大火，很快被扑面而来的滚滚红尘所湮灭，那些千回百转的咏叹，如同梦呓被震耳的钟声所打破，被鸟儿的啼叫所惊醒。唯留下眼角的泪花恍惚婆娑，舌尖的口水在嘴角滴落。相思的重担还要挑，意念中的爱意重新堕落，绵延不绝的爱意如同柳丝抽芽，花儿暴朵，真正是幻影难以攫住，风儿怎能束缚，又不能去闹市公开嚷嚷。想当初公开的相聚很少，到如今夜晚的梦中幽会很多。真正是烦恼杀人，情思牵挂魂来魄往，无可奈何！曾经发誓今生不再想她了，然而"又谁知梦中提我？喜相逢白日难求，恶相思夜间怎躲？恨她去无踪，来无影"冯梦龙真正是写尽了人间的相思之苦，出神入化，鬼斧神工，昼思夜想。往昔邂逅的晴空，弥漫在茫茫夜色的梦中，这夜空里的舞步，原本是载着那片虚幻的云在梦境里畅想。沉钟打破梦境只能堕入人间最痛苦的深渊。

八、凤凰涅槃越千仞

在冯梦龙漫长的人生道路上，这段青年时代的心灵创伤还要延续一段时间，才能平复。在他所收集的散曲合集《太霞新奏》还有若干不能准确推定就是他的作品，但是从情感脉络来分析，不少冯学专家认为就是他的作品。如他人生里程中穿越的那片茂密森林中林间隐秘的小路，在绿色如盖的林荫中蜿蜒，悄然落下他的脚印，宛如缤纷落英，飘荡起淡淡幽香，黯然潜入历史的空间。思如春雨，纷纷不绝如缕，歌入夏曲，泉水激荡涧石，拍打心底如雷，一时的訇响余韵难绝，必然要萦绕心底很长一段时间。

《有怀》和《誓妓》[①]两首笔者认为均应当是冯梦龙和侯慧卿相知、相爱、相别、相绝，心路历程的必然归宿在情感上的破译。

《有怀》在开宗明义即抒发自己对于离他而去青楼女子的相思之情"相思一日十二时，那一刻不相思？问往事相思谁可拟？演将来有千段情词。任你伶牙俐齿，说不透我胸中一二。衫泪渍，从别后到今不次。"这里说得很清楚是对于往事的回忆，而且是从分别以后相思的眼泪湿透衣衫就没有干过。虽然有些艺术夸张，至少打开未及尘封的记忆也算是表明心迹，红尘里的足音已经渐行渐远了，她的浅笑微颦，忧思愁眉在脑海的波涛里反复翻腾跌宕起落成音符，在四季的轮回中化为梦中诗咏："魂惊梦语不自支，倩文章压倒相思。想遍文章无一字，写出来依旧是情词。笔墨砚纸，你何须逼人如是。"那种魂不守舍，意乱情迷而已经完全不能写作的心境描绘得力透纸背。最后他对于有情人不能终成眷属，再次向老天发问"老天生我何生尔？恼还嗤不因藕断，怎显得两丝连？"丝丝牵挂肺腑的回肠，有些砍难断理还乱，最后幻化为一弯问号，问苍天，苍天又问谁？只能是镜中花水中月，随着岁月的流淌变为无数流年碎影而消失于无形。

至于那些他和娼妓热恋时的山盟海誓，他无力去实现，妓女也无能兑现。在《誓妓》中他无奈地写道："盟山誓海谁乱诌？似败约鸿沟。东掩西遮空费手，弄得个两边僝愁。""风雨掉孤舟，病恹恹为谁留，只为臂间难解青丝扣。"这些都是年轻时候的荒唐事了"把歌楼舞楼翻着花仇酒仇。少年场羞落他人后，请伊收。双行急泪，别向有情流。"冯梦龙开始对侯慧卿的痴情进行反思。得出的结论就是"从今去，一笔勾，瑞花香，各有头，姻缘限满三合凑，便相见不如当初厚。"最后必然得出结论是"热心肠闲穷究，强因亲到底是暂绸缪，弃个谢却青楼不去走。"这难道不是冯梦龙的好朋友董斯张所言的"子犹自失慧卿，遂绝青楼之好"顺理成章的注解，可以说脉络是很清晰的，所谓羚羊挂角，草蛇灰线总不脱情与理

---

① 《冯梦龙全集·太霞新奏》，江苏凤凰出版社，第165/166页。

的挣扎和摆脱。

明末文人在理想和现实中痛苦徘徊，无论是个人情感还是科举事业，他们游走在出世和入世之间，逐步完成自己的人格塑造。从中国传统思想的发展来看，各派思想家着力探讨的重要问题是，人怎样才能从各种束缚、羁绊、烦恼、痛苦中解脱出来，并获得最大限度的自由。

在商周时代，占统治地位的是占卜、巫术和宗教性的神学思想，那是人们对于自然、社会理解力的有限，普遍处于愚昧时期，只能希望寄托于神灵和祖先的福佑上。春秋、战国时期出现的儒家思想，第一次高扬了人的情感意志，大胆否定"怪、力、乱、神"，这无疑具有把人的精神从蒙昧的神学桎梏中解脱出来的积极意义。

但是这种解脱又带有极大的功利目的，乃是将自己的学术寄生于统治阶级庞大政治机器上，直接为王朝统治"治国平天下"的王道霸业服务。那么修身齐家的目的乃是为王朝政治服务。乃至在汉代成为专制统治的有力思想武器成为教化民众驯服人心的工具，以人格神替代自然神为统治取得合法性。中国的知识分子一直徘徊在统治者的殿堂汲汲以求成为帝国集团效忠的一员，成为姜子牙、诸葛孔明那样辅助帝业的师傅作为人生奋斗的第一目标。到了唐宋代明清时期更是不断地系统化、神圣化成为教化、束缚民众尤其是知识分子的思想工具，最最系统的体现就是日益严密完善科举取士制度。

原本孔、孟学术中的人本意识基本已经被大量的注经所边缘化完全地稀释消化了。从过去肯定人的心理和生理欲求合理性到主张以礼节情，以礼导情，以宗法血缘关系为基础的社会伦理关系，形成父子君臣夫妻等维护等级的纲常礼教。

对于大多数的知识分子而言，奉儒家纲常礼教为圭臬，以牺牲个体意志为代价走"学而优则仕"的仕进之路来谋取身份、地位、财富甚至女色等。基本歪曲了初始儒家学术的本意。随着专制大一统格局的逐步完备，儒家的嬗变和异化越来越严重，已经成为统治者愚民驭民的重要手段，以儒表法里的权术治国驭民。其间充满着尔虞我诈的权斗、贪污腐败的掠夺，对于那些不愿卑躬屈节的，阿谀奉承的儒家原教旨主义者来说更是一种屈辱。对于冯梦龙这样从小熟读儒家经典，又在科举制路上踽踽而行的经学大师而言，是一段十分痛苦的心理炼狱。

以老庄为代表的道家学派，猛烈冲击了儒家以礼、乐治国的主张，认为一切典章制度、道德规范都是对人性的戕害和束缚，都是与人的各种活动相对立的异己力量。到了汉代佛教传入中国道家又与释家遥相呼应与儒家针锋相对，把个体精神生命发展到了一个新的高度。按照道家的说法是"虚己以游世"，他不是否定个体欲求的禁欲主义，也不是放任个体欲求的纵欲主义，而是对社会采取超出眼前狭隘功利、放达的生活态度。这种态度不为利害得失所动，尤其是政治黑暗时期表现了一种特立独行的不合作态度、比如魏晋时期"竹林七贤"中阮籍、嵇康。越名教而循自然，使人的生命活动与天地自然永恒的生机相融为一体。道家解脱的核心就是消除人的异化，实现个体生命的无限自由。道家的解脱主张，具有一种特殊的文化功能，千百年来，培养出一种逆境中稳定的文化心态，当儒表法里成为统治者权术的象征时，入世不得的失意之士，往往向道家学说寻求精神寄托。在明末的政治黑暗时期这种儒、道、释三教合流已经成为新兴起的王阳明理论创新儒家经世致用学说的重要基础。

在王阳明看来，事物之礼产生于良知，天地万物都是良知的发育流行，在突出主体良知时，强调"气"无非是"良知"的流行，理无非是"良知"的条理，表现为一个"知行合一"的过程。王氏知行合一的理论，其要义在于培养不尚空谈的道德家、实干家反对的是官场的伪君子，据此他认为"良知所以圣愚之同具，而人皆可以为尧舜者。"[1]王氏主张在良知面前人人平等，包括孔子在内。这些言论后来导致他的再传弟子李贽对于孔子之学质疑，大大动摇了以程朱理学为圭臬统治哲学基础，成为王学左派的一面旗帜。而冯梦龙正是王阳明、李贽旗帜下的一位著作等身的大学者、大作家。诚如王阳明所言：

狂者志存古人，一切纷嚣侬染，举不足以累其心。真有凤凰翔于千仞之意，意克念即成圣人矣。[2]

冯梦龙这位王学的忠实信徒，在《三教偶拈》中创作《皇明大儒王阳

---

[1] 见《书魏书孟卷》，《王文成公全书》卷八。
[2] 见《年谱》，《王文成公全书》第三十四卷。

明先生出身靖乱录》是最早王阳明生平事迹的记录者。在斩断了与青楼妓女侯慧卿的情感纠葛后，他一方面孜孜以求在仕途上有所突围，另一方面却专注于学术研究和各种通俗文学、戏曲、适用性经学、史学和杂学的普及，并将自己的广博学识真正做到经世致用，践行王阳明先生格物致知、知行合一的原则。在明末腐败的官场固然他在仕途上没有实质性的突破，仅仅五年的一任知县就已经干得风生水起，执政理政能力堪称一流。

在王朝末期官场的逆淘汰潜规则主导下，却使他黯然出局。但是在适应市民社会需求方面，因出版业的发达，在经济上成果斐然，早已跻身乡绅阶层而衣食无忧。在学术创作和文学艺术的创造方面更是空前绝后，终成一代大家而青史留名。他是明末那个黑暗天空里翱翔的火凤凰，可以说他早年和侯慧卿那段情感的突破，是一次凤凰涅槃后的浴火重生，使之在通俗文学的创作方面达到相当高度，可以毫不夸张地说，凤凰翱翔高飞于千仞群峰之上，托起一方属于自己的蓝天。

第七章　那场迟来的官场梦

一、忠臣冯梦龙的仕途

大明忠臣冯梦龙对于明帝国的忠诚体现在两个方面：一是真正按照儒家入世的信条遵循人臣"修身、齐家、治国、平天下"的纲常礼教，穷则独善其身，达则兼济天下。主要体现在他在六十一岁高龄出任福建边鄙地区寿宁县县令期间，努力以儒家理想和信条改造这个穷困县的面貌；二是在帝国北方沦陷南方弘光政权倒台，隆武政权在福州登场时不顾七十一岁高龄重返福建创导反清复明竭尽全力以死效忠帝国，为自己的晚年画上了一个悲壮深沉的句号，做到了杀身成仁，舍生取义，完美塑造了自己以儒家入世情怀为大义的忠烈人格。

尽管按照中国士人的传统标准，老冯毕其一生的主要追求放在以科举为跳板的仕途经济上去读书做官，然而终南正途不通，举业十分艰难，以儒家经典编书、教书育人或者充当官府幕僚。先是受到江苏学政熊廷弼赏识，甚至随老熊出征边关。只是熊廷弼被阉党迫害致死后，在崇祯六年（1633年）受知于苏州巡按祁彪佳，再次充任巡按府幕僚。两人在政务和南曲创作中可谓情投意合。在五十七岁当儿不得已走了拔贡道路，担任了丹徒县学训导。

当然，老冯与祁家的关系是世交，所谓世交也就是祁彪佳的老爷子祁承㸁曾经在万历三十五年（1607年）担任过苏州府长洲县令。[①] 此时，冯梦龙就成为祁承㸁治下的诸生，也就是县学的秀才，才名初显，创作出南

[①] 《冯梦龙全集第 18 卷·附录·冯梦龙年谱》，江苏凤凰出版社，第 13 页。

曲传奇《双雄记》。祁老爷子在万历三十八年（1610）升任南京兵部主事。祁彪佳在其所箸《远山堂曲品》中记载：

此冯犹龙少年时笔也，确守时隐家法，而能时出俊语。丹信为叔三木所陷，并及其义弟刘双，而刘方正者，不惜倾财救之。世故不乏丹三木，也安得有刘方正哉。姑苏近实有其事，特邀冯君以粉墨传之。

据此《双雄》之作出于彪佳授意，而彪佳是年七岁；崇祯三年（1630年）祁彪佳致信冯梦龙"恨平生不得一奉冯先生颜色"，可见冯梦龙在祁彪佳父子心目中地位。由此也可得知《远山堂曲品》实为祁家两代人的心血凝集而成。冯梦龙为祁家父子编写此书不仅收集各种资料，提供家藏相关戏曲版本，而且粉墨登场言传身教。可见老冯和祁家的关系十分亲密。

因而在小祁出任巡按期间，鼎力相助，才使得老冯梦寐以求的报国壮志在六十一岁高龄时得以舒展，在"学而优则仕"的封建王朝，只有将自己纳入朝廷的政治体制才有可能展示个人的才华和所谓治国安邦的远大事业。封建社会的文人从来就没有把自己的人生目标定位在小说和诗词、戏剧创作中，那只是从事政治活动的副产品，个人情趣在政治大业中某种点缀，小说终究是帝国大业中旁门左道，是服务于政治的个人情趣、情思、情感的宣泄。和帝国的政治相比，当然得入得儒家政治信条的框框，个人情感也必附着帝国政治这张皮，才能做到"皮之永生，毛将亦附"，否则是相反"皮之不存，毛将焉附？"

至于读书著述解经释道，尤其是文艺戏曲创作那只是某种适应市场需求的生存手段，而不至于在养家糊口的生存需求中穷困潦倒，失去体面和尊严。只要帝国官场在向他招手，作为帝国忠臣的典范，他必然如同儒家先师那般汲汲于功名之后，因为那毕竟是一方展示政治抱负的平台。

二、冯梦龙的《寿宁待志》

崇祯七年是农历甲戌年（1634年），六月，驻守辽东广鹿岛副将尚可喜携麾下诸将、辖下五岛军资器械航海归降后金。明廷设河南、山西、陕西、四川、湖广五省总督负责镇压高迎祥、李自成农民起义军，义军在湖广、四川一带转战，误入兴安县车厢峡，以伪降而脱身。后金兵进犯京畿门户宣府。北方战事吃惊,南方依然歌舞升平一派繁荣景象,地处江南水乡苏州市冯梦龙将面临着身份的根本性转变,将由封建帝国的底层胥吏升格为最底层的县官。

此时,由拔贡出身的丹阳县训导冯梦龙破格被朝廷提拔为寿宁县令。他要告别富庶的江南水乡跋山涉水,由东方威尼斯的美丽水城——苏州,赶到福建偏远山区的贫寒县城——寿宁。那是个海拔400至800米之间起伏不平的山区盆地。这座远在边鄙山区的寿宁小县,群山迤逦,山水环绕,成片的原始森林和山坡上由大青石块垒筑的梯田点缀着山民垦殖的茶田零零星星散落在山崖上下,丛林中隐约可见贫陋的民居,县民基本是靠山吃山靠水吃水,以渔猎农稼、种茶为生。按照冯梦龙《寿宁待志·土田》[①]

寿凿石为田,高高下下,稍有沙土,无不立禾。记苗为亩,不可丈量。而租苗多寡,应有大亩、小亩分之别。税额分上、中、下三则:上则粮五升,中则粮四升,下则粮三升。

其中至少透露两个信息,地处偏僻山区,垒石为田,沙地贫瘠,而朝廷税赋一样不少,可见百姓生活之贫困,作为朝廷命官,为朝廷效劳,为百姓效力,所谓国计民生两者肩负,可见责任之重大,孰轻孰重,两者平衡,全凭县官个人道德良知和价值取向了。

由于地处偏僻,基本没有商业贸易等活动。按照冯梦龙的说法是:

大抵田滋于水,水脉通塞,而田之肥瘠随之。然则高下而燥湿相反,或连圩而润涸顿殊,此当问之老农耳。山高水寒,树获具后于他县,岁止一熟。然食费颇少,如遇有年,尽可储备。近因临境多饥,奸民往往阴以为市,而斜滩通水,盐贾泛舟交易,米之漏孔渐多,而价也渐贵。一值水旱,立而待毙。

冯梦龙这段话其实讲得非常沉痛,也就是说寿宁的土地是根据水流的多少而定肥瘠的,地势高下和离开水圩的距离远近,田地的肥沃润泽程度相差极大,由于山高水流寒冷,种树所带来的收获也比临近的县份要少许多,粮食只有一熟,年景好的时候,可以多储备。临近周边县遇到灾荒,粮食往往为奸商偷偷以高价卖到临近县去了,而斜滩通水,盐商们也驾船

---

① 《冯梦龙全集第15卷·寿宁待志》,江苏凤凰出版社,第8页。

而来换粮食倒卖，米粮交易的漏洞越来越大，米价居高不下。遇到水旱荒年，老百姓只能得等死。

其自然环境山水雄奇诡丽既是大自然赐予的鬼斧神工，显得有些神秘诱人，然而山区潜藏的贫困和民生凋敝是非常现实的问题。在那借助山水自然风貌尽显人化智慧的县城借山造势，借景造屋，借水架桥，小小山区小县由数十座廊桥连接，山崖层层分布的屋宇，云雾缭绕氤氲蕴藉，虽然如诗如画，景观极富地方特色。但是那里毕竟环境封闭，信息闭塞，财政匮乏，民生凋敝，民俗落后，生产力极其低下和繁华绮丽的东方大都会商品经济高度发达的苏州不可同日而语。

然而对于六旬老臣冯梦龙而言，这里毕竟是一方施展政治抱负的舞台，麻雀虽小五脏俱全，他可以通过对这个中国基层政权的解剖和完善治理，来检验自己治国理政的水平，实践自己的理想目标。这里是他人生之梦开始的地方，虽然进入这个梦境年龄大了些，实践姗姗来迟，但是机遇还是来了，不懂得珍视，不把握机会就会稍纵即逝，那就上负君恩，下负黎民百姓的重托了。

四年寿宁县令生涯，是他仕宦人生浓墨重彩的一笔，清康熙二十五年版的《寿宁县志·名宦》篇为他留下的美评，言简意赅只有仅仅十六个字，但是字字千钧，含金量很高"政简刑清，首尚文学，遇民以恩，待士有礼。"尤其难得的是他在任期亲笔写下了一部奇书《寿宁待志》，对于寿宁的人文地理、历史沿革、民生风俗及其治理的举措都有详细记载，可以作为此十六字评价详细注解。

《寿宁待志》是一部宿儒、学者、作家留下的县志，和以往县令留下规制般县志，更具有鲜明的个性化特色，可以说是利用他的全部智慧、才情、学识积三年从政经历潜心据实创作的一部志书，不仅行文简洁优美，而且纠正前人的错讹衍漏穿插着本人的许多真知灼见，穿插着诸多诗词创作以表明自己的心迹。其中体现了他对于地理、风水、堪舆、政治、经济、司法、军事、民生、统计等诸方面的广博学识。留下了他对于寿宁治理的昭彰业绩和理想实践过程中的种种遗憾，是中国地方志中难得一见的著作。

我国著名冯学专家王凌先生在他的《谈谈冯梦龙的〈寿宁待志〉》评

价说[①]：

在我国封建社会中，几乎每一府、县都有地方官主持编修的地方志。这些志书无疑保存了不少可贵的材料，有重要参考价值，但在思想内容上多半趋于保守，粉饰现实，在形式上多半陈陈相因，囿于固定程式。而冯梦龙的《寿宁待志》却使我们耳目一新。这不仅因为冯梦龙一反封建社会修志时地方官只是挂名"总纂"头衔的做法，而是在调查研究的基础上亲手撰写了全部县志，并且也由于他以实事求是的态度对待别人和自己编著的县志，意味深长地将县志称为《待志》。他在《待志》小引中解释道："曷言乎待志？犹云：未成乎志也，曷为未成乎志？曰：前乎志者有讹；而后乎志者，有缺焉。与其贸焉而成，宁逊焉而待之。

冯梦龙能够实事求是非常辩证地对待地方志书的修撰。他认为世上并没有十分完美的事情，事物都在发展过程中，新陈代谢的规律确定了任何事物都不能脱离当时存在的环境和历史发展条件的限制，因而总是有所缺失和不足的，因为以前的修志者受到自己认知程度的限制会有对于眼前的事物认识不完善之处，后来的修志者面对大千世界的变化总是有所疏忽，或者对未来的发展趋势有看不透彻的局限，与其贸然草草写成，宁可退一步以等待事物的发展变化，由端倪初见到全貌尽显，那样不断修改出的文章才可称客观和全面。那么他到底在等待什么呢？冯梦龙说：

一日有一日之闻见，吾以待其时；一人有一人之才识，吾以待其人何亟亟乎待志之刻也？曰天运如轮，昼夜不息，人事如局，胜负日新。三载一小庚，十载一大庚，经屡庚之故实，质绪了不关心之人，忽忽犹记梦然。往不实无以信今，今不识何以喻后。略旧所存，详旧所阙。四十五年间，时事之纡促，风俗之淳泻，民生之肥瘠，吏治之难易，一揽三叹司牧者可以不兢兢乎哉！不敢志，不敢不志，待之以言，欲成志而未能也。

由此可见，冯梦龙对于写史修志的态度是异常严谨负责的。《待志》修撰于崇祯十年的仲春季节，正是其到达寿宁从政三年的时间，可以说通过对于当地风土人情的调研和从政实践的尝试积累了一定经验的时间段，

[①] 王凌：《畸人·情种·七品官——冯梦龙探幽》，海峡文艺出版社，第162页。

在离开任满尚剩一年，他必须对于自己的履职情况有所交待，所以撰写这篇五万余字的县志是为对于工作的总结。

但是，其心中对于自己文字记载是否符合事实，是否存在缺失和疏漏依然心存顾虑，主观上希望对于旧有的县志简略地有所衔接，对于旧志的疏漏有所补阙，以达到承前启后的作用；客观上又生怕随着事物的发展变化，不能进行全面记载，因此多次披览，多次修改以待完善，为后人留下一部信史。因此不文过饰非，不贪功诿过，心怀对于历史事实的敬畏肃惕之心，尽可能客观全面真实地展示当时的风貌。他认为对于以往历史的不诚实记录就可能造成对今人失去信任，今人不能正确全面认识过去的历史又怎么能够启迪后人？他不敢轻易下笔为史为志，又不能不下笔去撰写史志，而期待后人根据发展变化的情况加以拾遗补缺，使得这部县志臻于完善。称这部县志为《待志》其远见卓识和良苦用心，由此可见一般。

三、跋涉千里做官为民

崇祯七年（1634 年）6 月，冯梦龙从吴江松陵镇出发，带着家眷、仆人，水陆转换，舟车并举向自己政治理想的实践之地——福建寿宁县进发。当然此时的梦龙先生是以朝廷命官的身份，怀揣着吏部任命状，沿途均有驿站接送，在旅途中还完成了《智囊补》的写作。辗转山水之间，冯梦龙于当年八月经建宁府取道政和县，过"石门隘"到达寿宁县。根据唐颐先生考证[①]，当年的寿宁的古官道山路险峻而狭窄，水流湍急而迅猛，交通十分不便。水陆仅斜滩以南的溪流可以通航，当船过了富安水域，逆流而上时，还需换上小船。陆上只有两条古官道。正道通往政和，可达当年的建宁府，路径有九曲回肠的九岭和陡峻的尤溪岭，有民谣"九岭爬九年"以证当年所谓官道的艰难险阻。

看来当年祁彪佳为冯梦龙争取来七品芝麻官绝非好差事，要是一般江南老吏已经吃着八品官粮还有丰厚的稿费版税收入，绝不可能接受此番委

---

① 王凌、刘春明：《福建寿宁冯梦龙文化高峰论坛论文集·古风寿宁，寻找冯梦龙的行迹》，海峡文艺出版社，2015 年 6 月，第 73 页。

派离乡背井由江南膏腴之乡，长途跋涉去闽东边鄙穷困之地去当官。可冯梦龙义无反顾地前往履职，在政和和寿宁交界处穿越了石门隘岩洞，到达寿宁县域，此洞狭长，需要点亮"三只蜡烛过岩洞"。在《寿宁待志》中收有《石门隘》[1]小诗一首记载了山区小县地理位置的险峻：

削壁遮天半。扪萝未得门。凿开山混沌，别有古乾坤。

锁岭居当要，临溪势觉尊。笋舆肩侧过，犹恐碍云根。

这首五言律诗用简洁的诗画语言，记载了寿宁所处地理位置的险要：满目的悬崖峭壁遮住了半壁青天，纷乱的藤萝枝叶盖住了进入寿宁的关隘石门，然而穿越黑暗的岩洞，进入寿宁仿佛劈开了云雾缭绕的混沌世界，看到古风快然的另一番景象，峻岭耸立锁住要道，俯瞰山崖下奔流湍急的小溪在空阔的大山间訇响，使人感觉到大山的尊贵，陡峭山路两旁婆娑的竹林竹笋几乎和官轿擦肩而过，缭绕的烟云遮住了前路，由此可见，深入寿宁腹地之艰辛。

使我们看到了宇宙天地之寥廓，自然洪荒之浩渺，人在天地宇宙之间显得那么渺小，以此衬托对比出这位六十一岁老臣内心力量的强大，这在整个暮气沉沉的明末官场无疑是一股充满野性活力和浩然正气的清新空气在激荡。这对于陈腐官场生态和陈规陋习是一股巨大的冲击力，所谓书生意气挥斥方遒是对旧世界和旧生态环境幻想以儒学正能量加以改造。

这种改造对于庞大的官僚体制冲击显然会受到固化的利益集团说强烈抵制，其个体力量也是微不足道的，但对于当地老百姓来说是有益的。但是笃行儒家道统的冯梦龙明知不可为而为之，体现的正是"士不可以不弘毅，任重而道远。仁以为己任，不亦重乎？死而后已，不亦远乎？"践行的是儒家仁义之道的理想。

面对寿宁地形之险峻，冯老县令在进入县治初始，就对借助地形地貌改善民生和山区防备已经开始有所思考，他在《寿宁待志·关隘》中说：

"车岭关即车岭头，去县二十五里，一线千仞，仰关者无所措足。东南路第一险峻处，有扁曰'东南锁钥'迤来一望茅塞，不逞伏莽，早暮风雨，行人戒心。"[2]

---

[1] 《冯梦龙全集第 15 集·寿宁待志·卷上》，江苏凤凰出版社，第 3 页。
[2] 《冯梦龙全集第 15 卷·寿宁待志》，江苏凤凰出版社，第 3 页。

也就是说离县城二十多里远的车头岭地形之险要在一线通道两旁壁立着千仞大山，仰视关隘的人简直无所措手足，这里就是闽东第一险峻之处，有牌匾题为"东南锁钥"，遐迩一望四周皆为茅草所堵塞，难以见到逶迤蜿蜒的莽莽山脉，早晚的风风雨雨为往来行路的人心存戒备之心。

冯老县令继续写道，岭上原来有一座小庙，后来连守庙的和尚也因为孤寂难耐而离开了。我认为恢复关隘，必先恢复小庙，必须召来庙的主持，使他能够修葺寺庙的墙壁和斋堂殿室。政府给予资助，令其垦荒田数亩，使得行道之人有休息之处也就不感到寂寞了。过些日子再资助些粮食和火药，在寺庙的外围修建一些营房，以备万一要派遣军士在车岭关戍守，亦不怕没有栖息居住的地方。向下俯瞰五里之遥，就是渔溪是水师的驻扎之地，这条溪水稍显开阔，可以通小艇，而逆流湍急，水路防守是没有问题的。再往下一里是为绝险关，全部为火烧岩所组成，再下十五里是铁关，即武曲隘。三关联络，闻风者即可息息相关，共同可以联防，南路可以策应万全了。如果青草隘与浙江中部的矿山相连，石门隘为政和县的主要干道，福安、庆元为偏道。四处关隘的防守，应有所侧重，宜按照主次顺序而设置。各隘据险而守，山中的小路只有尺许宽，且高下起伏曲折，并非用武之地，虽有长枪大戟，也没有用处。把守关隘的武器，火枪第一，弩机次之，虽也没有什么作用。多储藏硫磺硝矿。

以上对于寿宁及附近地形地貌的分析关系到交通、民生和国防等诸多方面。由此可见冯老先生对于寿宁地区调查研究的深入细致，一部《寿宁待志》可见冯老先生用心之专之深。

这种改造对于当年官场流行"千里做官，为了吃穿"的箴言是某种反叛，他是想有作为的，同时面对险恶的自然环境和官场生态他是有思想准备的，因为此刻他在赴任途中正在修改富于古代智慧的《智囊补》一书，可以说此时的冯梦龙，已经完全不是初涉官场的少年书生，而是洞悉世情持有社会良知又富有阅历的智者。

根据传说在明景泰七年（1455年），商议建寿宁县的时候，准备割政和、福安、宁德三县之地为县域。宁德的林聪，当时担任朝廷的刑部尚书（司法部长），听说了此事，嘱咐巡按地方的官员说："我老家的一草一木都不能动。"使者示意道府官员，所以只割了政和、福安两县的土地给寿宁。

又传说此举系当年景泰皇帝朱祁钰为了给皇太后庆寿，为讨好老太后，浙江的景宁、泰顺、庆元和福建的寿宁四县同时建县，取闽浙边界这四县的首字组成"景泰庆寿"四字。刚刚设县时，寿宁和泰顺县为各自的疆域争论不能决定，于是双方县令约定，选择时间当面商议解决，各自以某日早晨出行，相遇的地方为县界。寿宁县令夜里起来直达泰顺县城内，直入县政府大堂，泰顺县令尚未起床，于是县城以外尽属寿宁。政和之东北割入寿宁，其中有深窟、前洋在三鼎桥东，泗州桥之西全部包括在寿宁县境内，也在割让之中。但是当时未能及时入册，两县都没有进行管辖，后来为政和县查出，被政和抢夺而去，未能够得以纠正。因为当时主持县里工作的县令无人所导致。

寿宁县位于福建省东北部，闽东大山深处，北邻浙江省景宁县，东与东北紧靠浙江省泰顺县，南与东南毗邻福安县，西北界浙江省庆元县，西连政和县，西南同周宁县接壤，素有"两省瓯脱，五界门户"之称。全县总面积1425平方公里，当时（崇祯四年）的人口是军、民共2716户，其中军户60，民户2656，总人口11932人。[①]

寿宁县地处鹫峰山脉北端，洞宫山脉东麓。地势从西北向东南倾斜。西北部中山山地，最高峰山羊尖海拔1649米，为闽东群峰之冠；东南部中低山地，800米左右地带镶嵌着山间盆地；西南部沿斜滩溪、平溪分布着河谷台地。

四、海螺壳里的小道场

明代的知县是最基层的微官，而微官肩负着的则是朝廷管理民众的神圣职责，是朝廷血脉触角的末梢，滴水而映照整个王朝落日的背影。冯梦龙带着朝廷的神圣使命开始涉足寿宁的土地，这片贫瘠而美丽的山水大地却只是帝国庞大冗肿版图上一只麻雀，麻雀虽小五脏俱全，他将逐步从对麻雀的生存环境、地理风貌的观察逐步进入麻雀的心脏部位进行彻底的剖析，所使用的工具只能是他十分熟悉的三纲五常四书五经。作为江南耆宿

[①] 《冯梦龙全集第15卷·寿宁待志·户口篇》，江苏凤凰出版社，第10页。

他熟读经书，作为早慧才子他满腹经纶著作等身，尽管这些学问他早就希望出售给帝王之家，期待在治国理政中实践自己的价值。现在帝国皇帝给了他一个施展理想的平台，他是万死不辞的。

在《寿宁待志·城隘》篇中，冯梦龙描绘寿宁的地形地貌为，县城围于万千大山之中，是一片形状如同锅底的盆地，中间隔有大溪，县城的走向虽然有一片树林作为栅栏，但是终究不能与外界阻隔，所凭借的唯有关隘可以据守。城内的仓库、监狱均是以城为栏。但是城墙屡次遭到倭寇的摧毁，据相关资料记载，寿宁城墙开始筑于明弘治年间，由知县吴廷喧修建，历经一百多年，明嘉靖四十一年遭到倭寇的破坏残损不堪，知县戴镗请示加以增筑，一直未有结果。从此渐渐日益崩塌，四门已经完全毁弃，来往人员俱不能禁止，实际已经失去了城防作用。且全县已经没有报时的更鼓，入夜时分全县沉睡于梦中浑浑噩噩完全感觉不到时间的更替。

当冯老县令经过两个月的长途跋涉，于崇祯六年（1633年）八月来到寿宁县城时，戴着乌纱帽，穿着海蓝色七品文官制服缀上那方象征地位身份的练雀补子，踌躇满志地踱步县衙大堂时，这位见过大世面，学富五车的儒学耆宿，当时早已著作等身的大作家大失所望。他以丰富的学识记录了他最初的印象和履任三年所进行的系统改造工程。

小小县域的心脏部位就是以县衙为中心左右上下铺开逐步向山区里、甲、村、保延伸，虽然办公条件很差，但是从机构设置和政权建设上看一样不少，完全可以一窥中国封建社会最基层政权的面貌和政权运作形式。

冯梦龙对于周易深有研究，由周易衍生出的阴阳八卦、风水堪舆之学等等旁门左道也深有涉猎。于是开始对于寿宁衙门的设置首先从风水角度进行了一番考证观察。这在一般科举进入仕途的官员是很难做到的，但对于知识面十分宽阔的小说作家来说，却是大有可以发挥想象力的空间。一番掐指运算跃然于《寿宁待志》的字里行间。请看他对"县治"的八卦运算。笔者已翻译成白话：[①]

按照八卦宅书的要求，县治的地理方位应该属于八卦中的亥龙，其建立在山中腰，所来的脉基颇厚实，属于八卦中的壬丙，山之朝向

---

① 《冯梦龙全集第15卷·寿宁待志·县治》，江苏凤凰出版社，第3页。

为癸丁，很适宜作为县治所在地，符合东四宅的布局。因为丙丁向上，正当是山夹里吹出的坳风，约有数丈之宽阔，这是天生的缺陷。所以过去建县衙时选择为丑山未向，坐靠镇武山显得很有气势，方向对着前方的一片绿色翠屏山脉风光很美，外向逶迤，形态蜿蜒，绿树森森，莽莽苍苍，很可观赏。然而，来龙未免与外向的态势相悖离。衙门的内宅属易经八卦的丑末，且兼有癸丁一二，东西两间偏厢房杂乱无章，尤其显得不伦不类。此皆来源于山势走向和衙门坐靠两难的选择，只能背靠山势选择衙门内宅这是无可奈何的事情。因此，大堂年份久了就会发生倾斜，不久必然要重新整修。恐怕是迷惑于局部的偏颇之说，贪图局部而失去整体方向感，未能见到它的好处，所以我详尽叙述，等待以后精通堪舆风水之说的人来选择。

冯老县令接着介绍自己的衙门，由于县里重刑囚犯较少，所以没有监狱和侦缉的分别，监狱一区在二门之西偏北的三间牢房，号称"重监房"，南面二间则称"轻监房"，我到任了后又添造了一间，不让重型监房超过轻刑。然而时时空置，也就不麻烦狱卒来报送平安了。

仪仗库在大堂东厢房赞周厅的后面。但是库里根本就没有卤簿等仪仗物件，唯有龙亭、香案，也因为年长日久而显得陈旧或者损坏了，只能用绳索维系，勉强使用。

官员仪仗是代表朝廷命官等级威仪的象征，一般官员都马虎不得，冯梦龙自然不会掉以轻心，他一到任即开始修整仪仗库，对于仪仗物品进行添置更新或者重新彩绘整旧如新。设置了五龙帐、锗色伞、金瓜等等使得仪仗用品初具规模。并与大堂东面空隙之地新建了一所供养堂，亲笔题写匾名为"銮驾库"，使人知道对于皇帝的敬畏。

按照旧志记载，过去知县戴镗在川堂原建的"四知堂"和牌匾全部缺失。冯梦龙重新在后堂建立"四知堂"，此乃约束官员坚持操守廉政自律的意思，也是向世人公开表示拒绝贿赂，秉公办事的标志，典故出自《后汉书》：东汉名士杨震出任荆州刺史，后调任东莱太守。当他前往上任时，路经昌邑，县令王密原是他保荐的荆州茂才。王密为了感谢杨震的知遇之恩，以重金相赠，杨拒收之。县令说："暮夜无知者。"杨震厉声说："天知、神知、我知、子知，所为无知？"县令羞愧难言，携金而走。由此可见表明心迹杜绝贿赂公行的举措。所谓上敬皇天，下爱黎民，挺立中间的是顶天立地谨身修业的儒家官僚形象。

所谓黄册库也就是寿宁县的档案库，远在正堂之西面，因为年长日久已经废弃，冯老先生在莅任的次年即乙亥年（1635年）冬天，利用修理城墙所剩余的材料，为了避免潮气太重，将之移至高坡上，使得崇祯七年以来的档案资料能够造册、归档、收藏。遗憾的是，过去旧档案册已经糜烂不复使用了。

随着冯老县令的步伐，我们沿真武山拾阶而上，进入他的私宅也即官邸。听说过去县令官邸有四株绿影婆娑的大楹木树，如今只存两棵了。门内有井，过去的毛县令将井用墙砖填塞了，取用山下的溪水，不知什么原因？老冯在莅任第二天即命人将井清理恢复，省得再派人下山担水多出劳力。房屋仅仅二进，虽然简朴粗陋，但是取其居高敞亮，推窗可见三峰如同美人的发髻，仿佛从堂屋的瓦脊上就可窥视屋内的情景。东边就是县学署衙所在，真武山未经规划，每到大雨后，水从墙的缝隙中喷出，溪流绕内堂而南下，直入大溪。水声淙淙入耳，观看那山水胜景，俨然忘记自己只是一个庸官俗吏了，左边空地筑有小屋三间，也是那位过去的毛县令所建造。庭前原种植有花木果树，匾额曰"观花处"，现在仅存数百年的老梅一株。

老冯在梅花树下构建小亭，将之命名为"戴清亭"。这位"戴清"先生如此让冯老县令钦佩，乃至于立亭祭祀，确实是寿宁历史上著名的清官廉吏。在《待志·官司》[①]记有寿宁从万历年起至老冯履任时的从知县、教谕（教育局长）、训导（县学校长）、典史（公安局长）、鱼学司巡检（渔业督察官）等各级官吏名录、简历、履职时的表现。这位戴知县名戴镗，系江西南康府建昌县人。举人出身，万历二十八年（1600年）出任知县，因为政绩突出升任四川忠州知州。

右边空隙之地有小屋三间，有重要公文需要撰写，他就将书吏反锁其间，供以饭食，事情完毕，将他们放出。看来老冯对那位前任毛县令印象不佳，甚至没有提到他的名字，终于在《待志·官司》篇中我们知道这位

---

① 《冯梦龙全集第15卷·寿宁待志》，江苏凤凰出版社，第54页。

毛县令名叫毛调元，湖广麻城县人，也是举人出身，万历四十六年（1618年）到任，天启元年（1621年）离任，也就是在即将任满之前遭到别人举报，被弹劾而去职的官员。冯梦龙爱憎分明甚至不屑于提到他的名字。而对这位名字叫做戴镗的前辈，却赞誉有加，甚至作为自己立身处世的榜样，因而不仅以亭命名，而且有小诗一首赞其高风亮节：

县在翠微处，浮家似锦棚。三峰南入幕，万树北遮城。

地辟人难到，山多云易生。老梅标冷趣，我与尔同清。

由此可见，站在真武山顶自己简陋的官邸前，俯瞰自己统辖区域，冯老县令心情大好。县衙在绿树覆盖的林荫之处，他的府邸仿佛如同漂浮在云雾之中锦绣搭成的彩棚，远方三座缥缈的山峰从南方进入眼帘，万株花树在北面遮住了全城，小小的县城虽然地处偏僻人迹罕至，但是大山丛中云烟萦绕，能够引发诸多诗情画意，也是别有一番情趣的。庭院里这棵枝干遒劲的百年梅花老树，象征着他特立独行高标清奇的品格，他愿意与它同样清幽冷然地面对世俗的喧嚷污秽，显示自己苍劲高洁纯粹的追求。

通过冯梦龙这篇《待志》我们至少可以看到明代对于各级官吏的任命，是凡稍有权力的县科级官员均为异地交叉任职，县官拔贡选贡居多，也即是秀才中的出类拔萃者选拔为基层县官，举人者很少，一般任职四年，届满调职、升职或者退休致仕回乡，任职并没有年龄限制。而冯梦龙这样的循良之吏政绩突出者，却得不到提拔重用，显然是因为个性过于鹤立鸡群而得罪了整个建宁官场而被做了致仕退休处理。

因为从内心讲，冯老先生还是很想再去别的地方为朝廷效力的。他的朋友祁彪佳甚至还写信给福建巡抚鼎力推荐了他，希望能够留用福建或者由福建方面向朝廷举荐，得以提拔使用，但是被别人束之高阁不予理睬了。明代的异地为官为吏，实施乡党回避制度，可以避免乡党集团因为当地的人脉关系而结成特殊利益共同体，横行县域，鱼肉百姓，形成欺上瞒下的利益链，导致以权谋私而难以制约。

因而整个官僚体系在一个区域被打乱，组合成一个相互制约的五湖四海的官场新形态，便于上下监督，左右平衡，且一任只有四年，到期轮换。便于人才的全国流通。但是这样也容易形成官吏的短期行为，对于地区战略性长远发展规划就疏于思考和制定。即使有这样的规划设想，也因为任期限制，那些具有战略眼光的政策举措难以延续和深入实施，一些长效项目的政绩更加难以显现。

至于教谕、训导等一干学官均为资深岁贡、选贡出身的诸生（秀才）中优秀者。相对典史、巡简这类武官均是吏员出身，这些八、九品基层吏员一般任期两到三年，任职时间很短，就要轮岗，或者提拔到更高位置。如教谕、训导一般可提拔到知县和地区学政岗位。典史可升任粮仓大使或者省内巡简，渔溪巡简也有升任王府长史（管家，如张岱的父亲曾任鲁王府长史）的。这种县级官员的任免提升在冯梦龙的《待志·官司》中一目了然。对于研究明代县域政治中官僚体制、机制的组合运营极有价值。

冯梦龙认为，寿宁县令可为而又不可为，此话颇有黄老道家学术的意味，是老子无为而无所不为的"无为而治"轻刑简政，薄赋税、轻徭役，与民休息，不扰民，有利民生发展的政治举措。

寿宁山高岭峻，溪水深沉，民众贫困，风俗崇尚俭朴。避其危险在于民众出走聚集，不受到盗寇抢劫骚扰；宽松他们的赋税和劳役，可以使其没有饥寒之忧虑；减省打官司的判决，可使诉讼案件不再发生；寿宁县令为什么有所不为？自从关隘废除，人员出入不受限制，兵员裁剪而训练质量下降，征集茧丝的命令下达太急，上下矛盾突出滋生仇恨；赎罪的银钱数额不断增加，治安管理费用和征集粮食的数量相互攀比上升。且县内夹杂着刁民顽劣之徒，征到的粮少，使用的方法简单，管事的人又非科道官员都是贡生，收取那些可怜民众的赋税不能等同于甲第连云的富户，征集粮食只能视作穷邦小邑春秋的邾国和莒国，救济尚且自顾不暇，要想取得成绩实在困难。

有什么理由能说寿宁县令有所作为？因为自万历庚寅年（1590年）起，至崇祯甲戌年（1634年）。四十五年间，变换的县令十五位。得到升官而离任的仅仅是两位举人。其他的难道都不好？难道寿宁在一州五十八县中属于下流？掣肘在于地方，官员窘迫科举出身资质限制，其情也多有凄凉和愤怒而不敢言说的地方啊！虽然众官员以勤勉补充缺失，以慈爱辅助严厉，以廉洁资助匮乏，兢兢业业做一份工作也是一份功业，宽一分政策也是一分对县民的恩惠。如果在官场沉浮升降，难以透明而暗流操纵，去留升迁全凭天意，那么就很难激发贡生出身官员的积极性。我所以要将这些县级官吏的姓名全部记载,以备将来在偏僻地区任职的县令能够自强不息,亦寄希望于高居上位的官员们怜惜我们这些偏僻小吏的清苦,而稍加垂顾体恤,体会寿宁县令之所以不可为艰难之处啊!①

冯老先生这段发自肺腑的泣血诉说,是在离任前一年所总结的内心独白,既是对于朝廷苛政暴政巧取豪夺的控诉,又是对于官僚体制的声讨;既是对于减轻贫困地区民众沉重负担的呐喊,同时也是对于建立在封建等级制度以科举出身作为提拔官员标准官场暗箱作业底层官员辛酸的不满。作为朝廷命官儒学耆宿,他坦荡无私自述情怀,那些忝列高位的上司们能够喜欢欣赏他吗?在众仕诺诺,一仕谔谔的官场,他这样的优秀人才只能被踢出局。

五、编黄册和官场迎送

仔细拜读这部写在三百多年前的特殊县志,字里行间处处体现出的批判意识,其实就是刺向封建专制朝纲的匕首投枪,即使按照正统儒家孔孟之道而言,统治集团的所作所为也已经完全悖离了他们自己所提倡的礼教纲常,理论和实践的极大差距,使得统治的外衣和里子早已千疮百孔,所谓"仁者爱人"和"民本"思想早已成为欺骗民众的幌子而失去诚信,也就失去人心和失去执行力。尤其是冯梦龙这种充满济世情怀的底层官员知识分子,他们处处以正宗理学纲常来衡量现实,就处处充满着悯世怜人的悲愤情怀。

作为政权构成的最底层官吏,冯梦龙在三年知县的实践中对于体制的弊端看得非常透彻,不管是明规则还是潜规则下的制度运作带来极大麻烦,可以说是积重难返,很难匡正,陈规陋习已然形成结构性腐败。

他在《待志·里役》篇中对于政府征收赋税纳粮都在里甲(也有称作图甲)设有专门征收粮草解压赋税的吏员,称为粮官或者税官,而且官府还有额外的无偿摊派,这就是分派一定的农夫乡民充当衙门的役使,这被称为里役,都是政府对于民众的巧取豪夺,这在县级政权其实都是相沿成

---

① 《冯梦龙全集第 15 卷·寿宁待志·官司》,江苏凤凰出版社,第 54 页。

习的陋规。

冯梦龙在《待志》中予以无情揭露痛加批判，无疑这是得罪官场大部分官员的言论。这些征用人员和所需费用在里（图）甲中十年一轮替，是凡征集解送粮草、迎送官员出入的费用，全部要在年内落实。征收包括雇人经手催收报告落实情况，解送粮食须落实粮户脚力；迎送官员则要准备轿夫和沿途饭食等。而有时衙门公馆修理的费用不足，也需要通过费用摊派办理。他特地在向上级报告条陈中，痛陈编造黄册和迎来送往为基层民众带来的灾难。

黄册制度是太祖爷开国时期制定的一项政策性举措，根本目的在于对农村基层政权的控制，保证政府赋役的征调，明初在全国进行了土地丈量和人口普查。洪武十四年（1381年）老朱命令全国各府县编户口总清册，层层上缴至户部，因为上缴的清册必须以黄色纸张为封面，故称为黄册。编制方法是110户为一里（也有称为图的），每里之中推荐丁粮多的为里长，其余100户分编为十甲，每甲有一甲首称为甲长。规定男子16岁到59岁为成年丁壮，成丁必须服役。每年有一值年，里长率领成年丁壮服公家劳役，各甲十年轮一次，应役之年称为"排年"。黄册登记了本里各户的姓名、籍贯、丁口、年龄、宅业、家产等等，并按各户丁粮多少排序，鳏寡孤独不能应役者，附在册后，称为"畸零"。编好后一份上缴，一份留底，户部将全国的黄册全部收藏在南京玄武湖后湖的湖心小岛上，一直到明亡，明政府历年的黄册都保存在这里，为正确反映实际情况，朝廷还规定每十年重新造一次黄册，称为"大造"。

明末朝纲坠落，法制松弛，这项常规性工作的黄册编制工作和对里役的摊派，在有些地方已经流为形式，或者成为增加民间负担横征暴敛，进行巧取豪夺的手段：

图（里）民有两大费用，往往轮到可能导致家庭破产。其一为大造黄册。黄册十年一造，也即十年中乡（区）、里（图）、甲各类统计报表和情况分析。寿宁有二十二图二百二十甲，各甲的负责人不一定熟悉这些业务，必然要雇专家进行，或者承包一甲，或者连包数甲，而汇总抄录的两名完成全稿。在未成全稿前，先期费用、纸张、油烛的费用需要垫付，而这些费用还不包括犒劳酬谢。及至需要通稿时，不到一两天，各人就携带黄册回家了，完成日期，任意拖延，借口是工钱和饭食均无着落，借故敲诈。如崇祯五年应该编造的黄册，卑职于崇祯七年八月到任尚且没有任何动作。十月中旬，卑职再次来到团局，督促这项工作的落实，将那些编撰者分别封闭在各个分司之内，才在两个月内拿到各个分册的草稿。凡延误时间的一律处以惩戒，如果发现册内有差错的还要追究罪责，费用依然由各图（里）分摊，汇总和计算的人有利无害，所以在加工稿件校勘差错时全部不用心，及至正册报送到部，尚且还有京城被驳回需要重新加工的银子分摊到各图（里），如此追索往年的冷债，所派费用如同敲诈勒索。确实是全县二十二图的公共大费，加之于民间的苦难。

如果说黄册编制只是一项对于户口赋税数字的汇总加工的统计报表，对于各项数据进行分析都属于公共事务，帝国竟然没有专门队伍专项经费完全依靠民间拼凑和集资进行，有些不得已，且全部在朝廷正常税赋征集之外而加之民间额外的苛捐杂税。

那么冯梦龙以下所痛陈的迎来送往的各项官场用度和费用，完全是官场陈规陋习的沿袭，而且是从上到下直到各级的办事人员在内均有利可图的集体腐败行为。这些所谓按照潜规则行事的惯常做法，因层层盘剥这项招待费用完全是无底洞。这对于一个边区贫困小县是一个十分沉重的经济负担。

冯梦龙在《待志》①中的无情披露就是向整个官僚体制宣战，向官场习以为常的腐败宣战。如同唐·吉珂德向风车挑战，他在官场的不得连任，恐怕和他那嫉恶如仇的秉性有关，因而不见容于整个官僚体制。请看他的描述：

如果说每年因为公务而外出，次数不多而且去的地方也比较近，所需费用有限。唯有县令离任到任，所雇佣的轿夫仆役多者至百余人少者也有数十人。而在本境内沿途必须按照惯例准备饭菜接应，各服务的仆役都认为系公差，索要酒食贪得无厌，此项费用皆出自于每年

---

① 《冯梦龙全集第15卷·寿宁待志·里役》，江苏凤凰出版社，第37页。

的里役，凡乡图不敷支出承应的，亦必要有包办之人，免不了用一开支双倍的，或者开到三四倍的。费用虽然用在一时，筹集起来很不容易，先到城中乡绅家中去借贷，遇到不够支出的，还要增加。等到筹集归还资金时，往往比预算多出双倍。更有可怪的事情，每更换一任官员，则要重新修理衙门一次。衙内原来所准备的床铺、屏风、桌椅、橱柜之类，具由包办之人抬价出售聚敛。等到官员离任之日，每每滥充赏钱赏给相关人员。甚至窗槛也被衙门里的人所取去，又累及新坊里重复修理造办，所需的费用和过去一样。比如崇祯七年二月，尹知县去任，罗、何两位照磨（掌管钱粮、文案的属吏）连着换了衙署的印信，至八月份卑职到任，三送三迎，都在一年之中，耗费巨大。至今所欠的官债尚未及还清，屡屡见到投诉的文书。而图里民众甚至发生典卖妻、子而不能偿还的事情。本官所用有限，而里役之派无穷。这些都是几年来官员轮换所需巨额费用造成的苦难。

针对这两项劳民伤财的弊政，冯梦龙本人看到百姓这些苦难，亟欲思考拯救，他提出自己的建议：

对于造黄册，他已经责成本县二十二图（里）各自申报所属户口，依照户口登记名册，如果有应该推送、应该收取的费用，随时加以改定。以后再遇到十年一次造册，只需审查人口数量，不需再查产业，已经省去大半工程。再论及图民选择熟悉乡里习惯、有能力造册的人，才能允许承包。既然出了工钱和伙食费和稿酬，尚有延误工期和出现差错，皆有承包造册之人负责，不再派工到图民，如此则总编辑、算账的会计皆有了与自己利益相关的制约和纪律。不至于责罚太多的人。而全县二十二图的困于摊派的难处或可缓解。

针对官员迎送带来的巨额开支，他提出的建议过于理想化，且涉及数百年来专制体制难以解决的弊端，谬种流传至今官吏的以权谋私导致的结构性腐败，对于民众利益的侵害，没有法治规范下的民主监督和制约，恐怕很难从道德和纪律的约束上在根子上解决，为了以古为镜，不妨全文翻译三百多年前具有儒家理想主义风范的廉吏冯梦龙建议如下：

至于迎送之靡费，所以免不掉，原因在于偏颇累及多年，亦有分配不均衡的问题。而费用没有使用定额，使得奸诈之徒得以肆意收取聚敛，在去任的人实在难以说是遗爱乡间，在新任者还未履行公务就先已经播毒人世，使得有良知的人心中不安。如果没有酌情规定新任者应该发给路费若干，离任者应该给予路费多少，并做出明确规定，去全县平均摊派，全数交给本官自行安排办理，此外不许索取分毫。如此本官费用出于自己手中，必然自己能够做到自行裁员节省开支，而平均摊派全县则开支透明，民众易于举报观察，各级筹备办理的衙役无所容他们染指。其中本衙门中原来的装修和置办的家具等等，卑职预先拟于离任之时，造成一册申报道府，在交付衙官明白。前官所遗留物品，自然足额交付后官使用，稍有不足，补办少许。如此多年所积累的困难又可舒缓不少！但是卑职人微言轻，能够自律，安能律人？必须得上峰颁布规定，且勒石为戒，才可能永远遵守，上峰裁定也才有了标准。

梦龙老县令的建议报到了府衙，知府批复曰"嫌于私派，仰县再酌"，等于没有批准他的建议一推了之，再也没有下文，于是陈规陋习依然故我地在体制中普遍运行着。这种迎来送往其实是帝国从中央到地方难以疗治的痼疾，是依附于官僚体制运行的寄生之物，官员微薄俸禄其实就是诱导各级官僚从民间巧立名目盘剥补充官俸，进入官场就意味着颜如玉、千钟粟、宝马簇、黄金屋，金钱美色都在"学而优则仕"的幌子下滚滚而来，不从民间盘剥，又从何处来？

帝国官员的财富之道，不可能明确立法加以堵塞，那还有谁来为帝国效劳。虽然帝国对于从首辅到县令数量远高于官俸的养廉银子，且京官还有地方冬、夏两季孝敬的碳敬和冰敬，京官或者省官、道府官员依然热衷于向下跑，美其名曰调查研究查访违法乱纪之事，也有借机敲诈敛财的，这种迎来送往的弊端，早在崇祯四年（1631年）冯梦龙的老朋友当时的河南道御史祁彪佳就已经上书皇帝指出这是帝国弊端之一，被称为"窝访"也即一窝蜂地向下跑接受地方官员的贿赂和馈赠。有的督抚大员的子侄也甚至打着老爸旗号一路招摇着敛财，使得地方不堪重负，如闽浙总督胡宗宪的儿子就是打着老子旗号在淳安敛财时遭到县令海瑞公然抵制，甚至还遭到羞辱并直接致书胡宗宪公开加以谴责。这也就是海瑞，但是大明朝有几个海瑞？

帝国的官员都是非常实际的，他们读书做官的动力来自于对于天下美色和财富的巧妙占有，不如此只能像是二品大员前督察院右佥都御史海瑞那般在饥寒交迫中穷困而死，而海公是不受官场待见的。自然七品芝麻官冯公也就更不受待见了。你所需要的立法立规其实是就是砍断了中央到地方以权力所构筑的利益链条，运行在这个链条上官员和吏员哪怕是轿夫衙役都是根据官场中的所处的位置利益共享共沾的，就如同当今吸附于官场驾驶员、办事员一样是"官本位"体制运作本身的动力源，动一发而牵动全身，整个利益链条的砍断就是帝国崩溃，官场分崩离析的开始。

而对于民间的盘剥只有控制在民众忍耐的极限值中，才能防止民怨沸腾下的怒火延伸到皇权本身，有时也会惩治一些贪官抄家没收财富，安慰民众，多半也是官场政治洗牌的手段，皇家巧取豪夺的幌子，民众又能得益多少呢？这是民间和官方互动牵制的两个方面，两方面的平衡点难以把握，帝国就只能无可挽回地走向灭亡。这里其实是没有什么标准可遵循的，因此才有了明末宫廷、官场、社会的普遍贪腐和后来农民起义如同燎原烈火那般烧毁了整个大明帝国。

冯梦龙气愤地在《待志》中责问道：

让从来县官能够不迎不送乎？送迎能够不费者乎？既无额设公费，有能不责之里役乎？若不通县公派，势必累见年，上酌定一规则，送官自办，尚可救靡费之大半也。余平生做事不求名而求实，故详及之。

详细揭露官场其中秘密，提出改良建议的冯梦龙怀揣济世救民美好理想只干了一届四年的知县，便永久地离开官场了。这就是末世官场"择劣汰优"马太效应的恶性循环，循良之吏难以立足，这是王朝灭亡的前奏曲。

六、横征暴敛民不聊生

冯梦龙在《寿宁待志·赋税》[①] 详细记载了万历二十年后该县征收税赋的情况。从中可以一窥明末朝廷横征暴敛民不聊生经济崩溃的真相。

---

① 《冯梦龙全集第 15 卷·寿宁待志·赋税》，江苏凤凰出版社，第 10/18 页。

寿宁仅是福建闽东山区的一个边鄙小县，然而已是"民无余欠，库无余财，欲有司之有为于地方，盖亦难矣！"也即是在地方"府库空虚，万无措置"时欲想县级地方政府有所作为于地方是十分困难的事情。

冯老县令面对残酷现实的慨然长叹，反映出明末王朝专制帝国的经济基础已经崩塌陷落：

首先，明代中期以来，由于朝廷的横征暴敛，皇室与权贵集团大规模的土地兼并，激化了农民与皇权官僚统治集团的巨大矛盾，各地农民起义此起彼伏。

其次，南方新兴起的城镇工商业的发展，孕育了最初的市民社会，资本主义萌芽的出现，进一步冲击了以皇权政治和官僚统治集团为基础的封建经济基础。

再次，后金统治集团的崛起，建州贵族开始由关外向关内逐步蚕食，边患不断，庞大的军费开支，不堪重负。

最后，倭寇不断对我东南沿海的骚扰。帝国统治者既要镇压农民起义，又要对付边患挑衅，还要保持自己穷奢极欲的既得利益，便一再向民间增加赋税，转移经济危机。

这就是冯梦龙在《待志》中所记载的："万历季年以后，海内多事，征解日急"，仅寿宁这个当时只有二千七百多户，一万一千九百多人的山区小县，至崇祯七年冯梦龙到任时，赋税已由原来的四千八百两增加到六千另八十二两，其中上解部分由一千六百两增加到三千三百两。《待志》详细解读了万历二十年（1592年）以后的赋税加载数据，并列举了巧立名目增加赋税的各种方法，其中大部分是奉上面文件精神，由基层办理的事项，就是文中反复出现的"奉文"字眼，说明乱自上作的根源：

一曰加派，如崇祯元年（1628年）奉文为援助辽饷银万分匮贬之事，加派三百一十六两四钱九分。

二曰暂输，如崇祯九年（1636年）。奉文因粮输饷，乡绅每粮一两加输银二钱，民间粮满五两者加银五钱，共银四十八两三分四厘二丝。

三曰扣减，也就是扣减衙役、工役、兵役人员应得的饷银和各类公务活动应当支出的费用，如驿站人员、仓库人员、门子、渔溪司工兵、知县马夫、季考生员等等，收取的名目如辽饷不敷、裁割冗滥徭役等等，不胜枚举，连抚恤孤寡老人的夏衣费用也在扣减上缴之内，可见盘剥如同水银泻地那般无孔不入。

四曰捐助，如"崇祯三年（1630年）奉上级文件为严厉催促帮助工程建设，以接济陵墓急修等事项，而这些文件既有来自皇帝圣旨，还有太子东宫谕旨，本县知县捐助陵工银一百两，修建陵墓竟然盘剥到最底层的县令头上，谁的陵墓，应该是皇家的，是不是刚刚驾崩的熹宗皇帝陵墓，无从考证，从崇祯三年起，至今未有停止。

五曰借扣，如崇祯九年（1636年）奉文为中外形势发展越来越困难，外虏内寇切割剥取帝国肌肤等事，本县官员各献出自己一个月的薪俸。知县助俸银一两一钱二分五厘，儒学教谕、训导各助俸二两一钱，典史助俸银五钱，巡简助俸银六钱，共计助俸银六两四钱二分五厘，基层官员也成了盘剥对象，这时正是崇祯皇帝动员皇亲国戚，朝中大臣集资助饷的时候，可见国库空虚如此。

以上种种办法，虽然在一定程度上也损害了地方官吏和地主豪绅的利益，但是最终还是转嫁到贫困乡民身上。冯梦龙在《待志·积贮》篇中感叹道[1]：

根据旧县志记载，过去"县里留用的仓库和预备灾年启用的仓库都在县衙幕厅前，有官家仓库一所。"如今朝南两间仓库已毁，唯有朝北仓库四间，我进行了修辑，难道大家不知道储藏谷物是为灾荒之年预留，为救灾准备的？过去省里布政司衙门在县城东边也设有分库，县志记载说"改为社仓"今天则变成了观音堂了，也不知道废于何时。查过去戴镗知县曾经立社仓五所，分别在在城东观音堂。四所在乡下的小东、南洋、南溪、大洋四堡。晓谕民众输送粮谷，奖励衣冠、牌匾等，共储存有粮食一千二百多石。自从荒年旱年相继，民穷财尽，乐于输送者，越来越少，而粮食仓储尽行废弃。如果县仓每年的欠积，年年相沿袭，已经入不敷出。历年所积，一空如扫。

明朝初年各县建有的"县仓"和"社仓"规定"春赈贫民，秋熟还官，不取其息""年饥上户不足者量贷，稔熟还仓；中小户酌量赈给，不还仓。

---

[1] 《冯梦龙全集 15 卷·寿宁待志·积贮》，江苏凤凰出版社，第 19 页。

有司造册送抚、按，岁一察核。仓虚，罚社首一岁之米，其法颇善，然其后无力行者"[1] 这项政策，被清初《明史》的编撰者称为善政，而这一太祖爷制定的善政延续到明末，以成绝响，证明帝国财政已经捉襟见肘，不敷使用。

仅就边鄙山区小县寿宁而言："粮额最少，非解则支，原无分毫余剩。"积储仓也因多年不用，已经废弃损毁。冯梦龙接任的时候所见到的是"一本空簿，递相传受，按纸上分毫具存，欲征完玄虚无日"。因为在上司催逼之下，前任县官"惧违功令，未免挪撮，以应目前之求。而一蠲之后，遂成不可填之缺陷。"也就说冯老先生在接任知县时候，看到的账本只是一本历任知县手手相传的账本，按照账面记载分文不少，实际是一纸空文，因为其中钱粮在实际中已经完全被挪用。这本假账纯属是为了应对上司对知县考察所编造，一届一届这么传下去，窟窿越来越大，几乎难以弥补。这种东挪西补，造成的恶性循环，财政的亏空越来越大，窟窿也就填不满，假账还得传下去，国穷民困的局面难以扭转，岂想在一届知县中解决绝无可能，冯老县令只能继续与狼共舞下去，各项基础建设和有关民生的公共服务实施建设也陷于困顿无奈之中。帝国钱粮已经全面用于高层的奢侈享乐和连绵不断的战乱，至于有关民生的饥荒天灾的解决办法只能听天由命，因为已经完全没有了应对的本钱，这是帝国经济基础面临崩溃的征兆，也是人心散乱的根源。作为朝廷一只有良知的鹰犬，冯老县令唯有望山兴叹，怀着十分复杂的心情，非常无奈地写下《催征》一诗，记录彼时彼刻的心路历程：

不能天雨粟，未免吏呼门。聚敛非我术，忧时奉至尊。

带青砻早稻，垂白鬻孤孙。安得烽烟息，敷天颂圣恩。

山区人民苦啊，完全靠天吃饭，每年庄稼的生长收成，根据气候阴晴的变化丰欠不一。即使灾荒之年，官吏依然大呼小叫地上门收粮收税。哎！聚敛钱财盘剥百姓实在不是自己所擅长的本领，忧患的时候也只能奉行帝国的指示办差。未成熟的谷粒带着青色也必须磨成粉，因为要抚养老人和儿孙。什么时候战争的烽火才能止息，那就谢天谢地颂扬皇恩浩荡了。冯

---

[1] 《明史上·食货志》，线装书局，第509页。

梦龙作为一个以天下为己任的儒家老臣那种既是皇家臣仆，又为百姓父母的矛盾心态，跃然笔下。无奈而痛苦地望着饱受战乱创痛的山川大地，谓然长叹，悲愤莫名！以诗证明自己作为统治集团最最底层的一员良知未泯，道义尚存。才有了《寿宁待志》这些一针见血的揭露批判性文字面世，笔者认为这是冯梦龙对历史最有价值的贡献之一。

七、兵壮军事素质低下

国贫必然兵弱，内忧外患必然难以平息，由疥癣之患演变为心腹之患，形成王朝覆灭因果链。根据《待志·兵壮》[①]记载，寿宁县过去民兵的编制是200名，在万历初年，奉上级指示裁撤六十名。后来因为福建沿海倭寇盗窃事件频频发生，委托福州府捕盗通判驻扎，与各县借调机动兵力一百四十四名进行操练，其中寿宁抽调十人。全县民兵只剩下一百三十名。万历二十二年知县戴镗修复四处关隘，又强行恢复了过去裁撤的六十名。久而久之，因为粮饷不足，又裁撤二十名，实际剩下一百名。除总部留守两名以外，又有调拨去守卫城垣、仓库、监狱的二十名，到巡捕衙门听差的二十名。随堂听候调遣的仅仅三十六名。是凡拘提、解押、投递紧要公文等全是他们的责职，而铳手、旗手、吹鼓手、因别无工资，皆占用兵壮的名额。因此，被认为是城防无兵可守。

兵粮每名原编制为七两二钱，自意抽三助饷，止给五两零四分，又每年抽取补贴差遣一两，所剩不足糊口。于是不断地借贷预支。预支不已，只好停给。虽是势所必然，由不得自己，但是这些情况也实在是非常可怜！过去最多时也就是数两银子，如今请求减少而不得批准。哎！安得什么时候烽烟止息，令郡县的兵粮再恢复到过去的标准呢！

冯老县令再次为自己部下衙役兵壮的粮饷不足而发出叹息。而这些粮饷被盘剥得不足糊口的兵壮们的军事素养如何呢？冯老县令继续说：

县里兵壮的军事素养很差，我请来教师一名，副教师两名，专门

[①]《冯梦龙全集第15卷·寿宁待志·兵壮》，江苏凤凰出版社，第21页。

主持教育和训练。每月还亲自主持考试，并制定了严格的赏罚制度。使人人知道自我奋斗，稍有闲暇即去演练温习。然而，演习也仅仅是长枪、刀剑、铁钯、棍棒。寿宁的地方逼狭，教练场才只有六十步，曾经想试试箭靶的训练，射不多远就碰在石头上损害了许多箭镞。三位教师的粮食供给也是在营粮中扣给的，如果用兵壮之力，不能在经费上予以保障其衣食无忧，先使其失去了荣誉感，这实在有违情理。唯独我这样的山里县城无万全之举措可以解决的问题。

县里的兵壮不足，我曾想转用乡兵。而乡民到县里更有难言之隐！沿途危峰幽谷，一眼望去，林海莽莽，只有零零落落的民居炊烟袅袅，点缀其间，前后左右，呼叫无所应答。且采摘山里的野果蘑菇勉强糊口，使之饿着肚子去参军入伍，有谁愿意？过去有乡兵入籍在册，其实均为画饼充饥的事情。我尊奉上司的命令，也曾经责成里长报名具结查验，各保、乡、村按照文件要求执行得并不如意，所以不敢再组织训练，有所落实了。再加上当地山高溪深道路险阻，人人足以自守，每每以隘口守卫。如今四隘口已经修复，如欲在附近团结隘兵，而不及时措筹工钱和粮食，也恐非良久之策。

冯梦龙老先生不仅为本县的丁壮担心，还对寿宁境内七处银矿开采地缺乏守卫而忧虑。如大宝坑矿离县城四十里，设县时就已经开采，设置守卫千户长、百户长各一员，有旗军二百名。在弘治年间裁军一百名。嘉靖中期，矿坑封闭，守军尽撤，只留十名看守，以路远守卫看护辛苦，独自拨给全部军粮。然而兵卫每年发行空文至捕厅，县里并不知道。老冯工作是十分细致，亲自前去查访银矿守卫情况，发现却没有一兵一卒前往守卫，其实这州府的捕厅在那里吃空饷以自肥。于是申报上级，希望将这笔费用以招募驻守山路隘口守兵。对于老冯的建议，州府官员回复却是：

军用粮饷是有定制的，将这些粮饷召回换做其他公差或者军事操练使用。至于在册的兵士将他们撤销军籍。

冯知县于是再次建议：

当此民穷财尽之秋，万一地方多事，矿盗复发，而军籍已经注销再以什么理由去驻军呢？我以为军粮既然不方便转移，宜将本县递解到州府、驿站传送、盐钞押解等项钱粮，批准予以抵扣七十二两之数存在县里。如果取用军粮，就在本县开支，这样兵卫就难以冒领。而县里可用于整军装备，守矿、守隘无所不可。

这项建议其实也是他离职前的肺腑之言，也可以说是让后来的知县去争取做的事情，因此最后他说：

俟后人图之，余不敢再详矣。

估计这种吃空饷的事情，在当地甚至全国都绝不是孤立事件，没准他的上司也都参与利益的分配，冯梦龙只是凭一时的书生意气揭发了这种腐败，动了上级军事当局的奶酪，是很难受到上级欣赏的。这只是地方当局各自利益范围的划分，各自分肥，心照不宣，循着陋规习惯性滑行而已。现在冯梦龙公开点破了官员们通行的潜规则，上峰也绝难将到口的肥肉再吐回到县里去。就根本不可能批准冯梦龙这种有利地方军事建设的倡议。他也只能点到即止，不便多说了。

八、学宫招牌名不副实

一县学宫所在地就是县级基础教育的培训中心，官家公费设立的免费初级教育机构，目的在于为帝国培养储备人才，教谕、训导的配置仅次于知县高于负责治安的典史，也是由朝廷吏部从各省、府、道从候补举人中择优选拔推荐的秀才，这些人都是选贡、拔贡和岁贡出身，也有少数是举人的。这些人成为最基本的教育人才，他们全部来自异地配置，也是在于知识传播的平衡性，而显示教学资源的公平配置。学宫中悬挂有至圣先师孔子的画像，教材也就是明成祖年代御制的《四书五经大全》，一切都是应对朝廷选拔官吏的科举而设立，可以说是帝国培养和输送人才的基地。

冯梦龙本身就是学官出身，在他视察了知县衙门后就径直去了县学。在对学宫做了一番地理位置上的仔细观察后，习惯性地演绎了一番八卦风水，做了一番优劣考评，冯先生是一个杰出的文学大师，也是一位经学大家，他利用《周易》不仅在为寿宁的学宫算命，也是为整个帝国教育在推算命运：

儒学在县衙左面，方位是座丑向未，乃是四库（指经、史、子、集）之地。俗语说"财入库则丰厚，文入库则埋藏"，四顾周围，四座大山抑制压迫，局面不够开阔，前方没有文气泄漏之处，水象征着文曲星，进入怀抱反而跳宫难以注入，完全没有迎接眷恋的意思。登上明伦堂，仰视堂局，如同坐井观天。四周辅助建筑皆粗陋低劣，文笔贵在山峰兀立，现在全部缩首在这方局促之地，是很难有所造就变化的，这是寿宁之所以文风难以振兴的原因，因此而导致本县科举及第上几乎成为绝响。风水先生有言，西门之外有一片空余的土地。我曾前往视察，乃坐乾向巽，坐金克向木的地方，不利于文曲星灿发光芒，终究并非吉地。且拆迁费用不菲，在城里绝对没有这样的好事，姑且算了，来履职之前，我实在未想到，寿宁的学政竟然如此荒芜，什么时候才能打开新的局面啊！我唯有叹息。

冯老县令察看了学宫风水之后，又考察了教学的环境，大失所望。他发现学宫已经年久失修，墙壁已经倒塌，虽然教谕廖灿、训导吕元英两位老师，都比较留意县学的振兴，筹集了二十八两黄金准备对学舍进行修缮，他也准备捐献二十余两黄金用在堂屋的整修方面，重建学门，向前方移动十余步将象征学宫也即孔庙或者文庙的泮池迁入其中。[1] 泮池是作为孔庙水池的特有型制和专用名称，具有特殊的文化寓意。它是儒家圣地曲阜泮水的象征，也是地方官学的标志。设泮池以蓄水，隐含有希望学子从圣人乐水，以水比德中得到启示之意。泮池、泮桥体现了礼制，蕴含鼓励学子跳跃龙门的殷殷之情。泮池中的水绝大多数是活水，这种设计是儒家思想孔泽流长的象征。泮池的设置，增添了学宫的灵气，是重整风水优化整体环境，改变寿宁教学环境的重要举措。学宫牌坊棂星门已经腐朽，缺乏完整的好木料。离县城稍远的地方有一片山林可供砍伐取材，也可筹集资金。但是树木一直运不出来、卖不出去。冯老先生再次慷慨捐献了自己俸银，请人砍伐后运输到县里，斫削加工后，选择正月二日凌晨建成竖立在学宫前。由于元旦临近，工钱缺口较大，请求延期，冯老县令亲笔书写大字招牌云"所有路过的人，不论老弱，每人捐献银子一分，工人加倍，由仆役

---

[1] 《冯梦龙全集第15卷·寿宁待志·里役》，江苏凤凰出版社，第57/58页。

发给县库小票。"当天夜里工钱已经筹集完成,第二天凌晨,牌坊已经立起。学宫门外加设一道木制屏风,以便过往行人路过,泮池前架设的木桥,漆上红色油漆,和过去相比,学宫面貌焕然一新。

冯梦龙还重新修整了设立在学宫仪门左右两侧的名宦祠和乡贤祠,对进入两座祠堂的官吏事迹重新进行核查,严格把关,对于确实符合要求的保留甚至有所增加,对于名不副实的调整出局。

比如他查到进入乡贤祠的教谕杨一德的画像,翻检有关资料发现该杨是泰昌年间出任,天启年间回原籍,仅仅挂名县教谕一年,未有发现有兴文立教的突出贡献。诸童生没有详细申报事迹材料,未经批准,少数拍其马屁的一二学生,私自将画像挂入乡贤祠中滥竽充数。必须屏弃这尊假偶像,将他赶出学宫,而去其对他的祭祀。而对于列在乡贤祠中的叶朝镇、叶朝奏两位,居官多有政绩,居乡品行端方,为人正直无私,而两位贤人的子孙十分贫困,他准备拟文上报批准,给予资助。可见老冯在关注民生,弘扬儒学,扶贫济弱方面确实身体力行,殚心积虑,求得实际效果。①

在《寿宁待志·风俗》篇中,冯梦龙指出,寿宁学校虽然设立,但是读书的人却很少。自设立县学至今,能够进入科第的人几乎没有。学宫除了经书而外,其他典籍寥寥,从来就没有推销图书的书贩子上门。父兄教育子弟读书以成篇章就自认为很成功了,以到学宫泮池游览一番就满足了,以争取一些免费的饭食为目的。旧的县志记载"家家藏法律,户户有诗书",也就是秦末张楚政权的陈胜、吴广鱼腹藏书那般的荒谬。自从冯老县令到了寿宁,每月亲自去讲解自己编写的《四书指月》一书,弘扬孔子文化,在他的创导下,参加学习的士子们才开始兴致勃勃地渐渐有了读书进取的志向,将来远大的前程或不可限量。②

县里的书吏都比较愚蠢质朴,没有工于计算的人,每每遇到大计考成或者编造黄册,必然要到临县去雇佣专家。就是平时的文件起草、口供录入,也必有本官自己改定。不然的话,文理不通错误之处改不胜改。这些家伙,习性懒惰,虽然事情紧迫,火烧眉毛,非要再三再四地鞭策驱使,否则根

---

① 《冯梦龙全集第 15 卷·寿宁待志·学宫》,江苏凤凰出版社,第 6 页。
② 《冯梦龙全集第 15 卷·寿宁待志·风俗》,江苏凤凰出版社,第 28/29 页。

本无动于衷。由此可见，衙门里不仅缺乏必要的人才，而且懒政怠政之风气盛行，长官实在也无可奈何。上级领导对于寿宁干部队伍的素质高低都是心中有数的，整顿起来要花费很大的力气。但是有一点可取之处是，这里民风淳朴，这些人心计不深，就是稍稍玩弄些奸诈和欺骗手段，破绽也很容易识破，不像是隐藏在深山大泽之中的龙蛇那般云雾缭绕，难以揣测。

在县里官吏和生员，老百姓都称呼他们为"相公"。写文章的书办被尊称为"先生"。衙门中以当胥吏为尊贵，这些人私自戴着儒生纶巾抢着带象牙嵌羽毛的诸葛扇子，似乎文质彬彬，充满智慧。其实扇子的使用是很有讲究的，诗画扇、薰金扇唯有秀才、童生和衙门中的书办可用，大街上见到上了年纪的老人用本省画了花鸟的白扇，至于衙门的门役和皂隶只能用铜箔油纸扇。如果是苏州、杭州真金扇，虽然是士绅大家偶尔用之，也不轻易使用。

寿宁县没有科举及第的人，只有二三个贡生入仕的人，他们的忠厚老成，无异于平民百姓。而他们所穿的衣服往往比有钱的绅士更为贵重，城里的人严谨而谦逊。乡里平民百姓目不识丁，就是挂名通过县试的学生，在对簿公堂时也自称为童生，冯老县令曾经出一二道用于科举的考题，试探这些人的学问，根本就答不出来。被他训斥后，这种冒充童生的现象被阻止。

据他考察，寿宁县城小如弹丸之地，仅镇武山就占了县城北部的一半，东南相距不到半里，抬脚就可环绕一圈。出城数步，即人烟稀少，面对空阔沉寂的大山和幽静冰冷的山泉，简直一无所有。乡绅和县里官员相见，皆为步行。虽然赴宾客的宴筵，乘轿子和有遮阳的软滑竿也不多。远行往往背一小布兜，与民间往往相同。偶尔有乘坐暖轿的，也比较简陋。乡绅所蓄童仆的不多，或者苟锄，或者背柴，绝无穿着长衫在家依门张望而不干活的人。居住的地方因为土地有限，都比较局促狭小，层层叠叠的房屋很少有高楼广厦。当地人都穿自己织成的土布，有江右进山的商人贩卖由郡里运来的细布，有丝绸的往往会卖到好价钱。当地士民男女都穿粗布衣服，穿戴细纱的则很少见到。凡此种种都皆留存有古代简朴民风，或者也是因为地处偏僻，条件简陋所导致的风尚。

民间多畜养生猪，在房屋之间任其自由往来，门外建有木柜作为猪的卧室。过去米贱的时候喂之以饭，如今只能听任去吃草。养鹅的极少，非大的宴请活动不见有鹅肉上席。城中地比较狭窄，绝无池塘。小溪中的游鱼仅仅二到三寸长，实在乃是宴席上的珍贵佳肴。鳇鱼是从宁德贩运而来，非常艰难，不到大寒的时候食用，色泽和味道全部大变。时鲜的水果很稀少，大户人家设宴都以蒸饼甜品陈列，其次是身心五脏的熟食。食品多为猪肉，亦有鸡、鸭，但都很瘦，且未放血就上了案板带着血腥味，肉特别坚韧难以咀嚼。如燕窝、沙蛤、江珧柱等干贝海鲜虽然出自闽海，但是在寿宁大家族也从来都未曾见到过。鱼乾鳗是经常食用的菜，连猫也经常吃用，偶尔以新鲜的鱼扔给猫吃，猫会摇着尾巴而去，民间三餐都吃米饭，好食米线，米粉做成，富有的人家多食用。贫困家庭缺米，或用面粉替代经常取食，是因为方便。早晨起来，山中湿气较重，寿宁人多善于饮酒。酒分红、白两种，多用粳米酿造。冬天酿的酒可以久藏，其余时间的酒味道轻薄容易发酸。醋最佳，亦有红、黄两色。

由此可见，冯梦龙老县令，履任三年对于地理环境、民风民俗的调查研究十分深入细致，诸多细节描绘栩栩如生，仿佛三百多年前寿宁民俗风情、山川河流、街衢房屋、士人乡民组合成的民俗风情画就在读者眼前灵动着，给人许多生动别致的联想。

淳朴的民风和士林风气，伴随着落后生产力所带来陋习都是制约文化发展的客观因素，而过去的旧县志都鲜有秉笔直书的，多有粉饰太平的不实际描述，无非是掩饰着王朝没落之际，纲常礼教的失落和法治的败坏。这里所指的法治当然不是建立在当代民主政治前提下的法律管辖，而仅仅只是明太祖所指定《大明律》法而已。但是，就是如此也显示出王朝建立初期的勃勃生机，冯梦龙希望以法治来移风易俗，他开始在寿宁这块贫瘠的土地上克己复礼，以兴灭国，继绝世，举逸民，收天下之民归心了。

九、统计数据弄虚作假

《待志》还记叙了统治集团内部上欺下瞒、分崩离析的状况，与一般方志"为尊者讳"报喜不报忧的普遍做法迥然不同之处是冯梦龙继承司马迁秉笔直书的优良传统，真实记录了明末官场的腐败和民生的艰难，《待志》是完全可以看成是明末官场的一部官场现形记。当他在恢复了县衙门"四知堂"之后，就意味着和官场的那些见不得人的潜规则公行决裂，他的光明磊落正义凛然就是摆出了一副和官场对立格格不入的姿态。再加上他在自己官邸建立"戴清亭"公然颂扬梅花品格，孤芳自赏，特立独行就是摆出了一副坚决不与腐败官场同流合污的姿态。

《待志》真实记录了他仕宦寿宁四年对于理想信念的忠诚和身体力行的践行。那他肯定是游离于主流官场之外的另类官员。而这类"格物致知"心存光明和良知的官员，往往在忠烈人格中透剔着狂狷的叛逆秉性，也是不受世俗官场待见的。

明末不仅农民、手工业者和新兴的市民阶层和封建专制官僚集团的矛盾十分尖锐，而且在统治阶级内部，吏治腐败已经成为不可根治的痼疾，证明王朝政治已经病入膏肓，无药可治也就只能坐待灭亡，原则上帝国专制是排斥改良的，只能在内忧外患中坐等灭亡，帝国统治集团权力不受民众制约，缺少纠错机制，即使皇帝的《罪己诏》其实对于娴熟运转的体制机制的纠偏毫无作用，只能一路滑向覆灭，等待另一个帝国专制的到来。中国的历史就是在这般轮回中治乱交替循环中走到了近现代。

在这个百年老店中，我们已经聆听到这部老旧机器运转时的"嘎嘎"作响，体系面临崩溃瓦解，朝廷的指挥棒早已失灵，作为稳定国家乡村统治的基础力量乡绅阶层和底层胥吏，一方面借机大事搜刮民脂民膏，一方面也在大挖帝国的墙角，因此欺上瞒下，弄虚作假几乎是官僚集团惯用的伎俩。

明代按照户、丁编制赋役黄册，户口统计是重要根据。根据《待志·户口》中记载，万历四十年（1612年）、天启二年（1622年）和崇祯四年（1631年）三次的户口登记，全县总人数竟然三次都是"一万一千九百三十二丁口"，仅户数相差在二十四户之内，这无疑是欺上瞒下，敷衍塞责。冯梦龙认为：

户口之有增减也，势也。时有平乱，岁有稔歉，政有善败，家有消长。弟减之，则蒙流亡之谴。增之，则贻加赋之累。故每大造黄册，姑以故籍为主而附会成之，前后不堪相悬。然成额之中，不可无衰益之法，盛者益加，衰者宜损，绝者宜销。而或受奸欺，或徇情面，苟且完局，全不推敲，如今轮册丁，审定于崇祯六年，距此几何，已有三四甲全逃。其一丁而兼三四丁者，不可胜述。而有力之家，而数十丁而完一丁，此最不平之事也。今轮已矣，后之审丁者慎诸。

言下之意再明白不过：常识告诉我们，户口的增减是社会发展的趋势。因为，时代有承平之世和离乱之年头，年景有丰收和歉收之区别，为政有善良和暴虐之分别，家庭有败落和增长之不同。如果数据有所降低，上级就会对于老百姓的流亡予以怪罪；如果数据有所增加，势必要增加税赋的数量。所以每次大造黄册，也只是根据往年的记载，牵强附会进行编造，前后相差不大也就糊弄过去了。

然而，统计的数据中，不可能没有增加和减少，盛世增加，衰世减少，人口死亡的应该注销。但是，形成的数据或者是欺骗，或者是却于情面，完全是敷衍塞责草率行事，只求形式上完成任务，全不仔细推敲。比如这次造册，审定于崇祯六年，相距现在没有几年，已经有三到四甲的人全部逃走了。有的贫困之家一人而注水为三四人填报，不可胜述。而那些有钱的人家，则是数十人才报一人，目的在于逃避税赋，这是明显不公平的事情。此轮大造黄册的行动，已经完成，指出存在的问题，是为了教训以后审查人口的数据必须准确进行。

冯梦龙在主持了这届黄册大造之后，揭露出的数据造假问题有多么严重，然而最令他感到不平的是土地亩数的丈量统计。早在本朝立国初期的洪武二十年（1387年）太祖老皇帝朱元璋就派遣国子监监生分行州县，到全国各地丈量土地，一般以交赋一万石左右为一区，把各区的耕地绘制成图，画上各家土地的方圆形状，编上号码，写明周边的面积、田主的姓名、土质等级等基本情况。因为土地图形呈鱼鳞状，故叫鱼鳞册，各州县以年终统一造册，黄册和鱼鳞册的编造有利于政府掌握人口和土地资源，便于税赋征收。

虽然在实行初期，就有地主与官吏相勾结进行舞弊的情况，但在明初严格的督促检查实施奖惩的制约下，在当时还是有实效的，使得赋税劳役相对平均，开垦新的土地，地方官吏可以升职并得到奖励，这叫"升科"，有利于奖掖农耕，增加税赋，促进生产发展。但是到了明末，贪污舞弊越演越烈，有的地主将自己的土地寄于他人名下，叫"诡寄"，有的把豪族的赋税劳役，分摊到贫苦农民名下，叫"飞洒"，以至政府罚不胜罚。帝国后期黄册和鱼鳞图册的编造几乎成为一堆废纸。

按照冯梦龙在《待志·升科》[①]的说法：

天下有名义上听上去很美，实际很不美的事情，无异于所谓升科。沿江河滨临湖泊，堤岸有漫长的滩涂，开垦荒田多，摊派也随之增加。中原和北方的大地，土地多有荒芜。开垦起来府方便增加税赋，也比较容易。然而，我建宁府乃是石头的王国，所谓"水无涓滴不为用，山为崔嵬也要耕"诗人在过去已经道出了真相。况且区区弹丸之地寿宁县，尤其是高岩耸立地形逼狭之区域！沙浮在岩石上，地层十分轻薄，只能垒石开梯田而耕种，如果连续遭遇雨水，土地则被冲走；如果连续晴天，土地则干涸。因为抛荒的土地较多，耕地面积难以扩大，只能根据过去的田地去造册。穷困的百姓能够耕种的土地不多，隐瞒的田产和应缴的粮食也多。很难说有升科这种美事。因为他们所耕种的土地难以享受产出的粮食，而要缴纳不能种植土地的那份田赋和粮食。这样积累下来欠交账务就多，日积月累难以偿还的赋税越来越多，只要人一逃跑，自然债务全部解脱，所以虚悬的往日欠账也多。人们往往不能尽行了解这些问题的根源。偶尔在诉讼的文案中发现所隐瞒的一二升粮食，也不敢吐露者真实情况，只承认曾经开垦过的田地数量，这样升科的实情才浮出水面。

对于这种名实不副的升科弊端，冯梦龙提出的解决方案是，以本图所升的数量，冲抵本图历年来所虚悬挂在账面的数字，升的越多，虚悬的就越少，实行数年以后，虚挂的粮食就变成了实数了。图民可以避免赔偿之苦难。而衙门里的书吏却和他争论说，朝廷升科考成这一项目，是必不可少的一款程序，是不能轻易改动的。他不得已只能勉强听从这些人的意见。由此可见，这种实事求是避免民生苦难的改革设想，实际触动了当地地主豪绅的利益，也为一般官吏所不容，老冯只能是面对现实据实妥协了。

寿宁这些升科名实不副的严峻现实，给民生带来的苦难，使得老冯联

---

① 《冯梦龙全集第15卷·寿宁待志·升科》，江苏凤凰出版社，第10页。

想到自己当年担任丹徒县（镇江）训导时情况，当时浮现在京口东面长江中心的焦山洲滩涂长约数里，那些有钱有势的豪绅争相租佃。然而滩涂长必然就有要议论增加赋税，摊派下去就不可能再减少，地主们承租后，往往贻害到子孙，有的因此导致家庭破产的，这些悲催的往事历历可数。老冯当时苦口婆心劝导丹徒县令石景云，请求前往勘察民情具体制定政策，就是以新的租佃资金核销旧的摊派之额度，给了民生很多好处，石县令慨然鼎力推行，直到调整至老百姓能够完全适应为止。而他冯梦龙今天置身于"升科"的怪圈之中却受制于朝廷成法，难以推行自己的惠民意志。就是冯梦龙在《待志·升科》感叹的"牵于文法，不行其志"。所以他在结尾长叹道，今后见到石景云先生，他将流下数升汗水表达自己的惭愧，真正是今非昔比！看来江南成功的经验，应验于寿宁完全是行不通的。真可谓一丁点改革的成功尝试，企图撼动几百年老祖宗遗留的陈规几乎是不可能的。产生"南桔北枳"的负面效应，对应着传统习惯势力的顽固，他也只能望洋兴叹，无可奈何。

行文到此，我们只能为这位帝国专制统治下难得的廉吏兼循良之吏冯老知县感到悲哀，作为现行体制的工具和螺丝钉，附着于这架老旧不堪的机器，敬业尽职，可以说是夙夜辛劳，肝脑涂地；作为微官末吏他有心却无法改变体制，只能依附于体制殚精竭虑地疯狂运转，直到这架机器彻底崩溃，他也随之成为牺牲。但是作为体制内官员他却可以以自己作家的慧眼和胆识，看透和揭露体制的虚伪性，尤其是关乎国家经济命脉的统计数据造假，上下级之间的相互欺骗，那种"瞒"和"骗"的政治经济运作形式，医得眼前疮剜却心头肉似的自我摧残，自我欺骗，无疑是吸食毒品自我麻醉导致的幻觉，最终在帝国君臣上下麻木不仁中坐视毁灭，使得帝国在整体上走向不归之路。

看透了帝国的隐私，洞悉了其中的内情而不能有丝毫改变，我想冯知县内心一定是充满着对于体制效忠的儒臣本色和内心良知的巨大冲突，由冲突产生的痛苦煎熬，使他成为矛盾的综合体，构成忠臣和良吏之间的两难。

其实大明帝国总揽全局的皇帝崇祯又何尝不是如此呢，改革体制找死，不改革等死，崇祯皇帝守着祖宗江山在等死，这种死亡的前景笼罩着整个帝国，帝国的臣子们还不是在浑浑噩噩中混日子，在头脑清醒中捞油水，帝国的社稷江山也就坐等着灭亡。心底哭泣着的也就是冯梦龙这些耿怀忠烈的臣子，因此我们透过《寿宁待志》这篇十分奇异县志的字里行间，看到的是冯梦龙站在儒家立场上的批判意识和批判锋芒。而真话在一个假话流通的官场肯定是不受欢迎的。

十、体恤民情移风易俗

冯梦龙首先是一位饱学的儒家大家，他对于儒学的熟悉程度有其对于儒家经典《四书五经》的详细解读为基础，具体贯彻到他的文学创作中，更多地渗透着先秦的孟子"民本"思想和灌注着的身体力行的立身处世标准，在浩然正气中所升华出的大丈夫精神，延续到明末王阳明对于朱熹"天道"王权客体到"人道"良知主体的转移，倾注了更多"仁者爱人"主体精神的塑造。因此对于孟子"君子之守，修其身而平天下"的皈依。

在一个礼崩乐坏的时代，首先是其的批判意识，这在他的文学作品《三言》中形象的艺术化描绘，而在《寿宁待志》中则贯穿着政治和社会化的批判锋芒。更多则是对于个人存在价值和人的尊严，尤其是弱势群体生存环境改善和尊严的关注。他身体力行地践行孔夫子的"仁者爱人"和孟夫子的"老吾老，以及人之老；幼吾幼，以及人之幼，天下可运于掌。《诗云》：'刑於寡妻，至于兄弟，以御于家邦。'言举斯心加诸彼而已。"像爱自己家人一样爱其他人，这就是儒家的人心所在，爱心之所在。

因此，我们可以认为冯梦龙在《待志》中对于民众苦难的揭示，对暴政和苛政的批判和对于仁政善政的推行，包含着自己的政治理念、政治诉求的实践，是作为阳明学派余绪泰州学派左派理论家对于"格物致知"，"知行合一"理论联系实际的统一，而对于"良知论"的实践。在思想上，冯梦龙受王学左派李卓吾的影响，敢于冲破传统观念。他提出："世俗但知理为情之范，孰知情为理之维乎？"（《情史》卷一《总评》）强调真挚的情感，反对虚伪的礼教。在文学上，他重视通俗文学所涵蕴的真挚情感与巨大教化作用。他认为通俗文学为"民间性情之响"，"天地间自然之文"，是真情的流露。在《叙山歌》中，他提出要"借男女之真情，发名教之伪药"的文学主张,表现了冲破礼教束缚、追求个性解放的时代特质。他重视通俗文学的教化作用,在《古今小说序》中,认为"日诵《孝经》《论语》,其感人未必如是之捷且深",通俗小说可以使"怯者勇、淫者贞、薄者敦、顽钝者汗下"。这些见解对鄙视通俗文学的论调是一个有力的打击。

在伪道学盛行,内忧外患,官场普遍腐败,官僚皇权专制的体制下,由个人独善其身转而兼济天下的大儒,看上去占据着道德制高点,其实际却是高处不胜寒,处于木秀于林风必摧之的高危境地,个体也不过是大千世界微尘和草芥,自我被压缩到了微不足道的地位,宦海沉浮如同砂砾被海浪拍卷到沙滩上,也就闲置了,再到大潮袭来,他必将被卷入巨浪的谷底。他在干满了一届四年县令之后,他必然在那条坎坷的官道上被礼送出了福建,从此再也没有被官场叙用过。再到履足福建闽东山区,已经是改朝换代物是人非了,他呼喊奔走反清复明,唯有舍生取义,杀身成仁,完成大儒最终对于王朝的效忠。这就是文学大师、儒学耆宿冯梦龙老先生的宿命。

《寿宁待志》以大量篇幅和同情的笔触记述了下层百姓的苦难和辛酸以及落后的风俗习惯给民间带来的惨痛教训。而一般的方志对此很少记载。比如在《岁时》篇中记载[①]:

岁除,邀亲戚会饮,燔柴、放爆、然不甚盛也。是夜,民间彻晓不睡。子母之家,遣人索逋,旁午于道,县官出堂习仪为止。城门不闭。贫家趁口者,或夜半始归,以偿逋之余,治鞋帽过年,市铺之闹过于日中。也有避债越岁始还者,还则更劵。医家取药去,亦登籍,至是夜,按籍索谢。

也就是说,刚刚过了腊月二十五,张灯结彩的有钱的人家,就开始邀请亲友们相聚一堂开怀宴筵,点燃柴火拜祭天地,燃放爆竹,以多样的形式迎接新的一年到来。而穷苦人家却彻夜难眠,尤其是那些孤儿寡母之家,凌晨等来的是上门催讨债务的人,将近中午时分一直守候在道路两边,一直到漏下五鼓县太爷升堂仪式举行才慢慢离开。

寿宁县的夜晚,城门是并不关闭的,为的是让那些星夜赶路进城的穷

[①] 《冯梦龙全集第15卷·寿宁待志·岁时》,江苏凤凰出版社,第34页。

苦人，在偿还债务之余，能够置办鞋帽过个新年，清晨街面市口的热闹过于晌午。也有躲避债务过了年关再返回家乡的人，还钱清账。到医生家去看病求药，赊账欠钱的，按照欠条还清医药费用，酬谢医生仁德广施治病救人之恩惠。

冯梦龙在《待志·风俗篇》中记载了"毙溺女婴""典妻卖子"（笔者已译成白话）的悲剧[①]：

福建的风俗就是重男轻女，寿宁也一样，生出女孩往往被淹死。自从我当县令贴出告示严禁，且捐出自己的俸禄以补偿收养女婴的家庭，此种风气才被刹住。

在写到男女婚嫁礼俗时，老冯写道：

大户人家非有大的过错，不将妻子休出家门。而小户人家稍不如意则将妻子弃之如破旧的鞋子。家中或者有急用，典押出卖自己的妻子，并不以为有违礼仪。或者借给他人代孕生孩子，一年只收一两银子，三周日满女子被放归夫家。如果典卖的人要求宽限，更换典卖合同价格和过去一样。也有人到期不归夫家的，必须再增加费用，重新订立契约。寡妇生活所迫非常贫困，被迫在举丧中就嫁人，甚至有双鬓花白的老太，也觅老头做伴侣的，被称为帮助老人。寿宁唯独轻视女性，搞得女性也自己轻视自己。实在令人悲哀！

这样的男尊女卑黑暗现实使得冯梦龙在《三言》《情史》《智囊》中所塑造的众多有才情、有个性、有智慧争取妇女解放的女性形象有鲜明的差别，使得具有人文情怀男女平等理念的老冯特别悲愤莫名。他对寿宁的溺女恶习，特地根据当地民众文化水平低下的特点，为了使普通县民看得懂，用通俗易懂的白话起草了一纸《禁溺女告示》全文照录如下[②]：

禁溺女告示

寿宁县正堂冯，为严禁淹女以惩薄俗事。访得寿民生女多不肯留养，即时淹死，或抛弃路途。不知是何缘故，是何心肠。一般十月怀胎，吃尽辛苦，不论男女，总是骨血，何忍淹弃。为父者你自想，若不收女，

---

① 《冯梦龙全集 15 卷·寿宁待志·风俗篇》，江苏凤凰出版社，第 34 页。
② 《冯梦龙全集第 5 卷·寿宁待志·风俗篇》，江苏凤凰出版社，第 31 页。

你妻从何而来？为母者你自想，若不收女，你身从何而活？况且生男未必孝顺，生女未忤逆。若是有家的收养此女，何损家财，若是无家的收养此女，到八九岁过继人家，也值银数两，不曾负你怀抱之恩。如令好善的百姓，畜生还怕杀害，况且活活一条性命，置之死地，你心何安？今后各乡各堡，但有生女不肯留养欲行淹杀或抛弃者，许两邻举首本县，拿男子重责三十，枷号一月，首人赏银五钱。如容隐不报，他人举发，两邻同罪。或有他故必不能留，该图呈明，许托别家有奶者抱养。其抱养之家，本县量给赏三钱，以旌其善；仍给照。养大之后，不许本生父母来认。每月朔望，乡头结状中并入"本乡无淹女"等语，事关风俗，毋视泛常；须至示者。

冯梦龙的《禁溺女告示》不仅是一篇很有特色的文告，更为可贵的是告示所体现的为妇女争取生存权力，反对重男轻女，提倡生男生女一样好，男女平等和对人的生命的尊重，虽然仅仅是出于儒家"仁者爱人"的初衷，依然有着基于人权意识的现代民主主义进步思想的萌芽，值得后人学习和借鉴。

对有着重男轻女意识的县民，他特意提醒请认真地思考"为父者你自想，若不收女，你妻从何而来"这句话提出的哲理；如有传宗接代思想的女士，请仔细地品味"为母者你自想，若不收女，你身从何而活"，这句话揭示出的强烈人文含义和对封建男尊女卑纲常礼教的叛逆。这和他在文学创作所持的男女平等的理念是相吻合的。在白话小说《三言》，文言小品《情史》《智囊》，民歌《桂枝儿》等文学作品中对于女性爱情、婚姻和才情智慧的描述均具有上述人文追求的特点。《待志》中所体现出的深层次的对社会的批判和理想追求，均具备上述晚明的时代特色，反映着晚明人文思潮的新变化，投影着冯梦龙个人的思想倾向，这是冯梦龙明显和其他地方官员书写县志所不同的地方。

对于疾病和死亡等人生灾难，寿宁当地百姓宁可崇信巫术也不相信医术。表现了对于生命等自然现象的无知。每次生病必然要招请巫师来家中迎神，邻居们还竞相敲锣打鼓助兴，被称之为"打尪"，当地老百姓认为疾病是由山精邪怪、魑魅魍魉、鬼魂邪祟引起的"病"，请巫师做道场称为尪场而驱鬼做法事称呼为打尪。在邻居看来这类打尪就等同于一次邻居集体的娱乐。敲锣打鼓助兴者还可以在病者家吃上一顿美味佳肴，不打尪邻人甚至感到寂寞，动辄诽谤病家小气，对待病人不负责任等等。当打尪仪式开场时，左右邻居举家前去看热闹，当这种仪式举办的过程中，有时病人已经死亡，尸体变凉，家人依然沉浸在打尪的热烈气氛中，毫不知晓。

冯老知县发布告示明令禁止，并且再次捐出自己的俸禄，购买医药布施县民，此种邪风在县城稍有制止，但是在偏远乡村依然不能尽行割除，这使他不得不感到深深的遗憾。

当然作为一个有理想有追求的县令，面对贫困山区诸多的问题，在很多方面，他都感到无可奈何。比如他在《待志》中说，寿宁据宁德郡最高的地方，山峦瘴气袭人最容易得病，而痢疾传染最可怕，即使家中亲人对于病人也仇视，患病的穷苦儿童即使没有气绝身亡，也被焚烧火化了。他准备选择空余的地方建立茅屋数间专门收治痢疾患者，因为资金和粮食无法筹措，所以未敢轻易有所动作。看来这位一县父母官，对于当地落后风俗的根治，虽有许多想法，终因受制于条件而无法实施。这是理想和现实之间巨大的落差所造成的理想失落。

十一、礼法并重的司法改良

中国自古以来就是礼法并重的社会。所谓礼就是偏重于道德教化，用于家规、族规和祖训激发个体内心对于皇权的敬畏和道德律令来规范人心，指导行为，具体归纳到"三纲五常"。但在实际上"礼"也就是"法"，有时"礼"甚至超越于"法"之上，所谓"礼不下庶人"和"刑不上大夫"很好地说明了礼法其实是完全建立在封建宗法等级制度上的。所谓法律也就是代表了最高统治阶级的意志。而并不具有现代法治社会"法律面前人人平等"人权含义。

故而新旧时代的交替时期尤其是王朝没落时期往往出现"礼崩乐坏"的现实，也就是王朝的律令和礼数完全崩坏，在实际中不起作用了。在明末由复社文人陈子龙编选的《明经世文选》中，马文升曾在疏文中写道：

窃惟为治首先在于德教，辅治莫先于刑罚。非德教无以化导乎人心，非刑罚无以惩戒乎奸宄。故在帝舜之世，契敷五教，而皋陶典刑，以弼其教，是知自古帝王之御天下，未有舍此而能致者也。[①]

冯梦龙治理寿宁其间，基本也按照礼法并重的思想，首先修辑学宫，整顿教育，目的在于重新树立"礼"教之权威，使得儒学教育起到规范人心的作用。其次在于公正断案，打击首恶，敢于碰硬，稳定社会秩序。

这一理想境界在冯梦龙的文学创作中多有体现，他小说中所塑造的理想化官僚形象基本都具备了上述特点，只是这些理想化文学典型在寿宁司法实践中的具体运用，并取得一些成绩。在出任寿宁知县之前，冯梦龙在《三言》中塑造的一些清官循吏的形象，大都表现出"无讼"的形象。如《醒世恒言·薛录事鱼服证仙》中的薛少府主政四川清城县，凡有盗贼，协力缉捕。又设立义学，教育人才，把好言劝谕，教他本分为人，因此处处田禾大熟，盗贼化为良民。《警世通言·钱舍人题诗燕子楼》描写钱易出任武宁节度使，下车之日即宣扬皇化，整肃条章；访民瘼于井邑，察冤枉于囹圄，宽仁惠爱，劝凶化顽，悉皆奉业守约，廉谨公平。在《喻世明言·沈小霞相会出师表》描写沈鍊做了三年知县，都政绩显著，吏肃惟遵法，官清不爱钱，豪强皆敛手，百姓尽安眠。这些地方官清廉守法，立学教人，缉奸捕盗，明绝狱讼，其为官处事，立身为人及其处理讼狱的行为都是儒家理想人格的典型，也是冯梦龙在仕宦寿宁其间的榜样。

这些行为准则，基本和当时帝王们明面上所提倡的主流意识形态相吻合。尤其是太祖爷《皇明祖训》的教导是相一致的。然而，在实际执行中却和官场所流行的潜规则相悖离，甚至格格不入，这就导致了官场提倡的理论和实践的相悖离，在官场伪君子盛行的时代，真君子是没有立足之地的，这就导致了四年寿宁知县任满，冯梦龙便永久地怀揣着他的济世救民的理想淡出官场，而依然皈依他的学者生涯。

在此，我们必须明确地界定，专制帝国的刑罚，并不能等同于现代意义上"法律面前人人平等"的法治，基本上是维护统治阶级秩序，体现统治阶级意志的刑罚条款，因而民间调节商事、民事纠纷的民法典是不存在的。商事、民事的纠纷的调节依靠的民间约定俗成风俗和习惯，体现的基

[①] 《明经世文编》，中华书局，1962年，第549页。

本属于道德规范范畴的乡规民约。明代的所谓刑罚，乃是太祖皇帝朱元璋在洪武十八年颁布的《大诰》，现代统称为《大明律》。据《明史·刑罚》记载》太祖皇帝在回答大臣对于用刑的宽严时，明确指出暴秦的严刑酷法导致秦代二世而亡的教训时说①：

  御史中丞陈宁曰："法重则人不轻犯，吏察则下无遁情。"太祖曰："不然。古人制刑以防恶卫善，故唐虞画衣冠、异章服以为戮，而民不犯。秦有足颠抽筋之刑，参夷之诛，而图圄成市，天下怨叛，未闻用商、韩之法而可至尧舜之治也。"宁惭而退。又尝为尚书刘维谦曰："仁义者，养民之膏梁也。刑法者，惩恶之药石也。舍仁义而专用刑罚，是以药石养人，岂得为善治乎？"盖太祖用重典以惩一时，而中制以垂后世，故猛烈之治，宽仁之诏，相辅相行，未尝偏废也。

  因而，明代在开国之初，对于政治类涉及大臣的谋反贪贿案件采取严刑峻法甚至剥皮抽筋等等酷刑，对于民众在施行刑罚方面是相对宽松的。延续的依然是历代统治者儒表法里王霸并施宽严相济的文武之道。弹奏的依然是礼法并行、仁德为主、刑罚为辅的老调。统治阶级的意志贯穿于法律，目的是"帝祚永固，江山一统"使得帝国的统治得到延续。这种刑罚纲常的失落，酷刑的普遍使用，导致冤假错案盛行，冤狱遍地，民不聊生的现象，在冯梦龙的《三言》中有很深刻的揭露，因而严刑峻法对于民间的普遍使用，对于贪官污吏的贪墨行为却失之于放纵和宽容，则是太祖皇帝所担忧的政权失去人心，出现秦末那种冤狱遍野，民怨沸腾，民变蜂起的乱局，二世而亡的大崩溃前兆，是暴政苛政导致的必然结果。因此，仅靠冯梦龙一己对于寿宁的治理对于改变整个朝政的乱局是无济于事的。

  寿宁作为冯梦龙塑造的儒家政绩典型只是个案，并不具有帝国王朝末期的普遍意义，只是帝国太祖朝所期待的理想化社会的回光返照。对立面的参照物越是明显，也是在官场更加是昙花一现，最终归于和王朝一起寂灭。

  因为，怀有济世情怀的儒家官员冯梦龙在寿宁的司法实践中，基本遵

---

① 《明史卷九十四·刑罚》，线装书局，第600页。

循了太祖皇帝"猛烈之治,宽仁之诏,相辅相行,未尝偏废"遗训忠实于《大明律》在实际中的灵活运用,他所扮演的就是清官戏中包青天、况钟和自己在《三言》《智囊》中所描述的清官角色是薛少府、钱易、沈鍊、石壁、龚遂等人的变身,寄托了自己的儒家理想境界的实施,其吏治目标即为"为官清正,听讼明决,雪冤理滞,政简刑清,民安盗息",保一方平安。

寿宁县的泗州桥旧志上记载离县城有五十里。经冯老知县实地考察有七十里,为政和、宁德、古田三县的必经之地,与宁德只隔一座山,与政和县交界,距古田二十里。由于离县城偏远,山高路险,又是三县交界之处,往来人员复杂,属于治安管理上的盲区,从来都是顽劣人员啸聚的场所,不是抢劫就是盗窃窝赃,这股风气根深蒂固,为害一方。

各县衙门明明知道情况,却不敢问津,更增添了这些土豪顽劣的嚣张气焰。导致民风越来越刁蛮彪悍。而古田县的谢教村,是这股顽劣土豪结成死党自我巩固的根据地,那些临近县村如政和县的磻溪、西溪两村与泗州桥结成了联姻关系,遇事相互声援,一呼百应,导致土豪顽劣之势力,日益做大,目无官府,拖欠公粮,抗拒逮捕,无恶不作。

冯老知县经过调查,发现主犯为陈伯进。陈伯进是寿宁七都泗洲桥人,父亲是当地的刀笔讼棍,帮助别人书写状纸代理诉讼为业,后来家道破落,以唱曲乞讨为生,往来于磻溪、西溪之间。因其走南闯北,与盗匪关系密切,家道渐渐有所起色。因为他能言善辩,遂成为地方一霸。陈伯进屡次杀人犯案,皆以行贿官府而摆脱惩罚,他实际上已经将官府玩弄于股掌之上了。

冯梦龙在《待志・卷下・劝诫》[1]中的记载,就是针对其前任贪污腐败玩忽职守的揭露和批判,明末官场黑暗官匪一家的残酷现实,由此可见一斑。他深知破此案是有相当难度和风险,但是他知难而进,绝不姑息迁就顽劣之徒。在他担任县令以来,那些老大难的案子都没有难倒他,比如惯犯黄茂十、范应龙等屡教不改的犯罪分子无不一一捉拿归案,审理完结。

当他首次派出公差逮捕陈伯进,在敲他家门时,这家伙竟然在楼上窗户里用滚烫开水浇下,烫伤了捕役的脸面。此事激发了冯梦龙不辱使命定

---

[1] 《冯梦龙全集第15卷・寿宁待志下・劝诫》,江苏凤凰出版社,第67页。

要将此首恶绳之以法的决心。当他从宁德郡公干返回寿宁路过泗州桥时，亲自带领衙役前往泗州桥锁拿陈伯进，虽然该陈负隅顽抗，纠集西溪恶党朱仙堂等持械对抗，最终还是在冯梦龙的严正执法面前束手就擒。最终审结该案，歹徒被正法。

为了抓住这个反面典型以警示众人，杀一儆百，冯老知县将他的劣迹以红笔丹书公之于众，教育民众，以为垂戒。以大案要案显示法律的权威，寓审判和教化于一体。这种司法教化，是震慑坏人，减少案件发生，为"政简刑清"创造条件的重要手段。

也就是说，他更注重如何发挥典型案件的"垂诫"作用。他恢复了在寿宁废弃已久的"旌善亭"和"申明亭"；把那些县里的好人好事记录在"旌善亭"中，弘扬礼教，发挥正面典型的教化引导作用；把那些恶人的劣迹公之于大庭广众面前，记入"申明亭"中，发挥警示作用。

冯梦龙上任后，发现"申明之典亦久旷矣"。于是他把一个名叫"符丰"的坏蛋，刻在申明亭上。"符丰者，余初莅任时所申也。仇视其族，遍讼各台，更名借籍，诬杀陷盗，如鬼如蜮，不可端倪。"在审理陈伯进案后，冯梦龙发现："然今日观之，丰不足怪，殆有甚焉"。于是他把陈伯进一案详细写入《寿宁待志》，希望发挥"以惕其余"的作用。

审理一个案件后，加强以案释法，以达到震慑、警醒、教化一批人的目的，是中外古今行之有效的措施。实际贯彻了太祖爷在颁布《大明律》时所反复强调的"猛烈之治，宽仁之诏，相辅而行，未尝偏废"的原则。道德教化的作用是要长期坚持才能呈现效果的，不可能"立竿见影"。所以冯梦龙坦言："若夫化顽为淳，转瘠成肥，非曰能之，以俟君子"。

从陈百进案件的查处，他还举一反三，在体制上加强了泗州桥的治安管理。陈案审理完毕后，他立即详细报告上级，按照惯例县里有一名侯缺巡简，由于寿宁地处偏僻巡简一职事情不多，用处不大。他要求在泗州桥建立巡简衙门，一切征粮、捕盗、提取人犯等事务具责成巡简衙门办理。上级批准了他的要求，他在泗州桥公馆专门添置一进房屋为巡简衙门。

他对新任巡简提出告诫是：

毋受辞、毋擅决、毋生事、毋袭体，所谓移无用之官为有用之官，

而收化外之民于化内也。①

　　冯梦龙认为在寿宁的司法诉讼中最简单，也最无情。如在土地买卖的纠纷中，有人甚至拿出百年前的土地契约，再加上高价进行倒卖。这种契约文字非常简单，是属于在方寸劣质纸张中随随便便中书写的，字迹潦草，难以分辨真伪。也有用伪造的文书参与土地的竞价，这些人对于贪欲的期望值高得惊人。所以年月稍近，衙门在断案时往往倾向于贫困者，也有按照约定俗成的规定进行审理的。这些文书常常不能起到证据的作用。

　　他前去接任县令的时候，监狱中多年已经没有死刑犯出现了，但是并不能证明寿宁就没有杀人越货的大案要案。这些问题的存在意味着刑罚措施没有真正落到实处。县里没有配置刑事案件勘验人员，凡是诉讼文书的起草上告和原被告双方庭审控辩都由讼师包揽，他们来到县里的路费住宿费用均由原被告家人承担，案件审理结束，有的家属还有赏赐。这些讼师就自以为是奇货可居，所以只能任其吃了原告吃被告地索取敲诈。由于诉讼上下皆由这些人经手，即使有真正的命案也多是简单地免于追究息事宁人，官府有时也不得不听从这些人的意见进行判决，实在也是县里刑事侦查能力有限。

　　冯老知县感叹道，一些民怨被抑制而得不到伸张的实在太多了。他提出，必须特别招聘案件勘验人员，随时听候调遣才能解决这种对于证据审查不充分潦草马虎判案的弊端，当然在这篇《待志》中冯梦龙不得不对他的前任们的玩忽职守进行了掩护，将责任全部推到了讼棍们身上，或许是遵循了官场的潜规则，心中不得不有所顾虑。

　　冯梦龙从调查中得知，寿宁地处偏僻高山，百姓文化程度普遍较低，"不知法律""惮于见官"，不喜欢也不会打官司；但又"性悍而量窄""以气相食"。在此背景下，一些讼棍便应运而生，欺骗官府，残害良民，上下其手，危害很大。这是当时寿宁司法必须解决而又难于在短期内解决的问题。

　　寿宁民风彪悍，有的不法之徒凶悍无理得简直匪夷所思。比如青竹岭村的姜廷盛，气势汹汹地闯进县衙，说他与弟弟征粮到了三望洋这个地方，

---

① 《冯梦龙全集 15 卷·待志·铺递》，江苏凤凰出版社，第 23 页。

一个叫刘世童的凶徒抢劫了他的粮食砍伤了他的弟弟。保人也是言辞凿凿为他作证明。检验其弟的刀伤，确实很怕人。

不久，嫌犯刘世童被捉拿归案，却说姜廷盛弟弟是被原告自己砍伤的，为的是嫁祸于人，实施敲诈。冯老知县感觉，哥哥怎么可能砍伤弟弟，而且是白天自砍，如何敲诈他人呢？且看那姜廷盛衣着破烂肮脏，身上臭不可闻，来人不敢靠近，像是个游手好闲无赖之辈；而刘世童则衣履穿戴齐整，神态自若应对如常，实在不像是个与人交手的行凶作恶之徒。于是双方各自交保人带回去。

次日中午，老冯命令轿夫休息去会朋友，他微服出西门，前去三望洋暗中调查案情，他遍寻父老儿童，大家都说是这姜廷盛砍伤了老弟。老冯听说姜家兄弟的亲姨妈吴氏曾经劝解过姜氏兄弟的矛盾。好在吴氏住得不远，老冯将她召来询问，这位姨妈也说是误伤。一位儿童姜正传是姜家兄弟的本族之人，小家伙亲眼目击此事，而且报告了姜氏兄弟的姨妈，他也说是姜廷盛将自己弟弟砍伤的。

老冯经过详细调查后，方弄清案情原委。原来，廷盛因为摊派里役的事情大骂刘世童，刘世童将此事向县进行了举报，于是姜廷盛对刘世童恨之入骨。姜廷盛的弟弟手上长了个肿瘤，他非常厌恶老弟经常到他那儿蹭吃蹭喝。于是，带着其弟蛊惑与刘世童打斗，等待一交手，则将其弟置于死地，而后诬陷刘世童。

谁知，刘根本就不理睬姜氏兄弟的寻衅滋事，姜廷盛愈加恼羞成怒，看到肉案上有一把屠刀，随手操刀向其弟投掷而去，击中其弟前额，血流如注染红了脸面，廷盛也以血自涂脸部，说是受了伤，诬告为刘世童砍伤。经过实地调查，老冯才明白，天下竟然有此等天理难容的怪事，未必是以人情可以擅自揣度的。于是重新缉拿姜廷盛，获取保家一起具结，领取其弟回家疗治伤口，如果不死，将在处理上从宽，在政策上给予抚恤，否则将要他偿命。姜廷盛计穷，于是对其弟伤口进行调护，其弟生命也无恙。

冯梦龙在总结本案成功查处的经验时说，假如此案仅仅从情理上进行推测判断，必然被蒙蔽，如果不是本人亲自前往实地调查或者侦察时不保密，必然为轻信常理所耽误。①

冯梦龙在寿宁的司法实践中对于旧案不推托，难题不回避，为化解矛盾创造条件。在寿宁县犀溪乡西浦村缪氏家族修于清嘉庆三年（公元1798年）的《缪氏大家谱》中，发现了一份冯梦龙任知县时发布的民事文告（手抄稿），题为《县主冯告示》，实际上最后署名的是三级衙门，即"建南道费"、"本府（按建宁府）正堂蒙"和"本县（按寿宁县）正堂冯"。起因是缪氏族人"连签呈"，称他们的祖墓"自宋元至皇明，流管三朝，计年数百"，"向承传扫至今"。且有关文书均有记载，没有异议（"无异晋箓"）。但近年来墓地上的"枫、樟、大杉围木"，"旧遭邻豪希图混争"。

缪氏族人连告道、府、县三级衙门，不知何因，案件久拖不判，纠纷也难以平息。冯梦龙"新官理旧案"，经调查属实后作出判决，贴出公告，并派"分守带管兵巡"，于是了结了一场多年未断的民事官司，避免了矛盾扩大化。对于一些社会纠纷，根据实际情况，采取司法调解，也不失为化解矛盾的好方法。如寿宁民间流传的冯梦龙断牛案，就是典型的例子。西浦的两个村庄土地相邻，平时就因小事摩擦而发生过吵架乃至械斗等纠纷。有一次双方牧童放牛不慎，引起两村之牛相斗而出现"一死一伤"的结局。于是旧怨加上新隙，双方村民又由争辩到吵架，如不及时制止，一场更大的械斗难以避免。冯梦龙得知此事后，亲往现场了解情况，并在西浦的"官厅"（知县下乡现场办公之地，今遗址尚存）及时下发调解文告："两牛相争，一死一生，死者同吃，生者同耕"。这种由县官作出的文告，在当时就是带有强制性的司法调解文书，由于符合纠纷实际和当地民情民俗，发挥了由"化讼"到"息讼"的作用。故冯梦龙断牛案在民间流传数百年不衰，至今仍为百姓津津乐道。

重视自律，以身作则。对下属则采取严肃管理与合理关爱相结合的办法，督促他们尽可能地为民公平办事。这一条，是做到司法公正的关键！冯梦龙所处的明朝末年，贪腐成风，纪纲败坏。他自知"人微言轻"，无回天之力。但仍始终坚持"自律"。面对山区小县的诸多困难，他考察"时

---

① 《冯梦龙全集 15 卷·待志·狱讼》，江苏凤凰出版社，第 24 页。

事之纡促，风俗之淳枭，民生之肥瘠，吏治之难易"，提出"司政者可以不兢兢乎哉？"所以他上任后，详细考察以前历任同仁的得失，从中吸取借鉴。

他调查后认为，旧知县戴镗是个难得的好县官，便为他不能入名宦祠而鸣不平："戴侯设四隘，详复民兵，积谷则有准粮之法，征输则有月限之法，繇是奸宄屏息，坊里安堵，庾藏克实，卓哉能者！不但循良而已。公论咸归，祀典尚缺，此亦地方之责也"，他了解到旧知县蒋诰，在九岭上捐钱植松及采取"种松自赎"的灵活司法措施，深为赞扬："侯之善政不尽详，但闻捐钱植松数百于九岭，以蔽行人。今渐耗，其存者犹数十。笞罪亦许种松自赎，即此可想其人矣"。

冯梦龙处在"末世"，决定了他难以有所大作为；但他"明知不可为而为之"，在四年知县任期中，展现了爱民、公正、清廉的形象，体现了中国古代优秀知识分子和正直士大夫的操守。

在当时的条件下，只要县官能凭公断案，则实现"政简刑清"的目标并不太困难。他说到也做到了！但"平生不求名而求实"的冯梦龙，并没有就此粉饰现实，更没有自我标榜。他在《寿宁待志》一书中，还如实地介绍说，在他的任上，虽然寿宁案件该处理的都尽量公正地审理了，却不是什么大案都没有，也不是没有一件冤案。当然，更不是什么全县"太平无事"。

而处于"末世"的边鄙穷困山区的县官冯梦龙，因为地方财力匮乏，即使搞点小小的建设，都要靠捐出自己的俸禄。明朝官吏的法定"俸禄"是很低的，贪官靠是的巧取豪夺，所谓"四年清知县，十万雪花银"。而穷县官冯梦龙为了替老百姓办点好事，却要处处捐献"俸禄"；即使他搞的这些"建设"，远远不如"盛世"时的大都邑官员搞得那么规模宏伟，那么名声显赫，但却反衬出他的精神境界格外崇高。

冯梦龙作为"末世廉吏"的清廉，还不只体现在他拒绝贪贿、洁身自好上，也不只体现在他修桥铺路、为民行善上，而是最集中地体现在他行使"县令"职权时的所作所为上。作为封建社会的县令，他的首要任务只能是向本县农民征收国家（皇帝）下达的赋税钱粮，足额上交国库，以维持封建政权的正常运转。但明末朝廷横征暴敛，带来了几大不良后果，如人口大量外逃，负担更为不均；地方财政空虚，无力为民办事；百姓生活困苦，贫富更加悬殊。冯梦龙虽回天无力，却敢于如实向上反映实情；他从内心里把"寿民之艰"与"寿令之苦"联系在一起，体现了他坚守"廉政自律"的道德规范。

冯梦龙信奉孔子"使无讼"的理想，但深知这是一个复杂艰巨的系统工程。于是他从寿宁"岭峻溪深，民贫俗俭"的实际出发，提出自己的施政纲领："险其走集，可使无寇；宽其赋税，可使无饥；省其谳牍，可使无讼。"

他明白，从大的方面讲，要想法解决百姓的温饱问题，达到最低限度的"无饥"；要防止百姓无路可走而铤而走险，达到最低水平的社会安定，才能为"无讼"创造必要的条件和前提！所以他把"险其走集，可使无寇；宽其赋税，可使无饥"与"省其谳牍，可使无讼"联系在一起，作为施政纲领，这是十分有见地的。

十二、筚路来去遗泽惠民间

崇祯十一年（1638年）冯梦龙已经高龄六十五岁了，须发皆白，在寿宁知县任上整整五年，他完成了《寿宁待志》的写作，同时在繁忙的政务之余还改编完成了剧本《万事足》。在《万事足》落场诗中他写道：[①]

山城公署喜清闲，戏把新词信手编。

但愿闺人除妒嫉，不愁家谱绝流传。

夫妻恩爱原无碍，朋友周旋亦可怜。

少壮几时需远虑，休言万事总系天。

公务清闲的时候，他改编了南曲《万全记》，因为这部戏曲作品戏文的词曲过于粗制滥造鄙俗不雅，且不符合词曲的平仄韵律，于是冯老先生重新创作了一遍，这是一出歌颂贤妻良母妇女高贵品德的传奇故事。状元陈循结婚多年没有儿子。贤妻替他娶妾，他拒不接受。有一次他以为同妻子同房，实际却是小妾伴宿，才生下一个儿子。同榜进士翰林学士高谷则

[①] 《全集第12卷·墨憨斋订定万事足传奇》，江苏凤凰出版社，第697页。

家有悍妇，她同陈循妻相反，禁止丈夫纳妾。高谷在旅途中杀死妖精，救下一个少女。少女以身相许，高谷不敢娶她为妾。同居三天之后，将她寄居在尼姑庵中，剪下衣襟为信物。由于陈循的力劝，直至强力干涉，并以"七出"之条恐吓悍妇将被休弃，她才被迫让步。高谷得以在和寄居在尼庵中的小妾重聚时，儿子已经七岁了。这是《有子万事足》戏曲名字的由来。

这出戏基本是按照儒家女德说教，鼓吹"女子无才便是德"的理论，演绎"不孝有三，无后为大"的观念，至于戏曲唱词情节的安排均为演绎这些纲常礼教而刻意安排，当然谈不上有什么思想性和艺术性。无非女子当好贤妻良母，相夫教子，使得家族振兴，流芳百世而已。是说女子必须心怀大度，解除嫉妒的小鸡肚肠，才能做到夫妻恩爱，使得优良家风永久的传下去，人在少年时必须具有长久的打算，很多事的成功都在于人的积极努力，不必将命运总是寄托于老天的安排上，这是作者作为儒家知识分子在思想上的局限性，比起那些传奇故事中敢于悖离纲常礼教追求个性解放的女性来讲，这些贤妻良母为目标的女性在形象塑造上要逊色不少，因而也相对缺少感人的艺术魅力，人物只是概念的图解，形象只是为思想而设置。

当然，作为这种大师级的文化人被安排在寿宁担当一名末流县令确实是大材小用了，相当于以齐天大圣之才去看管桃园充当马夫，但是即使在桃园马厩中，是金子也会在暗夜中闪光，在边鄙小县冯梦龙的理政才能和种种治理业绩以及附丽其中的思想锋芒，均体现在他那本理论联系实际且满溢着文学色彩的著作《寿宁待志》中。确实在煌煌历史中得以流传了下来，但是大明帝国的官场犹如他在《万事足》诗中描绘的家中悍妇那般充满了对于人才的嫉妒，于是冯梦龙这位十分想与官场结缘的大才子因此而与官场有些格格不入。唯有那本《寿宁待志》倾注了对寿宁这片山区的关爱之情，流芳百世了。

《待志》几乎详细记载了寿宁的地理位置、文化渊源、民情风俗和他在寿宁的种种政务、税收、司法活动。更难能可贵的是笔触锋芒如同手术刀对一基层小县的政务、文化、民情风俗、司法结构剖皮剔骨毫发毕现地展现基层政权结构的种种弊端，锋芒直刺病入膏肓的体制，这是历代官方主持撰写的《县志》所难以达到的思想高度。这样的高度使得颟顸昏庸的地方官员只能望其项背而自惭形秽。

对于冯梦龙而言，朝廷规定的任期已经届满或者升职或者调职到其他县任职，因为冯梦龙在寿宁知县任上的政绩显然是十分突出的，也许是过于突出的政绩或者是《寿宁待志》中对于地方官场弊端揭露过于深刻，使得他这位鹤立鸡群的大才子，在土鸡环绕的官场更像是鸡圈中兀立着的凤凰，而使得他的上司对他心怀嫉妒和不满，但又无法公开言说，只能对他进行冷处理，让他淡出官场，回老家苏州养老，省得再对福建官场指手画脚说三道四。

崇祯十一年的秋天，山区的县城还浸淫于初秋的溽热中，雾气萦绕的山城带有浓浓的潮湿，使人心情很压抑憋闷。须发皆白的冯老县令即将离任而去，新来的县令区怀素已经到任，在他深深厌恶却相沿成习的迎来送往鼓乐声中，冯梦龙告别了寿宁的同僚，踏上了通往建宁的官道。在他县衙登上软轿打开轿帘的那一瞬间，俯瞰着真武山脚下的这座小县城，往事历历在目，脑海波涛汹涌，轿子下山上山辗转在坎坷颠簸的逼狭山路，如同他坎坷不平的仕途，将他引到了五年前前来履任的那些个不眠之夜。

冯梦龙老先生刚刚莅临寿宁时，常常望着山顶官邸窗外的黯夜深深忧虑，难以入睡，而白天工作提不起精神来工作。面对寿宁县城这种颓败残破的景象，他并没有灰心丧气，也没有做一天和尚撞一天钟，他为了实践自己济世报国的理想，开始向艰难困苦开战。

在他莅任寿宁开始，就听说西门外虎患暴虐，已经咬伤民众百余人，由于城门久废老虎夜间经常出入将猪狗撕咬而去。冯梦龙上任当夜躺在简陋的官衙中听到的竟然是令人毛骨悚然的虎啸声。据冯梦龙《寿宁待志》记载[1]：

余以崇祯七年甲戌八月十一日到任。次日申刻（下午三至四时），见黄云朵朵，至西而东，良久忽成五色，最后变为红霞。生平所未睹也，余喜而赋诗。附《纪云》小诗：

出岫看徐升，纷纶散郁蒸。莲花金朵朵，龙甲锦层层。

似浪千重拥，成文五色凝。不须占太史，瑞气识年登。

---

[1] 《冯梦龙全集第15卷·寿宁待志·祥瑞》，江苏凤凰出版社，第69页。

看来经过两个多月的长途跋涉，已过花甲之年的冯老县令心情大好，竟然饶有兴趣地驻足山岭观看徐徐变化的山涧烟云，记下了当时的情景。山涧徐徐满溢的云彩，如同披纷的锦缎浓烈纷呈地蒸发成云烟，袅袅升腾。仿佛是金色的莲花朵朵盛开，又好像是锦绣的龙甲层层舒展。像是浪花千叠般地涌动，最终变化成五彩图案凝聚成彩云，无须去占卜，此种祥瑞的云气就意味着好年景的到来。老县令对于仕途的前景十分看好。

为了改变这种现状，老先生自己带头捐奉捐款带动县级各衙吏员一起捐款，重立四门谯楼，城墙的崩塌处重新加以修整，又置大鼓一面，立于县城门楼，设立司更人员一名，定时打鼓报时，结束了寿宁县入夜不知时序更替的历史。寿宁县四门南门、西门、东门、小东门也得以恢复。在他主持下修复了东大坝，蓄水数尺於城内，现在也初具规模。

再出东门去县城八十里地即到达政和县交界处，他看到了那座雄伟的青石雕琢大牌坊，这是他到任后要求每到达一铺即立一牌坊，方便羁旅之人辨认路径。在南溪界首他看到了那座由他亲笔题写的牌坊"政寿交界"证明已经到达临县政和县了。

全县的山水村落地理情况民俗风情经济物产他专门做过调查研究，全县二十二图二百二十甲的情况可以说是如数家珍了如指掌。几乎在四年间全部都跑遍。在他所精心撰写的《寿宁待志·都图》篇中有详细记载，甚至在踏遍寿宁山山水水时每晚住宿的村落都有记载，由此可见冯老县令尽职敬业。[①]此处仅摘录几条他对各图有关村甲调研情况的说明，由此可见其言简意赅的记录中渗透着他对寿宁各村落民情、民俗、物产、经济情况的熟悉程度和工作作风的深入细致：

坊隅一图：

一甲：南门，离城十里，住青竹岭羊尾村。民贫，耕读。粮易。

二甲：军户。东门，离城二十里，住楒洋村。有石型如将军。出梨，出炭，出石麟鱼。民淳，粮易。

三甲：南门，离城七里，住青竹岭坑底村。出道士。民贫，耕绩。粮少。

---

① 《冯梦龙全集第15卷·都图》，江苏凤凰出版社，第39/54页。

四甲：南门，离城二十里，住大洋尾村。民贫，耕读，粮少。

五甲：南门，离城二十里，住大洋头村。有仙迹，下有天柱岩。耕绩，量颇多。

……

看了这些调研报告的记录，我们难道能够不为这位三百多年前生于末世的老县令的工作作风所感动吗？

当他踏上归途时，许多熟悉的山川景物一一浮现于眼前，也增添了许多感慨。眼底这条由寿宁通向建宁的官道是他再熟悉不过的坎坷山路，途中将经过政和县九铺。

其实这条路是专为寿宁传递文书所修建，与政和方面没有任何关系，寿宁每每有公文往来传递往往因路况不佳而被耽搁，但此路却是政和县所管辖，他不便苛求。四年多来，冯梦龙去府道公干前后不下数十次必经此路，尤其是从新坑口去东峰一路，险峻异常。当他每次出行必然要预先行牌传谕通知政和县，命令清除沿途的杂草开辟路径，然而政和方面根本不予理睬，每逢阴雨天气几乎寸步难行，他也是无可奈何。这是因为九铺里役的钱粮都是由政和方面发放的，因此这些里役根本不把他这个寿宁知县放在眼里。

他曾经建议，既然这九铺道路专为寿宁所设，除在寿宁一铺其余政和八铺人员钱粮自然也应当归寿宁管辖发放，并由本县对其考勤考绩。如果各铺工钱和粮食由各铺自筹解决，一切的迟误只能是保持原状而不得改善。这样无损于政和却有益于寿宁的建议，上面已经同意，但是政和方面却无人响应，主要是钱粮供给没有落实。故而，直到冯梦龙离任依然要在这条曲折蜿蜒的山路上艰难地跋涉着。①

在寿宁以六十多岁的高龄的冯梦龙几乎是以脚步丈量着所辖区域的土地，大部分时间奔走在山区坎坷蜿蜒的山路上，夜晚借宿于村落，记录了村落的点点滴滴，就是在交通发达的今天很多县领导都是难以做到的事，但是冯梦龙做到了，而他在当时还是一位德高望重著作等身的大学者、大文豪，他的责任心、使命感，确使寿宁人民世代难以忘怀。在寿宁期间，

---

① 《冯梦龙全集第15卷·待志·铺递》，江苏凤凰出版社，第23页。

他把唯一的儿子冯焴带在身边，以编书代训教。他们共同编写的是冯梦龙一生研究史学的集大成著作《纲鉴统一》。洋洋千万言，从三皇五帝的传说到元代叙述史实，评点历史事件和人物，是一部中国历史的简明教科书。冯梦龙后来在此书"自叙"中说：

宦游闽海，地僻事简，刀笔箧笥，毋烦长吏为也。乃于拂弦放鹤之余，复与儿子襄辑旧文，驱繁治阙，捐益详略，一准于庙堂之膴翼，儒生之帖括，为紫阳诸先辈奉执鞭而不敢辞，诚以著书立说，古人恒不避功皋，以功皋在三代之功也。

冯梦龙并没有给后人留下什么"家规""家训"，却以无声的行动道出了本人希望儿子健康成长、自食其力、出淤泥而不染、为社会办好事的强烈愿望。在训子、著书、写诗、编戏的业余生活中，由于他思想的丰富性，情趣的多样性，他自由畅达地游走于公务政务和个人对于文史哲思的多维空间，各有丰富的收获。冯梦龙在建宁期间和当地名士徐𤊹（字惟起，兴公，1569——1644年，闽县人）结为神交，冯梦龙在寿宁期间还著有《游闽吟草》一卷，由徐为之作序，可惜已经毁于战火，而不见传世。徐𤊹在《寿宁冯父母诗序》中有言：

兹治寿宁，则又成吟稿一卷……退食之暇，不丹铅著书，则捻须吟咏。闽中五十七邑，令之闲，无逾先生；而令之才，亦无逾先生者。顾先生虽枕于诗，而百端苦心，政平讼理，又超乎五十七邑之殿最也。

这是对冯梦龙五年治理寿宁最公正的评价，也是冯梦龙才华全面展示最客观的概括。无疑他的才华和治理政绩在建宁府五十七县当中是最最突出的。天才的与众不同之处这在于雄才伟略在政绩和个人情趣的综合发挥方面是优势互补相得益彰的，这就是庸俗的官场无人能够与之相匹敌之处了。现在冯梦龙要带着未能尽情实现的政治抱负，带着未竟的理想和无尽的惆怅和遗憾，告别这块给他带来荣誉和才情挥洒的土地，应该是有所失落的。等他重返这片热土，已经是六年以后了，这五年间帝国发生了翻天覆地的变化。

第八章　舐血和泪记甲申

一、走出桃花源的退休乡绅

公元 1644 年（明崇祯甲申 17 年）这一年发生了惊天动地的"甲申之变"。中国的历史因为李自成农民军攻入北京而改写。不久，原大明山海关总兵吴三桂引入满洲军队击溃农民军，清军长驱直入一路掩杀扫荡南北，而致统治中国长达 276 年，历经十六朝的大明帝国分崩离析。

满洲少数民族统治者登上中国政治舞台，开创了一个新的王朝，民族在血腥和暴力的强行推动下，开始了融合，大清帝国在隆隆炮声中，在残酷的杀戮中粉墨登场。

也就在这一年，退居苏州苍龙巷墨憨斋的冯梦龙再也难于安度自己退休官员优哉游哉的游艺写作生涯，作为大明王朝的遗民开始将自己的目光转向政治舞台，因为这个舞台的灯光并未因为崇祯皇帝殉国而转向熄灭，散落在各地的王族遗老遗少们开始像星星之火那般期待着燎原。

那一豆幽光在南方诸省之间飘忽明灭着，给予前朝的遗民们许多中兴的希望，先后登场的有南明王朝的南京弘光小朝廷、浙江绍兴的流徙王爷朱以海监国和建元隆武的福建朱聿健王朝等等，如同大明晦暗天空划过的流星照耀着冯梦龙理想的天空。也正是这一内忧外患的背景唤醒了在南方苏州养尊处优安然享受退休生活的冯梦龙。

桃园梦醒，以其七十高龄已经实在难以在那些个小朝廷中去谋取一官半职，他所能起的作用只能是拿起笔以文字记载这段历史。他是在升平时期刚刚崛起的市民社会忠实的记录者，以精彩的故事通俗的语言创作了一篇篇脍炙人口的小说流传于世。作为行走在科举路上的老学究他在经史领域中创作也为仕途经济打造了一本本参与科考的教科书和辅导用书；在民歌戏曲领域创作宏丰，留下不少有影响作品。

这一年，著名小说家、经学家兼民歌收集者和出版家的冯梦龙终于从风花雪月的文学创作和历史经学考证专注的窄小境界中跳了出来，走进儒家治国平天下的大情怀大境界，尽管这样的情怀和境界寄托着一个覆灭王朝垂死挣扎后的无奈和无助，留存着一片叔齐、伯夷不食周粟般的愚忠和田横五百士似的壮烈。这样的垂死挣扎毕以中国儒家的纲常礼教来衡量，象征着对于覆灭王朝的忠诚，按照孔子的说法叫着"克己复礼"复周公之礼就是复大明之礼，礼象征这政权的秩序，尽管这些都犹如灰烬中的余火，只要有一丝希望都可能死灰复燃。因此，冯梦龙在耄耋之年还殚心积虑地帮助隆武王朝制定了《中兴伟略》，为大明王朝的垂死挣扎建言献策，以尽前朝老臣精忠报国的职责。

然而在家国沦亡时期深受儒学入世情怀长期熏陶的一代学者笔锋陡转转向了当代史的写作，效司马迁或者是司马光关心时事，搜集资料，发愤著史。其中所含的悲愤浸透着血泪如同司马迁在《报任安书中》所言：

盖西伯拘而演《周易》；仲尼厄而作《春秋》；屈原放逐，乃赋《离骚》；左丘失明，厥有《国语》；孙子膑脚，《兵法》修列；不韦迁蜀，世传《吕览》；韩非囚秦，《说难》《孤愤》。《诗》三百篇，大氐贤圣发愤之所为作也。此人皆意有所郁结，不得通其道，故述往事，思来者。及如左丘明无目，孙子断足，终不可用，退论书策以舒其愤，思垂空文以自见。仆窃不逊，近自托于无能之辞，网罗天下放失旧闻，考之行事，稽其成败兴坏之理，凡百三十篇，亦欲以究天人之际，通古今之变，成一家之言。草创未就，适会此祸，惜其不成，是以就极刑而无愠色。仆诚已著此书，藏之名山，传之其人通邑大都，则仆偿前辱之责，虽万被戮，岂有悔哉！然此可为智者道，难为俗人言也。

因而，冯梦龙先生的《甲申纪事》也可以看作是冯老先生晚年的泣血之作。

崇祯自尽煤山后，清军长驱直入赶走盘踞京城农民军继续着烧杀抢掠，大明的官员士子们投降的投降，殉节的殉节，抵抗的抵抗。总之，不同人等选择着各自不同的人生之路，这些生死抉择的背后就是鲜血淋漓的改朝换代，兵燹、屠戮和战火书写了无情的历史。

冯梦龙以满腔的热情和空前的悲愤投入到纪实文学的创作中，他四处采访着北逃归来的官员，听他们以亲身经历，讲述着先帝壮烈殉国的英雄事迹，宫廷内外僚属们的忠诚和背叛，见证了疾风知劲草，板荡识臣忠的壮烈。

《甲申纪事》共包括以下十三卷：文震亨《福王登极实录》一卷、自撰《甲申纪闻》一卷、《绅志略》一卷、程源撰《孤臣纪哭》一卷、陈济生撰《再生纪略》二卷、无名氏撰《燕都日记》《北事补遗》《淮城纪事》《扬州变略》《京口变略》合一卷。第七卷至第十二卷收录当时奏疏、策论、讨贼檄文，也就是以后单行本的《中兴实录》，第十三卷杂录了有感于当时时事而写成的诗文，并附有《工部新刊事例：甲申纪事》虽然体裁各篇均不一致，但内容较为统一，大都是记载李自成的农民起义军的行为踪迹以及吴三桂引清军入京的经过。如《再生纪略》二卷《孤臣纪哭》《燕都日记》《北事补遗》《淮城纪事》等，而其中又以《再生纪略》和《孤臣纪哭》等纪事更为详备。该书虽然以大量篇幅详细叙述农民军与清军的行迹，但仍然以不少笔墨记录搜集了当时不少的遗闻佚事，其中的某些细节颇为生动。

如三月十九日，李自成率领农民起义军进入北京，京城陷落，崇祯皇帝在皇宫中鸣钟召集群臣百官议事，那些平日口口声声"我朝圣主"山呼"万岁"的文武百官竟然没有一人能够前来应诏，崇祯帝成了名副其实的孤家寡人。众叛亲离的崇祯帝见大势已去，拜天祭地也无济于事，走投无路之际，只好自己除去皇帝冠冕，以发覆面，吊死在后宰门外煤山红阁之中，以示无脸见列祖列宗之意。

可怜一代赫赫君主，不仅最后落个自缢身亡的下场，而当时哭监者亦只有主事刘养贞一人，由此可见明朝的败落也是自然而然的事情。《淮城纪事》《扬州变略》与《京口变略》记载的是明朝末年兵士抢掠横行百姓不堪其苦的一些事情，在客观上揭示了明末农民起义的原因。

书中写到由于生逢乱世，朝廷粮饷迟迟不能发给兵士，于是兵士们便公然到村中去"打粮"，光化日之下抢夺百姓的财物。不仅如此，他们还抢掠妇女占为妻妾，抢夺丁壮作为奴仆，"至有一兵而妻妾奴仆多至十余者。""兵士既然有了家接下来便是安家必得入城,于是占尽民房、用尽民物",而"百姓无噍类矣"。在记叙中,作者流露了对百姓疾苦的深切同情以及对士兵烧杀抢掠行径的极为不满,《绅志略》所记载的是"甲申事变"之际明朝诸位文武大臣的事迹。

在《绅志略》中,冯梦龙把事变时在京的文武大臣分门别类,根据他们在事变时的不同表现,划分为"死难诸臣""刑辱诸臣""幸免诸臣""从逆诸臣"等类。每一类中的每一位大臣都记以小传,详细叙述他们在国变中的种种表现。譬如张家玉,《绅志略》中记载他曾投降了李自成的大顺政权,并被授予原官,是属于"从逆诸臣"一类的人物;这一点与我们现代流行的许多史书的记载颇有出入,根据这些史书的记载,张家玉应属明朝的大忠臣。

官员队伍在大变之夜的分化、瓦解和坚守:写尽了各个层级官员、士子甚至于宦官、厂卫人员中媚敌的无耻,殉节的悲壮,嗷嗷叫嚷着复国的慷慨等等。时代的转换犹如万花筒般的变幻莫测,人心之复杂,在此王朝更替之时各自显露,不再作徒劳的掩饰,因为这实在是建筑在生死之上的考验和面对历史评价的有效试金石。当然,他是要和他的同道们像田横五百士那般在荒岛作最后的坚守,哪怕杀身成仁,他是大明朝最后的忠臣。

冯梦龙的《甲申纪事》可谓泣血和泪之作,在那个年代颇具振聋发聩之效,也是留给后人的一段悲壮感人的历史。这就是他在七十一岁的垂暮之年留下的十三卷《甲申记事》和后来对于那些小王朝残渣余孽的献上的最后一片赤胆忠心之作的《中兴伟略》。显然这是两部政治性纪实和建言性策论作品。以此可以窥见冯梦龙晚年的心路旅迹和他政治言行所遵循的价值观和为人底线。然而,王朝是真的可以挽救的吗?

也就在甲申之年被视为流寇的李自成农民军攻破北京,崇祯皇帝自尽煤山,明王朝在事实上已经死亡,只是一个庞大帝国的覆灭,并不像人的死亡那样在瞬息之间倒毙不起,它的文化和经济影响力还在中国大地借助于儒家"忠君报国"理念在明代汉民族士大夫中有着相当大的市场,尤其是向称文化发达经济繁荣生活富足以留都南京为中心的东南数省成为了事实上反清复明的中心,因而清政府的屠杀也特别酷烈,才有了扬州、江阴、嘉定的屠戮，这其实都是士子们率领民众顽强抵抗的后果。

活跃在这个庞大的政治市场中的官僚还在各地流窜，企图填补政治空间，包括王朝统治的最高宝座——皇帝及其身边的近臣。显然活跃在南方的无卵子太监集团和有卵子官僚勋贵集团都想借助于帝国尸体的余气企图拥立新君麋集帝国残存的政治军事力量来对北方游牧民族的政权做最后的抗争，没准能够在坚守东南半壁江山中延长帝国的生命，大小勋贵和文臣武将将在帝国生命的延续中分取最后一杯羹粥来延续自己的特殊利益，如同南宋王朝那般"且把杭州当汴州"继续享受着歌舞升平的偏安生活醉生梦死，这一点秦淮河畔的风月，金陵山水的胜迹是十分符合哪些遗老遗少醉生梦死心态的。至于为先帝雪耻，收复大好河山的宏愿早已在秦淮风月中化为一池烟水，只有早期在史可法一班儒臣慷慨陈词中荡起几缕靓丽的涟漪，随之为南朝君臣的荒淫无耻的享乐中消散。

此时的冯梦龙老先生已经在福建寿宁知县的岗位上退休好几年了，他悠游山野寄情山水在闲适生活中著述立说和朋友诗词酬唱偶尔画上几笔山水花鸟满足一下文人雅士的诸多爱好，安然享受着晚年的退休生活。显然这是一位衣食无忧生活优渥饱读诗书的乡绅最最惬意的生活。冯梦龙在《冬日湖村即事》一诗中写道：

蒹葭一望路三叉，遥认庄窝去路斜。
舟响小溪过蟹舍，屋退高岸露牛车。
轻霜堤柳余疏叶，暖日春桃早放花。
平野萧条聊极目，远天寒影散群鸦。

早春季节，闲居苏州郊区的退休县令冯梦龙先生驾着一叶轻舟，出入于江南水乡的芦苇荡，辗转在港汊纵横景色旖旎的水路中，舟楫起伏听着溪水潺潺流淌，荡过了捉蟹人居住的小屋，两岸的农舍渐渐退去，在氤氲雾气消散的一瞬间，可以见到岸上缓缓驶过的牛车，早春季节寒霜凝结于柳枝，煦阳照耀在灼灼绽放的桃花上，远望平野虽然广阔却有些萧条疏旷，高高的蓝天上散落的寒鸦飞过。此刻，他的心情寄情山水之间是闲适惬意的，尽管北方建房的铁骑已然逼近京畿，皇上心急如焚，但是这些暂时还影响不到南方的安逸平静富足的乡绅们的生活，他们继续该干吗干吗，北方的朝廷并没有真正重视过他们，他们也未必要那么去关心朝廷的命运。

冯老先生在苏州当地悠然度过了自己的七十大寿，收到了当时文坛魁首钱谦益写来的贺寿之诗，夸奖他身体健康，周旋在诸多美眉之间一点也不感到吃力"晋人风度汉循良，七十年华齿力强"可见老冯能吃能喝，筋骨强健，这副身板骨自然"纵酒放歌需努力，莺花春日为君长"，进入老年的冯梦龙竟然还可以如鱼得水般周旋于花丛柳间，实在也是罕见。这显然是风流钱牧斋某种善意的调侃和玩笑。当然这般夸奖老人和年轻人一样能够自由自在地做爱寻欢，是很讨冯老先生欢心的。虽然这篇贺寿诗文只是玩笑之词，冯梦龙未必就是这般从青年风流到花痴到死的老汉，但是把他比作年轻人般的心态和体力对于老先生来说内心还是十分受用。

　　对于冯梦龙而言，青年时代的浪迹花街柳巷自从在与青楼女子侯慧卿绝交以后，经历过这一段刻骨铭心的生死之恋，已经基本和青楼绝交，完全将写作变成了自己生活的常态，即使在为官任上或者退休之后，都是笔耕不辍，著作不断。退出廊庙之后，他已经完成了《列国志传》的改编校订，形成了《新列国志》也即现在通行的《东周列国志》，并且完成了《三教偶拈》，其中最重要的是反映当代儒教新创的王阳明大传《皇明大儒王阳明先生出身靖乱录》，依然是当下王阳明热的重点参考典籍。如果不是那次改朝换代的巨变，根据他的身体他完全可能活到八十以上，或可有更多的著作问世。

　　然而，战乱改变了人们的生活轨迹，也改变了冯梦龙的生活方式，他从一位在书斋中潜心著述的学者或者是作家，变身为儒家入世救世的积极参与者践行者，可以把自己塑造成了一位企图反清复明的斗士，尽管已经七十高龄，依然义无反顾的如同向风车挑战的堂·吉诃德那般明知不可为而为之，直到舍生取义，走向生命的终点。

　　他依然每日笔耕不辍，却不再是抒发性灵的通俗文艺创作，而是转向紧扣时代脉搏的政治写作了。就如同风平浪静时期涉足缓缓流淌小溪中欢歌，一路逶迤流淌到了风雨咆哮的江海必将卷起惊涛骇浪，直到滔天巨浪掀翻人生的小舟进入波涛谷底，而在那一个时间段形成的绚丽浪花将他的人生经历推向高峰以后，如同彗星划过天际永久地坠落在高山流水之间，成为遗落在历史瞬间的一块陨石，等待后人开掘。

二、跳梁大丑李建泰的表演

崇祯十七年（清顺治元年 1644 年）冯梦龙以七十一岁的高龄在悲愤中完成了《甲申记事》这部重要的政治著作。是凡士大夫开始以天下为己任，介入政治生活，尤其是家国危亡之际，要尽一介老臣的责任，热血的奔涌，血脉的贲张，也就使他再也不可能回归平静的书斋了。

这是一部明王朝无可挽回的实录式挽歌，已经成为研究明朝崩溃前后政治、社会现状的重要史料。延续到他最后一部重要政治性策论文章《中兴伟略》。在他的头脑中依然幻想着垂死挣扎的南明小朝廷能够起死回生王朝中兴的美梦。这些都构成了晚年冯梦龙的理想，冯老先生早年困顿科场很可能流连花街柳巷，借以释放失落的情怀。然而，儒家济世报国，了却君王天下事的信仰一旦确立也就是终身不渝，矢志以求了。天地雄心，忠臣碧血尽在杀身成仁、舍身取义之间了多姿多彩的人生也就在理想覆灭后的那一刻庄严毁灭，却在历史的轮回中获得永生。

说是以血与火锻造一个辉煌人生终点，亦或是人生乐曲一个响亮尾声的而成千古绝唱，使得是他跌宕起伏的人生在悲呛中激扬起壮丽的浪花，是凡文人的迂腐、散漫、风流、放诞、愚忠等等性格缺陷统统在波涛汹涌的浩瀚海面沉落，人们看到的波澜起伏大海上壮丽的日落，如同夜空绚丽夺目的烟花在瞬间璀璨后，归于永久的寂灭。

冯梦龙人生轨迹改变的瞬间都要从那场改变国家命运的时刻开始。本文仅从冯梦龙笔下记录的甲申事变开始，回溯那一段惊心动魄的往事，触摸大明朝在心脏停止跳动前的最后一刻，王朝弥留之际的一段血与火又不失悲壮的历史。

那段时间，冯梦龙再也难以静卧在安静的书斋里充当著述为文的老学究，动荡的时局，不时从北方传来种种令人心悸的传闻，都使他从退休官员和高雅乡绅的美梦中苏醒过来，他开始提笔记录这段历史。

甲申年那场燕都之变，由于兵燹和战火的蔓延以及道路的壅塞，使得流言风闻，谣传纷涌，真假莫辨。使人不可不信，也不可全信，社会的大动乱时期往往如此。当然大学者冯梦龙是一个学养丰厚而且尊重事实的作家，他开始频繁地寻找从北方逃难南归的官员和士人尽量真实记载事变的每一个细节，真实地还原事变的原貌。他所采访的对象有：候选进士山东沂水县的彭遇飔，此人于四月一日出京回到南京；浙江慈溪县的候选经历冯日新于四月十二日返回南方；山东东海县（现属江苏）的布衣盛国芳十九日先后从京城逃回南方；这些如同逃难般回到南京的人士各有述略，且不无异同。武进士张魁十六日出京，持有北来的公事文凭，他所叙述的忠逆敌我双方的情况接近事实，但是没有用笔记录下来。家乡苏州的商人有于五月初五望日出城的，这个时候李自成农民军已经败退出京，帝都已经易主清国摄政王多尔衮掌控。这位商人所述比较详细，冯梦龙一一记录下来将这些资料保存梳理，整理成文，以备后人著史参考选用。

根据冯梦龙阐述，李自成农民军侵犯北京，是从侵犯陕西榆林道开始的。这要从崇祯十六年（1643年）清兵北归开始，这一年皇太极病亡其子福临即位，是为清世祖，以明年为顺治元年，张献忠转战湖北、江西，克武昌、长沙、抚州等成，李自成在襄阳称"新顺王"建百官，大封功臣。继而破潼关大败明朝督师、兵部尚书孙传庭，入陕西攻克西安，擒获秦王朱存枢。这位王爷富甲天下，和福王一样是有名的富藩，却也是有名的铁公鸡王爷。当时的兵部尚书倪元璐曾向崇祯皇帝建议，让秦王拿出财富助饷，说是与其让农民军抢了去，不如事先充作军资，崇祯皇帝没有答应。此时陕西巡抚冯师孔退守西安，城中已经无兵可用，便留下途径西安的五千四川兵守城。官员们劝秦王拿出些银子。置办棉衣犒军，被秦王严词拒绝。守城副将王根子十分不满，竟向农民军献城投降。四月十一日，农民军兵不血刃拿下西安。巡抚冯师孔、按察使黄绚、知府简仁瑞、知县吴从义等被杀。秦王朱存枢却投降了农民军。

李自成在陕西展开了强大攻势亲率后营李过部和左营刘芳亮部，向北追击投降孙传庭的叛军高杰部。高杰曾是李自成的部下在留守老营时拐带走了李自成的爱妾，李自成岂可放过这个叛徒。高杰自知罪孽深重，一旦被抓获，肯定没有活路，先从潼关退回陕北。当李自成大兵追来，又乘黄河结冰而到山西，李自成大兵杀到，他又一路向南狂逃，一路烧杀抢掠，逃到南京附近，竟然成了江淮一线举足轻重的军阀集团头目。到弘光朝成了史可法手下的江左四镇之一。

李自成于十一月到达延安，沿途州县望风披靡，纷纷投降。当他从延安出发准备攻打九边重镇榆林时，顺便衣锦还乡，去了老家米脂，修复了被明军毁坏的祖坟，可惜他祖父母遗骨早已被焚烧扬尽不知了去向。只能杀了一个参与伐墓乡绅以解心头之恨，最后举办了隆重的追思仪式以慰先人亡灵。甚至还为今后登基改家乡延安府为天保府，改米脂县为天保县。李自成满怀信心地带兵去攻打榆林了。

榆林是明朝九边之一，居民多隶属军籍，以当兵为职业。在与农民军为敌的边兵边将中，有很多来自榆林。双方打了十多年，早已结下血海深仇。李自成一边劝降，一边准备七万兵马准备劝降不成，武力解决。榆林人果然不肯投降。尽管总兵王定临阵脱逃，但是在兵备副使都任、督饷员外郎王家禄带领下，坚守城池七昼夜，甚至连妇女、孩子也纷纷上城参战。城被攻陷后，无一人投降，这在明末历史上是非常罕见的。

榆林攻克，阻拦贼军入京的关隘已破。崇祯十七年正月初一，李自成在西安正式登基称帝。国号大顺，改元永昌，改西安为长安，称为西京，以秦王殿为宫，增九殿为九间，以符合帝制。

据冯梦龙《甲申纪闻》记载①，朝廷中枢，有稍稍知道军事的人建议，不要怕这些狗日的贼寇占了点小便宜就沾沾自喜，可令济宁府与榆林府互为犄角，就可令贼众失去锐气，而坐等其败。然而，事实并非如这些纸上谈兵的流散官员所臆测的那般演进。榆林关被贼众占领后，真定府、保定府、河间府诸郡官兵皆望风披靡！此时的李自成农民军已经自命为"大顺"王朝，改元"永昌"，其烽火已经焚烧到了北京。

在此江山社稷危亡之际，举朝上下依然仿佛生活在睡梦之中，继续在推荐某公钻营某个肥缺，暗中拉帮结派，结党营私，贿赂公行视为当然。一旦此类官场陋习视为当然，一切礼义廉耻只能是王朝外表的遮羞布，成为伪道学的旗帜在天空高高飘扬，大旗下麇集的皆是表面上仁义道德，一肚子男盗女娼的伪君子假道学。伪君子假道学治国，国焉有不败之理？有识之士无不心寒齿冷。

甲申年初大学士李建泰自言自己是陕西人，知道李自成贼寇的事情，请求驻军保定府以遏制李自成农民军的攻势。崇祯皇帝大喜设宴款待李大

---

① 《冯梦龙全集第十五卷》，江苏凤凰出版社，第5页。

学士，礼节极为隆重，倚之如同长城。①

这位李大学士，字复余，明朝山西曲沃县人，天启五年（1625年）己丑进士，任国子监祭酒，颇著声望。崇祯十六年（1643年）五月，擢吏部右侍郎，十一月入阁，拜东阁大学士。史称"风骨峭拔""性情慷慨"。此公身材瘦长，皮肤黧黑，一张干瘦的丝瓜脸上蓄有一把大胡子。然而此公却是一个典型的伪道学伪君子。其道学功力自然不薄，曾经主持过江南乡试，这年九月九日正逢重阳节，留都官员在雨花台为之践行，他坐在大轿中扶着胡须长叹道："不觉又重阳也"，使人感觉到他留恋人生，感叹日月易迁，人生倥偬颇有贪生之念。②

是啊，家有万贯财府，豢养五十小妾，可见其家境饶富，精力过人，豪宅犹如后宫，人生可谓财色双全，焉有不贪生怕死的？据《明史·职官志》记载，类似李建泰这样的内阁大学士从一品官员每年食禄888石，价值纹银444两，此公又哪来这许多钱财，蓄养如此众多小妾？除了攫取贪贿，别无他途。

崇祯十六年正月（公元1643年）李自成义军逼近山西，李建泰忧心如焚，顾虑家乡遭到祸害，他贪赚的巨额财富遭受损失，于是提出无需朝廷出钱出人，自家出钱佐军，在家乡招募义勇。用以平定李自成贼患。明史本传记载他"毅然有灭贼志，尝与同官言之"。不久，山西平阳失陷，崇祯帝临朝叹曰："朕非亡国之君，事事皆亡国之象。祖宗栉风沐雨之天下，一朝失之，何面目见于地下！朕愿督师亲决一战，身死沙场无所恨，但死不瞑目耳！贼势如此，阃外无人承担责任。府库殚竭，这怎么办？卿等能无为朕分忧的人吗？"说完此番话，便涕泪交流失声痛哭。这一番御驾亲征的慷慨悲泣，自也是帝王惺惺作态的表演，意在希望廷臣能够挺身而出，代御驾出马平定贼乱。家国危难之际，李建泰慷慨挺身，准备为主分忧了。

他跪在廷前动情地说："陛下忧患如此，臣等敢不竭尽犬马之力，为主上分忧。臣家山西曲沃，颇知道贼寇军中之事，愿以家中的财产辅佐军队作为资本，起码可维持万人军队数个月的军粮，不烦公款支持，臣请提

---

① 《冯梦龙全集第15卷·甲申纪事》，江苏凤凰出版社，第6页。
② 计六奇：《明史北略·李建泰督师》，中华书局，第420页。

兵西行"①

崇祯帝心想竟有此等好事，无需官家出钱就能平定贼乱，以解燃眉之急。真正是天上掉馅饼的好事，心中大喜过望。崇祯慰劳再三："爱卿若出征，朕将以古人最隆重的推毂礼相送。"崇祯引用的典故，就是指西周文王姬昌为了表示"礼贤下士"硬把自己的鸾舆让给姜子牙坐，并亲自为姜拉缰推车。后世称为"推毂礼"，表示上司对下属隆重礼遇，因此下属也鞠躬尽瘁，尽忠报答。

下面让我们观赏一下皇家礼遇对于李建泰的隆重。《明史·李建泰传》②不吝笔墨详细记载了崇祯所谓的推毂礼如何演示：正月二十六日，皇帝行遣将礼。驸马都尉万炜以牺牲祭祀太庙。时至中午，崇祯皇帝御驾正阳门楼，卫士东西两侧整齐排列，从午门外一直排列到正阳门外，官兵旗幡十余万，旌旗甲仗鲜亮，装备罗列齐整，金鼓齐鸣，威势赫赫。内阁五府六部督察院掌印官及京营文武大臣侍立，礼部鸿胪寺赞礼官和御史纠察众官礼仪。李建泰行三跪九叩大礼致辞，崇祯帝奖励有加并赐宴犒劳。列席十九桌，御席居中，诸臣陪侍，酒过七巡，皇帝亲手持镶有珍贵珠宝的黄金大酒杯三次敬酒，三饮而尽后将三只金杯赏赐给了李建泰。崇祯皇帝语重心长地说道："先生此去，如代朕亲行"，为此，崇祯赏赐了亲笔手敕"代朕亲征"牌匾。酒宴完毕，内臣将装饰着大红绸缎簪花的尚方宝剑用鼓乐导引而出。李建泰叩首答谢，向皇帝辞行。皇帝目送他的队伍渐渐远去，消失在视野之外，才缓缓离去，良久返驾。是日，大风扬沙，占卜师曰"不利行师"。留都司礼太监韩赞周报告说，南京发生地震，天显凶象，出师即险象环生。

内阁大学士兼兵部尚书的皇帝钦差李建泰身负皇家重托，乘坐着软轿率领浩浩荡荡的剿贼大军，冒着早春的寒风，踏着冰雪在刚刚走出京城正阳门，行军数里出宣武门，副国级高官李建泰所坐的轿舆忽然折断，众官兵均认为这是"天象示警"实乃出征的不祥之肇。这种心理上的担忧又很快被虚拟的"祥瑞"所取代。担忧在瞬间变为极为乐观的情绪。这种欣喜如同吗啡感染了以李建泰为首的众多幕僚。原来为了以示对李大学士出征

---

① 计六奇：《明史北略·李建泰督师》，中华书局，第420页。
② 《明史卷十三·列传一百四十二·李建泰传》，线装书局，第1374页。

217

的重视，诸臣又在京郊护国寺为他举行了隆重践行晚宴。大祸临头，军饷奇缺，朝廷上下，照样吃喝如常，满足于靡费巨资的浩大形式自满自足。但见得身材瘦长面皮炭黑长须飘髯的李建泰意气英发，得意洋洋与诸臣说，我方才进寺的时候，发现我的印绶突然变大了许多，可以说是印大如斗。于是一帮马屁官员异口同声祝贺说："此等天降祥瑞，预示讨贼指日成功。取的是'金印如斗'之吉兆"。于是这帮颟顸的朝廷高官为了迎合李建泰的虚荣，纷纷在那里说着大话好话，李建泰就在这些曲意逢迎的好话中自娱自乐，沉醉于讨贼功臣的迷梦中。

然而，出京城不久，李建泰得悉山西烽火遍野，家乡存亡未卜曲惊惧成病，于是故意放慢了行军速度，每日只行三十里，到涿州时，约有士兵三千人逃脱。行至顺德府广宗县，当地士绅竟然闭城不让他进城，队伍在城外留置三天，建泰派兵攻破，杀当地乡绅王佐，鞭打知县张宏基。崇祯御赐的尚方宝剑未及杀贼，却先挥向了自己人。一月二十九日中午，形势急转直下，李建泰闻自己的家被起义军焚烧抢掠，顿时泄了气，再也不肯前进一步，准备退回保定城中。在率兵经过东光县城，再次被守城乡绅和民众拒绝入城，建泰大怒，大军留攻三日，后守城军民中有人认识李建泰将其迎入城内。

二月初六日，李自成兵发太原，守城长官是革职巡抚蒋懋德，勉强抵抗两天后，初八日凌晨，巡抚卑将打开新南门投降，太原被克。晋王被俘投降。蒋懋德自杀，布政使赵建吉等多人被杀。

李建泰派人上奏说："贼势大，不可敌矣。愿奉皇太子南去。"

南迁之意早在正月初便有左中允李明睿悄悄向崇祯帝提出。随着形势的急剧恶化，驸马巩永固、左都御史李邦华和这位李建泰也纷纷提出南迁之议。其中有人主张崇祯帝本人赴南京，太子留守北京。有人主张太子先赴南京，崇祯帝本人留守北京。依照崇祯帝本人的意志则希望自己本人去南京，而把太子留在北京。但是为了顾及本人的面子，他不愿意由本人提出，而希望大臣们能够体谅圣衷出面固请，他则顺水推舟体面以亲征之类的名义逃离京城远遁南京。然而，他所遇到的对手却是一群以内阁首辅陈演为首的老奸巨猾官员，因为深知思宗帝对于大臣刻薄寡恩诿过他人的秉性，都怕承担责任，因而都不表态。更有不少大臣反对此议。到后来，他看到朝中大臣都倾向于太子南下监军，担心生出事端来，便下决心留在北京。他说：

> 祖宗辛苦百战，定鼎此土，贼至而去，何以责乡绅士民城守者？何以谢失事诸臣之得罪者？且朕一人独去，如宗庙社稷何？如十二陵寝何？如京师十万百姓何？

皇帝的话说得冠冕堂皇，头头是道。他对太子南下监军的主张严厉斥责道："朕经营天下十几年，尚且如此不济，孩子家又能做什么？"思宗帝终未能下决心南迁，除了上述面子上的原因外，对时局还抱有幻想心存侥幸。从骨子里他还是寄希望李建泰的督师成功和吴三桂等人的入卫京城。甚至认为即使李自成兵临城下，也未必攻得下北京城。

二月初九日，思宗皇帝亲笔书信致建泰：

> 朕仰承天命，继祖宏图，自戊辰至今甲申，十有七年。兵荒连岁，民罹兵戈，流毒直省。今卿代朕亲征，鼓励忠勇，选拔雄杰。其骄怯逗玩之将，贪酷倡逃之吏，当以上方剑从事。行间一切调度赏罚，俱不中制，卿宜临事而惧，好谋而成，真剿真抚，早荡妖氛，旋师奏凯，封侯晋爵，勒铭鼎钟。须将代朕致意，遍行示谕。

崇祯这道御旨，其实是催促他早日到达御敌前线，与农民军决一死战。至于班师凯旋，封侯晋爵之类的虚妄之词。自从家乡被攻占，家财被掠夺之后，李建泰已经完全进退失据，了无了兴趣，但是又不敢将自己的想法上达天聪，只能天天观望京城内外的动静。就这样主帅夺志，三军只能在河间府周围逗留，走走停停，很迟才到达保定。

至保定时，李自成军逼近，明军不敢前进，李建泰已病三日，中军郭中杰有见及此，缒城向李自成投降，告知城内无防备。其后，保定城破，知府何复、乡官张罗彦等被杀。建泰自刎不成，被李自成之将刘方亮所捕获，受到李自成礼遇，被任命为大顺军丞相。崇祯亲赐的敕书、尚方宝剑、印信等全部被收缴销毁。三只镶嵌着宝石的大金杯被李自成取去。满州入关后，李自成兵败，李被召为内院大学士（内阁大学士之前身），不久罢官归乡。顺治六年（1649年）姜瓖在大同起事造反，李建泰响应。姜瓖兵败被执。李建泰逃回老家曲沃，清兵前去抓捕李建泰，据计六奇《明季北略·李建泰督师》记载：

建泰有妾五十人，逃归，与之曰："吾今必死，汝辈有一人肯从吾死者乎？"诸妾俱掩面而笑，窃相谓曰："汝故应死，吾等为何？"

随后，李被擒，摄政王多尔衮下令凌迟处死。

这位李建泰作为大明、大顺、大清三朝的内阁大员，也实在只是个搞笑的政治小丑。先是大言欺君，害得崇祯皇帝倚为肱股心腹大臣，结果兵败降贼，贼败复又投降清，还跑去劝降左懋第，被左使痛斥，赫然而退。降清后又起兵反清，实在是一个毫无道德操守的政治丑角所谓朝秦暮楚反三复四就是指这种毫无信义可言的卑鄙小人，而这位在生活上荒淫无耻，政治上欺世盗名的庸碌之辈，在崇祯朝却浪得清誉，被崇祯委以重任，竟被安排代天子出征，去督师带兵打仗，荒唐的选择只能导致荒唐的结果。

冯梦龙认为大明朝的覆灭就是从榆林失守，崇祯皇帝任命这个毫无节操的卑鄙小人开始的。

二月二十一日，李自成在宁武遭到总兵周遇吉的顽强抵抗，，打得十分惨烈。最终大顺军攻克宁武，杀了周遇吉，但是付出沉重代价。

李自成东渡黄河之后，真正的硬仗就是宁武之战。此后，基本是兵不血刃，势如破竹，直捣北京。

三月十五日京师屏障居庸关失守，京师门户大开。居庸关是京师北面天险，素有"北门锁钥"之称。然而因守将唐通及监军太监杜勋的投降，竟然未有起到任何阻拦农民军的作用。

三、明帝国末代皇帝朱由检

人的出生原本是不可选择的，受命于天是天潢贵胄高贵血统的传承，基本是人治社会"打天下者坐天下，坐天下者保天下"的政权运营规则的秉性所赋予，这就是封建帝制"君臣父子纲常礼教"的产物。因而天不变道也不变。然而，天象示警，说明就是要变天了，道统改变，法统也将随之转移。然而，千年不变的是封建专制体制是因循着强者为王的家天下原则，按照丛林规则在厮杀和掠夺中了却王朝的更替的程序，完成财产和权力的再分配，千古如斯，万年不变。不管是阴谋篡位还是起兵造反，英雄不问出生，成者为王败者为寇。

作为明帝国的天潢贵胄的末代皇帝崇祯，自出生起就没有过过一天安生的日子，作为不被皇太爷看中的皇长子朱常洛的第五子，一出生就战战兢兢活在宫廷风云诡谲的阴谋中，在阴森森的皇宫中度过惶恐不安的童年。等到他的同父异母兄朱由校即位，他被封为信王，也从来未幻想过当上皇爷。只是老兄朱由校在江山内忧外患中暴病身亡，他才在风雨飘摇中意外地登上了皇位。而那个时候正是魏忠贤专权时期。

花了很大劲的才将被阉竖篡夺的权力夺了回来，又面临着和整个文官集团的博弈，如果像他的爷爷神宗皇帝那样当一个甩手掌柜他或许也能够当一个安享荣华富贵的皇爷，偏偏他又是一个心怀雄才大略，做梦都想当中兴之主的皇爷。这样崇高的理想必然要和糟糕的现实发生冲突。冲突的结果他的理想成了一场彻头彻尾的噩梦，梦魇几乎压了他的一生。

这就决定了他就是当上了皇爷，后半生依然是悲催的，因为运行了将近二百八十年的帝国机器已经完全地老朽而难以正常运营，修修补补已经无济于事。推倒重来，作为皇室江山社稷的继承人是想也不敢想的事情，于是只好在机器不断地朽烂中勉强运转，用现代的话来说这是体制腐败或者结构性腐败所导致的必然结果。这部机器无论从政治、经济、社会成果的制造来说，已经难以生产出合格的产品。唯一剑走偏锋的是文化上却因为异端思想的崛起，形成了一个令世人刮目相看的高峰，即使这个高峰被后来清朝统治者所枨平、所镇压，而产生的意识形态影响依然振聋发聩，余韵不绝。

崇祯皇帝作为个人即使是贵为天子也只是体制中的一员，是结构中运营的螺丝钉，体制的崩塌皮之不存毛将焉附？这和个人素质基本无关，完全是那种王朝兴衰规律所导演的历史性悲剧，不幸被选中的角色是崇祯皇帝朱由检。他成了这个逐渐驶向死亡之海破船上名义上的船长，而手下的轮机长和水手们都幻想着弃破船逃生去了。乃至于他的悲催，连带了整个皇族尤其是皇家命运的悲催。整个历史悲剧是从他的皇爷爷万历王朝开始的，演出到他父亲、兄长的时代已经进入尾声，他是悲剧的落幕者，谁叫他成为漏船破蓬在凶险汪洋中掌舵者呢，这样的厄运似乎从他登基开始就预设了的。他就是末代皇帝的命。

可以说选择他做皇帝，从个人禀赋而言，并不意外，在皇族中他确实是一个文武兼备，个人品质无可挑剔的人才。据明末清初最优秀的学者、伟大的诗人吴伟业《绥寇纪略》中记载①（笔者已译成白话文）：

  皇帝焦虑劳心于天下已经有十七年，对朝政的恭谨对生活的节俭如同孝宗皇帝（明史上著名的中兴之主），英明果敢类似世宗（嘉靖）皇帝。崇祯帝长相白皙丰满，看上去英俊非凡。声音洪亮如钟，处理政务机敏果断，读书手不释卷。手握毛笔能够写一笔流利的欧阳询体书法。皇帝有文武之才，他善骑射，常在西苑骑马，随从护驾的人没有能够跟得上其坐骑的。在观德殿表演射箭，能够挽起300石的弓，发箭皆能命中靶心。有空时常常用黄绳穿在沉重的石头上，用手高举着说："这是我经常练习的玩意儿"。在行祭祀郊庙大礼时，先是在宫中以散斋致敬，而后出紫禁城去斋宫行礼。每日早朝莅临大殿议事，面容严肃，姿势端庄，凌晨必准时起床，朝典绝不见有伸懒腰打哈欠等倦遣之色。居深宫之中，皇上不苟言笑，神态庄重。教导太子和诸王，遵从礼法。对待左右随从，从不因为私事而发怒，以小过错而处于严刑。崇祯帝没有玩弄珠玉的嗜好，不沉迷于歌舞声色之中，无爱好珍禽异兽游艺园林之娱乐。有空时常常弹奏古琴雅乐自娱，他命令中书省制定新曲供其弹奏，他说："这些足以愉悦心神，胜过其他娱乐。"过去宫中经常用金银豆子撒在地上，让太监宫女们去争抢以逗笑。皇上登基后，割除陋习而改为以枣子、栗子取代。宫中有月宴、有时宴，外戚或者公主家时常进贡时鲜甘果，崇祯皆传旨罢免。自年初开始，又停止了苏州、南京、杭州织造局制造绢帛绸缎的任务，崇尚穿戴浣洗过的衣服，脚上的袜子也应以布质做成。皇上说："朕刚刚率领天下去奢侈返朴素，且令诸皇子知道生活的艰难，应当从自身开始做起。"皇上御览百司的奏章，指导授予方法策略，查考根据，洞悉其中要点，抉择其中瑕疵，上书的人常常为之流汗，心中觉得慌恐，退朝后却感到心悦诚服。皇上无论手书或者口授诏书，告诫数百言，无不援引根据详实恰当，行文切合实际，指示明确。常常半夜有太监手捧圣旨到内阁，有大臣披衣起读，太监说："皇上尚未睡也。"在即位之初，

---

① 吴伟业：《绥寇纪略》，上海古籍出版社，1992年7月，第407页。

循儒家之教，尊先王之言，与士大夫切磋礼义之道，以比较汉、唐、宋三代兴隆之策，励精图治。未过几年，祸乱大作，巧伪滋生，皇上不得已用权，行踪转向审察奸徒应对局势变化，谏者往往不能感觉到皇上发生的变化，以至于受到谴责和呵斥。然而，皇上常常拍着大腿长叹道："这实在不是太平世道的做法。"如果各方面都相安无事，当然应该是宽租税，薄刑法，以致百姓休生养息，而现在灾荒兵燹，交相迭至而不已，群臣又乘国家危急，多方耽误军国大事。于是上下猜忌防备，导致内忧外患，皇帝心情意绪愤懑疲惫，法令纷乱更替，以致天下事浸淫糜烂而不可有大的作为。

当然，在这段对于崇祯皇帝的描述中，对其多有溢美之词。而对于崇祯秉性中诸多美好的德行的颂扬，相信是接近真实相对客观的。相比较中国历史上诸多亡国之君的荒淫无道，思宗皇帝如果在升平之际应当是一代中兴明君，然而他偏偏身在王朝末世，又登上摇摇欲坠的大位。吴伟业对其登基初期的雄心伟略及末期的性格处事变化给予了较客观的评价。

透过明代遗民吴伟业对于崇祯皇帝褒扬溢美之词，从历史的事实来看，崇祯皇帝也有着难以克服的性格和人格缺陷，这多少和他不幸的早年人生经历有关。

崇祯帝生于万历三十八（1610年）年。当初万历皇帝宠爱郑贵妃，迫于文官集团苦谏力争和全国舆论的压力，才勉强立了崇祯他爹，后来的光宗皇帝朱常洛为太子；但是被立太子之后的常洛依旧生活在郑贵妃的阴影之下，日子过得十分艰难。宫内甚至发生"廷击案"——郑贵妃买通社会上流氓，企图闯宫打死常洛。常洛的儿子们的日子那就更不用说了，七个儿子夭折了五个，剩下的两个在精神上都存在问题，这是童年生活压抑所带来的后遗症，并非吴伟业所歌颂的天纵英睿和智慧的秉性所导致。

熹宗天启皇帝从小依恋奶妈，做了皇帝之后索性将国事交给了魏忠贤去管，自己沉溺于木工活不可自拔，这当然是童幼时期的缺少教育和恐怖生活所导致畸形性格和爱好，和人君要求相去甚远。尽管后来的史家发现清在入主中原以后将原来存放于沈阳故宫的档案进行了大量的销毁和篡改，对早期游牧民族出生的祖先刻意隐恶扬善，相比较而言在修撰明史时又对故明王朝的君主做了明显的丑化。这种丑化是从晚明的武宗朝到思宗朝一以贯之的,这种篡改历史的做法几乎是所有改朝换代胜利者惯用的伎俩,目的当然在于证明前朝君王失德,不得人心,清朝新主取代是天命所在,入主中原是具备政治合法性的道统所在,法统正当。

虽然爷们是少数民族,曾经是大明帝国臣子,但是各民族在中华大家庭中是平等的,尽管这种平等是金戈铁马拼搏出来的,你汉家的皇帝宝座也应当轮流着让俺满族家来坐坐,你崇祯皇帝就得滚蛋。况且俺这宝座不是从你手中夺来的,而是从李自成贼寇手中获取,俺还隆重安葬了你,对于你殉国的壮举给予很高的褒奖,授予你庄严而伟大的谥号,俺爱新觉罗家也算对得起你老朱家了,况且你老朱家不是也曾经夺取过蒙古忽必烈家族的宝座吗?

崇祯皇帝也回避不了历史造就的命运。他的生母早逝,从小欠缺母爱、缺乏安全感。天启年间魏忠贤秉政,他深恐被害,精神上一直处于忐忑不安和忧惧恐怖的状态中。长期郁结在心,必然形成性格上障碍,使得个性非常多疑,不信任别人,甚至带有某种间歇性"精神病"的非理性状态。《明史·庄烈帝纪》中描写崇祯:

性多疑而任察,好刚而上气。任察而刻薄寡恩,尚气则急遽失措。

简单几句话,就可以使人感觉到作为一个明君他不是很适合的,再加上遭遇了一个腐朽的百年老店,王朝体制的运转已经严重失灵,他和他的家族悲剧性的命运已经不可逆转。

王朝的官僚体制支撑着朝政的运转,也制约了君主权力的行使。虽然在明王朝初期太祖爷废除了宰相制度,政令全出自君主个人,内阁只是办事机构。但是由于皇帝本身素质的不一,导致了皇权的逐步衰落而落入官僚集团手中,皇帝有时往往成为虚君。内阁依然朝着宰相制度的方向运行,君权越来越受到限制,皇帝虽然号称天子,但是"替天行道"道义解释权力却是以士大夫科考精英们以圣贤之说、祖宗之法来进行演绎的,今上之言虽也成为八股取仕的标准之一,但是必须按照祖宗成法和圣贤之言有选择地在实践中运用,这样就有效制约着看似坚挺无比法力无边的君权。

号称精英的帝国文官集团,其中某些人为搏上位所进行的个人权力斗争、党同伐异、欺上瞒下、以权谋私愚弄世人和皇上,使得所谓主流意识形态因为理论脱离实际完全不能整合人心。政权的核心理论"程朱理学"

被动摇，反而那些被目为"野狐禅"的异端邪说借助着那些世俗人情小说在世上如同野火般流窜，自从王阳明"心学"理论的横空出世，由原本维护纲常礼教的政权统治支柱，逐步转向由人本位所支撑的本体思维，如同星球的裂变那般充斥着大明的天空，一时群星璀璨，逐步延伸出"性灵学""童心说"等等，各种流派思想纷呈导引出人心思变，人欲横流严重冲击着"从天理灭人欲"纲常等级，老百姓变得不那么顺从忍让了，大家敢说敢干，由令人摆布的猪狗，变成了特立独行的个人，人性的张扬导致帝国的权威自然堕落。不仅在民间大行其道，而且暗中主导着士大夫阶层的实际生活，那些三纲五常礼义廉耻反而成了脱离实际的伪道学，不为官场和民间所实行，这实际是帝国礼崩乐坏的信号，是社会信仰危机的总爆发。

在内忧外患的晚明显得更加突出的是政治体制的危机，涉及皇权的衰落。因为明代内阁所拥有的"票拟"之权，使得内阁对于皇帝权力的限制超过了首辅也即实际上的宰相。

崇祯皇帝基本是一个循规蹈矩的正统君主，更是对于祖宗之法和先贤之言不敢越雷池一步。而内阁的政客们早已演变成了表面上道貌岸然，骨子里男盗女娼，以侵害国家利益中包私囊满足私欲的伪君子。可以说越到国家危难之际，崇祯皇帝对这些问题看得越清楚，却无力回天，很难挽回这些失落的纲常和坠失的礼教。施政的不如意，日渐糜烂不堪的现实，使得他常常发脾气，责罚杀戮大臣，以证明自己皇帝权威的不可动摇性。尤其是因为自己的刚愎自用，中了皇太极的反间计，错杀忠良和帅才袁崇焕，导致了十分严重的政治后果和帝国的人才危机。

不难看出内阁的票拟制度，这种方式与唐宋那种由中书、门下省和翰林院多种机构结合一起草拟下行诏令和审核上行奏章的做法要集中、简便和有效得多。但是由此而来表面的宰相制度已废除，皇帝有直接指挥六部百司的权力，实际许多军国民生大计均需通过"票拟"定夺贯彻。皇帝的意志和权力受到内阁的左右和限制。可以说明朝政治的每一项举措都在内阁票拟的控制之下。这就是万历皇帝可以多年不上朝，但是官僚体制却一直在按照统治集团权贵的意志在运作，其中遇到如同张居正这样的权臣，功高震主，导致了身后的身败名裂被臣僚围攻，被皇帝清算。这种文官体制抗衡皇权的事件从武宗朝到世宗、穆宗、光宗、熹宗延续到思宗朝层出不穷，越演越烈，直至不可收拾，王朝在内外交困中走向死亡。

越是到皇朝末世时期的崇祯朝，官僚们生怕在重大军国大计方面的承担责任更是相互推诿不负责任。而明成祖朱棣在亲征大漠归来，曾意气风发地说："我朝国势之尊，超迈前古，其驭北虏、西番、南岛、西洋诸夷，无汉之和亲，无唐之结盟，无宋之纳税薄币，也无兄弟敌国之礼"（见《东谷赘言》）。而成祖将首都从南京迁往北京，其目的就是要"天子守国门"让大明天子亲自在一线看守国门。大明王朝历经二百七十六年风雨，一直秉持着"不和亲、不割地、不纳贡、不用女人换取和平。"这就是封建皇权和士大夫共同遵守的祖宗成法。就是大兵压境，有大臣提出议和、迁都，李自成提出割地、赔款、封王等条件，崇祯和诸大臣商议良久而迟迟不能决策，使得王朝转危为安，借助东南半壁，再图振兴的良机在君臣无休止的博弈中流逝，实质就在于君臣均不肯承担这种违背祖宗成法的责任。

崇祯皇帝只能最终走向煤山遗憾地成为中国历史上为王朝殉节的最高统治者。因此，他在王朝终结时对于整个官僚集团的怨恨情绪溢于言表，不但博得帝国朝野的广泛同情，而且得到自己两大对手的赞誉，想必李自成和后来的清朝统治者从内心都是理解崇祯苦心、苦命的。

四、王朝覆灭的如期到来

1644年甲申年3月17日傍晚，黄昏日落的时分，冒着酷烈的寒风，踏着冰雪，大顺军进抵北京城下。李自成指挥三路大军对京城平则门、彰义门、和西直门展开了猛烈进攻。守在门外的明军三大营全线溃散。阵地上战车、火炮、铁蒺藜等构成的道道屏障，丝毫也不能阻挡大顺军排山倒海的凌厉攻势。北京城被围得水泄不通。彰义门外督战的李自成坐在铺着大红毛毡的帐篷里，他要亲自督战攻下大明王朝的最后堡垒。

这里已经成了农民军临时指挥部，被请来观战的还有被俘虏来的明宗室晋王、秦王陪侍左右。这些俯首帖耳的王室叛徒代农民军向城内军民传话，劝文武官员早早投降，瓦解守城军民的军心。大顺军派出了原镇守宣府的监军太监杜勋去劝降。这家伙自投降了大顺军，就开始背叛平时对他信任有加委以重任的崇祯帝，受李自成委托去内廷向皇帝转达割地求和的谈判条件。

在此国家沦亡之际，思宗皇帝正在紫禁城召集九卿科道官员商议御敌之策，命令兵部速调兵马回援京城，诸臣争论不休，无以为君主分忧，也只能流泪而坐等时间流逝，江山沦亡。这时皇帝暗自饮泣在上，诸臣对视流泪于下。① 朝廷上下除一片哭泣之声外，几乎对于农民军的强势掩杀束手无策。城外杀声震天，炮声隆隆，火光冲天，矢石飞坠；城内百姓呼号，守军惊溃，城池即将像是溃决的堤坝不可收拾。

三月十八日凌晨，城外一阵喧哗，哄传勤王兵马到，原是叛将唐通手下冒充前来索饷的。京城黄沙漫天，伴随着凄风苦雨，良久，冰雹雷电交加使得守城军民更加惶恐不安。京城九门紧闭，不通往来。北京城，道无行人，显得分外凄清冷寂。大顺军攻城越来越急，炮声隆隆，早已瓦解了守城军民固守的斗志。靠近城边的房屋民舍全部倾倒坍塌，箭矢如大雨般向城内倾泻，城下农民军仰脖子向城上兵将喊话："赶快打开城门，否则将屠城。"听得守军胆颤心惊，不填铅弹，以空炮向外鸣放。士兵还微笑着向城外农民军挥手致意，等义军稍稍退去，才将空炮射出，唯闻空响，只见弥漫硝烟，战斗的氛围就这样被制造着，欺瞒着内廷的官员和君主。

大顺军驱赶住在城外的民众扛来木头石块填上城外的壕沟，急攻。守军急忙用西洋引进的"万人敌"大炮轰击，却误伤了自己数十人，由此可见炮手们技术的生疏，其实是不能进行实战的。城头守军有人惊呼"城已经被贼军攻破了"，守军俨然如同惊弓之鸟，顿时军心大乱，阖城上下号哭奔窜，乱成一团。大顺军架起云梯，开始攻打西直、平则、德胜三门。②

大顺军在攻打平则门，一个多小时后，停止了攻城。太监杜勋来到城下喊话，提出农民军"割地讲和"的方案。如果此一方案得以实施，明末清初的历史必将改写，很可能在朝廷的退让中形成农民军和朝廷联手抗清的局面，然而付出的代价却是割地求和，在中国形成两个截然不同的朝廷，很可能在驱逐外侮后，再次内战与大明争夺江山。这种医得眼前疮剜却心

---

① 《甲申传信录》，上海书店，1982年1月，第14页。
② 计六奇：《明季北略卷之二十·十八日申刻外城陷》，中华书局，452页。

头肉的做法，对于固守儒家君臣尊卑大义的明帝国统治者实在是难以接受的建议。因为有违祖宗成法，有辱朝廷尊严。谁也不愿意承担这种丧权辱国的历史责任。

明襄城伯京城城防总司令李国桢答道："我入你营为质，你入我营为质，你当遣人与圣上面讲。"杜勋回答："我杜勋无所谓，何质为？"提督太监王承恩本来与杜勋就是同事，彼此相识，相互叙旧不说，放下吊绳将杜勋缒入城中，陪送他进宫去面见崇祯。

思宗皇帝正在奉先殿坐立不安，听说杜勋前来谈判，立即在平台秘密召见，内阁首辅魏藻德随侍在旁。江山崩塌，天威仍在，投降了农民军的李自成特使太监杜勋见到皇上依然心虚胆怯。

他恢复太监本色，跪倒在崇祯脚下，奏道："臣奉秦、晋二王令旨前来拜见陛下，尚乞陛下赦臣死罪。"首先打着两位投降了李自成王爷的旗号，接着传达了李自成的三项谈判条件：

一是，请崇祯帝封李自成为王，割西北地归大顺军管辖；

二是，发给大顺军犒赏银百万两，大顺军随即退守河南；

三是，大顺军不受朝廷节制，不奉皇帝召见，但是可为朝廷平定内乱，并以强兵劲旅阻止清军南下。

杜勋希望皇上接受李自成的提议："闯贼既封必然内可遏制各地起而造反的草寇，外可以强兵阻挠辽东强藩的入侵。"

就当时的形势而言，对于一个行将垂死挣扎的帝国，虽然是不得已的妥协，但似乎也是可以接受的条件。当然这也是裂土封王的意思。可见以上意见，并非李自成深思熟虑的结果，显然是临时起意，诚信度十分可疑。崇祯帝对这些提议似乎有些动心了，于是询问在侧随侍的魏藻德："此意如何？如今事情已经火烧眉毛，卿可以一言而决定。"

然而，内阁大学士魏藻德却沉默着，只是匍匐俯首鞠躬磕头，始终未置一词。而思宗皇帝却焦急万分，忧虑疑惑坐立不安。他在龙椅背后站着再三向老魏咨询，希望他能够拿出决定性的意见来。老魏却始终磕头不敢再发一言。

无奈的皇帝只好对杜勋说："你先去回话，朕计划商定后，另外颁发旨意。"① 此处，紫禁城内君臣无计，难以定论；彼处，李自成催逼甚急，一再提高要价门槛，几近逼宫。

杜勋未还，原昌平守陵投降太监申芝秀又缒城入宫带来李自成新的条件，这是一道催命之符。据计六奇在《明季北略》中记载"备述贼犯上不道语，请逊位。"这等于是最后通牒，不仅大骂崇祯皇帝，而且请他下台。

面对这样的凌辱和催逼，崇祯帝颜面上很是过不去了，于是开始大声斥责道："秦、晋二王乃高皇帝封建懿亲，以屏藩王家，不图嗣王不肖，既不能御匪捍患，丧厥守土，又复缅颜降贼。尚敢以巧言导朕偷生，祖宗天潢之裔，何其不知自爱如此？朕已决定一死，以殉社稷。岂能低首屈辱，以怡祖宗羞耶？"

杜勋、申芝秀之辈皆是太监，本就是察言观色的奴才，主子发怒，自然魂不附体，特别是杜勋在投降了李自成当了叛徒之后，朝廷还以为他殉难了，特别赠他为司礼监太监，锦衣卫指挥佥事，并立祠堂纪念。

为了保住小命，杜勋立即伏地叩首，调转话锋口吐莲花，开始奉承崇祯："奴才愚钝，哪里知道天理道义，只是身蒙圣恩，诚恐圣上有个三长两短，所以总是在情急中胡说八道。今闻圣谕，豁然开朗，回去只说城中尚有精兵十万，各地勤王兵马指日可到，届时内外夹攻不在话下。料闯贼听了一定吓个半死。唯恐退兵不及，哪里还敢围攻王城。"此话一听就是巧言令色之词，然而杜勋情急中编造的谎话让崇祯帝听了很是顺耳入心。

帝王可怜的自尊得到了满足，还以为这两个叛徒依然是自己忠顺的奴才，当即下达圣旨："尔等尽力去办吧，尚能吓退贼兵，将来援兵到了，社稷转危为安，尔等功在国家，朕不吝封侯之赏"，只有王承恩等几个亲密忠诚的太监看透了杜勋、申芝秀的巧言令色是在蒙骗皇上，主张扣押这两位奸贼。杜勋急中生智大叫道："有秦、晋二王作为人质扣押在城下贼营，我等不返，则二王性命难保。"

其如王则尧、褚宪章等一干大太监焦急地等待着杜勋和申芝秀的安然退出，希望能够探听他们的口气决定自己的退路。等杜勋等一退出，便问他的和谈结果如何？杜勋急于逃生，只简单地说了一句话："吾当富贵自

---

① 《甲申传信录》，上海书店，第15页。

在也。"也就是"我们的富贵总是少不了的"。此话为那些心怀异志准备卖身投靠的太监们吃了定心丸。

杜勋退出之后，崇祯皇帝恼羞成怒，责怪魏藻德不能在关键时刻为主子分忧，气得一脚踢翻了龙椅，甩手退朝。魏藻德等人也退出。待到傍晚薄暮时分，太常寺卿吴麟征坐西直门，登城远望但见得农民军蔽天遮日，知道大势已去，疾驰回朝，欲面见崇祯帝直陈军务，在朝门遇见魏藻德，向他说明情况。魏藻德却说："皇上此刻心烦已极，已经休息了，不必入内叨扰。"说完挽着他的臂膀，双双离去。①

崇祯皇帝再也坐不住了，准备披挂亲征，但是可用之将实在太少，召来驸马都尉巩永固。按照冯梦龙《甲申纪事》的记载：是夜，崇祯帝亲自率领四百余骑兵，抵达前门，门内守军以为城内发生兵变，反而以大炮进行轰击驱散。皇帝无法，乃从白家胡同绕出登城，发现守军单薄，皆为老弱。急急忙忙去成国公朱纯臣府邸问计，而这位勋臣却在外赴宴尚未归来，崇祯叹息而回。回到内宫见到周皇后，大声叹息道"大事去矣！"夫妻相对而泣，宫人亦环绕而哭，思宗挥挥手命他们各自逃命去。②

十八日夜，当刘宗敏率大军掩杀过来时，驻扎外城三大营的明军守城将士已经完全无心抵抗而作鸟兽散。当大顺军久攻西直门不下时，转攻彰义门。城外炮声隆隆，火光染红了天际，惨遭杀戮的民众哭声震天，改朝换代的生死博弈在血与火的拼搏中展开。此时守城大太监曹化淳已经密谋准备献城了，当原宣府监军太监杜勋向城内射箭进行劝降时，两位阉人一拍即合，已经达成默契，准备出卖王朝出卖主子，奴仆们的里应外合，只待敌对双方条件谈妥，交易就将实施。崇祯皇帝的丧钟已经在奴才们的贩卖中敲响。监军太监曹化淳开启彰义门，迎接义军入城。③ 不久，平则、德胜门因守城大太监王相尧等人为内应，也随之而破。李自成亲率大军疾驰蜂拥而入，一路直扑紫禁城而来，官军获悉望风披靡，皆作鸟兽散，外城被占领。

思宗在王承恩的陪同下去了南宫，登上万寿山，但见烽火烛天，狼烟

---

① 《甲申传信录》，第 14 页。
② 《冯梦龙全集第十五卷·甲申纪事》，江苏凤凰出版社，第 7 页。
③ 计六奇：《明季北略》，中华书局，453 页。

滚滚伴随着农民军的喊杀声和百姓的呼号哭叫声，在风雨晦暗的京城上下流窜，整个北京城乱成了一锅粥。思宗在滚烫的粥锅中痛苦翻滚挣扎，他怀着焦急悲苦的心情在万寿山徘徊良久，愁眉不展，他感觉到了亡国的威胁。回到乾清宫，他以朱砂书写圣旨《亲征诏书》，晓谕内阁：

朕以渺躬，上承祖宗之丕业，下临亿兆于万方，十有七年于兹。政不加修，祸乱日至，抑贤人在下位欤？抑不肖者未远欤？至于天怒，积怨民心，赤子化为盗贼，陵寝震惊，亲王屠戮，国家之耻，莫大于此。朕今亲帅六师以往，国家重务悉委太子。告尔臣民，有能奋发忠勇，或助粮草器械，粮马舟车，悉诣军前所用，以迁丑逆。分茅胙土之赏。决不食言。

就是在这种内心灵魂万分痛苦，朝野矛盾总爆发的复杂心态和形势下，崇祯帝不甘心祖宗基业社稷沦亡在自己手中，他以泪水和着鲜血写下了这道诛砂诏书，明明知道是画饼疗饥，也要心怀侥幸做最后的尝试。至于诏书中所谓的"亲帅六师"，还有"分茅胙土"等许诺，都是某种脱离实际的空头支票。他自己不相信，他的部下和子民们更不可能相信。这些只是他最后坐在龙椅前的白日梦，在那里自欺欺人。他在内廷召见了以魏藻得为首辅的内阁大臣们。

帝问："卿等知外城破乎？"

阁臣回答："不知。"

又问："事亟矣，今出何策？"

阁臣回答："陛下之福，自当无虑，如其不测，臣等巷战，誓不负国。"这又是一张满载空话、套话、大话的空头支票。君臣之间，就是在家国危亡之际依然空对空地玩弄着官场的文字游戏，实际天朝君臣已经是完全无力回天了。

三月十七日早朝，崇祯召文武诸臣议政，思宗在龙案前流泪，诸臣在丹墀下抽泣，束手无策。大臣们七言八语推荐大臣领军，抵御贼寇入京，思宗一概不予理睬。只是默默在龙案上写下十二个大字"文武官个个可杀，百姓不可杀"，密示站在身边随侍司礼监大太监王之心随后抹去。宦官们得到崇祯的暗示，于是更加骄狂，大骂百官"平时窃富贵，今事急，而苦吾辈用力"，并且鞭打驱赶企图上城观察战场形势的官员。

在大顺军攻破平则、彰义等门后，由襄城伯李国帧指挥的城外三大营完全溃降。大顺军利用缴获的大炮转向攻城，守城士卒很多是国祯少爷私自招募的民军，既缺乏训练，又缺粮充饥，全无斗志，听到震天动地大炮声响，早已魂飞魄散，不知所措。城防司令李国帧此刻开始焦急了，他骑着马直冲内城，汗流浃背，气喘吁吁。内城守卫太监企图阻拦，李大少爷不顾宦官呵斥阻挡，大叫："这是什么时候了君臣谋求相见，不可多得。"

不一会李大少爷被崇祯宣入便殿。崇祯问："守城事如何？"李回答道："守城军不用命矣，鞭打一人起，一人照样卧倒在地，陛下你说怎么办？"此刻骄横跋扈的城防司令竟然问皇上怎么办？过去的巧舌如簧被严酷的形势所逼退，严酷的实战才是他真正军事水准的检验。对于帝国的忠诚面临着巨大的考验。长期的坐而论道、骄横跋扈、克扣军饷、中饱私囊，军中贪污腐败盛行，关键时刻士兵何肯效命？

此刻，长期宠幸纵容他的崇祯，只能哭丧着脸说："诸臣误朕至此！"一时文武大员和太监数十人哭声响彻殿陛。关键时刻朝廷正待用人之际，文武大员唯有噤声饮泣，这实在是对于多年来朝廷养士政策的莫大讽刺。面对农民军大军压城，崇祯可用的力量唯有宫内宦官。他命令各监内官和小太监数千人们具上内城守备，拿出库银二十万犒军。任命王承恩提督内外京城，替代李国帧为守城总指挥。①

崇祯皇帝自己能够相信的也只有自家子弟皇亲国戚太子党们和自己身边那些奴颜婢膝的太监。他们是和自己的江山血脉相连休戚与共的利益共同体。至于文武大员们已经是风暴来临之前飞鸟各投林，有奶便是娘了。他召来了驸马都尉巩永固和自己外祖母老太后的侄子新乐候刘文炳紧急商讨对策。

当年他眼前的这位忠诚的妹夫巩驸马眼看京城不保，对皇帝提出一个完全可行的建议："不如赶紧迁都到南京，凭我的力量，招募几万人应该没有问题。大明从前的都城在南京，南方人对大明一直很有感情，很忠诚，可以从长计议，再图复兴！"崇祯皇帝没有听从迁都的建议。等到京城被围将被攻破的前夜，皇帝召来妹夫说："你现在能不能招募人手？我想迁

---

① 《明史北略卷二十·十七贼围京》：中华书局，第451页。

都到南京去！"

老实忠厚的驸马爷说："当初我还有把握，可是现在……人心离散，只图自保，我没有办法，一个人都招募不到啊！"

皇帝又说："那么，你能不能带上家丁护送太子到南方去？"

巩永固说："家丁怎么能抵挡强贼呢！不足以保卫太子冲出重围。再说，我一向恪守本分，从来不蓄养家丁。不要说家丁，就连我自己，一向跟在皇帝身边，为了避嫌，手里连半个武器都没有！"[①]

王朝军队原用于抵抗的所谓万人敌红衣大炮反被农民军用于攻城。内城守军由提督太监王承恩负责，当时登城守御的兵卒仅五六万人，外加数千小太监，根本难于抵御潮水般涌来的农民军。满朝文武各自逃命，只大学士范景文等几个大臣照常入朝随侍，整个乾清宫冷冷清清，微闻紫金城外杀声震天，哭喊声犹如鼎沸，唯见火光烛天，繁华的京城已成一片焦土。此情此景，君臣相对流泪无言。崇祯帝挥手让范景文等退出，自己独自一人去了皇极殿在太祖皇帝像前嚎啕大哭，却无一人前来劝阻，直哭得泪湿龙衣，泪尽血继，声嘶难以出声。

崇祯皇帝不是昏君，当然也算不得明君，对臣工的苛刻，使他在王朝覆灭之时只剩孤家寡人。而王朝所奉行的程朱纲常礼教，通过历朝历代统治者的教化，已经深入社会各个阶层的骨髓，尤其是知识分子，造成了一批批为王朝殉节忠臣义士烈妇烈女，士风浓烈的江南尤甚，后来的实践证明，看上去柔弱文雅的江南士民是对清贵族入侵抵制最厉害的大明子民，因而也是清杀戮最凶残的地区。所谓扬州、江阴、嘉定都发生了最最激烈抵抗，也酿成了最最骇人听闻的集体屠杀。这是崇祯王朝覆灭以后的事情了。

而那些在王朝升平时期吹牛拍马之徒在大厦将倾之时却腼颜事敌，引狼入室。这种忠奸不同道，水火不相容，冰炭难同炉的官场生态在不同的历史阶段，尤其在天崩地裂的改朝换代之际，表现尤其突出。这类两面人生的丑态，在冯梦龙后来追溯的《甲申纪事》中有精彩的披露。

[①] 计六奇：《明季北略》，第 453 页。

五、宫廷禁苑的大血案

崇祯十七年（1644年）3月18日下午，困守内城的崇祯皇帝，下了最后一道罪己诏，痴人说梦地宣布只追究李自成的一人之罪，其余人一律赦免，在虚妄中最后一次企图带着太监王承恩潜行出城，然而京城已破，绝望中崇祯帝遣散宫人太监。

哭哭啼啼的周皇后建议："趁此时贼兵未到，望陛下放三名皇儿一条生路，叫他们暂住姜父家，好给朱家留一脉香火。"周皇后所言她的家就是其父周奎的府邸。周奎为顺天府，南直隶人，为周后在崇祯担任信王爷正妃时的老丈人，崇祯登基后封嘉兴伯，赐宅邸在苏州葑门。

就是这位国丈爷为了讨崇祯皇爷的欢心，欲寻求美女，以解上忧，派遣田贵妃的父亲田畹下江南选美。后来田畹将名妓陈圆圆、杨宛、顾秦等献给崇祯皇帝。而思宗皇帝素不喜女色无心逸乐。陈圆圆又回到田府，田畹占为私有。田贵妃因病去世后，为了结交新的权贵田畹又将圆圆作为礼物献给了吴三桂，两人在田府一见倾心，后吴三桂纳圆圆为妾。据传李自成攻破北京时，手下刘宗敏掳走陈圆圆，吴三桂"冲冠一怒为红颜"，遂引清军入关，攻破李自成。所谓"红颜祸水"，其实也是皇亲国戚不惜以女色巴结君王，始作俑者乃国丈周奎。

此公天性吝啬，崇祯十七年（1644年），前线兵饷奇缺，而国库空虚，崇祯帝希望皇亲国戚能够带头放血，支援一下国库。特遣司礼监太监徐高加封他为嘉定侯，动员他助饷。这老小子很不情愿地捐出二千两银子。徐高感叹道："老皇亲如此鄙吝，朝廷万难措手，大事必不可为矣！"[1] 就是周皇后为补偿老父亲在皇帝面前丢失的脸面，献出多年私蓄五千两银子，依然为自己的父亲侵吞两千两，仅仅上交了三千两银子充作军饷。国丈如此，其他外戚、官员、太监纷纷效仿，使得崇祯帝的私募筹饷行动付之东流。而在李自成攻破北京后，周奎被刑官酷刑考掠，籍其家产，一次坐赃七十万两白银，绸缎以车载之。[2]

---

[1]《明史·列传之188卷外戚·周奎》，线装书局，1631页。
[2]《明季北略·幸免诸臣·周奎》，中华书局，第593页。

为了安置太子慈烺和永王、定王两位王子，崇祯带着三位皇子在王承恩的带领下，迅速赶往周奎的侯爵府。出宫城不远便见侯爵府大门紧闭，门两边空无一人。王承恩走近大门透过门缝向里窥视，但见得里面张灯结彩，庭院停满大轿，尽是朝中大员前来贺寿之人，内堂隐隐传出丝竹管弦之声。王承恩敲了很长时间门，有一仆人出来说道："今日国丈八十寿辰，任何人任何事都不能进内！"说完关上大门。崇祯无奈只好领着三皇子回宫。途中遇到田贵妃的父亲田宏遇骑马过来，田宏遇下马行礼，叩问圣上贵干，崇祯说出了托孤的意思。老田二话不说，当即请求将永定二王及太子交他抚养，并当场扶皇子慈烺、次子慈照，和三子慈炯上马直奔田府而去。当然以上记载也只是野史一说，不可全信。只是刻画出国丈大人在国难面前的吝啬和贪图享乐的丑陋嘴脸。这则故事仅为野史记载，为的是想说明这位国丈人品之卑劣猥琐。

以下是《明史·后妃传》的记录下李自成大军压境之前，后宫皇家生离死别惨绝人寰的一幕。

回到紫禁城，崇祯皇帝在宫内徘徊不去的，听闻外城已破，愁容满面心事重重，无计可施，夜不能寐。深夜时分，太监前来报告内城已被攻破，皇帝问："大营兵安在？李国帧安在？"太监答曰："大营兵散矣。皇上宜急走。"此人讲完这些话，自顾逃命去了，皇帝再三呼叫，奴才已不予理睬了，平时奴颜婢膝的家奴对于皇权的蔑视，象征着皇权已经坠落，只能在孤立无援中等待着死神的降临。貌似忠诚的宦官集团也已经星云流散，各自逃命去也。

回到乾清宫，崇祯下朱砂谕旨"命成国公朱纯臣提督内外诸军事，夹辅东宫"，由太监送往内阁。皇帝命内监摆酒与周后、袁妃共坐，挥泪痛饮数大杯，慷慨决绝。皇上叹曰："苦我民尔"，对皇后说："大事去矣"两人相对流泪无言。宫内太监、宫女环绕，哭成一片。皇上挥手，让他们各自收拾行李，逃命去。只有王承恩、魏宫人、费宫人等少数忠心耿耿的太监、宫女不肯离去陪着崇祯和后妃们一起痛哭。

崇祯对皇后说："尔为天下母，宜死。"皇后跪下叩首道："妾事陛下十有八年，卒不听一语，至有今日，今日同死社稷，亦复何恨？"崇祯召来太子和永王、定王，见他们依然穿着皇家服饰，亲自为三个儿子换上普通百姓的旧衣服，告诫他们："尔等今日为太子，王城破即是小民，各自逃生去吧！不必恋我，朕必死于社稷，有何面目见祖宗于地下？尔等切要谨慎小心，若逢做官之人，老者当呼为老爷，幼者呼为相公；若遇平民，老者呼为老爹，幼者呼为老兄，或称为兄长，呼文人为先生，呼军人为户长，或称长官。"临别时他大声说："尔三人何不幸生我家也？"便呜咽不能出声，左右侍从都被这生离死别的场面所感动，失声痛哭。

周后诀别三个儿子后，痛哭着返回坤宁宫，悬梁自尽。[①]想这周皇后，原为崇祯帝担任信王时的原配夫人，天启中选入信王府邸为妃。自幼聪颖端庄，勤奋好学，深明大义。崇祯登基被册封为皇后。力去后妃养尊处优陋习，穿寻常布衣，吃粗茶淡饭与皇上同尚节俭，常以儒家道德规范教化宫中嫔妃，深受太监宫女的爱戴。周后自幼熟读《资治通鉴》，披览二十一史，对一些国计民生独具慧眼，超过皇上和谋士。《明史》本传记载[②]，周后性格严谨，常常以李自成贼寇进攻甚急，逼近北京，劝皇上南迁，但是照顾到皇帝的脸面只是委婉地轻轻说："吾南中尚有一家居。"暗示皇上迁都南京，再图振兴。皇帝再问，她不再言语。遗憾的是朱由检刚愎自用，对周后良言并不采纳。周后从来不干预朝政。

吴梅村在《绥寇纪略》记："上重周后贤，伉俪恩甚备。"并说"早岁从上更艰难，既定，首减椒房用度，修内治，裁抑外家恩泽。宫中礼数，数十年矣，赐黄乃敢服。"由此可见皇后和皇上是当年被冷落在信王邸的患难夫妻。即使当年皇后也崇尚节俭，裁撤抑制外戚恩赏。后人有诗赞曰：

二十一部资内治，四千年事鉴明时，只今玺绂临金石，犹拜尘居一语师。

又有诗咏周皇后曰：

社稷沦亡命亦捐，两行珠泪尽君前。
圣明过守无成戒，妾负皇恩十八年。

[①] 《明季北略》，中华书局，第454页。
[②] 《二十五史·明史上一百十四卷·列传第二·庄烈帝愍周皇后》，线装书局，第696页。

朱由检在自斟自饮连喝几大觥闷酒后，酒劲发作后，转身问袁妃何时自尽？袁妃哭拜道："妾请死在陛下前。"说完解下鸾带，系在庭柱上伸颈自缢，谁知鸾带绷断，袁妃堕地，朱由检拔剑连砍数下，袁妃昏死过去。随后乘着酒意召来长平公主，十五岁的公主号哭不已，崇祯帝说："你奈何生在帝王家。"言毕左手以袖掩面，右手挥剑砍去，公主断左臂昏厥于地，崇祯帝以为她已气绝身亡，匆匆离去。次日李自成军队进京，将昏厥的长平公主送往其外公嘉兴侯周奎家，五日后苏醒复生。袁妃也被李自成军救起，在另院安置调养。清顺治定都北京后，多尔衮让有司拨给房屋，赡养袁妃终身。这些都是多尔衮为安定民心的策略，其政治手段的高明也在于并不单纯地收买人心，而在于为新朝博得美名。

有诗吊贵妃袁氏曰：

翠华西阁断君怜，未得长门赋一篇。

今夜有魂甘带血，落花风里变啼鹃。

顺治二年（1645年）长平公主向清廷提出出家为尼，多尔衮为了装点优待明宗室的虚假门面，不允许她出家，并假惺惺帮助她完婚，命她和崇祯生前选定的驸马周世显完婚。次年长平公主因思念皇父皇母泣血而亡，年仅十八岁。谈迁《北游录·记闻上》记明代张宸所写《长平公主诔》写得典雅，所记长平公主事甚详，兹不揣浅薄，笔者全文翻译如下：

祭长平公主文

清·张宸

长平公主者，崇祯皇帝之长女，皇后周氏之所生。

甲申之年，公主芳龄一十五岁，皇帝钦命掌握礼仪之官员，诏令主持仪式之内监，精心挑选良家子弟为驸马，认真讨论公主下嫁之亲事。时选太仆寺卿臣之公子周君名世显者，为驸马都尉。并择山西平阳而建公主府宅，筑沁水清溪以绕驸马官邸，工程付诸实施已有时日矣。然而，李自成贼寇如飞蛾直扑京城，似鸠雀吞噬社稷，气焰何其嚣张，逆臣无以警策，致使江山坠落，政权易手。崇祯天子以气节为国殉难，母后及嫔妃以烈女慷慨赴死。

时公主年龄尚不及成年，皇上亲自挥舞着御剑，划破公主之脸颊，砍断公主之左臂。就这样，美玉摧折于刀剑，香兰萎谢于疾风。贼寇认为公主薨逝，将玉殒香消之身，送至国丈周奎府，以锦缎覆盖，停椒兰之室。五日之久，公主婉转苏醒。此刻，坟墓已成父皇的御殿，龙须已折，剑影而远；此刻，香冢已成母后的寝宫，高洁的蕙性已殒消，高贵的神韵已枯竭。

顺治二年，公主上书当今皇帝曰："九死一生的臣妾，惶恐敬畏仰望天子。唯愿削去黑色青丝，披上玄色袈裟，放弃公主名号，遁入空门，聊度残生。特向皇上禀明，希望予以恩准。"皇上不准所请，诏求原选之驸马，旨令周君世显，必须旧剑回鞘，连理重合。所需田产府邸，金钱车马，均由皇帝丰厚多加赐予，公主大婚条件均已具备。啊！乘凤扇引导的玉辇，定情在改朝换代之际。如同金牛拉车踏着祥云而来，将公主送入前朝侯爵的官邸（公主外公周奎曾被崇祯封嘉兴侯）。公主虽不再是云天皇亲，众人亦感慨这块美玉破碎再生的缘分；镜子虽不再是鸾台御用，大家也乐见大唐乐昌公主鸳鸯和合的故事。

但见得，故明公主金枝玉叶秀发披肩，莹玉般的仪表蕴含着如象牙般高贵的气质，不愧是昔日皇家的一颗耀眼明珠，经常逗留侍奉在君王之侧的帝女。然而，现在心里却恋着过去的宫阙，黯然神伤着一路随玉辇走来。重新操弄笔墨，但不是为了猎取功名。天降甘露重又挥洒林荫，岂又是意在吹箫弹琴！帝女柔弱不胜悲伤，不久就杳然薨逝。当她扶摇仙去之日，正是她下嫁之后的一年。就如刚刚点燃之火花未及燃烧已然熄灭，正待芬芳的花蕾未及开放已经凋谢。呜呼，哀哉！驸马悼念这凤鸟不能在人间久留，感叹着明珠去黄泉只能坠入黑暗。她就像嫦娥偷吃灵药，不知何年就会奔向月亮；金殿上还燃烧着薰香，纵然想让她还魂也已然乏术。

又过了一年，选择二月初春之吉日，按照礼仪送公主安葬。其葬于京城彰义门旁，系当今皇上恩敕之墓地。微臣张宸在京城游历期间，有幸瞻仰遗容。京城街巷错落，阡陌纵横，去哪里寻找公主落棺之地？如祁连山般连绵之坟茔，唯有松树相伴，效晋代隐士孙子荆与山水相伴，采檀郎潘岳所栽之春天花朵，在新朝松林焚心香一瓣祭奠故朝公主；

对公主遗像鞠躬三拜，挥泪写下这篇祭文。①

孙承泽《春明梦余录》记载曰：

公主名徽娖，明思宗女。周皇后产也。甲申之变，御剑亲裁，伤颊及腕。越五宵旦复苏。顺治二年上书今皇帝，甚有音旨。书曰："几死臣妾，踽踽高天，髡缁空王，罔极。"先是，主意降大仆公子都尉周君名世显，至是诏求故剑，仍馆我周君也。②

明年九月成婚。丁亥丙辰年（1646年）八月十八日薨，公主葬周氏宅旁。今皇上赐地超过郡王，砌以墙围，使闲杂人不可入。墓地在广宁门内。

诗云：云条无复剩根芽，此夕摧残一剑加。惊魄与魂应共语：有生莫坠帝王家！

六、崇祯帝自缢万寿山

甲申年的早春，崇祯在手刃长平公主后，又醉醺醺地冲向昭仁殿，砍杀年仅六岁的昭仁公主。宫中有人大声呼叫"皇爷动刀矣！"

当李自成大军攻入大内时有魏宫人大呼："我辈必招贼污，有志者早为计。"遂跃入御河死。顷刻间有从死者一二百人。费宫人当年十六岁，跳入后苑的一口枯井，被大顺军用铁钩钩出，见她姿容漂亮，争相予以凌

---

① 附《长平公主诔》原文：

平公主者，明崇祯皇帝女，周皇后产也。甲申之岁，淑龄一十有五，皇帝命掌礼之官，诏司仪之监，妙选良家，议将降主。时有太仆公子周君都尉名世显者，将筑平阳以馆之，开沁水以宅之，行有日矣。夫何蛾贼鸱张，逆臣不诫，天子志殉宗社，国母嫱嫔慷慨死焉。公主时在稚龄，御剑亲挥，伤颊断腕，颓然玉折，损矣兰摧！贼以贵主即殉，授"尸"国戚，覆以锦茵，载归椒里。五宵旦，宛转复生。泉途已宫，龙髯脱而剑远；兰熏罢殿，蕙性折而神枯。

顺治二年，上书今皇帝："九死臣妾，踽踽高天，愿髡缁空王，稍申罔极。"上不许，诏求元匹，命吾周君，故剑是合。土田邸第，金钱牛车，赐予有加，称备物焉。嗟夫！乘凰扇引，定情于改朔之朝。金犊车来，降礼于故侯之第。人非鹤市，慨紫玉之重生，镜异鸾台，看乐昌之再合。

金枝秀发，玉质含章，逢德曜于皇家，迓桓君于帝女。然而心恋宫闱，神伤辇路。重云笔墨，何心金榜之门；飞霖彀林，岂意玉萧之馆！弱不胜悲，溘然薨逝。当扶上仙之日，距侬李下嫁之年。星燧初周，芳华未歇，呜呼悲哉！都尉君悼去凤之不留，嗟沈珠之在殡。银台窃药，想奔月以何年；金殿熏香，思返魂而无术。

越明年二月之吉，葬于彰义门之赐庄，礼也。小臣宸薄游京辇，式睹遗容。京兆虽阡，谁披柘馆？祁连象冢，只叩松关，拟伤逝于子荆；朗香空设，代悼亡于潘令。遗挂独存，敢再拜为诔云。

② 《妇人集》，岳麓书局，第 511 页。

辱。费宫人急中生智高叫："我长公主也。"群兵于是不敢相逼，将她押到李自成面前，李自成请宫内太监辨认，太监认出她并非长公主。李自成将她赏给了部将罗某。费宫人对罗某说："我本天潢贵胄，不能和你这样苟合，将军欲择吉日行大礼成婚。"罗喜极，就在新婚之夜，酒醉躺倒，待享佳人之际，被怀揣利刃的费宫人，刀刺脖颈身亡。费宫人说："我一弱女子，杀一贼帅足矣！"随后自刎而死。

给贼拼生忠烈姬，心如铁石岂能移！恨无灭闯回天手，剥尽奸雄万韧皮。

又有诗咏诸妃嫔曰：

那家避寇承明旨，玉殿金闱人尽亡；

不似唐朝委社稷，三千宫女拜黄王。①

精神恍惚的崇祯皇帝，神经已经有些错乱，他着素衣青衫，披发跣足，跟跟跄跄地直奔万寿山。他猛然想起他的寡嫂熹宗皇帝的中宫张皇后仍居慈庆宫，命王承恩前去传口谕谓："贼人进城，必然蹂躏宫眷，命张娘娘赶紧自裁了吧！"王承恩领旨前去，此张皇后为人温婉，举止严正，不轻言笑，熹宗对他很是敬畏，就连权势熏天的魏忠贤对她也礼敬三分，不敢中伤。张皇后对下却极为宽容，些微小过，并不苛究，因而在宫中威望极高，所以阖宫监侍无不敬服。熹宗死后，崇祯帝对这位寡嫂格外敬重，礼遇无异母后。王承恩领谕而去，去了慈庆宫。不多时，宫女热泪盈盈回复："张娘娘已领旨自尽。"王承恩自往万寿山复旨。

崇祯帝凄凄楚楚兀立万寿山，北风吹来一种独立苍茫的孤独感贯穿全身，值此王朝倾覆之际身边竟无一个可以信任的大臣，真乃是落得个白茫茫大地真干净。此刻天色迷蒙，阴霾满空，寒风飘荡中夹杂着雪花，远远听得见杀声阵阵，金鼓声声，那些带着血腥的凄楚的哭喊声，生灵在战火中惨遭浩劫，他忍不住含泪遥望着煤山脚下宫门之外，整个帝国的京城已经沦陷于战火兵燹之中，惨遭涂炭，真正是天灭我大明，他长叹一声，眼泪夺眶而出。他已经下决心身殉社稷了，然而他意犹未尽，就这么死去心有不甘，其实他是完全有机会退守东南半壁河山，那是太祖高皇帝的发祥

---

① 计六奇：《明史北略》，中华书局，第459页。

之地，南京城有完整政权结构，残存江山伴随着依然完整的军队，完全可以将这座危城留给李自成，让这个凶狠的流贼去对付入关的满洲虎狼之师，让农民军和满洲人互斗消耗实力，他可坐拥东南半壁，趁机东山再起。

然而，他不愿背负丢失北方国土责任，这样的建议必须由大臣们提出固请，他才可以顺水推舟地以亲征名义带领军队退守江南，然而满朝文武竟然没有人敢于直接提出，也许是熊廷弼和袁崇焕的被冤杀，使得这些唯唯诺诺的奴才们深怕承担责任。也许是他过分听信了吴三桂的爹吴襄对于吴三桂的忠心和实力的夸大，他只能大言不惭地说："祖宗百战，定鼎此土，贼至而去，何以责乡绅士民之城守者？何以谢失事诸城之得罪者？且朕一人独去，如宗庙社稷何？如十二陵寝何？如京师百万百姓何？"话说得振振有词，慷慨激昂，掷地可做金石之声，其他大臣面对皇上正义凛然的表态，谁还敢吱声？那定然是汉奸卖国贼，于是纷纷附和。到底我庄烈帝口含天宪，一言九鼎，然而局面依然糜烂不可收拾，他内心中依然苦等着山海关的吴三桂勤王兵马的救驾，然而他却等来了李自成的贼军直入。

王朝生死存亡之际，却无可用之人，他对他手下这批文臣武将深深失望乃至心生怨愤了。这些怨愤他不得不借生命的最后时刻给历史、祖宗和百姓们一个交代。他衔悲咬破手指，翻开胸前衣襟，留下了最后的血书遗诏。

书写完这些带血的文字，他似乎对他眼底残破的江山有所交代了，寿皇亭风雪中挺立着一株虬枝横斜的梅树，解下鸾带，投缳自尽。崇祯皇帝，时年三十五岁。登基十七年，宵旰沥胆，废寝忘食，力挽狂澜，以图中兴，终究难以挽回王朝没落的大势，只能在内忧外患中命丧煤山，走进历史。

回到万寿山复旨的王承恩抱着崇祯皇帝的遗体大哭一场，也追随着他的亡灵至九泉而去。以后，京城内外追随先皇而去宫女、太监、皇亲贵族、大臣有一大批。也有以大太监曹化淳和内阁辅臣魏藻德、陈济等大部分文武百官以及皇亲国戚周奎、朱纯臣等纷纷投降了大顺朝。当时表态要进行巷战大臣们，大部分没有兑现诺言。

根据冯梦龙《甲申纪事卷一收录陈济生著〈再生纪略〉下》记载，至二十二日中午，始闻先帝凶问，同秉笔司礼王之心（应为王承恩）自缢于后宰门红阁（红阁是先帝于二月间命勋卫诸臣演习弓马，亲自御览之用），所御黑色镶边白绵绸背心，上有御笔血诏：

诸臣误朕，朕无颜见先帝于地下，将发覆面，任贼分裂朕尸，绝勿伤我百姓一人。

冯梦龙在《甲申纪闻》中记载：

先帝披发，衣白绵绸夹蓝纱道袍，下体白绵绸裤，一足跣，一足有绫袜和红方舄。于衣带得血诏云：朕在位十有七年，薄德匪躬，上邀天罪，至陷内地三次，逆贼直逼京师，诸臣误朕也，朕无面目见祖宗于地下，以法覆面而死，任贼分裂朕尸，勿伤我百姓一人。①

另一版本的《崇祯皇帝血诏》同样出自冯梦龙的《中兴伟略》一书，字句略有不同，表达的意思却是同样的，只是增加了尽杀文武百官的意思，可见他对于自己所任用官员的仇恨：

朕自登基十七年，上邀天罪，至虏陷地三次。逆贼直逼京师，诸臣误朕也。朕无颜见先帝于地下，将发覆面，任贼分裂朕尸，可将文武尽皆杀死，勿坏陵寝，误伤我百姓一人也。②

明末清初诗人吴伟业在《鹿樵记闻》中载有《明亡杂咏》诗数首，慷慨悲歌，令人读之泪下。诗曰：

花生玉露柳生烟，坐览军书上未眠。
夜半越写殿影黑，黄封犹降凤池宣。
虎踞龙蟠说旧京，六官拟从翠华行；
君王也道江南好，只是因循计不成。
风雨凭城下玉台，锦筵空为射堂开；
天弧夜夜高张在，却放狼星易度来。
贼兵百万涨尘埃，鼙鼓惊天晓角哀；
闻报六关皆掩面，玉銮日暮出平台。
空炮连声震若雷，园陵十二尽成灰。
平台召对何人对？天子无言拭泪回。
百家河畔草迷离，万户烟深怨鸟啼。
怅望南云无去路，东风吹到马频嘶。

---

① 《冯梦龙全集第15卷·甲申纪闻》，江苏凤凰出版社，第8页。
② 《冯梦龙全集第15卷·中兴伟略·崇祯皇帝血诏》，江苏凤凰出版社，第1页。

城上悬灯贼入濠，九门已陷六军逃。
士民欲为朝廷战，三百年中不配刀。
血渍衣襟泪两行，殉于宗社事惶惶；
此日天地方沉醉，不觉中原日月亡。
燕台四月草青青，马上悲笳耳倦听。
过客若还忆旧主，回头一望寿皇亭。

对于崇祯皇帝的自缢殉国的壮烈，以及他在个人品德和情操上的清白，就是当年三方残酷厮杀博弈中的胜利者和暂时胜出者，政治上的两大对手，大顺军领袖李自成和清朝的君臣都给予了比较正面的评价。至于后来的明代遗民学者对于先皇赞许更是带有诸多的感情色彩。

造了大明朝十多年反的农民军领袖李自成在《登极诏》中这样评价崇祯帝：

君非甚暗，孤立而炀灶恒多；臣尽行私，比党而公忠绝少。

翻译成现代用语就是，皇帝其实并不是昏庸不明事理的人，奈何孤身而立，到你烧火的大锅饭里混吃混喝的人实在太多；大臣们朋比为奸捞取自己的好处，到处结党营私，公忠体国的人实在太少了。

在计六奇所著的《明史北略·宋献策与李岩议明朝取士之弊》[①]讲了一则发人深省的故事。

这个故事后来被郭沫若在《甲申三百年祭》中引用，告诫即将进北京主政的共产党人。说的是，大顺朝军师宋献策，人称宋矮子和杞县举人出身的制将军李岩，两人在朝班完毕后，漫步长安门外，看见崇祯皇帝灵柩前两个和尚在念经，那些新近投降明朝的旧臣皆穿着漂亮锦衣骑在马上，呵斥着马儿尽快离开先帝祭奠之处，避之唯恐不及。

这场景使得宋军师回忆起自己刚刚在朝堂上的一道奏疏，那是给李自成的建议："在明朝削发投降清朝的奸臣中有不少人又来投靠大顺朝，对这些不忠不孝的家伙，我大顺朝不宜授予官职。此鼠辈既不能捐躯殉难报效故主，以全忠义；又不肯委身归顺清国，以事真正的主人。看看他们乔装打扮，首鼠两端，徘徊歧路，进行投机，忠义节操既亏，他们的真实心

[①] 《明史北略卷之二十三》，中华书局，674页。

态很难料定，若委以军政大事，任以中枢要职，恐怕他们将来反咬一口，为大顺召来祸殃。"李自成批复道："削发奸臣，命法司严刑拷问，组织部门不得混乱了纲纪，授予职务。"

这段农民军君臣的对话，说明了晚明时期尤其到了崇祯朝，象征礼义廉耻、忠孝节义的纲常礼教已经完全地堕落。用现代的话说是失去了理想信念的一批官场投机者和两面人，他们的朝三暮四只是为了混吃混喝谋取私利，于是在政治上就是有奶便是娘，哪里来的使命感和责任感。尽管表面上都发表着高耸云霄的大话、空话、套话钓名沽誉，顺应皇帝振兴大明帝国的梦呓，骨子里面都在暗中准备，选择新主子卖身投靠。所以，后来才有了刘宗敏等酷刑拷掠那些降臣，勒索财富以作军饷。这些疯狂举止来自于大顺朝君臣对于那些政治投机者的无比厌恶。

李岩对宋献策说："何以这些带着纱帽的官员反而不如这些诵经的和尚。"

宋军师说："这些戴着纱帽的家伙原来就是人中渣滓（下品），并非和尚的品级等够超过此辈。"

李岩说："明朝的人才拔擢制度，由省级乡试而致京城会试，会试而到廷试，然后由皇上亲自决定候选人才，可谓严格之致，何以国家有事，报效之人却不多见？"

宋献策说："明朝国家的政治体制，误在重科举，遵循资历资格，所以国破君亡，很少见有忠义报国的。满朝公卿谁不享受着朝廷的高官厚禄？一旦君父有难，皆各思自保。就是有层层考试新进朝廷当官的，都说'我猎取来的功名十分不容易，二十年寒窗灯明辛苦读书，才博得一顶乌纱帽戴在头上，一事不成，焉有一死了之的道理？'此科举制不得人心的道理；而旧任老臣又说'我已官居极品，亦非容易，二十年仕途小心谨慎，方爬到现在的地位，大臣非我一人，我就是一人去死，也于事无补。'这是因为这种熬资历上高位的组织制度不得人心。二者都以为功名是自己挣来的，所以全没有感戴朝廷的意思。不用责怪这些人，背弃旧主子，投靠新主人，这与帝国的选人用人制度有关。可见如此用人原来就不能体现朝廷对待士人的恩德，还想责怪这些人不忠君报国，难道不是很愚蠢吗！更由权贵之家，徇私情而晋官位，养成了他们的骄纵傲慢，一味贪婪，不知孝悌，焉能忠烈？又有富豪之家族，花钱买官而上位，既费白银，想着回报家人，根本就未读过圣贤之书，焉能知道忠义？这是帝国拔擢人才制度的弊端。当事者如果能矫正其弊端，而改革旧体制，则我大顺朝没有靠投机取巧爬上高位的小人，而乡野就不会有遗留的贤人。"这是对于建立在儒家纲常礼教基础上的科举考试制度以及在"官本位"封建等级制度为基础靠资历、权力、财富三位一体攫取高官安享俸禄的帝国组织体制一针见血的批判。

　　李岩说："刚才见到这些僧人对于已故皇帝表达的敬意和礼节，足见这些和尚良心未泯，是否应当对佛教亦当表示一定的尊重？"

　　宋献策说："佛教本来就是外国传来的支流，属于外来宗教，以邪说鼓惑民众，内容充满仁义，有不少愚蠢的凡夫俗子迷惑其法术，乃至有不少文人士大夫也尊崇其教义而趋向其习惯而盲目追随。偶有激愤，则甘愿剃度出家而回避是非；遭遇国家变乱，则遁入空门，忘记了君主与父亲，凡有丛林宝刹的地方，多数成为藏匿奸邪招纳叛徒的渊薮。家国危难之际，君主见不到臣子，父母见不到儿子，以普通老百姓抗拒王侯军队，以异端而混淆政治教义，骄堕散漫之风气，没有比之更加厉害的了。如果说诵经有益，则在兵临城下之时，大家何不都去诵经退敌？如果说虔诚礼敬佛教有功，则君王以死殉难社稷之日，何不礼敬佛教忏悔过去来延长寿命？如此荒谬无稽之佛教，而徒费百姓之膏脂来尊奉，不如驱散其人，焚烧其书，驱除天下之游手好闲懒惰之人，珍惜天下财富，则国用自然充足，而乡野再无游荡之民了。"

　　李岩对宋献策这段关于佛教在中国士大夫阶层和民间的被推崇的精彩议论大表赞成，两人成为莫逆之交。

　　这段由于一番随意漫步而遇到和尚诵经对于崇祯皇帝夫妇亡灵的超度的对话，深刻揭示了王朝政治腐败所带来民众对于统治阶级礼崩乐坏现实的深度绝望。王朝鼓吹的"宋明礼教""程朱理学"的儒家正统意识形态，已经完全丧失了整合人心的凝聚力，为了逃避现世的黑暗，朝野上下宫廷民间沉浸在佛教的来生世界中寻找安慰，对于糜烂的政治、腐败的官场、败坏的道德、匮乏的财政、虚弱的国防、贫困的民生没有半点好处，起到的只是对于社会人心的麻痹，对于帝国理想的腐蚀，直接导致了现实世界的无可挽回和江河日下，朝纲焉能不堕落？帝国焉能不解体？由此可见，崇祯之死并非个人悲剧而是体制悲剧。

可惜，历史一再轮回，大顺军立足未稳，在清军虎狼环伺之际，大顺军丞相牛金星踏着大明帝国废墟开始重蹈帝国取仕的老路，正在大考举人。而宋献策、李岩两人却在对科举制度大发议论。宋献策只是来自农民军的一个民间术士，对明末的官场生态有如此深刻的见解，可见民间隐藏的高人奇士的见解是不可小觑的。

而李岩则是明末天启年间的兵部尚书李精白的公子，李精白因在山东巡抚任内为魏忠贤建生词，在崇祯朝被定为"阉党"遭遇贬谪流放。李岩家族遭到歧视导致了李公子的叛逆性格，他本身就是体制内的叛逆者，对于体制当也有深刻的认识。攻入北京后，他曾经建议李自成：一是，在扫清六宫后，退居外廷，等待主管工程的部门将内廷整修打扫完毕，由主管典礼的部门制定礼仪，令百官演习，选择吉日，率百官迎请入大内再议登基典礼。二是，对于文官的追赃，除死难归降者外，宜分三等：有贪污的，发刑官严追，家产入官；抗命不降者，刑官追赃既完，仍定其罪；其清廉者免刑，听其自行捐款助饷。三是，各营兵马仍令退居城外守寨，听候调遣出征。如今主上刚刚登上宝座，愿以尧舜之仁自爱其身，即以尧舜之德爱及天下，京师百姓安居乐业，方成帝王之治。一切军兵不宜借助民房，恐怕失去民望。四是，明朝各镇总兵兴兵复仇，边报甚急，国家不可一日无君，如今只要选定吉日，官民仰望登极如同大旱之年望云霓，主上不必兴师发兵，只要派出官员招抚各镇将官，许以侯封各镇将官父子，仍以大国封明太子，令其奉祀宗庙，只要世世朝贡，与国家共同休生养息，则一统之基可成，而干戈之乱可平息。

当然，李岩这四条建议如果为李自成所采纳，尖锐复杂的民族内部矛盾可得到缓解，也可举国之力共同应对入侵者，中国的历史或可是另一种写法。但是，历史是不能假设的，李自成见到了奏疏不是很喜欢，仅仅是批了一句"知道了"就束之高阁。民族内部矛盾由于牛金星、刘宗敏等大将的贪婪掠夺和大事杀戮不断激化，因拷掠赃银，强占吴三桂爱妾陈圆圆，导致山海关总兵吴三桂开门揖盗，引狼入室，成就了清贵族入主中原统一中国的梦想。

在大顺军败退京城，吴三桂紧追不放，在此外临强敌，内部纷争不已之时，杞县公子李岩提出自己去河南家乡建立根据地，以迎接义军撤退河南，以图东山再起。对李岩此意，刘金星在闯王面前进谗言"李岩雄武有大谋略，是不能久待下人者，河南是李岩的故乡，如果假以大兵，必然控制不住。难道当年流传'十八子李得天下'指的是李岩？进谗言李岩准备谋反"，自成令牛金星安排李岩宴饮，趁机谋杀了李岩兄弟。自此，"群贼解体"。①

据《明史北略卷二十三》②记载，李岩兄弟被害后，素来和李岩友善的宋献策，去见刘宗敏，以言辞激愤刘，刘宗敏大怒说："牛金星这个家伙无一箭之功，竟敢擅杀我两员大将，必须诛灭他。"由是自成将相离心，献策他往。据郭沫若在《甲申三百年祭》中说，宋献策这位策士，虽然被正派史家充分漫画化了，说他长得像猴子，又说他像鬼——"宋献策面如猿猴""宋献策面狭而长，身不满三尺，其形如鬼。右足跛，出入以杖自扶，军中呼为宋孩儿。"俱见北略。但是他通天文，解图谶，写得有点神出鬼没，但其实这人是很有点道理的。③

七、千秋功罪话崇祯

《明史》是清代官方组织撰写的官史，自然是中原争霸中的胜出者所撰写的胜利者的历史。对于胜利者多隐恶扬善，对于失败者多抹黑丑化，这在中国历史上是常态，不足为奇。在清代文字狱最最鼎盛时期由最高统治者乾隆皇帝亲自担任图书审查官，由三朝元老张廷玉担任总撰修，向称严谨。严在政治上必须高度和帝国利益一致，谨在文字上不能稍有对最高执政当局有丝毫不恭不敬之言词。至于对于明代帝王多有丑化歪曲则是必须的，这是权力合法性进行统摄人心的需要。

然而，清统治者对崇祯皇帝之死却褒扬甚多，其目的当然在于希望利用重振"程朱理学"的君臣父子之纲常理教，来要求大清子民，尤其是知识分子们能够效忠本朝君王，不得有二心和丝毫的不敬不畏不臣之心。因

---

① 《明史卷三百九·列传之一百九十七·李自成》，线装书局，第1694页。
② 计六奇：《明史北略·李自成死罗公山》，中华书局，第677页。
③ 郭沫若：《甲申三百年祭》，湖南美术出版社，第85页。

此，胡萝卜加大棒，也即文武之道，左右开弓着实施。专制暴政加愚民宣传的两手交替使用，几乎是古往今来专制统治者共同使用的手法，更何况一群来自于游牧民族的统治者。过去所宣扬的中原儒家文明对于游牧民族的同化也许指的就是这种文明的同化。

而对于明帝国的叛徒，虽在大清逐鹿中原也曾建立赫赫功勋，依然立为"贰臣"，君王们在骨子里是极端鄙视那些不忠不孝之徒的，在利用完这些改朝换代工具后，在人格上也要贬损一下这些叛徒软骨头。而对于明代殉国的忠臣，却全部予以褒奖，包括上吊景山的明思宗崇祯皇帝。

明史卷二十四《庄烈帝纪·赞语》写到：

帝承神(宗)熹(宗)之后，慨然有为，即位之初沉机独断，刈除奸逆，天下想望治平。惜乎大势已倾，积习难挽。在廷则门户纠纷，疆场则将骄卒惰，兵荒四告，流寇蔓延，遂至腐烂而莫可救，可谓不幸也已。[①]

在史官看来，思宗在位十七年始终处在无法摆脱的罗网中间痛苦挣扎。王朝多年积累的各种矛盾，接踵而来，不暇应对。虽然他"不迩声色，忧勤惕厉"，但是却"用非其人，益以愤事，乃复信任宦官，布列要地，举措失当，制置乖方。"可见王朝的覆灭江河日下是大势所趋，非人力可挽回，已经形成诸种矛盾的恶性循环。既有崇祯的性格问题，也有大局糜烂病入膏肓，皇上非人力可以疗治痼疾，计拙力竭而走向坟墓。

崇祯皇帝除了他猜忌刻薄，果于杀戮，和所有亡国之君有共通之处外，其他亡国的恶德，他都并不具备。在履行皇帝职责上，他勤勤恳恳，宵衣旰食，昼夜忙于国事，生活上自甘清苦，杜绝奢侈铺张，因此，他才有"军非亡国之君，臣皆误国之臣"的感叹。但是，他所承接却是一个充满亡国之象千疮百孔的体制，只能是一条坐困浅水泥潭的困龙，四处碰壁，最终头破血流地被绞杀，这其实是体制之悲哀，不能简单归罪于个人性格。

在《明史·李自成传》和《张献忠传》中多处谈到这种自继位起举国体制就铸成了这种坐困愁城的局面：

庄烈之继统也，臣僚之党局已成，草野之物力已耗，国家之法令已坏，边疆之抢攘已甚。庄烈虽说锐意更始，治核名实，而人才之贤否，

---

① 《明史卷二十四·庄烈帝二》，线装书局，第66页。

议论之是非，政事之得失，军机之成败，未能灼见于中，不摇于外也。且性多疑而任察，好刚而尚气。任察则苛刻寡恩，尚气则急遽失措。夫群盗满山，四方鼎沸，而委政柄者非庸即佞，剿抚两端，茫无成算。内外大臣救过不给，人怀规利不全之心。言语戆直，切中时弊者，率皆摧折以去。其所任为阃帅者，事权中制，功过莫偿。败一方即戮一将，隳一城即杀一吏，赏罚太明而至于不能罚，制御过严而至于不能制。加以天灾流行，饥馑洊臻，政繁赋重，外讧内叛。譬一人之身，元气羸然，疽毒并发，厥症固已甚危，而医则良否错进，剂则寒热互投，病入膏肓，而无可救，不亡何待哉。是故明之亡，亡于流贼，而其至亡之本，不在于流贼也。呜呼，庄烈非亡国之君，而当亡国之运，又乏救亡之术，徒见其焦劳瞀乱，孑立于上有十七年，而帷幄不闻良、平之谋，行间未睹李、郭之将。辛至宗社颠覆，徒以身殉，悲夫！

以上论述，未必见得全部正确，但是对于崇祯朝弊端列举还是切合实际的。前朝留下的党派纷争，经济情况的极度恶化，国家法度的严重败坏，边疆领土的争夺抢掠，农民起义的蔓延分歧等等内外矛盾已经到了王朝崩溃的临界之点。虽然崇祯登基之初，力图匡正时弊，锐意进取，而有关人才和是非的争论，以及政治管制的得失、军事策略的成败，真知灼见未能在朝廷形成共识，对外实施时，必然发生动摇。而且由于皇帝本人性格多疑而不能明察，刚愎自用而意气用事，刻薄寡恩而举措失当。导致农民起义军满山遍野，四方不得安定。而委以重任的不是平庸无能之辈就是奸佞不法之徒，使得围剿和安抚皆无成算。内外大臣救助弥补过错不给力，心怀自私自利之心。言词直爽提出切中时弊建议的坦荡君子，大部分得不到重用，被驱逐出朝廷。被任命为将帅的人，往往为太监监军所制约，功过不能奖罚分明，只能打一次败仗杀一将帅，失去一座城池杀一官吏。加上天灾流行，饥馑遍地，苛政繁多，税赋太重，外敌入侵，内部叛乱。如同人体元气已经丧失，完全没有了抵抗能力，各种毒素一起发作，绝症已经导致病危，而遇庸医乱用虎狼之药，驱寒降热之药一起用，只能病入膏肓，无药可救，坐待灭亡。所以明朝之亡表面上是流寇所致，其实是亡在根本，不在流贼。崇祯皇帝不是亡国之君，是亡国之命运所必然导致的结果，他只是缺少救亡之办法。徒增辛劳而致精神错乱，孤独地在皇帝位置上待了十七年，中枢未见有陈平、张良之谋士筹划，军旅未闻有李广、郭子仪之良将为之驱策，遂至祖宗江山社稷颠覆，只能以身殉国，实在太悲惨了。

这和计六奇在《明季北略·论明季之乱之由》中提出是相吻合的，或者说《明史》干脆就是抄袭了《北略》。计六奇说，明之所以失天下，与君主之失德不相关，主要原因有四：一是外有强敌；二是内有大寇；三是天灾流行；四是将相无人。唯一没有能够涉及的是专制政治体制存在的问题。而触及体制问题的还只有作为局外人的起义军领袖属下的宋献策和李岩的那段著名对话。

在《庄烈帝纪》末尾，说到苦命的崇祯时，为之赞叹道：

临朝浩叹，慨然思得，而用非其人，益已偾事。乃复信任宦官，布列要地，举措失当，制置乖方，祚讫运移，身罹祸患，岂非气数使然哉。迨至天命有归，妖氛尽扫，而帝得加谥建陵，典礼优厚。是则圣朝盛德，度越千古，亦可以知帝之蒙难而不辱其身，为亡国之义烈也。①

然而，本篇由清人所撰写的崇祯皇帝本纪就是在末尾也不忘记对于本朝仁政的歌颂和赞美。写亡国之君，不忘颂扬外来入侵者的宽厚仁慈。保证外来政权在入主中原以后的合法传承是某种愚民宣传的需要。这些明面上冠冕堂皇的文字和他们在实际履行统治中对于民众的残酷屠杀和知识分子思想上的严厉禁锢是完全背道而驰的。统治者只是交替使用着杀戮和愚民两手成就了王朝驭民之术的完善和完美，将封建专制主义推向极致，进入王朝政治的高峰期。一言以蔽之也就是杀人与戮心，维持统治的稳定。而历史上为了对于崇祯皇帝直系男性亲属的屠杀和灭绝就是不择手段而异常凶残的。后来对于太子朱慈烺和定王慈炯、永王慈炤的杀害，酿成了清史上至今扑朔迷离的"假太子案"和"朱三太子案"，就是真假混淆，模糊视听，先砍断复明抗清的旗帜再说。失去了旗帜也就失去了麇集反抗力量的标志。

作为民间史学家和文学家张岱在康熙初年帮助浙江提都学政谷应泰编撰《明史纪事本末》时收集了崇祯一朝的官方邸报，据此编撰了《石匮书后集》，作为明末遗民他给崇祯帝于极富感情色彩的评价：

---

① 《明史本纪第二十四卷·庄烈帝纪》，线装书局，第67页。

古来亡国之君不一，有以酒亡者，以色亡者，以暴虐亡者，以奢侈亡者，以穷兵黩武亡者。嗟我先帝，焦心求治，旰食宵衣，恭俭辛勤，万几无旷，即古之中兴令主无以过之，乃竟以崔苻泽（盗贼出没之处）巨贼，遂至殒身。凡我士民思及甲申三月之事，未有不痛心呕血，思与我先帝同日死之之为愈也。

陶庵先生指出崇祯帝的两大失误。其一是把宫内内帑看着祖宗私产，属于"千年不可拔之基"，不可分毫取用，于是"日事居积，日事节省，日事加派，日事借贷"，终于导致九边军士数年无饷体无完肤，何以羁系天下。崇祯皇帝最终成了祖宗财产的守财奴和看门狗。其二是"焦于求治，刻于理财，渴于用人，骤于用法，以致十七年之天下，三翻四覆夕改朝更，耳目之前觉有一番变更，而后思之讫无一用"，也就是说那些号称是改革弊政的事，看上去是那么一回事，后来反思却没有一件是落到实处的，或者在执行中被完全变了形，成了权贵们鲸吞民财借口。

因为那架老旧的官僚机器已经完全无法履行王朝管理的职责，号召力、影响力和执行力均在巧取豪夺中流于形式。显然体制弊端小修小补已经无济于事，大改大动只能导致政权的倾覆。结果就是"枉却此十七年之精励"。人财两空，政权易手。[①] 据计六奇在《北略·十六癸酉载金入秦》记载，李自成拘押北京银匠数百人，将所掠夺拷掠百官所得的银两，全部浇铸成大金砖和银砖，在兵败山海关以后用骡马骆驼驼往陕西。其中在打开朝廷内库就缴获王朝几百年未曾动用过的镇库金：银三千七百万锭，金一千万锭，皆五百两一锭，镌刻有"永乐"年号。计六奇引用清代史学家谈迁的话说[②]：

三千七百万锭，损其畸零，即可代两年加派，乃今日考成，明日搜刮，海内骚然，而扃钥如故。岂先帝未睹遗籍耶？不胜追怅。

也就是说，这些银子，就是砍去零头就相当于帝国两年的赋税收入，今天考核绩效，明天搜刮民财，使得民怨沸腾，而皇帝掌管着内库的钥匙却一直不肯打开银库大门，数百年如此。难道老祖宗没看到遗留的财富如

---

① 张岱：《石匮书后集》卷一《庄烈帝本纪》，上海古籍出版社，第445页。
② 计六奇：《明季北略·十六癸酉载金入秦》，中华书局，第488页。

此的结果吗？一定是非常伤感惆怅的。却可见崇祯皇帝守着祖宗巨额财富不肯动用，却年年增加税赋以充军饷，还在官场和民间处处搜刮财富，支持成本浩大的内外战争，庞大的军费开支捉襟见肘以至王朝财政崩溃。崇祯恪守的是皇家私产是不能动用的原则，结果全部为大顺军所缴获。守财奴的结果是自己穿着破衣烂衫不耐饥寒，去和别人打架，结果被人结果了性命，为他人创建新家，新婚娶老婆做了嫁衣和妆奁，这就是崇祯和大明帝国的悲剧。

第九章 国变中的帝国勋贵

一、帝国政治体制的弊端

由于帝国政治体制的僵化，分配体制向权贵阶层倾斜，经济财富大量聚集在皇族和权贵豪富手中，国家中枢掌控国家权力的号称皇爷及其家族，以及世代相沿袭的勋贵集团。官僚统治集团的毛细血管延伸到城市乡村的各个角落，财富兼并的步伐加剧，所谓少部分人掌控着大部分的社会财富，两极分化贫富悬殊进一步深化，社会矛盾的爆发到了临界点，社会的崩溃改朝换代就会不期而至。非人力意志可以转移。

封建专制帝国的顶层设计，本身导致国家政治、经济命脉实际控制在皇爷、少爷、姑爷、师爷和逸枝旁出被称为"翁爷"的太监集团手中。皇爷当然是按照封建等级"君臣父子"纲常礼教盘踞中央君权独大的皇帝本人，也即权力高度集中，皇权独裁凌驾于金字塔顶端掌控整个社会命运的皇爷。所谓"权者君主之独裁也"。（《韩非子·显学》）

与皇帝独裁的另一个寄生物就是不断坐大坐富的皇族和外戚的家族体系；少爷、姑爷即为靠祖上战功和皇亲国戚封敕的公侯伯子男爵位的贵族集团。这个集团基本是靠祖上世袭爵位寄生于专制体制的恩荫制度享受世禄，坐实荣华富贵而和天下争利的特权阶层。

在君主专制国家由于皇帝"为与士大夫治天下，非与百姓治天下"，所谓师爷也就是依靠"学而优则仕"的科举考试制度而上位的官僚集团，士大夫阶层的优胜者可进入统治中枢而成为内阁辅臣，内阁中的主要负责者为首辅。首辅其实就是辅佐君主的首席导师，被称为师爷总头目。有的本身就是帝国有名的耆宿硕儒，他们以儒家"修身、齐家、治国、平天下"

为目标辅助帝王，在战时出谋划策辅助君主完成王霸之业，在夺取政权后辅助帝王巩固统治地位，管控国家和社会的方方面面。各级师爷们基本是靠科举考试上位的官僚，他们的最高目标就是"读书做官"成为帝王之师，及其将官僚体制的触角延伸到社会的方方面面组合分布到城乡各级政权形成从上到下的管制体系。

朱元璋为了帝王的高度集权，取消宰相制度"中外奏章，皆上彻御览，每断大事，决大疑，臣下唯面奏取旨而已"。但是"日总万机，安能事事尽善"。（《明太祖思路》卷二三九）即使精力过人的朱元璋也感叹"人主以一身统御天下，不可无辅臣"。遂于洪武十五年仿宋制，设华盖殿、武英殿、文华殿、文渊阁、东阁诸大学士，协助皇帝审阅奏章，处理文书，草拟诏谕，兼备顾问。内阁大学士官阶只有五品，实际是皇帝"传旨秉笔秘书"，不得参与国事。随着王朝政治的发展，体制不断完善，统治日益严密，至成祖时，命翰林院侍读、编修、检讨等文学侍从官员入值文渊阁，正式称为内阁，才开始参与机务。宣宗时，为了便于阁臣行使职权，以六部尚书入阁兼任大学士，逐步形成制度，由此内阁权势渐显得重要。英宗时内阁大学士多系累朝元老，权势更重，以致"六部承奉旨意，靡所不领"。大学士可以会同各衙门于内阁会议，发展成行政中心。"遂赫然为真宰相。"（《明史·职官志》）但囿于太祖爷不设宰相的定制，内阁的求学时只称"辅臣"，首席大学士称"首辅"。从国家制度层面看内阁大学士不是最高行政长官，与六部没有直接领导关系。大学士的职权主要是："掌献替可否，奉陈规诲，点检题奏，票拟批答，以平庶政。"这种"上委之圣裁，下委之六部"内阁机构的设立，正是君主集权制度高度发展的结果。个别大学士的显赫权势，也是附着于皇权而来，但是当风头盖过皇帝时必然形成权势超越皇帝的权臣，比如世宗时的严嵩，神宗时的张居正必然遭到皇权的清算。

而且随着皇权和内阁权力的博弈，明末太监擅权取代内阁，太监集团成为直接依附皇权，内廷和外朝几乎平行的权力机构，而成为皇帝最最凶恶的鹰犬打手，皇帝利用庭杖和诏狱直接回避三法司而任意凌辱杀戮大臣。

中国古代中央集权的专制政体自秦汉确立以来，一直处于变革中，总的趋势是以君权为核心的中央集权在不断加强，国家政权的行政职能不断削弱。君权的过分集中，必然会与行政机构不断脱节，从而造成权力真空。宦官正是这种政治缝隙中崛起的皇家家臣势力，最终权力的触角延伸到政治、经济、司法、文化各个领域，成为皇权卵翼下强大的政治势力。政治上可以代行天子大权处理政务，垄断仕途，而且能够达到权力顶峰，废立皇帝，决定储君人选。

明代太监二十四衙门之首的司礼监是国家机构的重要组成部分。从其职权看处于皇帝和中央行政机构的职权衔接的中枢部位。按照皇帝的意志批答奏章，传谕圣旨，成为皇帝代言之人。内阁的票拟转移成内监的批红。熹宗朝宦官与朝臣相勾结形成强大的阉党势力，朝廷几乎不可控制。到了崇祯朝内阁大臣走马灯似的换，一朝十七年换了内阁首辅四十多人，太监得到重用，于是阉爷集团兴起，形成太监乱政的局面。在军事上皇帝对太监倚重过多，他们受命出师劳军，或驻守畿外，充当监军，享有有红旗专报特权，对军事统帅决策掣肘过多；宦官还充任各地镇守和守备，以监视各镇要塞，从军队训练到兵器、衣仗、马匹、粮草供应无不在其职权范围之内；或典领禁军，提督精锐京营成为第二武装。

在经济上，中国封建社会的重要特征是政治权力干预和支配经济是一个能够利用政治权力攫取大量社会财富的一元化君权社会。宦官既然在政治上得逞，其势力必然侵淫经济领域。各处皇庄田产的管理，海关关税，矿业开发，织造官服等很多由皇家专营的领域，基本由太监代行皇家职权。宦官以皇帝私人身份，采买宫廷所用物品，征收租赋，兼并土地，中饱私囊，几乎无恶不作。仅万历二十六年至三四十年之间，江南地区矿税的进解进内库的银子即达四十万两之多，是全国财政收入的十分之一。（见明史·宦官二）明冯保家有金银百余万，原籍造有私邸五千四百八十六间，庄田跨都邑。魏忠贤家财尤丰，"籍还太府，可裕九边数岁之饷"。（《明史·樊玉衡传》）

在皇权专制社会宦官一旦政权在握，对大臣生杀黜陟，一由己意，乃至于私设刑堂，拷问臣民。明代宦官干政主要表现在干预司法，代皇帝掌握对于臣民的生杀大权。因此，庭杖和诏狱两手是凌辱虐杀大臣的重要杀人机器，如天熹年间的东林党人血案和对于蓟辽经略熊廷弼的虐杀延伸到后来对于袁崇焕的诬告和冤杀，背后都闪烁着宦官的重重黑影。①

别小看这些太监集团的能量，这些人身心受辱，性格变异，然而很多人久处深宫伺候着皇家的老少爷们，自从成祖爷依靠宦官篡夺建文帝权力后，太祖爷宦官不得干政的祖训就被他的儿孙辈所打破，太监要肩负政治重任就开始接受教育，太监有了文化就有了干政的本钱。因为他们中的不少人本身就是皇爷幼时的启蒙老师，更是后妃们的老师，这些学生有的登上帝位，有的成了帝王的妈和奶奶太后一类，当然是他们在政坛上升值的潜力股，有的不少还是皇爷幼时的玩伴和伴读，可以说和皇帝是发小和知心朋友，那关系肯定是超过外庭诸文武大臣的。

上述少爷、姑爷、阉爷都是皇爷圈子里的人，组合成帝王专制的核心层，也是统治机器运转的各个主要部件，这些人可以说世受国恩，身负重任，尽享专制政权的好处，但是在江山危亡政权倾覆之际，皇爷选择殉国，国家沦亡后，有什么样表现呢？各人的抉择是大不一样的。

半年以后，甲申年的冬季，本朝致仕寿宁县知县冯梦龙以"七一老人草莽臣冯梦龙"的名义作《甲申纪事》十三卷以记此次王朝覆灭的大灾难，再次全文记录了发生在崇祯朝的这场天地翻覆之变。

从崇祯遗诏可见，崇祯皇帝生性执拗，秉性坚强执着，就是死到临头也要向命运做最后的抗争，他甚至在走向煤山，向歪脖子树上悬挂的命运之绳索伸进自己的颈脖子时，依然可以清楚地预测到他那些可恶的大臣一定会投向敌人的怀抱，以自己的死换取灵魂的生，在血书遗诏中大骂"群臣误朕"，这份遗诏必然会影响到这场生死博弈的胜出者李自成的意志，再通过自己儿子们的口，传达了自己的意志也即"文官个个可杀"，这就基本决定了在李自成败走北京之前将那些首鼠两端的大臣屠杀殆尽。他自己却在历史上博得了"君王死社稷"的美名。而深受儒家"杀身成仁，舍生取义"影响的真正儒臣们却纷纷效仿壮烈皇帝以身殉国，为皇帝尽忠。

---

① 《中国宫廷政治》，山西教育出版社，1992年10月，191页。

二、浪得虚名的伯爵李国桢

李国桢，号兆瑞，江西丰城人，袭父爵襄阳伯。此公身材五短，但是口才极好。经常上书皇帝好言军国大事，其实能力一般，人品极差，完全是一个赵括式军中阔少。然而，在京城攻破，信息不通的明末，由于王朝解体，中枢靠每日邸报与各地的联络渠道完全中断，以讹传讹的大动乱年头，此公完全被神话为一个高大上的英雄人物，只是后来在张廷玉一帮人修订明史时在本传中均寥寥数语终结这位当年勋贵子弟并不光彩的一生。在冯梦龙和计六奇所撰写引用的资料①都对这位纨绔子弟进行了美化性描述，可能是因为信息闭塞，以讹传讹的原因吧，庐山真面目一直隐藏在云雾之间。

这位靠祖上军功而世袭上位的勋贵阔少却深得崇祯皇帝朱由检的赏识，属于在危难之际担当重任的将帅。

这厮自请在京师郊外选择军营练兵，崇祯皇帝很高兴。每年拨付经费二十多万两白银，所请内库兵仗铳药甚多。经常请皇上去军营视察，崇祯帝亲笔题写"共武堂"牌匾。不久被任命为总督京营戎政都督，也就是担任了首都卫戍区司令负责京城防卫总责，加太子太保衔，可见皇帝倚重。

冯梦龙和计六奇是这样描绘这位权贵阔少的。

李自成大军攻打京师，小李司令奉旨负责守城。甲申年三月十九日城破。小李司令巷战被围力竭而被俘，被押解到李自成面前，开始悍然不肯下跪，有人威胁他说："你不跪，将屠杀全城百姓。"李国桢才跪拜李自成，并说："我是为全城百姓安全而下跪。"二十一日，李自成命令将皇帝、皇后的棺材放置在东华门外，设棚祭祀，百官走过不敢进去吊唁。李国桢蓬头垢面，踉跄奔赴前去祭祀先帝，跪在梓宫前嚎啕大哭。看守的农民军士兵，将他绑缚去见李自成，他依然痛哭，以头触台阶，血流满面。众士兵将他推到自成面前，李好言劝他投降。他说："有三件事你如果答应我，我便投降。一祖宗陵寝不可犯；二须葬先帝以天子礼；三太子和二

---

① 《冯梦龙全集第15卷·甲申纪事·燕都日记》，江苏凤凰出版社，第107页。计六奇：《明史北略·殉难勋戚》，中华书局，第550页。

王不可伤害，宜待以杞、宋之礼。"语气恳切、悲伤。李自成全部允诺，将他搀扶起来。先是以柳木棺材殓葬帝后，因为李司令的建言，还是将崇祯的薄皮柳木棺材，换上帝王所用漆有大红色和皇后棺材漆成黑色的梓宫。安葬先帝先后于田贵妃陵墓。在送葬那天唯有李司令一人边哭边徒步前往陵园，待帝后安葬完毕，小李司令自尽而亡，追随先帝而去。[①] 而上述襄城伯爵壮烈殉国的神话，被当时亲历事件的人指为完全的虚构，不妨记录如下，供诸君对比参看。

钱炘在《甲申传信录》中对这位李国桢伯爵记载文字颇为不屑。

襄城伯李国桢，三月初四日，上命督练大兵守门。国桢日坐西直门城上。唯监军太监王相尧领营兵，兵无主帅，也无实籍，贼至实溃。十九日城既陷，国桢就擒。自成呵斥曰："汝受天子重任，宠逾于百僚，义不可负国恩，既不能坚守，又不能死节，腼颜受缚，意将何求？"国桢气阻，无以应答。自成大骂："误国贼，欲求生乎？"叱送权将军府，追赃数四，痛加刑杖，残剥而毙。其妻也为贼所掠，褫尽底衣，抱之马上，大呼曰："此襄城伯李国桢夫人也！"复大笑，勋臣妇女被掠死者多有，无辱胜甚于此者。

因此，这位明末的权贵子弟，史书记载天壤之别，明史本传记载很是简略，可能因为他是一个有争议的人物。总之，此辈靠父荫而上位的伯爵加首都城防司令，本身就是一个志大才疏，好徒作大言，骗取皇帝赏赐金钱而自肥的纨绔子弟，基本毫无节操可言，而其下场也极其悲惨，是被李自成送到刘宗敏府上考掠赃银，受尽酷刑，被剥皮而死，有说受拷掠，难以忍受酷刑自缢而亡，死时年仅二十八岁。看来就是农民军的领袖也极其鄙视这样的勋贵子弟。后来从京城逃离到南方的史学家钱先生，在《甲申传信录》中进一步揭露他的那些效忠先皇的光辉事迹，纯属子虚乌有的捏造，属于当时制造的假典型。在朝廷中受到重用的公子哥儿其实是蜡样银枪头，用以欺君唬民的政治骗子：

国桢之被宠，也始说是先皇以兵强饷足。及贼将犯阙，上召国桢问曰："君平日言强兵足饷，今日悉若？"国桢应声对曰："臣兵未

[①] 《明季北略卷之二十一下·李国桢传》，中华书局，第550页。

尝不强，皇上无饷尔。"

对这样的纨绔子弟，面临绝境的崇祯皇帝只能冷笑和苦笑，他所发的兵饷定然是被李国祯中饱了私囊，而他所私自招募兵卒只是一些不在军籍的乌合之众，并未经过严格的军事训练，靠抢掠百姓而维持生计。因而李自成大军一至，纷纷作鸟兽散，这又是一个皇帝重用的李建泰。等到外城被攻陷，太监奔来向皇上报告："皇上还是早谋脱身之计，奴才不能顾及主子了。"崇祯说："大营兵何在？李襄城练兵何在？"小太监说："皇上安得有兵？营兵早已溃散，孰能问？奴才还是劝皇爷逃命吧。"这位小太监倒是实话实说，也顾不得上下尊卑了，皇上再问，已经隐然不见身影，大部分的太监已经顾不得皇爷的尊贵，完全顾自逃命去也。

钱老先生写到这里，慨然感叹道：

国家所器重的是军队。饷银故且不足，但是岁费朝廷每年也下拨数十万，李国祯以虚名巩固皇上的宠信。每逢皇帝召对，诸大臣多是跪着对奏，唯有这个李国祯独自站立在皇帝身旁说话，眼睛斜视皇上。几乎没有作为人臣的礼貌。及至贼寇来犯，他所招募的营兵尽行溃散，无一人充当战士。这厮的误国，可胜过贼寇对于民众的屠杀啊！这厮还欺骗愚弄皇上说："营兵犯法司法部门不得刑拘监禁"，暗中却纵容士兵为盗，抢掠民财。作为指挥作战的城防司令，兵败只有一死报国。国祯既不能死，欲求苟活，却被贼寇酷刑杀戮。有好事者，妄图为其粉饰美言，被加上忠烈节义之美名，以图混淆视听，娱乐新闻，何其荒谬。陈济生《再生记》所言："为贼所逼，作诗数章，恸哭先帝灵前，服药而死。"无名氏《燕都记》也说："国祯二十一日入见自成以头触地，争三大事，闯尽从之，后送先帝陵毕，遂自缢死。"凡看过这些记载的人，都夸奖李伯爵是何等的从容就义啊！但是这些记载皆是痴人说梦。我四月入都，也听说了小李司令的英雄事迹，心中很不以为然，只能感叹道："这些文章难道能够掩盖事实真相！"五月份我住在北京，听到住在李伯爵府邸较近的群众介绍最为详细，与我以前听到的传闻相差甚远，事实真相大白已久，小李伯爵就是误国之奸贼众人已经耳熟能详了。李国祯者乃是驸马都尉冉兴让第五子，他就是一个宫廷中

259

的外戚权贵子弟。我征询过其他人的意见，大家都说确实如此。我常去旧御史吴邦臣家扶乩，忽然一天先帝降临乩坛说："朕误用人，以致如此"，言辞不胜悲切凄婉。先帝所说误用之人乃：温体仁、周延儒、陈演、魏藻德、李建泰、李国桢。①

以上是笔者根据自己理解的白话文翻译。应该说钱老先生也是根据民间传说所记载，却与冯梦龙《甲申纪事》和计六奇《明史北略》记载大相径庭，但是对于李伯爵的家庭出身记载明显有误。

李伯爵的先祖老伯爵李濬是追随燕王，在靖难之役中协助成祖朱棣篡夺建文帝江山而立有战功被封襄城伯，是传承有序的，明史本传记载虽然简略，却准确无误。此厮确实是军界世袭勋贵子弟，他的言行举止，狂悖无礼，好徒做大言，以赵括之轻浮，骗取信任，私募军队，贪污军费，纵兵抢掠，中饱私囊明显具备了古今中外纨绔子弟的本色和特点：

李国桢，襄城伯李濬八世孙，李守锜子嗣。有口辩。尝召对，指陈兵事甚悉，帝信以为才。崇祯十六年命总督京营，倚任之，而国桢实无他能。明年三月，李自成犯京师。三大营兵不战而溃。再宿，城陷。贼勒国桢降，国桢解甲听命。责贿不足，被拷折踝，自缢死。②

明史本传就这寥寥数语，基本清晰勾勒了这位勋贵子弟的嘴脸，应该是准确的，这是所谓靠传说塑造的假典型在隔代史书记载中，在金粉脱落后的泥胎本质。

三、壮烈殉国的驸马巩永固

冯梦龙在《甲申纪事第二卷·绅志略》③ 中将经历了甲申之变的朝臣们分门别类，将这些人在改朝换代时的表现和忠诚与背叛的人品严格加以区别分为死难诸臣、刑辱诸臣、从逆诸臣、出狱从贼之逆臣。此外还有一类人，在性质上比较模糊，既谈不上坚持气节，而是以各种方式从战乱的首都逃离藏匿以规避屠杀或者投降的大臣，列为幸免之臣。这样的分类至

---

① 《甲申传信录》，上海书店，1982年，第58页。
② 《明史·卷一百四十六·列传第三十四·李国桢传》，线装书局，第826页。
③ 《冯梦龙全集第15卷·甲申纪事·绅志略》，江苏凤凰出版社，第15页。

少说明这位老臣，尽管忝列臣僚末位，而且还是一位退休的编外官员的立场和爱憎分明的性格。后来这样的分类，为清代史家计六奇编写的《明史北略》基本沿用，内容也相差不大，可以认为是参照了冯梦龙的《甲申纪事》。

在死难诸臣中列为首位的是皇家勋戚，如娘家人新乐侯刘文炳、皇亲、惠安伯张庆臻，皇亲、东宫侍卫周镜等，其中对刘文炳和驸马都尉巩永固记载比较详细。

光宗皇帝的姑爷巩永固却死得非常壮烈。光宗皇帝七子仅熹宗和思宗两兄弟存活；九女仅三女存活受封公主为宁德公主、荣昌公主、遂平公主，巩永固是光宗皇帝，最小的女儿乐安公主的驸马。不愧是依附皇家忠实于皇帝的驸马都尉。用当代政治家的话来说："还是用自己的子弟来得可靠"，至少忠诚度没有问题的。因此，娶皇家公主，食皇家俸禄，保皇家江山，忠皇家事业，死皇家社稷，决定了驸马都尉巩永固的历史归宿，壮烈而悲壮。

巩永固是明熹宗和崇祯皇帝的妹夫，他是光宗皇帝第八女乐安公主的驸马爷。他与公主结婚十几年，两人伉俪情深，对公主既敬又爱。而敬是主要的，这源于他对大明帝国的无比忠诚。巩永固是河北宛平人，身上流淌的是燕赵侠义人士舍身奉主的热血。他其实更像文人，爱读书，好收藏字画，结交的也都是一些有超迈豪爽之气，注重学识素养有节操的文人，时人评价这位皇家姑爷"风流文采，焜耀一时，翰墨词藻，琴道酒德，无不胜人，而虚衷善下，所与游者，咸有才不遇之士人，益多之"。也就是说这位姑爷颇有古代战国四公子的风范，不仅长相俊美，而且文章写得好，且多才多艺，书法词章，弹琴喝酒，无不出类拔萃，驸马器宇开阔，虚怀若谷，谦虚待下，绝无皇家姑爷的架子，与他交游的人，即使那些怀才不遇的有识之士，也能够如坐春风，无不获益良多。驸马能够被皇帝的女儿相中，一定是才貌双全的翩翩美少年。巩永固身材英挺，懂一些国政军事，也擅长骑射。崇祯皇帝出行或骑马打猎时，总是让他在近旁跟随。明末大儒著名烈士子弟黄宗羲追随鲁王监国漂流舟山群岛时，在海外闻听驸马壮烈殉国时，追忆驸马与他的交往时深情地说："驸马爷相貌如同书生，喜欢结交文人学士。壬午年，和尚达闻讲演佛法，我与姑爷同坐斋堂，相互

261

交流非常默契，由是交往成为朋友。"（见明·黄宗羲《海外恸哭记》）

崇祯十六年二月，李自成大军向北京进发，国家危亡之际，乐安公主病逝。乐安公主，名朱徽媞，生于万历四十年三月，为光宗皇帝第八女，母李庄妃，即光宗宠妃被称为东西两位李选侍世称东李的那一位，崇祯帝四岁丧母，光宗皇帝将他交给西李照顾，天启帝是在十二岁上生母王氏去世也是由西李照顾，两位难兄难弟同时都受到西李的照顾，而西李本身就是当年神宗皇帝宠妃献给光宗朱常洛的美女，有着诸多郑贵妃似的野心，曾经想利用皇长子朱由校达到控制皇帝的目的，制造了明末非常著名的"移宫案"，在诸多东林党大臣的阻止被迫搬出乾清宫。天启帝登位后，将自己的弟弟朱由检交给东李照顾，李选侍晋封为庄妃。东李和刁钻狠毒的西李不同，明史记载庄妃"仁慈宽简，温良贤惠"，庄妃给了朱由检无微不至的照顾"爱护关切，胜过亲生者也"。此外，还以自己简朴、善良的种种品格感染着朱由检，不让他学坏。因此，乐安公主是一位和崇祯皇帝关系十分亲近的妹妹，也有着其母身上诸多良好的品德。

天启时，乐安进长公主。天启七年十二月，下嫁巩永固。公主喜欢着江南吴地的装束，沉静娴雅好交游，是凡遇见在京的吴地士大夫，必然会邀请其女眷到驸马府喝茶，献上水果，宴饮聊天。崇祯对这位皇妹也礼敬有加。公主与思宗感情很深，兄妹经常一起饮酒为乐。可见巩永固驸马与朱徽媞公主，情趣相投，性格相近，两人伉俪情深，琴瑟相谐，且公主也是知书达理，性情温顺，雍容大度的人，毫无悍女妒妇之陋习，对驸马爷而言乐安公主也是一位知书达理宽厚相得的好太太。

崇祯元年，担任巩驸马礼仪教习的陈钟盛说："臣教习驸马巩永固。驸马黎明即起，在都尉府门外的月台四拜，说：到三月份后，就要上堂、上门、上影壁，行礼怩前，开始视膳于公主前。公主饮食于上，驸马侍立于旁，过此方议成婚。驸马馈赠瓜果饮食，称'臣'；公主答礼，书'赐'。这些做法其实是大失夫妻礼仪的事情。男女既然拜堂成婚，则俨然夫妇；安有跪拜数月，称臣视膳，然后成婚的？《会典》载：行四拜于结婚同房之前。明明已经举办了婚礼，以后就不必天天行四拜之礼了。以天子的姑爷在下形同奴才仆役，岂非有辱朝廷尊严？"崇祯帝同意了陈教习的意见，下旨令巩永固择吉日成婚。（见《明史·礼志》）可见这位巩驸马确实有些书呆子气，在没有举行大婚典礼前，竟然在公主面前大肆演习君臣大礼，古板得连皇家礼仪教授也觉得实在太过了，似乎缺少了点夫妻间的随和平易。

明史记载巩永固，字鸿图，顺天府宛平县人，好读书，负才气。崇祯十六年二月，帝召公、侯、伯于德政殿，说："按照祖制，勋臣驸马入国子监读书，学习武艺，练习弓马。诸勋臣各有子弟。可参加学习否？"成国公朱纯臣、定国公徐允祯等皆以孩子尚小，不能入学而应对。而巩永固独自上疏，请求到国子监学习，当一个肄业的太学生。皇帝当众表扬了这位姑爷。

太仆寺少卿赵光抃为官清正，秉公办事，喜谈兵，才气雄豪，出语无忌，光明磊落，为大司马杨昌龄所赏识，屡荐举。崇祯十年秋，被派往蓟辽巡察边务，尽得边塞形势和战守机宜，并择要上奏十二条良策。次年，出任密云巡抚，到职不久，便告发密云监军邓希诏奸谋通敌。朝廷召还邓希诏，派太监孙茂霖核查，不料茂霖与希诏向有私交，谎报"查无实据"，光抃反坐罪，充军广东。崇祯十五年边境战事又起，京师多次戒严，形势危急，廷臣力荐光抃。光抃受召，迅即返回家乡，变卖田产，毁家纾难，携白银万两以充军资，授兵部右侍郎兼右佥都御史，总督蓟州、永平、山海关、通州、天津诸军务。光抃治军严谨，作战骁勇，临危不惧，指挥若定，时蓟州被围，光抃至命放大将军炮，无人敢应。他便下马亲自燃放；旋将长胡须藏人囊内，率二骑疾驰入城，城上鼓吹大作，大呼"新督莅任"清军望而惊叹，蓟州之围遂解。后清军分兵四出，气势凶猛，光抃援南闯北，"不释鞍甲者七阅月，斩虏首千六百有奇"，然力不从心，河间迤南皆失守。廷臣交相弹劾，崇祯帝令其立功自赎。十六年初夏，在截击清军归路的螺山战役中，明军将领各保实力，互不协同作战，所部被敌军各个击破，八镇兵皆败走。光抃无法挽回败局，仇家攻讦，柄臣索重贿不得，故被夺职候勘，系狱数月，在这个时候唯有驸马都尉巩永固出面仗义执言，上疏救援赵光抃，但是未被崇祯帝采纳，最后老赵和当年熊廷弼一样被含冤屈杀于北京西市。

明代第二个皇帝建文帝系被燕王在靖难之役中击败后不知所踪的，据说是流落到了云贵当了和尚，晚年在景帝时回到北京，被安置在南宫，死后被安葬在距景帝陵不远，石牌题曰："天下大法师之墓"。驸马都尉巩永固请追谥皇帝称号。崇祯和辅臣说："建文无墓，何凭追复尊号？"乃止。辅臣们不知道如何应对皇帝的提问。这两件事虽然未成功，但是可以看出姑爷巩永固是一个心中有良知，很有是非观念和正义感的人。清人杨士聪在《玉堂荟记》说"事虽未行，时论韪焉"。士大夫都称赞巩驸马贤明。这两件事均被记录在《明史》中。

乐安公主去世后，崇祯皇帝对驸马巩永固说："按照规定，公主去世后，金册、冠帽，衣服、器物，凡是带有龙凤图案的，全都要上交给皇家。"巩永固哽咽着说："既然有规定，微臣遵命。"他回家后，就检点公主的全部遗物。找出了金册（当年下嫁时的册封，相当于皇家颁发的结婚证书）、饰有珠翠的凤冠，织有云霞和凤纹的霞帔，又收检整理了公主的坐榻盆碗等生活器物，因上面都雕饰凤纹。还有公主的用车，四角上有金铜的飞凤，饰有特别花纹和流苏的车盖，红油绢的轿衣，都是皇家的专有标志。另有一些皇帝赏赐的丝帛绸缎，上面有龙凤图案。凡是有公主符号的东西，全都清理出来，交还给皇家。对于巩永固来说，公主的去世，不仅带走了他和公主的共同生活，而且带走了他和公主共同生活的全部证明。交还遗物的时候，巩永固流下眼泪，很难过。他说："取消遗念制度（就是驸马供奉公主的衣冠器物，以做怀念），祖制没有，是近些年的新规定。我曾经随公主拜谒福清等长公主的祠堂，那里都供奉有公主的金册衣冠，好让活着的人有寄托哀思的地方……"崇祯听了，很伤心，也很同情驸马的遭遇，就准许巩永固拿回公主的结婚证书和结婚礼服，回家供奉。（见清·李天根《爝火录》）巩永固与新乐侯刘文炳、太学生申湛然、布衣黄尼麓相友善。公主于崇祯十六年薨，因李自成大军向京师逼近未及落葬，停柩在驸马府内殿，永固闻大顺军来，预积柴薪在棺材旁。至是，尽取公主生前凤冠及衣裳及自己所爱金鞍，置灵柩之上，四周尽置自己平时喜爱的文玩字画，余财物悉散家人。一老仆人侍侧不去，永固问他为什么？老仆对曰"等待我的主人为朝廷尽节"。永固曰"老人家真乃义仆"，遂命老仆执酒，以一杯北面酹地以报答皇恩，再拜说："永固以死报陛下。"一杯酹柩前一饮而尽，说"不图今日，马上赴黄泉，与公主殿下相见"。他先行焚烧了自己使用过的弓箭、佩刀、铠甲及武器，砍杀了自己的坐骑乌骓马，将自己与公主的五个子女用黄绳捆绑在大柱子上，对他们说："你们乃皇帝的外甥，不可玷污于贼手。"于是在乐安公主灵柩前用大字书写"世受国恩，身不可辱"八字，遂纵火焚柩。将这些事处理完毕，驸马巩永固拔刀自刎而死。

《明史本传》记载较为简单：

驸马都尉巩永固，字洪图，宛平人；尚乐安公主。时公主已薨未葬，永固以黄绳缚子女五人系柩旁；曰："此帝甥也，不可污贼手，"举剑自刎，阖室焚死。①

另据《清·李天根·爝火录载魏禧·驸马都尉巩公传》记载：

都尉无子；一女，许配给襄城伯李国桢的儿子李公藩。甲申乱后，同李家一起南逃至金陵，李公藩袭襄城伯，驸马之女封夫人。乙酉（1645年），南京城被清兵攻破，弘光帝朱由崧在湖州被清兵俘获，驸马女随李公子安置在旗下。李公藩死，清军头目固山贝子看驸马之女有几分姿色，欲纳她为妾，命令驸马之女的伯父巩永基劝说她同意。驸马之女怒斥他的伯父说："过去我的父亲将我托付给伯父，期待京城攻破之日即杀我；伯父既不能做到，今日乃以别人的禽兽行为而玷污我乎吗？"巩永基羞惭而退。固山贝子以强势将她抢劫而去，驸马女大骂道："我乃先帝之甥女、大明忠臣之女，襄城伯的未亡人，未去赴死，是因为姑母尚在。今天抢劫我来，我惟有一死。"遂投面断发，固山终不能犯。后选旗女入内宫（一作旗下新寡妇人入内宫），女亦与焉。将入，驸马之女在轿子中用小刀自刺不死，送刑部大狱拟加罪。这时有过去的汉族官员主管此事，驸马之女说："小妇人服侍自己姑妈而守节操，当得何罪？若弃先故君改节事人，反无罪乎？"汉官惭愧，不敢出声。满官叹曰："好女子！"将她放回，驸马之女得归，一直服侍姑妈而终其身。按明史本传，巩公无子，一女适李氏；与《明史》"缚子女五人于柩旁自焚"有差异。此种差异是因为胜利者为了掩盖清军入侵江南的统帅固山贝子的抢夺前明故公主和驸马的女儿为妾的兽行，还是因为传说记载不同而造成的差异，已经不可考。

巩永固死后，南都弘光帝赠侯爵谥贞憨都尉。徐世昌在《晚晴簃诗汇·卷

---

① 《明史卷一百二十八·列传九·公主卷》，线装书局，第729页。

八一》中记载：

钱载，字坤一，号萚石，又号瓠尊，秀水人。乾隆壬申进士，改庶吉士，授编修，官至礼部侍郎。有《萚石斋集》。

在北京琉璃厂的古玩店中见到小方玉印一方，刻"巩固私印"四字，桥纽，葫芦样玉印一方刻有"帝甥"二字。为桐乡的比部员外郎金云庄所得。这两方印章均为明代驸马都尉巩永固的遗物，有人题诗咏之。有嘉定人赵饮谷得到"乐安长公主"小玉印一方，篆刻极精。在道光、咸丰年间歙县程侍郎得到巩驸马都尉书写的行楷七言楹帖，惊诧为鸿宝，同时名流亦争为之题咏。

乌驳马入承天门，煤山山亭忍复云。
巩府焚先刘府焚，乃独未毁玉篆文。
帝姬去年悲已薨，家无藏甲犹守城。
汇旁黄绳子女系，毋污贼手此帝甥。
两字岂知早刻印，甥兮甥兮国俱殉。
藩封恨不二王曾，巷战嗟难二卿仅。
巩固实惟巩永固，省文缪篆美无度。
人之不亡帝左右，玉之不变神呵护。
一双中有暗泪流，华池丰屋春暂留。
主印乐安应并匣，几时南去在扬州。
集散木庵严侍读已买得巩忠烈公两玉印出观复为歌之：
秦游橐金归岂多，急此巩误他人磨。
昨为言之今已得，激昂使我成悲歌。
我歌直为巩永固，我悲不独巩永固。
茫茫天地忠义人，旧物流传孰如故？
大江月照扬州城，中有乐安玉印明。
明年君归携此行，两印百年犹在京。
问何去去江南程，玉虽有字曾无声。
愿君与购贵主印，后先漂转重合并。
香檀作匣盖刻铭，志趣差同号与名。
夫妇于人本不轻，况其家国关死生。

四、崇祯母后娘家人侯爷刘文炳

崇祯皇帝一生都在命运的油锅里痛苦的煎熬着，命运的悲催从童年五岁丧母到青年封王都在魏忠贤专权的阴影中小心翼翼地活着，直到十七岁登基铲除魏忠贤太监集团，他才更像一个人样扬眉吐气，然而祖宗几代积累的矛盾却像火山那样喷发，他就是坐在火山口上末代皇爷，战战兢兢地度过了十七年的帝王生涯，终于走上不归路，自尽万寿山。就是在这十七年中，他总算可以对自己可怜的母亲竭尽一点孝心，对他母亲的娘家人给予了尽可能的优渥待遇。而他的娘家人也总算不负皇爷的恩惠，满门在寒冰烈火中不是投井就是葬身火海全部以身殉国，追随皇帝而去。

据《明史·后妃二·孝纯刘太后传》[①]记载，孝纯刘太后是崇祯皇帝的生母，祖籍海州（今江苏连云港）人，后来移居北京宛平县，被选入宫充当淑女。也许在明光宗朱常洛勉强被立为太子后，在一次偶然的机会，突然兴起和这位刘淑女发生了关系，于是珠胎暗结在生下了皇长子朱常洛。刘淑女在万历三十八年（1610年）十二月生下了皇太子的第五个儿子朱由检，好在前三个儿子都没有成活，他爹好不容易在大臣们的力争下如愿以偿地当上皇帝。结果不幸在登上大位二十九天后就死去，老爹早早地死去，皇长子朱由校提前登上皇位，是为天启帝。明末的"国本""廷击""红丸""移宫"四大疑案几乎和这对荒唐的父子都有关系。天启帝糊里糊涂当了七年皇帝，朝政基本由他的奶妈和魏忠贤把控，国事日渐糜烂。

朱由检这时已经是信王，凑巧在大哥朱由校死后登上了帝位，是为崇祯皇帝。朱由校太子开始冷淡这位刘氏，还经常无端地谴责她。刘氏就在忧郁中默默地无声无息地死去，在宫廷中这样的女子实在太多，根本不可能留下姓名。后来太子有些后悔，但是又怕他老子知道，再废了他的太子名号，改立郑贵妃的儿子福王朱常洵，于是将刘氏悄悄埋葬在西山，他还警告周围的太监不得将此事告诉他爹。

等到朱由检封了信王，刘氏被封为贤妃。信王朱由检那时住在勖勤宫，

---

① 《明史卷一百十四·后妃二·孝纯刘太后传》，线装书局，第695页。

开始怀念自己苦命的母亲，他问周围的太监："西山周围有宪宗皇帝之子申懿王的墓吗？"太监答："有的。"信王又问："有刘娘娘的墓吗？"太监答"有"。于是信王悄悄地将钱交给太监，吩咐经常去祭祀自己的母亲。等到信王变身为崇祯皇帝后，他追封自己的母亲为孝纯皇太后，并将母亲的棺椁迁葬到了老爹的庆陵，生前备受冷落打入冷宫，死后才由儿子终于和自己名义上的老公和另两位皇后合葬在一起，总算尽了一点儿子的孝心。

由于母亲死得早，老人家的印象在崇祯的心目中已经比较淡薄了，他于是问左右能否找到母亲的遗像，左右找不到。好在宫中傅懿妃是当年母亲同为淑女时住在一起的老熟人，请人找到一位和母亲相像宫女充当模特，请画师画了母亲的模拟像，请自己的外祖母瀛国夫人根据母亲生前相貌指点画工进行修改，直到满意为止。母亲图像画成，崇祯帝以法驾由正阳门迎入，皇帝跪迎于午门，将母亲的遗像悬挂于宫中，呼唤老宫女前来看像不像，有说像，有说不像的，皇帝泪如雨下，六宫嫔妃宫女皆哭。

由此可见崇祯皇帝是一位孝子，不仅对于命运坎坷的生母刘氏如此，而且将孝心拓展到母亲的家人，于是娘家人纷纷受封，当然这也是皇家以血缘为纽带的裙带延伸，所谓一人得道鸡犬升天，不脱专制帝国家天下之巢窠，最终覆巢之下无完卵。皇帝的外公刘应元早逝，封应元的儿子，孝纯太后的弟弟刘效祖也就是自己的老舅为新乐伯，这位伯爵就是表兄刘文炳的父亲。文炳，字淇筠。崇祯八年老舅去世，刘文炳袭爵，崇祯九年刘文炳的奶奶徐氏也即皇帝的外祖母过七十大寿，崇祯赏赐十分丰厚，赐给宝钞、白金、绢帛等物。崇祯十分动情地对左右说："老夫人年龄大了，依然耳聪目明，胃口很好。如果我母亲刘太后健在，也应该给她做寿了"，说完黯然泪下。这年刘文炳被进为新乐侯。崇祯十三年，宫中追奉的刘太后画像，皇帝认为不像。派遣司礼监太监和武英殿中书至刘文炳官邸，召瀛国夫人徐氏宣读崇祯帝圣旨，按照徐老夫人样子绘制母亲的像。像画好后在送到宫中，大家都说："像，太像了。"崇祯大喜，命选择吉日，以全套仪仗迎进宫来，皇帝俯伏归极门，安放尊奉在奉慈殿，早晚敬上饮食如生前。因此而追赠外祖父刘应元瀛国公，封徐氏为瀛国太夫人，刘文炳进少傅，叔叔刘继祖、弟弟刘文耀、刘文昭均晋爵各有不同。

刘文炳的母亲杜氏很贤惠，经常对文炳等人说："我家对于帝国没有建立什么功德，是托了太后的福，受皇上如此大恩，理当尽忠报效天子。"崇祯帝派遣刘文炳视察凤阳祖陵，密谕有大事可直接上达皇上。刘文炳回到北京，报告说史可法、张国维为人忠厚有谋略，适合担当大任，必然能够剿灭贼寇。后来两人在清军攻破南京后，果然殉国。文炳为人谨慎忠厚，从来不乱交往，独与宛平太学生申湛然、布衣黄尼麓及驸马都尉巩永固关系友善。当时天下多变故，李自成、张献忠等农民起义军势力越来越强大，刘文炳和黄尼麓等明确精忠报国，共同谋划守城御敌之计。那时李自成义军已经占据陕西，攻破山西榆林，即将来犯京师。刘文炳知道帝国已经难以维持支撑，慷慨陈词，几乎泪下，他对驸马巩永固说："国事艰难如此，我与公深受国家恩惠，势当以死报国。"

崇祯十七年正月，思宗召刘文炳、巩永固等密谋国事。二人请求早早派遣永王、定王离开京城去封地就国。崇祯也同意，但是却以宫内缺钱，不能果断地实行。拖到三月初一，大顺军攻城太急，崇祯帝命令勋臣亲戚分别把守城门。刘继祖守皇城东安门，刘文耀守永定门，巩永固守崇文门。刘文炳以继祖、文耀皆已担负守城任务，所以未能任职城防事务。三月十六日，大顺军攻西直门太急。黄尼麓踉跄而至刘府报告说："京城即将陷落，为安全计，老兄还是早作安排。"刘文炳的母亲杜氏听说，立即命令侍婢上楼撕扯布条，做成七八个上吊用的布环套，命令家童堆积柴薪于楼下，随后派遣老仆人郑平将两个已出嫁的女儿李氏、吴氏两个女儿接回家，说："我母女共同赴死在此，为国尽忠。"杜氏感念高龄九十的老祖母瀛国夫人太老，不可能一起去死，和文斌商量后，将他藏在申湛然家中。

甲申年（1644年）三月十八日，帝遣内使密召新乐侯刘文炳和驸马巩永固两人入紫禁城大内。刘文炳对母亲说："皇帝有诏召儿子，儿子不能服侍母亲了。"杜氏抚摸着文炳的背说："太夫人既然已经安排妥当，我与我妻、妹俱死，已经没有了遗憾。"

这时外城已陷，崇祯说："两位爱卿能否纠集家丁能和贼寇进行巷战？"刘文炳以众寡不敌应对。崇祯帝感到十分吃惊。巩永固奏曰："臣等已将柴薪堆积在官邸中，当全家自焚而死以报效皇上！"帝曰："朕不能守社稷，能死社稷！"两人皆流泪哭泣，誓死效忠皇上和大明王朝。

说完辞别崇祯皇帝出紫禁城。驰至崇文门。须臾，大顺兵至，永固与驸马都尉子杨光陛射贼，刘文炳相助，杀数十人，各疾驰回家。三月十九日，文炳的弟弟文照侍完母亲早饭，家人急报内城被攻陷。文照惊得手中的碗筷失落于地，眼睛直愣愣地看着母亲杜氏。杜氏立即登楼，文照和二女紧随其后；刘文炳的妻子王氏亦登楼。楼上悬挂着孝纯皇太后的画像。刘文炳的母亲率领众人哭拜之后，各自上吊自尽。刘文照将头伸入缳中，身体太沉重，布环脱坠；他抚着母亲的背说："儿子不能死，从母命留侍太夫人"，遂逃去。他所说的太夫人是祖母瀛国夫人崇祯皇帝高龄九十开外的外祖母；家人一起点燃柴薪焚烧楼房。刘文炳归来，整个新乐侯府大宅院大火焚烧，烈焰冲天，文炳不得入，进入入后园。这时他的朋友申湛然、黄麓尼至，对他说："巩都尉已焚府第，自刎矣！"文炳说："身为戚臣，义不受辱，不可不与国同难"，随后召集全家老小十六口全部投井。他在投井前说"吾着戎装不可见皇帝"。脱去自己的铠甲戎服换上申湛然的青衫头巾投井而死。其叔父刘继祖的妻左氏见大宅起火，立即登楼自焚；小妾董氏、李氏亦自焚死。

文炳的弟弟刘文耀先是见外城已破，突出众围，趟入护城河。后闻内城已破，又回到了城内，见到新乐侯府大火冲天，大哭着说："文耀未死，以君与母在。今至此，决不能偷生！"寻觅到文炳死处，用木板立在井边大字书写曰："左都督刘文耀同兄文炳毕命报国处"，亦投井死。新乐侯府阖门上下死者四十二人。申湛然，以隐匿瀛国夫人被大顺军抓获，酷刑拷打终不说，最后遍体糜烂而死。① 《明季北略》记载"祖母瀛国太夫人，即帝外祖母也，时年九十余，亦投井死"。

五、贪生怕死的国丈周奎

崇祯皇帝的老丈人周奎，养育了一位贤淑温婉、深明大义的皇后周氏，而其本人却十分猥琐不堪。按照"血统论"的逻辑，这位岳丈是皇帝的近亲，是享受帝国特权最多的家族。但是追溯其出身却是一个从苏州老家迁往北京大兴县的游民，因而眼界和心胸都受到家庭出身的影响，使得他目

---

① 《明史卷三百·列传一百八十八·外戚·刘文炳、刘文耀》，线装书局，第1630页。

光短浅，气量狭小，为人贪鄙。周奎原来以行医、算命为生，家境贫寒，也就是说他只是一个在江湖上行走的老混子。他的陡然跃入皇亲国戚的行列，全是托其女儿周氏后来被选为信王妃的偶然机遇，成为一个披着国丈外衣的暴发户和土豪劣绅，骨子里面充满着小市民的江湖习气。[①]

天启六年（1626 年）初，熹宗皇帝的五弟朱由检年龄已到 17 岁，该是谈婚论嫁的时候，虽然被封了信王，却还是一直住在紫禁城的勖勤宫，在那里郁郁寡欢地看别人的眼色过着战战兢兢的日子。用帝国的官话来说，还没有"之国"，也就是还没有到王爷的封地去。原因是他五岁丧母，被寄托在万历爷爷的太子朱常洛的小老婆李选侍的身边养育，这位李选侍住在太子居住的慈庆宫西边被称为西李，西李为人刻薄还有政治野心，原来就是不怀好意的郑贵妃送给他老爹当色情间谍的女人。因为"国本之争"，大臣们的力争才使福王朱常洵失去太子位置，由朱常洛入主东宫。朱由检作为太子的第五个儿子后来和大哥朱由校共同由西李抚养。后来朱由检改由性格温和为人谦恭的另一位李选侍抚养。这位选侍住在太子东宫的东便殿，被称为东李。东李对朱由检视若己出，对他的教育也是尽心尽力。

由于光宗皇帝朱常洛不顾身体虚弱，肆无忌惮地享用着郑贵妃敬献的美女，纵欲过度，身体日渐虚弱。鸿胪寺官李可灼进了几粒由江湖郎中配制的虎狼之药，一命呜呼，构成了明末另一桩疑案"红丸案"。这位光宗皇帝刚刚登上皇位仅仅二十八天，暴病身亡。

十六岁的朱由校在毫无思想准备的情况下，突然登基，走上权力最顶峰，刺激着野心勃勃的养母西李，想要通过朱由校操控朝政的面目大暴露，被大臣们联合起来赶出了乾清宫，这就是明史上著名的"移宫案"。

他的大哥熹宗皇帝朱由校登上帝位，年号天启。皇帝对这位唯一幸存的小老弟还是很关心的，张罗着要为他找一个媳妇。这样信亲王朱由检就可以有一座官邸，搬出皇宫去住，远离那座充满阴谋诡计，血腥杀戮，却在表面上嵯峨堂皇的紫禁城，到自己的小王邸去享受平安富贵的王爷生活。

信王府虽然是临时抢修出来，加上监工太监从工程款中克扣银两，工程修得十分粗糙，但是那毕竟是自己可以遮风挡雨的家，是可以规避政治

[①] 《明史卷三百·列传一百八十八·外戚·周奎》，线装书局，第 1631 页。

风险的宁静港湾。信王妃是这年六月份选定的。按照明朝祖制，天子和诸王的后妃一律由清白平民家的女儿中选出，为的是防止世家大族通过与皇家的联姻而干预政治，形成历史上外戚干政的乱局。选择王妃的事由礼部和司礼监共同负责，最后由主持中宫的熹宗张皇后定。开始张皇后认为选送的周家女子过于文弱了些。万历的刘昭妃掌管太后印信在旁说："现在看来是弱了些，将来一定能够长得高大"，那时周氏仅比信王朱由检小三个月。张皇后也就同意了。十一月二十五日朱由检搬出紫禁城，第二年的二月初三日完婚，周氏正式成为信王妃。天启七年（1627年）熹宗朱由校病死，终年23岁。信王朱由检在仓促中嗣位，是为崇祯帝。

尽管崇祯于匆忙之中接任皇位，且此时的明朝已是千疮百孔，但他在册封周氏为皇后时，仍不忘加封他的岳父大人周奎为嘉定伯，任职兵马司。同时，"赐第于苏州葑门"，赏赐大量的田产房宅。作为国丈的周奎自然富得流油，他能够在苏州的府邸长时间供养一支上规模上档次的私家乐队就是一个生动的明证。史载，著名的大美女陈圆圆就是他私家乐队的一名歌姬。周奎之侄周镜被封为东宫侍卫，在甲申之变中母亲和妻子满门自尽；周奎的儿子周鑑也就是皇后的哥哥封都督，加太子太师，素来身体不好，被大顺军抓住后，仅仅被夹棍一夹，便一命呜呼；皇后弟弟周铉，被封为指挥佥事、都督同知，被夹棍夹后幸存；周奎的侄子周铭任指挥佥事、都督同知，剃光了头冒充和尚，躲了起来，依然被农民军抓获，也被拷打；周奎的外甥周铎，一夹献银六百两，没有死。由此可见，当上了皇亲国戚满门加官封爵，财富也骤然暴增，这就是皇权政治给家族带来的特殊利益，然而一到改朝换代的时期，这些家族也是民愤最大的利益集团，受到的报复也最严历、最残酷，亲王们尽被杀，几乎没有幸存者。

当李自成大军攻破北京城之后，其他的大户人家，纷纷将财产隐匿了起来，唯周奎老皇亲晏然不动，有几个农民军士兵闯入国丈府，周奎热情接待他们，请吃请喝，还馈赠了不少银子，这些士兵高高兴兴地离开。不久农民军一位姓张的将军带人闯入府邸，强占他家的房子，周奎的太太卜氏带着儿媳妇自缢而亡，他的儿子被捆绑而去。士兵们侮辱周奎很厉害，几乎将他的胡须拔光。后来权将军（《北略》误记李牟系制将军李岩的弟弟，受封为弘将军，权将军应为刘宗敏）李牟至，这位姓张的将军才离开周奎的家。李牟见周奎对他极为谦恭有礼，很可怜他，拨出小屋数间让他居住，才幸免于刑死。李牟了解周奎为人鄙陋吝啬，为了羞辱他，命令他挑柴担水，周奎不堪凌辱正准备上吊自尽时，被刑官抓走，刑讯逼供，三夹不死，坐赃七十万，府邸库藏田产全部没收。周奎一家"房产积蓄尽为贼有，空手出门，尚疑诸子私殖，不免敲扑如此"。[1]

国丈周奎可以说是帝国受到眷顾最多的皇亲国戚，应当是与帝国共命运的角色，然而这位周皇亲从头到尾都扮演了十分丑陋角色，不仅为人贪鄙庸俗，而且利用特殊身份，卖官鬻爵大发横财，国难当头拒不带头捐款，导致皇帝女婿动员戚贵高官捐资助饷的计划流产，白送了周奎一个侯爵。大顺军攻破北京他卖身投靠，后来又投降清廷，先后两次出卖亲生外孙皇太子和永王、定王，以求自保，可见其人品之低劣，实在为人所不齿。

关于嘉定侯出卖自己亲外孙的记载，史书多有不同，据《甲申传信录卷九·戾园疑迹》[2]记载：大行皇帝崇祯遗留三个儿子，长太子慈烺十六岁，次子永王慈焕十二岁，三子定王慈灿十岁。李自成攻破北京内城，逼近紫禁城时，崇祯皇帝派遣太监护送太子和永、定二王出逃藏匿，命太子去成国公朱纯臣府，永王、定王去嘉定侯周奎府躲藏。太子最后出宫不及到成国公府，便被自顾逃命太监遗弃街头藏匿在民间。永王、定王去了周皇亲的府邸藏匿了下来。等到李闯王进入北京城，悬赏捉拿崇祯皇帝和皇太子，周奎为了自保而在三月三十日将两王献出。李自成命令行君臣之礼，两王不从，只是抱拳长长一揖。

闯王说："你父亲在何处？如果他活着，我必不会杀他。如何不出来见我？"永王答："父皇不愿意当面接受你的羞辱，已经自缢宫中，并没有躲到别的地方。"闯王问："早晨来有没有吃早饭？"永王答："尚未用饭。"于是老闯和两位小王爷共同用餐，气氛看上去很是友好。一边吃饭一边聊天。

坊间传来先皇驾崩的消息，老闯说："你父皇何苦自杀呢，即使他活着，我将和他分治江南，不忍背上弑君的千古骂名。如今既然已经自缢了，

---

[1] 计六奇：《明季北略·幸免诸臣·周奎》，中华书局，第 593 页。
[2] 《甲申传信录卷九·戾园疑迹》，上海书店，1982 年，第 146 页。

人不是我杀的，也无伤我的名声，等到安定了，我将裂地而分封两位小王爷。你们放心好了。"看来被大明朝口口声声污称为贼寇的李自成还是讲究些仁义的，先是救出了被崇祯砍断左臂的长公主和被剑刺伤的袁贵妃，后对两位小王爷给予了优待。

饭后，老闯就将两位小王爷交给了手下的权将军刘宗敏收养，命令善待。两小王爷就住在了刘宗敏府中。不久西平伯吴三桂的复仇之兵杀向京城。

四月十三日，李自成东出迎敌，老闯命令军卒各抱一小王骑在马上，老百姓一起前来观望，民间因此流传太子在闯王营中。闯军行至通州，老百姓有跪下叩头的，定王失去一只鞋子，通州百姓争而抢之。这时晋王也在李自成大营，看到吴三桂大军，跃马驰入吴营，口中大叫道："我是晋王！"吴三桂留下了他，所以晋王得以安全无恙。坊间则流传太子和定王也被吴三桂大军所夺去。

四月二十六日，被吴三桂击溃回到北京的李自成，部署大乱，未有知道太子、定王的人。既而吴三桂大军至，也不见所谓的太子和定王。也有说定王已经被害于城南的空园子里。

甲申年冬季的十一月份，这时多尔衮已经占领了北京城，为了笼络明朝士子的心，前明国丈周奎受到清廷的优待，他老人老家已经搬回侯爵官邸居住。和他住在一起的还有他的外孙女崇祯和周后的女儿长平公主。有一天忽然有一位长相和太子慈烺特别像的少年男子在一位侍者太监的陪同下，出现侯爵官邸门口，自称是皇太子。周奎老贼是皇后的父亲，当然是认识自己亲外孙的，但是他假装不认识，命令侄子周铎将这位少年带到长平公主面前相见，公主见到自己九死一生的哥哥，两人抱头痛哭，可见太子是真的。

哭罢，周奎招待太子吃了晚饭，全家对太子行了君臣大礼。礼毕，周奎问及太子的经历："这段时间你藏匿什么地方？怎么会找到这里？"

太子答："京城陷落之日，我独自藏在东厂门，一日夜间悄悄潜出去了东华门，投到一家豆腐店。店小二认为我是逃难的人，给予破旧的衣服，安排我在灶前烧火。恐怕行迹败露，住了五天，被悄悄送到了崇文门外的尼姑庵中，以贫困的儿童托付投靠为名，尼僧毫不怀疑，又住了半个月。

而这期间长侍太监偶尔会来看望，时间久了，难免会暴露行踪，不能长久藏匿。常侍将我接出，藏在密室，故得以幸存无恙。如今打听得公主在此，所以前来。"

说完，时间已至傍晚，太子与公主哭别而去。数天后，太子又到侯爵府，公主赠送了一件锦袍，秘密告诫他说："你前来，皇亲上下行礼，进膳，动静太大，外间会有怀疑的，你赶快离开，到其他地方去，以后不要来了。"于是两人痛哭而别。四月十九日，太子又来到侯爵府，周奎却留他住了下来。

二十二日，周奎与侄子周铎商议："太子不可久留，留则陷害，不如去之。"此话中"去之"是赶他走呢？还是陷害他，可能两者的意思都包含在内，反正不是好话。因为太子是一杆巨大的旗帜，是麇集反清复明势力象征性人物，清王朝可以假仁假义优待朱家女性后人物，尽行表示新朝的仁慈宽厚，以笼络人心，尤其是儒家士子们的心，而且东南的大片领土还有待征服。但是对于皇家男性无论是皇子亲王不管投降与否一律铲除，断绝了旧朝复辟的可能性。在这个时候藏匿太子，犯下的可是死罪。

利欲熏心的周奎不傻，为了保命也保全自己家族的利益，他断然密谋准备陷害太子，也就是以假乱真，借清廷的刀来杀害太子，以保全自己，这样的谋划其实与后来多尔衮的筹划是不谋而合的。

老贼对他亲外孙朱慈烺如此说："太子啊，你可以自己说自己姓刘，说是一个读书人，就可以免祸。否则，我们就向官府举报，追究你的刑事责任。"

太子说："我悔不听从公主的话，今日后悔已经晚了，既然如此，你为什么不让我走，依然留下我是什么意思？"

周奎说："你就说是姓刘，假太子就可以了。"太子坚决不肯。其实冒充假太子也是死罪，冒充假太子无非可以为周奎将太子捆绑送官创造了条件，对于周奎而言是献媚于新朝的表忠心，对于假冒者则也是妄想以储君名义篡权造反的大逆不道之徒，因为民间随时都可以为这位太子黄袍加身，扮演新的君王角色，为他们的造反披上明王朝正统的外衣，以至师出有名。

晚上，周奎命家丁将太子推推搡搡地赶到大街上，太子不服气，吵吵闹闹地不肯离去，正好被宵禁巡夜的捕营健卒以"违犯禁夜"的罪行逮捕，第二天早晨以"假太子"的名义送交刑部审理。先是由亲属认证，周奎和周铎都一口咬定是假的，长平公主说是真的，却被周奎一巴掌打回去，哭哭啼啼不敢再多嘴了。

参与审理此案的是刑部山东司主事钱凤揽。老钱是浙江会稽人，很有些越人的胆识和风骨。因家小都在京城，所以投靠清廷以原官任职，很不得志，常常佯狂嗜酒，借酒浇愁，牢骚满腹。但是，他对太子真假这件大事，审理起来毫不马虎，他传讯内侍旧臣前来辨认真伪，内侍都说是真太子。过去的司礼太监王德化也说是真太子，百姓观看审理此案的有数千人皆应声说是真太子。是日，又将太子带入宫内，当殿庭勘。要他辨认宫中的事物，太子对答如流。有一姓杨的太监在旁，太子说："此杨太监，过去常常侍候我。你问他即可知真假。"

杨太监在仓促中回答："奴婢姓张不姓杨，先服侍者，不是我。"

老钱又找来过去的锦衣卫侍者前来辨认。十人一起跪下说："此真太子，请勿伤害。"最后询问晋王，晋王坚持着就是不言是。于是那些说真太子的太监和锦衣卫侍卫全部和太子一起关进了大牢。刑部反复审讯多次，都不能确认真假，凡认为太子是假的人，均提出一些太子难以回答或者侮辱性的问题，刁难他。

老钱根据审讯调查的情况上疏力争，为太子辩护：

窃谓前太子危地也，或生或死或侯或王，权在于朝廷，何所觊觎于而假之？即贵而侯矣，不能富贵及人，贫贱又何所利而如此？无论其供称或保者俱却有所凭，即在部五日所见刑戮之事，指不胜屈，假者能无摄心？而一悲一惧，一言一动，略无悔惧，常人能片时装饰否？此满汉在部诸臣朝夕起居所共悉者也。

这位留用汉臣看来还是有些良知的，因为喜欢喝酒，经常在酒醉后发些牢骚，从性格而言算是性情中人，为人坦荡直爽，因而也容易轻信统治者的谎言。因为在清朝大军开进北京多尔衮就宣布，首先是礼葬崇祯，而是指令众臣商议崇祯谥号，大家所以因以"怀宗"论之，后来的"思宗"是南明小朝廷所议定的谥号。这都是做给老百姓看的姿态，从根本上说是笼络人心。到了康熙朝，皇帝六次南巡，首先就是祭拜明孝陵，行三跪九叩大礼，至今题写"治隆唐宋"的金字石碑仍在孝陵享殿矗立着，仅此表演，就大大安定了反抗最最强烈的东南士子的心，为稳定人心打开了局面。

多尔衮干的第二件事就是查访太子下落，公开承诺"有以真太子来告者，太子必加恩养，其来告之人亦给以优赏"。这其实是多尔衮编织的精致圈套，用现代的话来说就是"阳谋"似的引蛇出洞。然而，话却说得很是动听，因为前明皇帝已经死亡，那么太子就是前明王朝最合法最正宗的皇帝继承人，也是最容易被"反清复明"势力所利用的人选，必须以谎言引诱其上钩，除去对于新王朝的心腹之患。大概太子也是轻信了此类谎言而自投罗网。刑部钱凤揽也是迷信了此类谎言而信以为真。因此在刑讯报告中，开篇就说，太子目前处于非常危险的境地，其实生死荣辱侯王之封，决定权在朝廷，有什么必要去觊觎假冒？他的奏疏用了众多的反问和感叹号，加重了此奏疏肯定的语气。如果是真的，即富贵如公侯，贫贱者又有什么利益可图而假冒？无论是太子自述或者勘验保证他是真的人，皆是确有凭据的。即使太子在部里关押的五天里，经常看到刑讯和杀戮的事情，依然不能屈服，如果假冒者能够在内心不害怕？而人的悲喜害怕从言行举止的表现上就能看出，常人能假装表演于片刻吗？太子的表现，在场与之朝夕相处，共同起居的满汉臣僚都是很清楚的。

钱凤揽对于周奎老贼为什么会违背纲常礼教和伦理道德在那里指鹿为马的原因，进一步分析道，那是因为周奎的恐惧和害怕，所以才虚妄地说真太子为假太子。昨天刑部官员共同问周奎为什么要这么做，周奎辩解的"以真为假是为国家除害"一语道破天机，这么做是根据施政者的指使，为了国家政局的稳定，不得已这么做的。"除害"那就是太子可能为残存的尚有东南半壁江山的残明势力利用和清廷作对，剪除太子也就是解除当局对于太子存在的害怕。

钱凤揽一针见血地指出"其愚妄之私，尽露于此一语"，其实，真正愚蠢不黯天机的是他，而不是老奸巨猾的周奎。天真的钱凤揽继续为真太子辩护，在询问太子时，他不能尽行解答或者词语颠倒的往往是那些不合逻辑使其不堪凌辱的问题。而听他自我叙述的详尽和细致，和事实真相不离八九，都不是民间犯罪分子能够根据主观想象推断可以随便编造的。周奎老贼虽然是皇亲，他的所作所为是完全得罪先帝崇祯的。清朝对此贼优待加以爵禄，他却顾虑太子的存在祸及自身，既然有此贼心，自然难以如实相告。所以周奎不说是真太子，其他诸臣自然担心顾虑；大内的官员不敢言是，小太监们越发不敢言是了。但是公道自在人心，老百姓也是有口的，真假岂能混淆？老钱我冒死剖陈真相，仰望天恩，祈望圣上明鉴裁断。

多尔衮精心布置的戏还要根据剧本认真地演下去，尽管是走过场，但是套路还必须走完。既然你老钱为太子辩解，那么我们还得请专家进行鉴定。钱氏的奏疏已经上了，似乎肯定了太子的真实身份，无情揭露了周皇亲丑陋嘴脸，沉得住大气的政治家多尔衮又请来了末代晋王朱求桂前来辨认，这位远在山西的王爷有没有见过深宫中的太子很难说，就是见过恐怕也不敢说是真太子，他只能面对太子坚决不说是，搞得钱副司长心中很是不爽，说话就很不客气。

这时太子的侍读老师旧阁臣谢升走入内院，初次讯问时谢升已经否认了太子身份。这次再次出来辨认，太子主动说："谢先生岂能不认识我了？过去您在某天讲过某事等等！"老谢依然装蒜，默然无言不答复太子的问话，只是红着脸默默弯下腰，深深向太子作了一揖。此事再次激怒了老钱，他大声呵斥谢升有失为臣之道。有内臣认识太子的人说，太子额头有一疤痕，如今这个太子没有疤痕。太子说，他原来额头就没有疤痕。戏演到这里应该收场了，太子被关押进了大牢。而此刻台下的观众不答应了。

宛平县民间人士杨时茂上《为逆臣无道蔽主求荣事》具疏朝廷，大意是，像参与辨认太子的大学士冯铨、洪承畴这些家伙不认识太子是因为不经常在朝廷，情有可原。而谢升身为宰辅，入侍讲学，不能做到皇帝受辱臣子去死已经铸成过错，既然入仕清廷，却忌讳小主人，此等弑父弑君之徒，不足立于生民之上。在大骂了先是开门迎降闯王，后又入侍清廷的曹化淳等太监后，矛头直指周奎老贼，说他以算命先生游方郎中的卑贱身份，谬托皇亲之重，先帝托付于皇子，以为骨肉至亲可以信任。城陷之日，就将皇子贡献给贼寇（这是史书的另一种记载），这种杀主求荣的贼臣，为了自己方便，以绝明朝天子之后嗣，他的侄子周铎悄悄对人说："太子是读书人，上有六十岁老母，下有同胞兄弟。"既然有这样的说法，为什么不见他所说的那些人？其贪婪狡诈由此可见，如果以周奎和周铎的胡说八道，而怀疑太子，不如将我老杨碎尸万段，挫骨为粉，以赎出太子，老杨将和先皇帝相会于地下，死且永垂不朽！可见杨时茂也是一位视死如归的正义敢言之士。他的上疏，又引来了顺天府内城民间人士杨博等人的奏疏，为太子鸣不平。到十二月初十日钱凤揽再次上疏弹劾谢升等人。他和钱凤揽的这两道奏疏均被明代遗老钱全文记录在《甲申传信录·庚园遗迹》中。

这时，幕后导演多尔衮开始出场为本案定谳，且是一锤定音。因为他引蛇出洞的阳谋策略已经达到目的。抓获太子，不仅仅是真假身份的鉴定，为对明帝国的斩草除根创造了有利条件。而且也是通过本案侦察审理过程，对于那些投降过来的皇族和内外朝臣忠诚度的检验。太子的作用也已基本利用完毕。多尔衮在御殿当着群臣的面表态："你等力争太子何意？我自有着落，何必汝辈苦争？"原来他心中完全是有数的，只是出于政治家的谋略深藏不露，等待程序走完，太子和明代皇族、大臣一一表演完毕，就可以收网，政治手腕可谓高明。

然而，赵开心、钱凤揽等官员依然奏言太子的事，表现得非常急切。摄政王场面上的话依然说得十分动听："尔等言太子真伪都无妨，言真，不过优以王爵，言伪者，必伪者家识之，乃决。在场者，唯晋王是明朝王子，谢升为明朝大臣，而钱凤揽对晋王出言不逊是为无君；使得老百姓也在责骂大臣是为无上；这些无君无上之徒，皆为乱民。除太子继续关在狱中外，凡争言太子有失体统的家伙及钱凤揽、赵开心皆斩之。"那几十名企图证明太子是真实的太监和锦衣卫也全部被砍了脑袋。这时廷臣共同为赵开心求情，那些满族御史说，赵开心奏疏中并没有过分唐突的言辞，老赵只是被停薪留职，小命却保了下来。至于那些汉族的御史都为老钱疏救，也就人微言轻了，老钱仅仅是将杀头开成了绞刑。杨时茂等人全部斩决。

当然太子一案引起的风波，如同一石激起千层浪，蝴蝶效应，历年不绝。除了那些汉族官员抱着微妙的心态，希望清廷能够兑现承诺，宽厚地对待先帝的血脉，能够永久相传，不必赶尽杀绝。民间的士子和普通老百姓更希望这位太子是真的，有的甚至拉扯起这面旗帜起来造反，山东东阿县民祁八、秀才杨凤鸣等人聚众起义，当然都被清政府残酷镇压。

次年四月初十日清廷公开张榜公示天下，断定太子为假。同时却悄悄地将太子勒杀于狱中。大明帝国的皇储就这样被自己的亲外公所出卖，最终悲惨地无声无息被多尔衮秘密处死于狱中。

长平公主受到这次残酷打击，身心意念俱灰，已经完全无意再生存在这个黑暗的人间，尽管清廷为她举行了隆重的婚礼，赏赐馈赠丰厚，婚后仅仅一年带着五个月的身孕，在忧郁中离开了这个毫无温情的人间，去寻找自己父母地下的亡灵。

无独有偶，这时远在南京的弘光小朝廷也闹出一起"真伪太子案"，把建立不到一年南明政权搅和得风生水起，尽管南明政权对于这次审理鉴定，在态度上要透明开放得多，审讯笔录几乎每天的邸报上都有公示，那些供词漏洞百出，谬误甚多，审理查明这位自称太子朱慈烺的家伙是驸马都尉王昺的侄孙王之明。即便如此，也激起了左良玉二十万大军的兵变，号称要从武汉打到南京"清君侧"灭了奸臣马士英、阮大铖，解救太子，拥护东宫正位。这不能不说是对原本不堪一击的南明小朝廷致命一击，就是如此弘光帝也没有将王之明杀掉，在清军攻占南京，朱由崧逃亡芜湖之前，几天的间隙中王之明竟然在南国百姓的拥戴下，着实过了几天皇帝瘾，最终被清军俘获一刀切掉了脑袋。

中国的封建王朝，数千年以来就是建立在"天命观"指导下的"家天下"，因而，一个已经覆灭王朝的亡灵附着于他们的男性后代，一个太子、王爷就可以以皇族的血统，开始一场"为往圣继绝学、兴绝世"的动乱企图对于旧王朝的复辟，而最能够代表皇族象征的就是那些血统纯正的太子党，按照封建等级太子、亲王、郡王、公侯伯子男的排序依次顺推延及底层的官僚遗民和大量深受理学熏陶的知识分子，形成一个庞大的既得利益集团和星火燎原死灰复燃的复辟大军。太子无疑是这个集团或者军团最终拥戴进入帝王宝座携军事力量恢复旧王权的最佳人选，也是含金量最高的靓丽图腾。这个图腾的存在就是帝国不灭的标志，因而也是对于新建政权最大的威胁，无论真假太子或者亲王的出现必然为新朝权贵高度警觉，最终"木秀于林，风必摧之；堆高于岸，流必湍之"，这就是那些不甘寂寞自恃血统高贵的太子党和那些亲王最终必然走向毁灭的悲剧性命运。弘光帝朱由榔、鲁王监国朱以海、隆武帝朱聿键、永历帝朱由榔无不重蹈太子朱慈烺的覆辙，大明王朝在康熙元年灰飞烟灭，合乎逻辑地走进历史。而周奎老贼及其其他勋贵的卖身投靠也是为了规避风险而保障既得利益。前者用命相赌，后者以身交换，本质上都是为了私欲的满足。

六、首鼠两端的内阁大学士

明代末期，科举制度的沦落，导致一批奔着终南捷径奔去的士大夫演变成了口是心非的伪君子、两面人。读圣贤之书，最终在十年寒窗苦，爬上人上人之后，一门心思直奔着升官发财的道路走去。这些人个人品质恶劣，言行举止完全相悖离，成为失去信仰的官僚政客，就如同行尸走肉混迹于官场。关键时刻只能出卖主子而追逐个人的利益，根本就谈不上什么士大夫"先天下之忧而忧，后天下之乐而乐"的大丈夫品质，所谓节操、气节完全为贪生怕死的个人政治投机所取代。

当然，他们的卑劣本质不仅为崇祯皇帝唾弃，也完全被农民军领袖李自成所不齿，一个政治上毫无诚信，朝三暮四的小人，完全可以为了个人的利益对于投靠的新朝再进行叛卖。因此本朝末期的两位首辅陈演和魏藻德虽然贵为崇祯皇帝的师爷，在叛变后下场都十分悲惨。

王朝没落时期官场就成了一个最大的利益交易场所，言行不一，信仰完全脱节于实际，最终就是整个王朝精神支柱的坍塌。崇祯朝最后出任内阁首辅的陈演、魏藻德就是这样的小人得道之徒。可见崇祯皇帝任用人才的举措完全是失败的，在识人、用人方面完全不得要领，故而，在自尽煤山时才有了"臣皆误国之臣"的感叹。

再加上帝国专制体制的僵化，国家命运寄托于君主一人，官僚体制的整体腐败，国防、外交、内政限于全面危机，财政经济体制入不敷出，庞大的军费开支使得帝国不堪重负，偌大帝国竟然要想戚贵大臣募捐维持，可见王朝已经完全走到了末路，这是帝国上下尤其是坐困危城的帝国君臣和老百姓都是心知肚明的事情。据《明季北略》记载[①]：

崇祯末年，在京者有"只图今日，不过明朝"之意，贫富贵贱，各自为心，每云："鞑子、流贼到门，我即开城请进。"不独私有其意，而且公有其言，已成崩解之势也。午末间，清兵入，京都戒严，上发帑钱数万，命诸营千总每人领钱数千，分授守城兵，每兵二十钱。兵

[①] 《明季北略·北都崩解情景》，中华书局，第350页。

领出，以指弹钱曰："皇帝要性命，令我辈守城，此钱可买五六烧饼而已"既而内不发钱，使京中富家出钱养兵，如百金之家，出银五钱，即妓家也出银五钱，上云："一家岂无二三妓，其家可出五钱。"以故人心益离，而事日坏，谓"皇帝欲守天下，征及妓银"时事可知也！后李自成破京十七库而去。

当皇帝自己不能以天下为己任，固守自己的财富，"拔一毛而利天下不为"却去民间巧取豪夺，敲骨吸髓直至富豪、百官甚至延及到娼家和贩夫走卒。这个王朝还有希望吗？万里长堤早已溃以蚁穴，去修修补补已经完全无济于事，坐拥火山企图继续延长"家天下"的命脉。统治集团的其他成员均在推诿敷衍，它的灭亡也就成了历史的归宿，表面的苟延残喘离寿终正寝只是时间问题。

而在这段帝国弥留时期的君臣遇合难道不是双向互动的过程吗？君主表面的勤勉肃惕，不能掩盖骨子里的平庸和短视；相反臣子表面的顺从迎合，不能掩盖骨子里的功利欲望，这种欲望的满足有时是不择手段的，因此欺上瞒下成为这些政客常用的手段。君臣就在这种自欺欺人中麻醉着、堕落着，最终这种帝国危亡之际的选材、辩才、识才、用才进入盲区，导致恶性循环，成为帝国政治致命的硬伤，病入膏肓之后，就是不治之症。

因此"君非亡国之君"实在是自己无奈的自辩之词，为亡国找的借口而已，脱不了刚愎自用的秉性所导致。当然帝国拔擢人才、输送人才的机制体制已经完全被锈蚀，不能正常地履行职能，也是非常重要的原因，才使得这么多官场混子，混迹于帝国中枢，去决定帝国的命运，政权只能是一路走低，最终走向崩溃。

帝国的大学者，也是帝国的忠诚维护者张岱对这种人才逆淘汰制度，缺少法度，朝令夕改，走马灯似的更换内阁成员和主政人才有着深刻的剖析，他在《石匮书后集卷一·烈皇帝本纪》中说：

先帝焦于求治，刻于理财；渴于用人，骤于行法：以致十七年之天下，三翻四覆，夕改朝更。耳目之前，觉有一番变革；向后思之，讫无一用：不亦枉却此十七年之精励哉！即如用人一节，黑白屡变，捷如弈棋：求之老成而不得，则用新进；求之科目而不得，则用荐举；求之词林而不得，则用外任；求之朝宁而不得，则用山林；求之荐绅而不得，则用妇寺；求之民俊而不得，则用宗室；求之资格而不得，则用特用；求之文科而不得，则用武举：愈出愈奇，愈趋愈下。荐举，盛典也；倪文正，贤者也。其所举用者，当不啻如何郑重；乃登之荐剡者，则一顽钝不灵之内弟。其他不肖之人，更可知已。以先帝一片苦心，仅足为在廷诸臣行私示恩之地，真可为痛哭流涕长太息者矣！及至流贼临城，先帝日日召对，诸臣林立。言某事当做，则群应之；以某事当不做，毫无筹划，但有伊阿！先帝见之，每日必哭泣而起，掩袂进宫。有君如此，乃忍负之；在廷诸臣，亦可谓忍心害理之极矣！揆厥所繇，只因先帝用人太骤、杀人太骤：一言合，则欲加诸膝；一言不合，则欲堕诸渊。以故侍从之臣，止有唯唯否否，如鹦鹉学语，随声附和已耳。则是先帝立贤无方，天下之人无所不用；及至危急存亡之秋，并无一人为之分疑宣力。从来孤立无助之主，又莫我先帝若矣！"诸臣误朕"一语，伤心之言。后人闻之，真如望帝化鹃，鲜血在口；千秋万世，决不能干也！呜呼痛哉！呜呼痛哉！①

下面让我们来看看崇祯帝最后所用两位内阁首辅陈演和魏藻德的所作所为。

《明史·本传》②记载，陈演，四川井研人，也算是官三代、烈士子弟。万历朝曾两次派兵雄赳赳气昂昂跨过鸭绿江去抗日援朝。第一次是万历二十年（1592年），日本丰臣秀吉控制日本军政大权悍然发动侵朝战争，那时的朝鲜是明帝国的附属国，向帝国政府火速请求援助。万历调集四万大军救援，一战收复平壤，再战驱敌釜山。万历二十五年，日军再次进行反扑，万历调动四路大军反击，明军水师邓子龙部三艘大海船封锁露梁海峡，牢牢盯住日军大小五百艘军舰，明军主力和朝鲜李舜臣部两面夹击彻底切断从日本到朝鲜的补给，击沉和缴获日军大小战船四百五十艘。七年抗战以明帝国完胜告终，日军从此三百年不敢觊觎中原。据《万历邸钞》记载，陈演的祖父陈效出使朝鲜当是第二次抗日援朝战争，他是从辽东巡

---

① 张岱：《石匮书后集卷一·烈皇帝本纪》，上海古籍出版社，第445页。
② 《明史卷二百五十三·列传之一百四十一·陈演传》，线装书局，第1373页。

按（正七品）任上以御史监军身份专驻朝鲜纪察功罪。"万历二十五年八月以御史陈效监朝鲜军。"其后，"万历二十五年十二月，据监军御史陈效题：效渡朝鲜，抵平壤，适督臣差人报捷定计专攻蔚山。"明兵部职方司主事茅瑞征《万历三大征考》"倭下"记载："万历二十五年十一月，经略渡鸭绿，二十九日抵王京，共议进剿，乃分三协，特命监军为御史陈效。"明会稽学者诸葛元声的万历三十四年序刻本《两朝平攘录》"日本下"记载："皇上敕谕一道，速遣才望御史一员，星夜驰往朝鲜，如宁夏监军故事，纪录将士功次以明赏罚之典，更悬不次之赏鼓舞将士。"这里已点明监军为御史，当指陈效。"十一月二十九日计议已定，上述奏报，乃将各处兵马四万余人，分为三协左协、中协、右协以上俱听临期调遣，东西策应，其监军道监察御史陈效也。"《万历邸钞》"万历二十七（1599年）年三月"记载："陈效卒于朝鲜。"

由此可见，陈演的祖父对于取得援朝第二次战役的胜利是立下战功的，而且在援朝的一年多时间内忠于职守，因公殉职于朝鲜，以生命之血浇灌了中朝友谊之花！为此，帝国政府特予追赠陈效为光禄寺卿（从三品），也即以正处级御史监军在死后享受了正局级待遇。

陈演也是从小苦读经史，走科举之路而进军官场的正途出生，在天启二年（1622年）考中进士，改庶吉士，任翰林院编修，为皇帝授课讲经。崇祯即位后升至翰林院掌院，崇祯十三年升至礼部右侍郎，协理詹事府。

陈演能力平庸才疏学浅，他知道崇祯帝不信任内阁大臣，却善于结交内臣，窥探皇帝的真实意图，以便皇帝在询问对策时，迎合皇帝的意思。崇祯十三年四月，他从内侍口中暗中得知次日崇祯要问的问题。第二天，他所上的条陈均符合皇帝的本意。崇祯大喜，当即升至礼部左侍郎兼东阁大学士，进入内阁。第二年升任礼部尚书，入文渊阁。从此飞黄腾达，崇祯十五年，以山东平叛有功加太子少保，改任户部尚书、武英殿大学士。期间曾因被弹劾辞官，崇祯予以安慰留用。崇祯十六年，首辅周延儒被罢免处死。陈演接替其为内阁首辅。后来又以守城有功，加太子太保。

陈演为人刻薄，为官期间大肆排除异己，公报私仇，欺瞒崇祯，作为周延儒罢免后崇祯的头号宠臣，陈演对战事无所筹划，屡屡犯错。

崇祯十七年（1644年）正月初三，李自成攻入山西时，李明睿劝崇祯放弃北京，尽快南迁。崇祯有意迁都，陈演"反对南迁"，并示意兵科给事中光时亨，严厉谴责李明睿，扬言："不杀李明睿，不足以安定民心"。

二月初八，李自成陷太原，北京震动。蓟辽总督王永吉、顺天巡抚杨鹗建议提调吴三桂保卫京师，二月二十七日，崇祯帝在文华殿召开紧急会议，征调吴三桂"勤王"。陈演、魏藻德两人不敢同意，以致此事一延再延。崇祯骂他："汝一死不足蔽辜"。陈演也因此事于崇祯十七年（1644年）二月辞职，群臣欲给陈演论罪，陈演对崇祯说，我判断失当，罪当死。崇祯怒曰：你死有余辜！轰出大殿。首辅由魏藻德接任。崇祯皇帝甚至还赏给路费让他返回老家，由于贪敛的财富过多，一时运不走，他也舍不得，迟迟不动身，暂时在京城隐匿了下来。

三月初四，崇祯终于决定，放弃宁远，征调吴三桂、王永吉、唐通、刘泽清护卫京师。吴三桂接到命令后，三月上旬启程，十六日入山海关，二十日至丰润时，李自成已攻破北京。

陈演被刘宗敏囚禁，陈演因主动交出四万两白银"助饷"，被刘宗敏释放。四天后，其家仆告发，说他家中地下藏银数万，珍珠足可装满一斗。农民军掘之，果见地下全是白银。刘宗敏大怒，大刑伺候，刑求的黄金数百两，珍珠成斛。大顺军丞相牛金星用铁索捆绑他的左右手，牵着他随意走动，步伐稍有跟不上，则皮鞭乱下，直至体无完肤。四月八日，得释。十二日，李自成出京攻打吴三桂，因害怕明朝旧臣趁机在北京作乱，决定杀掉一批明朝降臣。陈演、魏藻德、朱纯臣等尽被杀，陈演倾其家产，仅获四天自由，便被捉回斩首。

据明史记载，魏藻德（1605—1644）顺天通州（今北京市通州）人，字师令（一作恩令），号清躬。擅长辞令，有辩才，且深通崇祯的谋略，故总能迎合崇祯的心思。崇祯十三年举进士。既殿试，帝思得异才，复召四十八人于文华殿，问："今日内外交讧，何以报仇雪耻？"藻德即以"知耻"对，又自我夸奖自己在崇祯十一年自己当举人时协助守通州有功的往事。皇帝非常满意，亲自拔擢为状元，授翰林院修撰。崇祯十五年，都城戒严，魏藻德上疏大谈抵御外敌之事。第二年三月，廷议召对，又得到崇祯皇帝的夸奖，可见这位状元公口才了得。皇帝认为这家伙是自己亲手提拔的人才，而且心怀大志，五月提拔为礼部右侍郎兼东阁大学士，入阁辅政。老魏故作谦虚力辞副部级侍郎，就任詹事府少詹事。不到三年就从正六品骤升为正三品。按说，魏藻德做官为政一无建树，二无学术，其存在与升迁只能加速帝国的崩溃，那他是凭借什么一路官运亨通的呢？原来他别无他长，就是擅长辞令，有辩才，且深通崇祯的谋略，故总能迎合崇祯的心思。其实，他只对于己有利之事才迎合，于己无利则置若罔闻罢了。崇祯末年，在李自成步步逼近北京的情况下，崇祯急于筹集军饷，命官员捐款"助饷"，魏藻德为保住其家财，率先表示家无余财，反对崇祯征饷。使得征饷之事因未见成果，草草了事。崇祯十七年，在北京城内外交困之时，魏藻德临危受命，成为内阁首辅。和他同事的有李建泰、方岳贡、范景文、邱瑜等人皆为新人。当李自成兵临城下之时，崇祯问他有何对策，一向口若悬河的他却选择了闭口不言，崇祯再问，你只要开口，我立刻下旨照办，魏藻德依旧是垂头不答。三天后，北京陷落，崇祯自缢，明朝覆亡。内阁中除大学士范景文投井殉节外，其余如方岳贡、邱瑜全部投降大顺军，李建泰督师的笑话笔者已有专章介绍。

魏藻德躲在家里静静等待着未来的日子，这个尚未到不惑之年的年轻首辅相信他还有很长的官场之路走，凭借他的才高八斗，口若悬河，李自成的大顺朝治理天下也是需要人才的，他的不世之才，照样能够东山再起，出将入相。然而，他的梦想破灭了，和他一样寄希望于新朝的投降的内阁大员的梦想随之也在农民军的酷刑下飞灰湮灭。

魏藻德内阁倾巢覆灭，而且是那么的无耻和丑陋。朝廷文武百官四千多人饱受大顺军凌辱，却在陈演、魏藻德两位前任首辅的率领下坐待新主子委以重任，最终全部为李自成在撤出北京前屠杀。其中魏藻德表现最为拙劣，他和陈演先是被关在刘宗敏住所。大顺军根据官位的高低，酷刑拷打，勒索金银各有差等"内阁十万金，京卿、锦衣七万，或三五万，给事、御史、吏部、翰林五万至一万有差，部曹五千，勋戚无定数。"[1]

---

[1] 《明史卷二百五十三·列传一百四十一·魏藻德传》，线装书局，第1373页。

京城陷落，内阁大学士范景文等一大批人死节，而作为明朝最后一位首辅的魏藻德，却很快投降了李自成。甲申年的阴历三月二十日，莅临早春，依然处在严寒的笼罩之下，魏藻德和陈演关在刘宗敏府邸阴冷潮湿的小屋中，见不到一丝阳光。

不到四十岁的小魏宰相，从窗户的缝隙对看守他的人说："如果要任用我，还是不要把我关在这里，让我干什么都可以，怎么将我锁闭在这间小黑屋中？"次日，小魏和他的内阁大员方岳贡、邱瑜全部发往大营看押。他实在熬受不过农民军的凌辱拷打，吐出真金白银数万两。想到一年前，李自成大军步步逼近北京，崇祯急于筹集军饷，当初倡议朝臣捐钱的时候，他却是假冒清官，硬是一毛不拔，他为保住家财，率先表示家无余财，反对崇祯征饷，征饷之事未见其成果便草草了事。

在农民军那里，他并没有受到优待。李自成责问他为什么不去殉死，这个曾经"知耻"的状元答道："我正准备效力新朝，哪敢去死。"李自成手下大将刘宗敏用夹棍拷掠，指责其"身为首辅，却是乱国之贼臣"，魏藻德为自己辩解："我本是一介书生，根本不懂得政事，加上先帝崇祯无道，国家遂至败亡。"刘宗敏严词驳斥道："你以一介书生而被拔擢为状元，不到三年被提拔为首辅，崇祯有什么对不起你的地方，你却诋毁他是无道之君。"刘宗敏命令左右甩这个无耻之徒数十记耳光，打得他满嘴喷血，牙齿脱落。左右仍用夹棍夹着不放。魏藻德竟然无耻地对刘宗敏的打手王旗鼓说："愿献上自己的妻女为将军打扫卫生，做将军的妾妇。"王旗鼓听到此话，狠狠踹了他一脚，唾骂不绝，认为这是侮辱戏弄刘宗敏将军，魏藻德曾在狱中呼喊，之前没有为主尽忠报效，有今日，悔之晚矣！于是愈加严刑拷打，拷掠达六天六夜，乃至用脑箍夹头，前朝内阁总理就这样脑浆飞崩而死。又抓来他的儿子继续刑讯逼供，魏公子说："家中实在没有银子了，如果父亲在还可以在门生故吏中去筹措，如今父亲已死，何处可得？"也被大顺军一刀砍了。

大学士邱瑜，湖广宜城人，人称邱阁老。天启五年（1625年）进士。由庶吉士授检讨。崇祯中，屡迁少詹事。崇祯十七年正月以本官兼东阁大学士。都城陷，受拷掠者再，搜获止二千金。

大学士方岳贡，天启二年（1622年）中进士，任户部主事，虽为小吏，但肩上的担子可不轻,"历典仓库,督水平粮储",在当时的农耕社会,管理着粮食储备,绝对是一个"肥差",但他没有因为手中有权,就丢失读书人的本色,而是"以廉谨闻"。崇祯元年(1628年)出任松江知府,该郡东南临海,常遭海潮冲击,他筑石堤二十多里防范。又筑缄垣护诸粮仓,名曰"仓城"。救荒助役、修学课士,皆有成绩。后被诬陷受贿下狱。乡民为他讼冤。法司查无行贿实迹,被释放,升山东副使兼右参议,总督江南粮储。所督漕船,均如期驶抵通州,被吏部尚书郑三俊举为五个廉能监司之一。以功提升为左副都御史。崇祯十六年底,以本官兼东阁大学士。十七年二月,以户、兵二部尚书兼文渊阁大学士,总督漕运、屯田、练兵事务。作为一个读书人,方岳贡没有把主要精力放在治学修书上,而是"经世治国平天下",以其正直为人,清廉为政的品行,实在是一件幸事。但方岳贡的博学多识仍然给后世以很大的教益。方岳贡著有《国纬集》61卷,《经世文篇》等著作。李自成起义军攻克北京后,岳贡及邱瑜被执,幽刘宗敏所。刘宗敏勒索银子,方岳贡素来廉洁,家境贫寒无以应对,饱受酷刑拷掠。搜其官邸,仅获千余两,有松江县商人代其缴纳千金,依然关在监狱里不被释放。四月十二日,李自成命令宰杀辅臣陈演、勋戚徐允祯等,邱瑜、方岳贡也同时遇害,监押者告诉两位阁臣说:"这是主将的意思,我辈不敢违背!"监守者奉以缧绳,二人一起缢死。临死前感叹道"何不早死于社稷!"[①]

崇祯朝十七年,共更换首辅五十一人,如同走马灯那般频繁,真正是乱哄哄,你方唱罢我登场。《明史》对于温体仁以后的阁臣作过一番评述,说:"天下治乱,系于宰辅。自温体仁导帝以深刻,治尚操切,由是接踵一迹。(王)应熊刚很,(张)至发险忮,(薛)国观阴鸷,一效(温)体仁之所为,而国家之元气已索然殆尽矣。至于(陈)演、(魏)藻德之徒,机智弗如,而庸庸益甚,祸中于国,旋及其身,悲夫!"

确实,就崇祯朝五十一位阁臣的道德、才华而言,令崇祯皇帝极为失望,也令天下士民寒心。在国家动荡不安、祸乱丛生之际,为人才之脱颖而出提供了宽广的舞台,但这些阁臣却实在没有什么扭转乾坤的业绩。是

---

① 《甲申传信录》,上海书店,1982年,第61/62页。

天下没有才德兼备之人才呢？还是帝国选拔人才的体制机制出了问题，导致了崇祯皇帝辨才识人方面的存在严重问题呢？君主专制的国家，帝国拔擢人才的体制固然千疮百孔，然而君主的才具胆识和辨人、识人、用人的眼光，有时是起到决定性举足轻重的作用。

明之将亡，势所必然，人的作为也受客观形势左右，但个人素质却是主观修炼的结果。说崇祯皇帝不信任大臣，似乎也不怎么准确，因为他信任过许多人，如温体仁和周延儒就是突出的两位。说他信任大臣，又常猜忌，刚愎自用。他不拘一格地选拔人才，最后选的又多是些无能之辈；即使有点才能的人，也因用之不专而未得正果。看来这不能全然苛责崇祯皇帝，因为这是与晚明政局日坏、士风日下紧密相联的。不贪就发不了财，不吹不拍就上不了位，不奸就掌不了权。这种气候一旦形成，人们就会自觉或不自觉地受到感染，感染的人越多，事业成功就少了一分希望。崇祯皇帝挖空心思，谋求秘方，欲使明朝起死回生，虽也曾有过瞬间的回光返照，但终为劫数难逃。

呜呼，人之将死，其言也哀，崇祯皇帝叹"朕非亡国之君，事事皆亡国之象"。但他又岂能对明朝的灭亡而逍遥无咎吗？崇祯皇帝与宦官的关系同样表明，他无意中在自掘坟墓。崇祯帝对大臣恨铁不成钢，却不知道刑余的太监们更不会有可喜的表现。这才是真正的可悲。崇祯皇帝声言"诸臣误我"，一推了之。岂不知他的言行举措也在误诸臣！

七、谁言信国非男子的范景文

在殉国的文臣中，列在首位的是大学士范景文。也是当时死节的三十多位文臣中最早自杀的一个。明史记载，范景文，字梦章，北直隶河间府吴桥人。是一位英俊端庄言行举止严谨有风度的人。他饱读诗书品学兼优，堪称文武双全。父亲范永年，曾任南宁知府，为官一任，造福一方，被称为"佛子"。这些优良的家风无疑给范景文今后的成长造成良好的影响，他在少年时期就是有理想有抱负立志报效国家和民众的人。在当秀才时，即以天下为己任，可以说他是一个严格按照儒家学说正道直行品行端方的君子。①

1643年三月十七日是崇祯十七年的早春季节，也是崇祯年号行将在中国历史上被彻底被抹去的一年。早春的气候显得特别寒冷，冰霜凝冻着的北京大地，城内却飘荡着浓烈的硝烟火药的气味，城外炮声隆隆杀声震天。此刻，公子哥儿李国帧主持的三大营已经在李自成大军的压力下尽作鸟兽散，防御的大炮已调转炮口对准了外城城墙，驻守外城的太监正在密谋献城，京城很快就可能在内外联手中被攻破。

大明帝国的东阁大学士、工部尚书范景文眼见大势已去，做好了殉国的准备。然而，作为朝廷重臣，二品大员，在皇帝未撤出京城之前，他要站好最后一班岗，尽管浑身无力，他依然在仆人的伺候下，穿上带有云鹤补子的大红朝服，在凌晨天尚未亮之际去朝堂候着赶赴早朝。

他终于听到了早朝的钟声，这钟声仿佛是帝国的丧钟，他仿佛像是踩在棉花上高一脚低一脚地向乾清宫大殿走去，然而大殿空荡荡的未见前方宝座前孑然仿佛鬼影子一般站立着崇祯皇帝和他的心腹太监王承恩两个人，他们的首辅魏藻德和一帮文武大员已经消失得无影无踪。唯有这位笃行儒教的大臣早在崇祯自杀前已经做好了舍生取义的准备，在回答崇祯帝召对时，他已经绝食三天，回答皇帝的问话时都显得有气无力的"唯饮泣入告，声不能续"。皇帝沮丧地挥挥手，他只能唯唯而退，也许前些日子皇帝提出南巡，也即南逃去南京坚守东南半壁以图东山再起的决策是对的。然而，就是他坚守着儒学礼教君臣大义的阵地，逼着皇帝留下来充当帝国偶像鼓舞士气，等待勤王援兵，然而，现在援兵鬼影子也见不到，只是皇帝孤独地困守皇宫坐以待毙，皇帝没准内心中依然把他作为"诸臣误朕"的迁怒者，皇帝狠狠地瞪了他一眼，无奈地带着太监王承恩退入内殿。准备密召自己的心腹皇亲刘文炳和巩永固来商量南巡对策了。他只能悻悻然地退下。

范景文是万历四十一年的进士。当年即授东昌府推官，他在衙门上贴着"不受嘱，不受馈"当地老百姓称他为"不二公"也即是不走后门，不收礼，一切秉公办事。同僚中的正直之士以他勤政廉政为榜样撰成一联，

---

① 《明史卷二百六十五·列传第一百五十三·范景文传》，线装书局，第1438页。

上联是"不受嘱，不受馈，心底无私可放手"，下联是"勤为国，勤为民，衙前有鼓便知情"。凡冤假错案在他任上多获平反，百姓的饥馑得到抚恤。他居官公正廉洁，不谋私利，说情送礼的没有敢登他门的。由于政绩突出，不久升任吏部稽勋主事，文选员外郎。天启五年拔擢文选司郎中。当然他还可以进步，因为他和当时掌权的魏忠贤、魏广微是老乡，但是被称为阉党的魏忠贤一伙他压根儿从心底就看不起，从来不登他们的门去走门子，对于那些党同伐异空谈误国的东林党人他也绝不依附，他特立独行只按照自己的意愿办实事。他常常说："天地人才，当为天地惜之。朝廷名器，当为朝廷守之。天下万世是非公论，当与天下万世共之。"也就是说，他是真正"一心为公"的国士，是君子型的帝国卫道士。他这句名言在当时被广泛传播。但是在那个魏忠贤专政、党争激烈、朝政混乱年代，容不得有个性的君子型官员存在，所以在朝中他很孤立，有些曲高和寡，视事未及满月，就称病而去，回老家去著书立说，观其一生他在官场三起三落，真正做到"穷则独善其身，达则兼济天下"，他有《战守全书》十八卷和《大臣谱》两卷传世。

崇祯初年，皇帝立志更新朝政，他被推荐召用为太常寺少卿，已经是主管祭祀的高官。崇祯二年（1629年）七月，老范升任右佥都御史，巡抚河南。这时号称后金的皇太极率兵马入塞，围攻北京，施反间计，蓟辽总督兼任国防部长的袁崇焕被害，京师实行戒严。范景文率河南八千兵马勤王，军饷全部自筹。大军抵达涿州，四方所聚集的援兵多抢掠盗窃，军纪败坏，独河南军秋毫无犯。崇祯三年三月，但任兵部左侍郎，在通州练兵。兵员全部是新召募的，老范综合治理有法，军队特别精壮。通州设镇屯兵从老范开始，老范请示上级批准实行一条鞭法，徭役归官府，当地老百姓稍微援助些军费，军民双方实行公平买卖，不立官价。这些善举受到崇祯帝通令表彰，成为各镇屯兵养兵参照执行的典型案例推广。

崇祯七年（1634年）冬，范景文起用为南京右都御史。不多久，拜兵部尚书，参赞机务。屡遣兵戍池河、浦口，援庐州，扼滁阳，有警辄发，皆节制精明。崇祯十一年（1638）冬，清兵入塞，卢象升战死，京师戒严，遣兵入卫。首辅杨嗣昌夺情辅政，不按照祖制回乡丁忧守孝。明代以忠孝立国，杨的"夺情"遭到朝中大臣的批评，那些力争的官员，多被贬谪。

恪守儒学教义的范景文倡议并且署名上疏营救。崇祯帝很不高兴，指责老范为首谋，应该作自我批评，老范坚持自己没错，为上疏同事辩护。皇帝益加愤怒，老范被削籍为民。

崇祯十五年（1642年）秋，官场起落浮沉的范景文再次被举荐召拜为刑部尚书，未上任，改任工部尚书。崇祯十七年二月，被以本官兼东阁大学士，入阁参赞机务，也就是老范在国家多事之秋担任帝国副国级领导了。不多久，李自成破宣府，烽火逼京师。有人请思宗皇帝南幸者，命集议阁中。范景文却坚持要崇祯留守京城："固结人心，坚守待援而已，此外非臣所知。"这位儒学重臣站在道德制高点固执己见，对于皇帝本人的生死存亡他是管不了的，他要皇帝坚守的是道义的尊严和帝国偶像的不倒，尽管帝国江山已经摇摇欲坠，偶像的旗帜还得在光秃秃旗杆上飘摇以巩固士气和人心，使得崇祯帝没有别的选择，只能困守孤城秉持对于帝国的忠义，坐以待毙，最终殉国。

三月十九日，北京城沦陷，范景文赋绝命诗"翠华迷草露，淮水涨烟澌。故国千年恨，忠魂绕玉墀。""谁言信国非男子，延息移时何所为？"他在家中拖着奄奄一息的孱弱身躯向着皇帝居住的紫禁城宫阙方向四拜，面向帝国做最后的告别，随后他在刚刚死去不久因战乱不及落葬的妻子陆氏灵柩前痛哭拜别，君臣夫妇礼节行完，他上吊自杀身亡。冯梦龙称赞他为"时阁臣济济死者，惟景文一人"。①

明史本传记载，已经饿了五天的范景文还像往常一样去紫禁城赶早朝，当他赶到宫门口时，太监对他说："圣驾已经南巡去矣。"宫人不知崇祯已经自缢于煤山。他准备去朝房，但大顺军已经堵塞了道路。随从请他换下官服穿上百姓的衣服返还官邸，老范正色道："圣驾南巡能够归来吗？"就在大道旁的双塔寺古巷内留下遗疏，大书曰："身为大臣，不能灭贼雪耻，死有余恨。"赴古井死。笔者以为这在逻辑上不合理，既然已经绝食五天，已经没有力气再去赶赴早朝，怎能书写那些慷慨激昂的青史留名之豪言壮语？②

---

① 《冯梦龙全集15卷·甲申纪事·绅志略·文臣》，江苏凤凰出版社，第16页。
② 《明史·范景文传》，线装书局，第1438页。

八、独留青冢向黄昏的倪元璐

范景文的死,无疑为忠直的朝臣树立了一个榜样。紧随范阁老步伐的另一位官二代理学重臣是户部尚书兼国子监祭酒(财政部长兼国立大学校长)、翰林院掌院学士、皇帝经筵日讲经大博士倪元璐。

倪元璐,(1593-1644),字汝玉,号鸿宝,浙江上虞(今绍兴市上虞区)人。从存世的曾鲸画像看,倪公长相清癯,皮肤白皙,三绺长须飘拂,颇有玉树临风的学者之风。父亲倪涷曾经担任过抚州、淮安、荆州、琼州知府。倪大学士还是当时著名的书法家、画家,犹以行草闻名于世"最得王右军、颜鲁公和苏东坡三人翰墨之助,以雄深高浑见魄力,书风奇伟"。倪元璐著作等身,研究《易经》《春秋》均有专著,另外奏疏十二卷,文集三十余卷,由其子倪会鼎编辑完本存世。①

明朝天启二年(1622年),倪元璐中进士,改任翰林院庶吉士,授编修。倪元璐、黄道周、刘理顺俱为名臣袁可立门生,且为同年进士,其时孙承宗、袁可立等为考官。后来袁、孙二公联兵抗清共筑辽海屏障,这两人不为阉党所喜,当时就有人指责倪元璐为孙党成员。此时的大明帝国已经日薄西山,行将坠落。天启皇帝朱由校热衷木匠活,生性怪癖,朝中大事悉听太监魏忠贤处置。朝中"魏党"横行,压制公议,镇压异己,其权势熏天,天启年间,东林党犹为活跃,他们以社团讲学名义批评政治,反对魏党,由此引发了历史上最著名的党争,东林党人遭到残酷迫害。倪元璐是支持东林党的,他正是在阉党和东林党激烈的朝野党争中卷入官场旋涡。他借口生病回到家乡。不久倪元璐应召还朝,出任江西乡试考官,考题为"孝慈则忠,皜皜乎不可尚矣",该命题明里连及庄子与孔子的有关语录(意思是忠诚出于孝慈,高尚源于清白),实则影射讥刺大奸魏忠贤。

在那个非常敏感的时期,这题目一出,"人为咋舌",都以为倪元璐祸之将至。不料这时候崇祯皇帝继位,立马肃除魏忠贤,倪元璐不但化险为夷,而且即为崇祯器重。经历宦官专权的大明帝国,已经积重难返。崇

---

① 《明史卷二百六十五·列传第一百五十三·倪元璐传》,线装书局,第 1438 页。

祯虽然励精图治，力图重整朝纲，但已回天乏力，加之关内李自成造反，关外清崛起，内外交困，早已败象毕露。后世有人把明朝灭亡归咎崇祯，实在有失偏颇。在倪元璐眼里，崇祯是一个图存救亡、壮志难酬的悲情明君。倪元璐曾担任"日讲官"，给皇帝上课。一次从有关经文讲到目前经济，对着崇祯直接批评政府不作为。崇祯当时正为军饷发愁，听了一会忽然"龙颜转色"，一下把书拂到案角，转身仰头不再听讲。然而倪元璐处变不惊，继续"徐申正义，音响琅然"，居然讲得崇祯"霁然回颜"，重新就座倾听。第二天，崇祯当着众辅臣的面，说："从来讲堂，有问难而无诘责。昨日偶尔，朕之过也。先生救正，请照常启沃，毋生避忌。"

崇祯皇帝的宽容，也促成了忠诚正直的倪元璐更放心大胆地建言献策。他的许多上疏，得到崇祯的认可，还曾当朝褒扬他："卿真学问之言，根本之计。"但是，倪元璐第一次"首论国是"却"以论奏不当责之"。那是崇祯登基不久，虽然魏忠贤、崔呈秀等罪魁已除，但朝廷上多半还是魏党一派。魏党余孽杨维垣一伙以攻为守，宣称东林党为邪党，要求同魏、崔一样严惩。倪元璐当时刚任翰林，竟洋洋千言上疏崇祯。他说在大是大非面前，必须旗帜鲜明；东林党人为国为民，揭发魏党祸国殃民的罪行，他们与魏党势不两立，怎么也会成了邪党！在国家面临颠覆的情势下，反不反魏党是鉴别忠邪的一面镜子，而杨维垣以"无可奈何"为那些当时替魏忠贤颂德建祠者开脱，那么东林党人为什么没有"无可奈何"，为什么那么有骨气？倪元璐以充分的事实与严密的逻辑揭露杨维垣转移斗争目标的阴谋。他说，东林得罪魏逆最深，受到迫害最酷，时至今日，应当体谅他们被杀被压之苦，而不应当抓住他们的小节不放。他认为这是性质完全不同的两类矛盾。

倪元璐义正辞严憎爱分明，崇祯帝竟不动声色，因为他登基未稳，左右大多是与魏党有些瓜葛的人，所以不能一下子扩大打击面。这样，倪元璐"首论国是"未被认可。然而，政治运动既然开了口子，就不可能戛然而止，倪元璐俨然成了朝廷清理与平反运动的开路先锋。在他之后，就相继有官员接连上疏，为东林党鸣不平，要求把清算运动进行到底。朝中舆论逐渐倾向拨乱反正，于是倪元璐因势再上奏章。

倪元璐第二次上疏，强烈要求为被迫害的东林党人恢复名誉。他高度评价杨涟、高攀龙、邹元标、赵南星等东林党人的"真理学、真气节、真情操",充分肯定他们揭露魏党统治时期"任人唯亲、诬陷忠良、无视民生、乡官横行"等天下四害,为朝廷树立了正气。倪元璐大声疾呼:"人才不可不惜,我见不可不除,众郁不可不宣,群议不可不集。"显然,这是对崇祯皇帝实行政治民主的呼吁。"疏上报,可。"显然倪元璐的主张获得崇祯皇帝的认可。接着,崇祯又进一步采纳倪元璐的提议,先正本清源,烧毁魏党为歪曲历史而编造的《三朝要典》。这本《要典》是魏忠贤策划党羽所编撰的关于万历、泰昌、天启三朝发生在内宫的"国本、廷击、红丸"三大案件的报告,其中莫须有地编造东林党人参与政变活动,企图把内宫的权力斗争扩大为党派之争,扩大化的目的是上纲上线,为镇压东林党人,钳制社会舆论,篡夺国家权力制造合法性依据。倪元璐彻底否定《三朝要典》,为推进清理平反运动又立首功。这时他被拔擢五品右庶子,旋升三品国子监祭酒。

倪元璐接着深入了解各地吏治、军事、钱粮、教育、灾荒情况,先后提出《制实八策》《制虚八策》及《造士八议》。这些从战略高度提出的应时对策,受到崇祯的充分肯定,崇祯还把《制实》《制虚》"粘之屏间,出入省视"反复观看,深入理解。于是"元璐雅负时望,位渐通显,帝意向之。"竟深为辅政大臣温体仁所忌。温体仁也是明末误国大奸之一,曾经立朝十年,担当首辅四年,遇事貌似不偏不倚游离于朝廷党派之间,然而利用皇帝的疑心打击东林大臣,排斥东林领袖钱谦益、大学士钱龙锡,要推荐某人,暗示下属提名,他再顺水推舟;排挤某人,却故作宽容,用言辞触及皇上忌讳,激怒崇祯,排斥异己,群臣越是攻击他,皇帝越是相信他独立于党政之外,更加相信他,担任内阁首辅期间毫无建树,忙于争权夺利。看到皇帝日益器重倪元璐,深为温体仁所嫉恨。一天崇祯帝手书其名下内阁名单,令吏部将老倪履历拿来交皇帝审阅,老温愈加恐慌。老温找到诚意伯刘孔昭暗示要让他掌握兵权,以此为诱饵指使他攻击倪元璐。老刘果然上钩,上疏指责倪元璐妻子尚存,而小妾王氏顶替成为夫人,这是败坏礼仪扰乱法度的行为。皇帝下诏命令吏部核查上报。其间倪元璐老乡尚书姜逢源、侍郎王业浩、刘宗周以及堂兄御史倪元珙纷纷上疏替他辩白,言老倪的原配陈氏确实有过错,已经被老倪一纸休书逐出家门,续娶的王氏并非小妾，而是正经过堂的夫人。温体仁此次妄图以生活作风问题打击倪元璐阴谋破产，使老温非常沮丧。吏部再次讨论请浙江巡抚再行调查上报。调查报告上认为，根据当地档案记载：确实是两位夫人具列名册。倪元璐遂落职回乡下闲住。刘孔昭希望主掌军营事务的事也落空，被安排到南京去操练长江水师去了。

崇祯十五年九月，倪元璐被启用为兵部右侍郎兼皇帝的侍读学士，不久升户部尚书。他曾上疏崇祯以"禹汤罪己，其兴勃也"为鉴，下《罪己诏》布告天下以挽回局势。崇祯果然同意，而且接三连四地作检讨。任户部尚书时期间又向崇祯表示，必须放手让他"三做"：实做，大做，正做。包括钱粮赋税必须一条龙厘清，后勤必须清正到位，矿砂纸币一律不得作为通货，以防通货膨胀，财政必须宏观调控不搞小打小闹。倪元璐还强调树立爱国的仁义信心，高度重视民心民意。他向崇祯直言："政苟厉民，臣必为民请命。"崇祯点头叹息。于是倪元璐夙兴夜寐，更加拼命，志书上多有他亲自抓后勤、筹粮饷、督漕运的事迹记载。然而大明帝国大势已去，已经日薄西山为，亡羊补牢时已晚矣。

倪元璐的殚精竭虑不能根治大明王朝根深蒂固的腐败，他的赤胆忠心只是大明王朝的回光返照。一六四四年年初，他劝崇祯学南宋康王南渡，崇祯死活不走。农历三月五日，李自成兵临城下，"元璐谓所知曰：'今无兵无饷，无将无谋，人心瓦解，然吾心泰然……吾受恩深重，无可效者，惟有七尺耳！'"

三月十九日凌晨，李自成攻下京城，崇祯自缢。倪元璐穿上朝服，整理衣冠，向着紫禁城方向四拜，又南向拜别家乡老母亲。换上便服后，缓缓走向书斋，呼唤仆人致酒奠祭所供奉的忠义关羽塑像，对着偶像对酌三杯，然后又来到厅堂，正襟危坐，从容在桌子上书写到："南都尚可为，死是我的本分，勿以衣衾敛。暴我尸。聊志吾痛。"遂南向家乡而坐，从袖中抽出布巾对仆人说"我命当如此，意志已决，你当不得相救！"遂举手自缢。众仆人尚欲解救，一老仆跪着大哭制止道："这是我们主人成名之日，已经嘱咐再三，不必抢救。"倪元璐自缢殉国尽忠。后人叹曰："君死社稷,尔为君死!"盖士为知己者死也。死年五十二岁。①(当时李自成部下蜂拥入室,索取印信,见倪元璐陈尸堂中,"知其忠臣,各叹息罗拜而去"。后南明福王恤死难诸臣,追褒倪元璐"忠烈第一"。

今安徽灵壁虞姬墓上尚有二联,传为倪元璐所作:

一是:虞兮奈何,自古红颜多薄命;姬耶安在,独留青冢向黄昏。

二是:今尚祀虞,东汉已无高后庙;斯真霸越,西施羞上范家船。

这两副对联从气节立意,在虞姬、王昭君、汉高后吕雉、西施等四个女性中,独肯定"大王意气尽,贱妾何聊生"的虞姬。细心的读者能悟出,这对联里正包含着倪元璐对自己的生命取向的自断。

《上虞贺氏倪氏宗谱·文贞公年谱》中,记有一些关于倪元璐儿时的情况。其中讲到倪元璐出生才数月,一天晚上父亲倪涷抱着他指着说:你耳朵在此,你眼睛在此。天亮起来问他,他就会用手指着自己的耳朵眼睛。又,倪元璐三四岁时,母亲曹氏常"置之膝上",教他念诗、对对子。曹氏是大家闺秀,相当有学养,小元璐因此"未入塾而诗已成诵",对对子则是"应声立就,不假思索"。倪涷时常"随事命对",一次家里人围炉而坐,倪涷说出:"红炉白炭",他即答对:"黄卷青灯";一次给他剃头,倪涷说"光头和尚",他即对"麻面书生"。七岁时,有一回随父亲乘船夜行,月色皎洁,父亲命他写诗,倪元璐信口而出:"凭栏看舟月,看月何须仰。水底有青天,舟行月之上。"九岁时,一天倪元璐陪母亲去看牡丹花,回家后立即写成几百字的《牡丹赋》,在母亲身边放声朗读,倪涷推门进去,见其中有"紫则佳人之舞袖,黄如帝洽之垂裳"等句子(《易·系辞》"黄帝尧舜垂衣裳而天下治"),不禁赞许道:"此儿终不落人后"。倪元璐后来被誉为"文章华国,节义维风",归根在少年时代良好的家教培养了他勤奋自觉的习惯品质。

十五岁那年,倪涷去海南琼州做知府,行前约请了教师来家督导,并留下示儿家训,其中讲到:儿子现在正处在决定今后立业成败的关键时期,工夫不可一日错过,所立课程毋得鲁莽作辍而自堕低趣。一般亲友相邀只

---

① 《明史·倪元璐传》,线装书局,1440 页。《冯梦龙全集第 15 卷·甲申纪事》,江苏古籍出版社,第 16 页。

称遵父言概不领情。家训还要求家庭保持清净纯真的环境，不许纵酒玩乐，不得闲说别人短长，不得牵拉师傅妨碍教育，事事要尽到"长善救失"的教育责任。

倪元璐十七岁以前，倪涷不让他参加考试，目的是让他静心修身而厚积薄发，至十七岁上果然一鸣惊人，"郡县监司三试皆第一"，为举人解元。而此前不久他所著作的文集《星会楼文稿》竟已"盛传国门"，以至书商一版再版，少年才子名声远播。

十九岁时，倪元璐偶作书画题扇，其中一把"九日诗游云间"书扇为当时学术大家陈继儒所见，叹为"仙才"，由此"声誉日盛"。倪元璐还很怪别，他在考进士前一年，为磨练应试能力，事先安排好百余竹笺，每片竹笺刻一个自拟考题，然后每日抽一笺，"屏气凝神，伏而思之"，于是脑子里通盘考虑好文章的"义理、考据、辞章"，腹稿一成，即起身烧掉此笺，不形诸笔墨。如此"岁月之间，胸稿累累，果以获隽"——果然一试中榜，并且与堂兄倪元珙成同科进士。

倪元璐处在晚明时期，这是中国历史上一个十分特殊的时期：一方面，几朝皇帝权臣政治腐败的积累导致了诸多社会矛盾的激化，国势日渐衰颓；但另一方面，这一末世时期出现了许多极有造诣和个性的文化人，先后涌现诸如徐渭、张瑞图、黄道周、刘宗周、赵南星、倪元璐、傅山等等人物，在文化史和书画史上留下了引人入胜的奇光异彩。其中，倪元璐更是别开生面，尤其是他的书法。书界对他历来有"笔奇、字奇、格奇"之"三奇"，"势足、意足、韵足"之"三足"的称誉，都认为他的字集形、意、气为一体，依意而生、率真天成，把明代的书风推向情与美相结合的道路，臻于"通神"的境界。明史推崇倪元璐作品，誉为"高洁人品渗入纸背，有一种异常气品。"名气一大，就有很多人上门求文字笔墨，"得其霏絮，如贫子之拜金璧。"一次有客人拿着上好纸张请他写大字，他写了十个字停下来问这字派甚用场，回答是送某官人，倪元璐很恼怒，"欲遽裂之，客夺而窜。"然而，倪元璐视书画为"学问中第七、八乘事"，书画只是他陶冶情操的余事，他把主要精力投入在立德建言、为官施政以及研究学问方面。也正因为如此，他的流传不多的书画以其清峻磊落的人格形像以及在生死大节上的惊人表现，赢得了后世格外的崇敬与赞扬。

九、忠贞之士以死效忠帝国

宋明理学作为统治阶级治国理政的显学，在宋明两代横跨将近七百年的时间、空间被捧为圭臬，画地为牢地成为统治阶级文官集团取仕的标准和思想的囚笼。在"天命观"的主导下成为臧否政治人物和文化理想，日渐成为维护统治秩序和支撑君权的纲常礼教。承平时期强调义理为重，维护统治者的尊卑等级和专制特权，在王朝危难时期强调忠贞报国和以家国为标志的对于君主帝国的忠诚。南宋末年宋元崖山一战帝国忠臣陆秀夫背着小皇帝赵昺蹈海赴死，紧接着的是随行十多万军民也纷纷跳海自杀。成就了大宋王朝最最血腥壮烈的谢幕。

大明王朝最壮烈的一幕由内阁大学士范景文开启，由崇祯帝的殉国达到高潮，随后倪元璐等理学重臣纷纷效仿，也为理学中的忠义做了最最完美的注脚。同时，儒学忠烈人格的锻铸既有无畏牺牲捍卫理想信念的纯洁性，塑造崇高人格的积极意义，但其同时也为专制帝国殉葬的愚忠所冲淡。以下大臣忠烈殉国者按照冯梦龙《甲申纪事·绅志略》记载顺序分别分述如下：

协理京城戎政、兵部右侍郎王家彦，福建莆田人。奉命守德胜门，城破后，在城楼骂贼不屈，被大顺军砍为数段，仍然以火焚其身。

刑部侍郎孟兆祥和其子孟章明父子均为进士，山西泽州人。孟兆祥曾经得罪太监魏忠贤被削籍为民，魏珰伏诛后启用为今官。甲申年三月奉命守正阳门，城门破，他携妻子何氏死于正阳门下。其子孟章明收葬父母遗体后与妻子告别说："吾不忍大人独死。"其子之妻亦说："君死，妾也死"，于是阖家尽死。

翰林院左谕德周凤祥，浙江山阴人（绍兴）。闻崇祯帝自尽煤山的信息后，北向拜别君父，有绝命诗云"碧血九原依圣主，白头二老哭忠魂。"书毕自缢而死。两小妾也同时自尽。

翰林院右谕德刘理顺，河南杞县人，崇祯七年（1634年）状元。闻变，题诗曰："成仁取义，孔孟所传；文信践之，吾何不然。"诗毕，饮药酒自尽。妻万氏、妾李氏、儿子孝廉及仆人十八口，阖门自缢而死冯梦龙评之为"死之最干净着"。死后,大顺兵近百人来到他家说:"刘老爷在乡里居住期间对人极友善,乡人都感谢他的恩惠。这次赶来正是为了保护他,以报答他的恩德。怎么就突然死去了呢?"于是下马跪拜而去。

翰林院宫允马士奇,南直隶省无锡人,正在吃早饭,听闻事变说:"是到了应当死的时候了。"家人提醒说:"那太夫人怎么办?"马士奇说:"不死难道不是玷污太夫人的名节吗?"于是先作书向家乡的老母亲告别,两位小妾朱氏、李氏上吊自杀后,他向皇帝的敕书四拜告别君父,然后向着南方遥拜,向自己的老母亲告别,撕裂布帛悬梁自尽。

翰林院检讨汪伟,南直隶江宁人,三月十九日闻变,与夫人耿氏,呼唤仆人摆酒痛饮完毕,索取笔墨在墙壁上以大字题写道"身不可辱,义不可降,夫妇同死,节义双芳。"准备自缢。在悬挂绢索时,男左女右系放的顺序搞颠倒了,其夫人耿氏提醒道:"虽我夫妇颠沛流离,但是纲常礼仪不可失序。"于是将绢索重新解下,摆正左右从容而死。被冯梦龙称之为"死之最从容者"。

督察院左都御史施邦华,江西吉水人,三月十八日李自成大军攻城甚急,无兵无饷,守城皆老弱病残,此时崇祯帝只相信太监守城,对百官不屑一顾,施邦华率御史上城巡视,被守城太监以箭矢和石块驱赶,不许得登城。施公在返回途中遇到太常寺卿吴麟征,两人握手挥泪,誓死报国。三月十九日,闻崇祯帝殉国死讯,施公南向痛哭,携带封册、印信、冠带进入吉安会同馆,对着文天祥像再拜表明意志,题绝命诗:"人生自古谁无死,留取丹心照汗青。今日骑箕上天去,儿孙百代仰芳名。"又自题阁门曰:"堂堂丈夫,圣贤为徒。忠孝大节,誓死靡逾。遭国不造,空负良谟。临危受命,庶无愧吾。君恩君仇,后贤报诸!"再与朋友挥泪告别曰:"君主受辱臣子去死,是本分,没有什么话说!一旦得到东宫太子的消息,希望诸位引导他走上正确道路,我死而无憾。今日我的事情已经完结,不可能再有什么改变!"说完,自缢尽忠。计六奇在《明史北略》评价他:"施公性格耿介特别,不苟言笑,不尚奢华,举止庄重。居官四十余年,肃然寒素。"可见是一个廉洁自律的清官。

副督察御史施邦曜,浙江绍兴余姚人。甲申初春,李自成大军逼近京师,施公慷慨发誓说:"此作为臣子交出生命的时候。"十九日京城破,他命令仆人:"倪尚书在不在?去打听一下。"仆人回来报告说:"已自尽了。"施邦曜吩咐仆人:"你等等我,我换了朝服去看望倪尚书。"入内很长时间,未见施公出来,仆人进内室观看,但见他在几案上书写绝命诗曰:"愧无半策匡时难,但有微驱报主恩。"仆人将其从绳索上解下,遗体尚有余温,渐渐苏醒,施公怒斥:"你若知道君臣大义,不要久留我。"于是饮毒药而死。他的老乡,浙东大儒原朝廷左都御史刘宗周有诗哭悼曰:

淮南一别燠垂寒,再拜班荆话屡酸。
国难敢忘嫠妇纬,时危转忆菜根盘。
身耽风纪纲常重,节自平生问身安。
白马岩前池畔草,永存规矩奉轮班。

这也是同乡大儒、朝廷同事、曾经的帝国监察部长对监察部副部长施光曜的最高褒奖,回顾两人的友谊乡情,赞美他在国难当头的无私选择,在纪检监察部门中身负重任时的坚持纲常不负重托,高风亮节如同岩石般坚定碧草般长青,永远存在于不变的朝纲规矩中长存幻化成如同绳墨般的典型。

大理寺卿凌义渠,浙江乌程人,以雕龙传誉世间。凌公身材修长,美髯飘拂,颀然特立,如高天流霞独映,似夜空明月孤举。所作所为,皆出之义理,谈吐之间有独特见解,引人入胜。他长期食斋学佛,自学成才,考取秀才,被称为隐居在民间的第一流人才。天启乙丑年(1625年)中进士。听说京城变故,尽行烧毁自己平生著述及所评论的书籍,穿上绯色朝服,手持象牙笏,北望宫阙拜别君主,南向叩首拜别父母。并草家人书信曰:

尽忠即所以尽孝,男视死如归,已含笑入地下矣!但父亲衰年无靠,病妻弱子,不堪回想耳。十儿容墨放他不下,七弟犀渠可善抚之,然儿即以此情达之皇上,庶知孤臣一腔热血也。

观其笔墨粲然生辉,不拘泥于点画笔顺,一气呵成。写完交付仆人,说道:"我的忠魂,顷刻到家,先归侍父母左右了。"仆人环跪哭泣,请他不必去死。凌公说:"尔辈看我一生茹素食斋,有何物可以贪恋?岂是贪生怕死之人,我志已决,请勿多迟疑片刻。我死后,可在我棺材上书'死节孤臣凌义渠之柩'如是而已。"寓中上吊用的绳索早已经为家人藏匿,他自取短绢帕，命家人结束他的生命，家人相视不忍下手，有客人赵某知道凌公殉节之志向已决，将手帕系在窗户棂下，凌义渠奋身而决。

吏部员外郎许直，南直隶如皋人，甲戌年（崇祯七年1634年）进士。北京城破，有差役通知他去大顺军处报名。他说："我的生命可以捐出，我的决定不会改变。"当时有信息传出先帝从齐化门出行去了南京，客人羊君辅劝他说："既然主上已经南迁，老兄正宜拥跸偕行，共图恢复，何必以有用之躯体，轻率地抛掷呢？"许直认为有道理。他出寓所门向四周探望后，回来说道："当此四面干戈，皇帝御驾如何冲得出去？"当他知道煤山皇帝自尽的信息后，恸哭欲绝。羊先生在旁劝慰，诸仆人环列跪哭，且动之父子亲情。许直答道："有吾兄在。"当天夜间，他将羊先生安排在其他别室就寝，唤来仆人，书写家书一封，嘱其尽快回归家乡报告。书中首述忠孝之古训，次及安葬母亲教育子女，别的未有涉及。交代了这些，他更换朝服，北面拜别君主，南面告别父亲。并书写六首绝命诗：

率土皆臣自圣明，狂氛何事敢纵横。
驱除安得赶桓力，一宰元凶尽洗兵。
贯盈巨罪岂容诛，屠戮腥闻骇蠹痛。
罄竹南山书不尽，任将寸磔有余辜。
君国深仇惨古今，么么逆竖偏相侵。
微躯自恨无兵柄，杀贼惟殷报主心。
在天灵爽念高皇，开辟当年垂裕长。
愿侍吾皇遥谒帝，祈哀乃使国威扬。
一死酬君见血诚，满腔忠愤恨难平。
大仇未复身先殒，漫化啼鹃洒泪盈。
掷笔翻然乱世行，老亲幼子隔幽明。
丹心未雪生前恨，青简空留死后声。

书毕，许直命仆人去内室取来麻绳，令做成上吊环索，仆人手颤抖，许公呵斥将仆人赶出后，自缢身亡。但见他一手持练尾，一手上握绳索，神态明朗如生。死后三日，羊先生和李先生两位友人借钱将他安葬。

可见许直也是一清正廉洁的官员。此类官员理想信念坚定，绝不同流合污，出污泥而不染，洁身自好，为政多考虑民生艰难，为人道德自律甚严，国家危难之际是能够慷慨舍身取义，而绝不见风使舵，贪生怕死，卖身投靠。

十、对于殉国臣子的中肯评价

冯梦龙在《甲申纪事》的《绅志略》中首先赞美了这些为国尽忠的臣子，他将"甲申之变"中的朝廷命官分门别类，用清晰的坐标系将关键时期的各色人等的表演一一分列，使读者一目了然地看清楚，这些官员的嘴脸，这也就是人们常常理解的"疾风知劲草，板荡辨忠奸"，这些知书达理，深受儒学熏陶的朝廷官员，以自己的所作所为，在关键时刻书写人生、人品、人格。

而死难诸臣中有不少在过去的官场生涯中多少都会为自己的理想而注重个人品德的培养，在言谈举止中渗透着儒家"仁者爱人"的理想，以及贯穿着"以天下为己任"的崇高情怀和"士不可以不弘毅，任重而道远。仁以为己任，不亦重乎？死而后已，不亦远乎"的高尚气节和情操。因此，冯梦龙对于官员在关键时刻的选择，也代表了他自己的选择，这些选择泾渭分明，一目了然。

他将朝臣人生的归宿分为"死难诸臣""刑辱诸臣"等忠臣，也在"诛戮诸臣""从逆诸臣""出狱从贼之人"等逆臣，对于另一些在行为气节上谈不上忠逆的大臣，只是在动荡的世态中苟全性命于乱世，以各种方式逃逸隐藏的人，列为幸免之臣。这样的分类后来被明清鼎革之际的明史作者计六奇、钱等延续使用。

令冯梦龙痛心的是，在《绅志略》中所记载的从逆诸臣，要比忠臣们多出许多。在"从逆诸臣"之前，冯梦龙如此评价道：

《语》云"人臣无将，将而必诛"夫一念之违，且有长刑，况公然拜舞贼庭污其伪命者乎！所以然者，以贪生怖死之心，用观风望气之智，方其苟且图活，亦迫于势之无奈。迄乎周旋匪类，反几幸贼之有成，肝肠即以全易。要领尚保无恙乎？始焉封疆失事，每每及于宽政。驯至诸臣习于苟免，即靦颜从逆。可幸无诛，人心一变至此。当事者不尽破情私，大申国法，恐人伦从此遂晦也。第流言互异，宁无虚实之参。喜事竟传，或出爱憎之口。载名唯有信耳，定狱尚宜精心。此则于廷尉之事也。①

冯梦龙这段话的意思是，《春秋·谷梁传》有言"人臣是不能有叛逆之心的，有此心者必须诛杀。"然而，有时一念之违反了君臣之道，应当受到刑讯。况且有些人公然在李自成贼寇的伪朝廷三呼万岁，表演劝进的丑剧。之所以有这样的人，是因为以贪生怕死之心，用观察风向适应气候转化的智巧，以图苟且偷生，有时也是迫于形势的无奈，开始周旋于匪类，反而寄希望于贼寇有所成就，其内中的肝肠全部变质改换了。要害在于为什么有恃无恐，开始于边防失事，经常失之于宽厚的政治举措。导致诸臣习惯于苟且免罪，即使觍颜事敌，也可侥幸不被诛杀，导致人心变化如此。当事人不能打破私情，伸张国法，恐怕君臣人伦纲常礼教就变得晦暗了。再加上因战乱北方传来的信息各不相同，虚虚实实无个定数。喜事竞相传送，或者出于爱憎之口。然而，涉及官员名誉的事情，唯有真实才可信，定案的事情，则是司法部官员的事情了。作为七十一岁的草莽退休县令他只能根据北方传来信息写下了甲申年这部国难时期的《绅志略》。他将那些从逆之臣分为两院六部各个衙门分门别类记载姓名、功名，从逆的种种丑态一一形诸于笔墨，记录于青史以辨忠奸。

然而，他对于死难诸臣也给与中肯的评价，他在《绅志略》开篇即大发了一通议论：

愚谓死者，人臣自了之事，非所以尽职而报国也。宋司马子印之死，《春秋》以为不能其官，至于见杀，故以官举而没其姓名。将相大臣，事权在握，安危倚之，如屋有楹，如柱有础。平日所营何事，乃临时一无所恃，而仅以捐躯塞责？然则拼此七尺躯，人人可充将相之选乎？必如闲散下僚、新进书生，不谋其政，复不爱其身，乃为难耳。若台省可以争是非，将相之责已当分半，即死何逃不能之罚？第泄沓之习，酝酿非一朝夕。况国破君亡，度不能复仇雪耻，除却一死更无它路。

---

① 《冯梦龙全集第 15 卷·甲申纪事·乡绅略》，江苏凤凰出版社，第 29 页。

详其爵里，以愧夫不能死者，虽概曰予之可也。①

坦然面对生死，视死如归是传统儒家忠烈人格内在的要求，尤其是在国破君亡的改朝换代之际，对于儒家大臣就是生死的抉择，是纲常礼教君臣父子之义的内在要求，要么去殉国也就是殉君，因为皇权政治的最大特点就是君国的一体化，忠君就是报国。而国家与天下的界限其实也是十分模糊不清的，"普天之下莫非王土"就是帝国政治的最好注脚。最为大臣就是"率土之滨莫非王臣"，最为君王的臣子要么逃避选择苟活于草野充当遗民，要么投降新朝背主求荣充当贰臣。前二者均是儒家教义值得首肯忠诚，后者则是要遭到唾弃的背叛行为。这就是愚忠型典型的道德根基千古难易，是因为帝国道德从本质上是排斥独立人格和自由意志的，因而"人"的主体意识只能龟缩在王权政治的驱壳中沦为臣民奴仆，主子殉难，奴才们只有跟着去死，才是值得褒扬的忠烈行为。

对于一般的草野微臣如同冯梦龙这样位在下僚并不起眼的七品芝麻小官，况且早已退居乡下的士绅他完全可以隐居家乡著书立说不参与政治就算保住了节操。一般忠于前朝的士子很多做了这样的选择，如张岱和黄宗羲都是如此。但是在朝的高官显贵、名宦股肱大臣们因为声名显赫在外，他们面临的只有生死选择，选择生只能充当贰臣，选择死就是对于前朝的殉节。活在不生不死之间而保住名节是由不得自己的。如驸马巩永固、新乐侯刘文炳等以及大臣范景文、倪元璐等以及退居乡间的刘宗周、祁彪佳等等，他们要保住名节只能义无反顾去殉难赴死，以求在青史留名，节义千秋。这是对于烈士的褒扬，是中国传统文化为追求正义而上下求索，虽九死而犹未悔屈原精神的发扬光大。诚如孟夫子所言：

鱼，我所欲也；熊掌亦我所欲也；二者不可得兼，舍鱼而取熊掌者也。生，亦我所欲也；义，也我所欲也；二者不可得兼；舍身而取义者也。生亦我所欲，所欲有甚于生者，故不为苟得也；死亦我所恶，所恶有甚于死者，故患有所不辟也。（见《孟子·告子上》）

这段典故已经成为经典，在士大夫对于生与死利害关系的选择中无疑对于道义的追求是放在首位的。人们在生存和大义二者之间，往往通过杀

---

① 《冯梦龙全集·第15卷·甲申纪事第二卷·绅志略》，江苏凤凰出版社，第15页。

身成仁舍生取义来突出生命的意义和完成人格的升华。而冯梦龙似乎对于这种临危而舍生取义的行为，持有不同的意见，他是从士大夫中的精英也即从政高官所担负的责职来说，其实更具有实践的价值追求。

作为毕生追求科举考试而入仕途的老秀才冯梦龙，最终是以拔贡身份而入官场，成为县学训导，算是有了一个小吏的身份。又由八品吏员在好朋友江南巡按祁彪佳积极举荐直接提拔成福建山区寿宁县知县而进入官场末流，以其久历宦海浮沉和扎实的儒学功底，自然对于文武官员们在国难当头的生死选择有自己独到的见解。他曾经对于儒学有十分深入的研究，先后就写出过经学理论的《麟经指月》、四书指导类教科书《四书指月》、春秋三传研究类专著《春秋衡库》，笔者认为他后来在前人创作的《列国志》基础上根据自己丰富的史学知识将这本春秋列国的小说重新演绎编写成了《新列国志》就是如今流传于世的《东周列国志》冯梦龙不仅是真正的通俗小说创始人，而且是博学多产的大学者和历史学专家。因而在研究明末历史大变动时期官员生死选择时能够有独到的见解。

冯梦龙指出，他认为的所谓死节，是作为人臣自我了断生命的事情，并不能说明这些官员已经尽到了自己作为臣子的职责。他引用《春秋》中所记载的宋国司马子卬在灭国前被杀身亡的典故来说明，司马老兄的死并不能说他已经尽到了人臣应该尽的义务，未能担当起作为治国理政安定天下的职责，他的被杀就是毫无意义的事情，是因为他作为大臣未尽到辅助天子的责任，故而历史上没有留下他的姓名。将相大臣，对于国家事务大权在握，君主倚靠的心腹股肱，帝国的安危系于一身，如同宫阙栋梁，大殿的基础。承平之日你们这些人到底在干什么？尸位素餐、养尊处优、结党营私、贪墨弄权、作威作福、巧取豪夺，乃至国难当头帝国失去了正义的基础，政权的合法性完全丧失，岂能以一死捐躯而敷衍塞责？如果仅仅是拼取堂堂七尺之躯，那么人人可以充当出将入相的人选？比如位在下僚闲散官吏，新进朝廷的书生，不谋其政的家伙，必然不爱护自己的身体，只能去殉难。如果在皇帝和内阁面前可以争是非，为将为相的这些大员，至少应该承担一半的亡国之责。即使死了为什么逃脱了对于他们敷衍塞责的惩罚？这些推诿拖沓不愿负责任的陋习，在朝廷中酝酿积压并非是朝夕之间的事情。况且国破君主亡故之后，不去谋划复仇雪耻的事情，除去一死，更无其他出路。所以冯梦龙在《乡绅志·死难诸臣》中一一列上他们的名字，详细载明他们的功名、官位、籍贯，让那些贪生怕死的官员们感到羞愧，虽然记载比较简略，但是认可他们的行为。

上述的阐述，显然是博学多才的冯梦龙老先生作为一个仕途经济的失意者，一直困顿于官场下僚地位的小官吏，对于在朝衮衮诸公的辛辣嘲讽，他当然很难从帝国君权之上的角度去否定谴责导致王朝没落的专制体制，只能从自己的角度去审视王朝政治的官僚集团的上层人物，而不能对君主政治进行有力批判。其实腐朽没落的帝国体制君主皇权和官僚特权是一个分币的两面。他只能从朝廷遗老的身份站在崇祯皇帝君非昏君，臣皆亡国之臣的口径去谴责大臣，虽然其中有些人已经为国尽忠了，依然难以逃脱历史的责任。有时位在高层的大员们伴君如伴虎的苦衷对于一个一直处于最底层的小官吏是很难体会的，况且还是一个刚愎自用，疑心病很重，又不愿背负离经叛道历史骂名的皇帝，大臣们深谙其秉性，故而遇事推诿而不愿意去说实话。

十一、殉难实录中的京城百态

冯梦龙对于"甲申之变"这段帝国痛史的资料收集工作很上心、很熟悉而且做过精心研究，在《甲申纪事》完稿后，一直在为反清复明在浙闽两地奔走呼号。他以高度的政治责任心，在帝国忠臣的责任感驱使下把目光投向了甲申年国破君亡之后的帝国"中兴"的伟大事业。尽管在帝国南方经过一段南明弘光朝的喧哗后，又出现了鲁王朱以海的监国闹剧，直到唐王朱聿键登上隆武小朝廷的宝座，可以说是乱哄哄你方唱罢我登场，终究大势所去，一事无成。所谓"帝国中兴"伟业，只是一场闹剧。

在这场看似轰轰烈烈的闹剧中，七十二岁的草莽之臣冯梦龙着实又兴奋了一阵子，紧接着又写出了一部《中兴伟略》的政治性作品。这也是他一生中最后一本编著体文集，主要以这段时间的官方文件和亲历者实录为主，编有《弘光皇帝登极诏》《崇祯皇帝血诏》《难民确报》《定中原奇策》《制虏奇策》《揭大义以明臣节疏》《吴三桂合番兵谋杀李贼要录》《监国唐王令谕》《鞑靼考》等十三篇文章，有的无多大实际意义，无非一些不切实际空话、套话、大话，一言以蔽之屁话的文档汇编，有些甚至还是一些以讹传讹的假消息。唯《北京变故殉难实录节要》一文对于甲申之变后的京城民众及皇亲国戚、大臣们的表现及李自成对于戚贵们的杀戮有着明确的记载，有一定的史料价值。

他在《中兴伟略》引言中写道：

《中兴伟略》者为南北变故而辑也。我太祖高皇帝逐胡清华，三百年来文治日久，武备废弛，官军眼眼相觑，贪生怕死，是以至虏寇两犯神京，震惊皇陵，莫大之惨，莫大之冤，恨不咀其肉，灰其魄矣。迩闻吴总兵三桂、洪三边承畴矢心恢复，合谋杀虏，辅弼新主登极。此反虏为明之策，莫大之勋，莫大之泽，泄三百年来不剖之冤，此人人共快，万姓欢呼者也。闽中南安郑伯芝龙，仝诸故老元勋朱公继祚、黄公道周等恭迓唐王监国，固守闽广一隅，诏谕彰明，招贤纳士，待天下之清，携抚幼主中兴大务，恢复大明不朽之基业，在兹举矣。①

冯梦龙作为前明遗老耆宿，此刻却像是个老愤青那般对于自己心目中的反清复明"伟业"充满着大气磅礴美好诗意的畅想，在回顾高皇帝驱逐元代统治者恢复汉人对于中原统治的丰功伟绩的同时，寄托了对于明代统治者的衷心热爱和对清统治者的南侵的刻骨仇恨，爱恨情仇交织成了心中的燎原大火，大火烛照着他那苍老遒劲的容颜，带着儒生的诸多政治幻想和不切实际的爱国情怀，其实是骨子里对于朝廷的愚忠，因而对于天下大势多有误判，而正是这些感愤的情怀和坚定的理念，使得他一生的文学创作在瞬间升华为一个胸襟广阔的爱国主义者，一个为理想献身的忠臣义士，完成了他的忠烈人格塑造。

理想主义者并不完全从个人得失的功利出发审时度势，往往以自己的情怀对于朝廷诸大臣赋予更多的诗意想象，这当然也局限于当时交通的不便利，信息闭塞造成的巨大隔膜，比如他对于吴三桂、洪承畴的误判使得他将中国历史上最大的汉奸看作是中兴帝国的股肱大臣，也延伸到了后来隆武帝唐王朱聿键和儒臣黄道周及地方军阀南安伯郑芝龙的身上，因而他甘愿为帝国"中兴"做牛做马，供他心目中"中兴"英主驱使奔走，尽管

---

① 《冯梦龙全集第15卷·中兴伟略·引言》，江苏凤凰出版社。

这些人也许只是没落王孙纨绔子弟，原不值得他这个饱读诗书学养深厚的学者去推崇，但是他只能站在儒家忠君报国的制高点上，以一死来报答崇祯皇帝的知遇之恩，因为正是这个末代君主启用了他，让他登上政治舞台在寿宁知县任上一展宏图，而在文学创作之外意外收获了治国平天下硕果。寿宁四年是他真正耕耘儒家理想，实践人生价值的四年，重回福建山区，即使帝国中兴无望，他也要效先贤遗教，明知不可为而为之，走上了一条为理想献身的不归之路。因为在他心中存在着一个恢复大明帝国的美好理想。在政治上他始终是个理想主义者。这个理想的践行要归之于1634年三月那阴沉寒冷和充满血腥杀戮的事变——甲申之变，这是冯梦龙心中永远的痛。

时间过去不到一年，然而落下的创痛却是心中的永远，沉痛的笔触记载了这个黑暗岁月中所留下的一切，浓墨渲染了王朝覆灭的那一刻的痛彻骨髓，可谓刻骨铭心不堪回首。

帝国危亡之秋，有朝臣悄悄劝圣驾出走北京去留都南京，作为六部衙门齐全的留都，是太祖皇帝的龙兴之地，也许在太祖爷灵魂的保佑之下，帝国可以在柳暗花明之间去寻觅又一方"中兴"之乐土。然而，专志于江山社稷恪守礼法的皇帝心有所动，嘴上却不愿说出来，面子上还要装出勃然大怒的样子说："诸卿平日专营门户，不肯为朝廷出力，今日国君死社稷，古今正理，夫复何言。"皇上对于祖上打下的江山，决定死守，遂导致最后的罹难。然而，这也是大明皇上虽死犹生，活在历史中，成为天下臣民的榜样。这是末代帝王崇祯的自我标榜之词，算是为儒学理想献身的末代帝王留给后人的慷慨陈词。

然而，崇祯皇帝在暗中一刻也没有放弃准备南迁的各项筹备工作，秘密布置从海上迁都南京的计划，很少有大臣知道这一带有几分诡秘的计划，作为退休小官吏的冯梦龙自然更是难以看透宫廷深处隐藏的堂奥，他心中的崇祯爷满是光明正大的正能量，根本与逃跑南方不搭界。

而此时，刑部给事中左懋第早已奉密旨以检查海防江防的名义巡按江南来到了南京，其实他就是秘密接受皇帝的委托，去南方暗中考查皇帝出逃江南的水路安全，认真察看沿江舟师兵马布防状况，给出的名义是"奉召湖襄"；继而崇祯又密旨天津巡抚冯元扬准备三百首漕船在直沽口待命，可见其"意非不欲南，自惭播越，恐遗恨于万世，将俟举朝固请而后许"，但是"诸大臣材不足以定迁，而贼风飘忽，万一贼以劲骑疾追，即中道溃散，其谁御之？"①

南迁的破产，开始阻遏于群臣迂阔的纷争，最终耽误于崇祯皇帝的优柔寡断，而形势的发展，完全出乎于君臣意料，转眼李自成大军已经攻到了北京城下，南迁的出路已经全部堵死，皇帝只能振振有词地死扛。这为崇祯帝带来了千古殉节的美名，当然也是冯梦龙这类理想主义者对于圣君的期待。

冯梦龙认为，自古抵御贼寇的方法，只有战斗和抵御的方略，而没有逃跑的方法。如今这些大臣的想法实在过于乖谬，大错特错，李自成贼寇还没到来，就先议论如何逃亡，贼寇一到就想到投降，如果是平常就贪图如何侥幸混日子，等到国难临头则想到投靠新主子保持自己的荣华富贵。朝廷落下这四种病症，所以贼寇所向披靡，京畿三辅就闹翻天了，致使贼寇桀骜中原，无所阻挡了。

想到过去的那些忠勇之士，如今坐困孤城，粮食匮绝，甚至还有以网络麻雀挖掘老鼠、烹煮女人而成为军粮的事情，怎么能够坚守得了京城呢？如今已经不是帝国全盛时期了，奈何一听到贼寇的信息便张皇失措，思量着如何砭开墙洞而隐藏起来。乡绅为帝国纲纪的代表，乡绅都逃跑了，老百姓岂能够不害怕；富裕的臣民为帝国的元气所在，富民也逃跑了贫困的百姓又如何坚守忠孝节义的理想。为政的咽喉被掐断，为民的耳目被堵塞，忠孝节义的理想必然动摇，官僚们只知道像是冬天里营营苟且的苍蝇那般，想不出一条计策以解救帝国的危难，沉湎于浑浑噩噩的睡梦之中，是好是坏，是凶是吉，无从辨认，难怪民心动摇，帝国进退维谷。当今天子如圣明，挺立于大殿之中，李自成区区小丑跳梁，在水塘中玩弄兵器造反，实在是井底之蛙，何至于人人自危，对此束手无策。或者说，释放顺民，杀戮反抗者，整个京城遭遇屠杀之惨祸，又将奈何？人生死有命，宁舍生取义而死，绝不苟且偷生而活，况且人生自古谁无死，有的死于兵燹，有的死于疾病，有的在那里等死。何不确立正大光明的反抗策略，就未必见得

---

① 《绥寇纪略·虞渊沉下》，上海古籍出版社，1992年7月，第411页。

一定要去寻死。如果先走苟且免除灾难之路，就能够以自绝生命回避为人臣子的责任吗？国家将兴必有祥瑞出现，国家将亡必有妖孽降临。

逆贼军师宋献策，身长只不过三尺，其外貌就像鬼一样。曾经在京城卖卜算卦多年，他占卜说三月十八日必有大雨，那天果然有雨。他说十九日辰时可破城，若辰时不破，即日全军撤出返回，再等待六年，始可以破也。十七日那天，大顺兵七万余众，开始攻打京城，城外炮声震天，旌旗遍野，守城将士少，攻城贼众多，外城攻势猛，城内军民怕。十八日的滂沱大雨，守城军民全无固守之斗志。傍晚时分，李自成大军冒雨攻打德胜、平则两门，未能攻破。崇祯帝听闻大顺军攻城急，命令总兵唐通迎敌，未曾意料唐通竟然倒戈投敌，反向攻城。十九日凌晨，大顺军攻到彰义门外，守军一万丢弃兵戈而逃。曹太监化淳暗中通敌，纵容贼敌从云梯登城。此刻的崇祯帝急火攻心开始亲自撞响早朝的钟声，召集百官前来乾清宫议事，然而大殿空空荡荡，全无大臣身影，大部分的臣子都在家中坐看帝国首都沦陷，等待新朝的诞生，好去李自成贼寇谋一官职。

等到午时，曹太监打开彰义门，贼众以潮水般涌入城内。贼首李自成相貌丑陋，一只眼睛还瞎着，带着百余骑骁从精兵，昂首挺胸从西长安门进入帝国心脏——紫禁城。遍寻皇上而不得。皇上已经徘徊在煤山寿皇亭观望着声势浩大的贼军呼啸而来，已经是泪流满面仰天长叹，无力回天了。崇祯返回寿宁宫神志完全处于混乱状态，理智为仇恨愤懑所替代，逼死皇后，手刃袁妃，剑劈长平公主后，无可奈何地走向煤山寿皇亭前的歪脖子树上吊自尽。

李自成入宫，未见崇祯，张贴告示，有能擒获崇祯者赏银万两，可立功封侯爵。还贴出告示，宣谕百官：凡文武官员全部于二十一日到乾清宫朝见，愿意回老家的，悉听尊便，愿意留下当官的量才录用，违命躲着不出来的处以极刑，连同藏匿之家连坐处罚。

崇祯帝生来偏执倔强，不到人仰马翻的时候绝不认输，不到肝脑涂地也绝不想到死亡。就是在死后，他依然指望死灰复燃的可能。就是在血书遗诏中，他还在大骂"诸臣误朕"，并告诉大顺军"将文官尽行杀死"，暗中在衣袖中留下"百官俱赴东宫行在"也就是重新麇集在太子旗下，复辟帝国残破江山的事业。这道明暗两道最后的谕旨潜藏着十分险恶的用心，对于心怀复辟雄心的大臣是一道重新聚集举事的动员令，对于那些企图投降新朝的旧权贵们却是一道挑唆大顺朝君臣杀害投降明臣的绝杀令，这也最初种下了以后大顺朝君臣大事杀戮明朝降臣的火种，以致大火几乎烧断了明朝大臣投降的路子，使得新朝几乎失去了一批恢复统治秩序的可能，这是崇祯皇帝的聪明之处。预设了埋葬投降诸臣的陷阱，如果照他的密旨和遗诏去执行，那些投降大顺军的明朝官吏绝不会有好下场，他们的受辱身死，切断了那些犹豫观望首鼠两端投机取巧大臣的念想。如果没有投降官吏的支持，新生政权将难以维持和支撑。吴三桂的投降清朝就是因为大顺军对其家人的拷掠屠杀逼迫所致。

所以说，明思宗的自杀仅仅是物理生命的结束，而其飘荡的幽灵却寄托于儒家的君臣理念始终在帝国的上空飘荡，其"君王死社稷"的精神价值观会在若干年内寄生于"忠臣死君王"的理念中发挥着积极的作用，孕育出一批殉难报国的忠臣，直到帝国的余烬彻底熄灭。

然而，历史的发展再次违背了崇祯皇帝的意愿，大顺军一进城"就得皇太子于民间"，李自成命令太子朱慈烺跪下，这位朱慈烺也是饱受皇家礼仪熏陶的人物，他拒绝对于造反贼寇的下跪。

李自成倒也不责怪，反而以胜利者的宽容和大度笑眯眯地问道："你皇父安在？"

慈烺从容应对："死于宁寿宫。"

老李嘴角露出嘲讽的微笑说："那你家如何丢失了天下？"

小朱答道："误用了贼臣周延儒等人。"

老李笑了："你也是明白人。"

皇太子继续说："为什么不尽快杀掉我？"

老李说："你无罪，我岂能妄杀无辜。"

小朱太子说："如果是这样当听我一言：'一不可惊扰我祖宗陵寝，二速以礼仪殡葬我父王母后。三不可杀戮我百姓'。"

皇太子又说："文武百官最无义，明天一定回来朝贺。"

次日果然朝贺者纷沓而来，约有一千三百余人。

李自成感叹道："此辈皆不忠不义之徒，天下安得不乱啊！"

于是闯王开始动了杀戮这些家伙的念头。

二十一日，忽然看到两幅门板抬出两具尸体，送到魏国公牌坊下面，乃是皇帝崇祯和皇后周氏。百官皆痛哭，叛逆的李闯贼寇也悲痛流涕。但见皇上蓬乱着头发遮住了颜面，光着脚。上下皆着白绵绸衣，胸间藏有血书数行：

朕不修德，以致失国羞著衮冕，见祖宗于地下矣。

又云：

满朝贪污官吏皆可杀，百姓无罪不可杀。等语。

这是冯梦龙在《中兴伟略》中记载的崇祯遗书又一版本。冯梦龙在本书中说，又传闻在宫中御案上，有遗血诏颁行天下，那份御案上的血诏是不是笔者前文引用的文本不得而知，反正均为皇帝临终前椎心泣血之作是没有疑义的。次日，在京大小官员果然急吼吼地等待在东华门下，鱼贯入朝祝贺李自成贼寇主政。但是御座上却不见有人，不久一位穿着青衣小帽的侍者手持一道朱砂批示，上面写着"以帝礼安葬，用王礼祭祀，二子待以杞宋之礼"，百官又恳求以帝王的礼仪祭祀崇祯帝。不一会传出李自成口谕"准予实行"。可见李自成也还是有些仁义之心善待前朝末路君王。

又过了一天，刘国公、曹都尉、丰城候、襄城伯等，收皇上、皇后尸体，一切殡殓事宜全部以帝后礼仪进行，尸体进行了清洗美容化妆，给崇祯换上翼善冠、衮玉和渗金靴；为周后戴上凤翼珠翠冠，换上绣龙袍带，以杨木棺材分别漆以朱红和黑色安殓。有大臣即刻自尽在棺木旁。先皇上和皇后的梓宫停放在东华门外举行殡殓礼仪，供人祭祀。有和尚两人，在梓宫前诵经超度。①

据《烈皇小识》记载，李自成亲自向帝后梓宫垂泪四拜。主事刘养贞以头触地，大恸，诸臣哭拜者三十人，拜而不哭者六十人，余皆睥睨。那些平时信誓旦旦，效忠帝国君父的家伙，此时摇身一变，前来祝贺李自成升朝主政了，而对明思宗和周皇后的灵柩根本不屑一顾了。人情冷暖，世态炎凉是检验人心善恶的试金石，根本上就是一伙安享官禄，见风使舵的官场政客宵小之徒。然后命人将梓棺抬往昌平，与田贵妃墓合葬，是凡投降了大顺军的官员去祭拜的都不禁止。然而前去祭拜的官员绝少。

---

① 《冯梦龙全集第15卷·中兴伟略·北京变故殉难实录节要》，江苏凤凰出版社，第4、5、6页。

那些造反的农民到处抢掠烧杀,全无纪律。李自成逆贼想要禁止,这些兵士就说:"皇帝让你老李做,金银、女人就应该让与我们这些人。"[1]中国历代农民起义终究脱不了皇权政治的巢窠,动乱之后只不过是新一轮的王朝更替,只是清朝统治者的入侵,使得李自成的皇帝美梦在北京城的金銮殿仅仅做了四十六天,就破灭了,在吴三桂和多尔衮大军的两面夹击下,狼狈逃窜,最终覆灭九宫山。冯梦龙的中兴伟略也只不过是对一个垂死帝国一厢情愿的黄粱美梦而已。

---

[1] 《冯梦龙全集第 15 卷·中兴伟略》,江苏凤凰出版社,第 5 页。

第十章 国变后的留都君臣

一、福王朱由崧变身弘光皇帝

冯梦龙的《甲申纪事》卷七至卷十，研制奏疏、策文，记录的是"甲申事变"之后一些文武大臣提出的应付事变的措施与办法。如弘光朝兵部尚书史可法力主恢复明朝江山，甚至提出"款东虏破贼以雪国耻"，马士英等则提出必须严厉惩处逆臣降贼，万元吉等上疏强调今后应该改弦更张，痛改前辙，以图再创明之基业；张亮等则上疏建议要不拘事例、破格选才用人。另外，书中也有少数内容是记载有关"制虏"方面的，如彭时亨在《制虏议》中提出，要用古代的车战之法，来遏制清虏的冲突势头。卷十三的内容主要是悼挽崇祯皇帝以及上文中提到的"死难诸臣"的，第一卷的《福王登极实录》，则是记述福王朱由崧在南京登基建立弘光抵抗政权之事，该书是文震孟据自己亲身经历的所见所闻撰写而成的，描写内容主要是南明抗清政权的朝班仪制。

《甲申纪闻》大约作于1644年夏，是冯梦龙记述南明史事的第一种著作，作者写道：

甲申燕都之变，道路既壅，风闻溢言，未可尽信。候选进士沂水彭遇颽于四月一日，候选经历慈溪冯日新于十二日，东海布衣盛国芳于十九日，先后逃回，各有述略，不无同异武进士张魁十六日出京，有北来公道单，叙忠逆近实，而未及纪事。吾乡有贾人于五月望日出城，则李贼已遁，而燕京化为胡国，所述甚悉。龙为参为而次之，以俟后之作史者采焉。[①]

[①] 《冯梦龙全集第15卷·甲申纪闻》，江苏凤凰出版社，第5页。

详细介绍了自己纪闻的来源，也暴露出他作为明朝遗民的心态，这一点在整部书的序言中表现得更为强烈：

甲申之变，天崩地裂，悲愤莫喻，不忍纪，亦不忍不纪。因冠以圣谕圣旨二道，见新天子宽厚而复精明如此，百尔臣工，所不仰体宸衷，同心戮立，及是时而明政刑者，非人也。方今时势，如御漏舟行江湖中，风波正急，舵师楫手，兢兢业业协心共济，犹冀免溺；稍泄玩，必无幸矣，况可袖手而闲诟谇乎！庙堂隐忧，无大于此。而余更有虑者，在军政之未立。①

在明王朝大势已去，仅剩下几个藩王支撑残局、民族危机严重的时刻，他从小所受到的儒家积极用世的思想熏陶使他焕发出强烈的政治热情和爱国精神，他多么希望能为南明抗清政权这只惊涛骇浪中的破船、漏船探寻到一条安全的航道。

然而，由于历史的局限，冯梦龙虽然在书中寄予了自己可贵的以天下为己任的爱国热情和忧愤之思，但他仍然没有看到晚明王朝的腐朽是其本质。他只是从皇权不可侵犯的观念出发，天真地认为明王朝的灭亡只是行政的原因，一心盼望能够"中兴大务，恢复大明不朽之基业"。既如此，他对李自成的农民起义军持敌对，仇视立场也便是很自然的事情了。

在《甲申纪事》中，对于李自成农民起义军在攻城略地的同时也对当地百姓的烧杀抢掠残暴行为进行了披露。除凡出现"李自成"字样的地方皆称呼其为"李贼"外，在他所收录的崇祯癸未进士程源《孤城纪哭》中对于攻入北京城的李自成农民军如此记载：

贼入城，纵兵大掠杀。城南一带，皆斋粉，妇女淫污死者，井洿梁屋皆满，城中哭声震天。②

苏州秀才陈济生奔父丧于癸未年初出发，于七月抵京恰逢甲申之变，写有《再生纪略》。文中记述：

贼兵初入人家，曰借锅爨火，少焉曰借床眠，顷之曰借汝妻妹作伴。藏逆者押男子遍搜，不得不止。爱则搂马上，有一贼挟三四人者，又

---

① 《冯梦龙全集第15卷·甲申纪事·叙》，江苏凤凰出版社，第1页。
② 《冯梦龙全集第15卷·甲申纪事第三卷·孤臣记哭》，江苏凤凰出版社，第56页。

有身搂一人，而余马夹带两三人者。不从则死，从而不当意亦死，一人而不堪众奸亦死。安福胡同一夜妇女死者三百七十余人，惨不忍言。①

在弘光朝立国的一年时间里，特别是在其前期，朝廷上下，几乎全部沉浸在借用满洲贵族的兵力扫灭"流寇"的美梦中。可以说"联虏平寇"是弘光朝廷的基本国策。②

弘光朝廷建立的时候，正值吴三桂降清，联兵击败大顺军，占领北京。弘光朝君臣由于情报不明，对吴三桂与清朝的关系并不清楚，以为吴三桂借清兵击败了"闯贼"收复神京，一个个兴高采烈，称之为"功在社稷"的"义举"。五月二十七日大学士马士英"疏陈恢复大计"中说：

吴三桂宜速行接济，在海有粟可挽，有金声桓可使；而又可因三桂以款虏。猿人原任知县马绍愉、陈新甲曾使款虏。昔下策，今上策也，当资送督辅以备驱使。

次日弘光朝即决定"封关门总兵平西伯吴三桂为蓟国公，给诰卷、禄米，发银五万两、漕米十万石。"而这样的决策所谓清流的督师大学士史可法和奸佞马士英几乎是一样的，据冯梦龙《甲申纪事》中所载的史可法《为欸虏灭寇庙算已周，乞敕速行，以雪国耻》奏疏：

近辽镇吴三桂杀贼十余万，追至晋界而还，或云假虏以破贼，或云借虏以成功，音信杳然，未审孰是？然以理筹度，此时畿辅之间必为虏有。但虏既能杀贼，即是为我复仇。予以义名，因其顺势，先国仇之大，而特宥前辜；借兵力之强，而尽歼丑类，亦今日不得不然之着数也，前见臣同官马士英以筹及此。事期速举，讲戒需迟。③

可见督军在外的史可法完全赞成掌权在内的马士英意见，建议迅速落实有关奖励吴三桂的举措实施"联虏平寇"的国策。在国策议定上两人均无本质区别，他们的差别主要是个人品德的高下之分。

南明君臣奉行的这套战略思维，是中国一直盛行的君权至上理论所衍生的"普天之下莫非王土，率土之滨莫非王臣"的纲常礼教理论在作祟和江山"宁赠友邦，不与家奴"的传统思维的惯性思维使然，因为农民作为

---

① 《冯梦龙全集第15卷·甲申纪事第五卷·再生纪略下》，江苏凤凰出版社，第83页。
② 顾城：《南明史》，中国青年出版社，第88页至120页。
③ 《冯梦龙全集第15卷·甲申纪事·款虏疏》，江苏凤凰出版社，第194页。

社会最底层的奴隶竟然敢于揭竿而起反抗天命王朝,这本身就是大逆不道的忤逆行为,是可忍孰不可忍的行为,这对于流浪南迁的福王和江南本地的仕子在思想上是统一的。

然而,福王作为王朝末路时期的太子党心中郁积的愤懑更是不同于冯梦龙等文人官员的心态。文人仕子们的王朝理想处于天道,也即千年一以贯之的道统,他的愤懑更加增添了作为太子但这个帝国庞大的既得利益集团不仅丧失的是家族优厚财富和对于老百姓作威作福又不受法律制约的特权,而且农民军对于民愤极大的太子党们每到各地几乎宰尽杀绝,手段之残忍,完全超出想象,因为这些家伙过去盘剥百姓的手段也是超乎想象。比如四年前李自成攻破洛阳,福王朱由崧的老父亲老福王朱常洵趁乱缒城而逃到郊外,在荒野草丛中隐藏了三天,还是被农民军生擒,这位脑满肠肥体重三百斤的超级大胖子,竟然不顾王爷之龙体之尊严和国家之气节,匍匐于地摇晃着肥胖的身体卑贱地乞求李自成能够宽宥不杀,然而李自成还是残忍地虐杀了他的父亲,这种屠杀的方法简直匪夷所思,在砍下头颅枭首示众后,却将可怜的老父亲大卸八块与鹿肉在大锅里烹煮,称为"福禄汤",最终农民军将士就着老酒分享了这一天下独一无二的福禄宴席。在抢劫了家中的亿万贯家财之后,一把大火焚烧了壮丽俨如皇宫的王府,这种杀父焚家之仇显然使得流亡逃窜在外的小福王时时浸淫在复仇的满腔怒火之中,使得热血沸腾,现在到了江南祖宗发祥之地,他看到了复辟报仇的希望。

估计冯梦龙在南京这段时间内,由于居官微小且为退休闲散人员,人脉关系够不上朝廷,再加上年老体衰,未能够在福王南明小朝廷谋取到一官半职,但是他历来在官场和文坛采取两条腿走路的方针,东方不亮西方亮,政坛无路,文坛有道,他抓紧时机,采访了一批北逃而流徙南京的官员,将那些亲历甲申之变的口头故事编撰成了报告文学集《甲申纪事》,为后人留下第一手事变资料,清代乾隆年间问世的《明史》虽然堪称严谨,但是那是清统治者经过严格的图书审查,过滤了许多为统治者所避讳的内容的隐恶扬善之作,因此不是完整意义上的信史。

后来这部《甲申纪事》和他的其他著作一起被清朝统治者一举封杀,原版书作为非法出版物被查禁,只是被日本冯迷们带之东洋岛国,只到民国初年才被留学日本的中国学者郑振铎等人发现带回，在中国刊刻印行。《甲申纪事》在清代乾隆期遭到禁毁，主要是当时清廷大兴文字狱，连有些与清廷完全无关的科技书籍都遭到禁毁，何况此书中叙述有关清兵之事时，都一律称其为"虏"，这自然触犯了清统治者的忌讳。另外，书中的有些策论是专门针对清王朝的，如彭时亨的《制虏议》，这自然也会引起清朝统治者的不满。

现在我们需要回到冯梦龙在《甲申纪事》中描述的那些动人心魄的场面。《甲申纪事》其实是事变当事人的口述记闻、加上各种文档的实录，放在首篇是南明弘光朝福王的所谓圣谕一道，时在甲申年六月二十七日，大意是当前的局势是"时逢秋高，其兹舟漏"，诸臣工依然在大殿上争吵不休内斗成风。斗嘴虽勤，安定社稷的方案何在？先皇帝神资独断，能够做到倾听众人意见，吸纳好的建议，老天不降安康予大明，责任岂在朕？然而，大小诸臣，相互之间矛盾重重，尔虞我诈，袒分左右，满口大话，天下事已经不可再坏了，你们到底视朕为什么样的主子？一道圣谕，三个诘问，道尽了这位堪称纨绔皇族太子党的福王对南朝文武的失望。

最后，圣谕希望诸臣："和衷集事，息忿图功。刎颈之交，仇忘廉蔺。同车之雅，嫌化复恂。朝廷以此望尔诸臣，诸臣以此上体朝廷德意。庶君臣之间，礼全始终，不则祖宗成宪，弗尚姑息。"诸臣争吵不休，福王心情焦虑，谆谆告诫，苦口婆心，可见偏安一隅的南明王朝建立时期已经风雨飘摇朝不保夕，此时的福王已经对这个腐败不堪的官僚统治小团伙完全失去了信心，埋下了后来枕于安乐，荒嬉朝政的伏笔。[①]

两个月以后的八月初八日，刑部侍郎贺世寿奉弘光帝的圣旨上了一道《从贼六等条议》，对于如同秋风扫落叶一般清军攻势，各省督抚、总兵及各级官吏望风披靡，逃跑从贼者甚多，南京小朝廷明议颁布的惩罚条陈，被弘光帝驳回再议，朱由崧提出：这所拟从贼诸款，诸多不协。如为贼领兵献策条陈的定为谋危社稷罪，即使位在庶僚，罪行不减。督抚总督降贼的情罪极重，岂能列为第二等内？四、五品京堂及科道翰林等从之臣，污

---

① 《冯梦龙全集第15卷·甲申纪事第一卷·六月二十七日传圣谕一道》，江苏凤凰出版社，第1页。

贼伪命，为贼要职，并守巡等官降的岂可止于一绞？庶官受伪命的，其中科道翰林、吏兵等部司官及封建大吏、巡方司道闻变倡逃的岂可止于一流？或献女献婢媚贼及受伪官者，罪岂止于一徒？尽管这只是一道空文，一个毫无实力可言，内部纷争不已偏安朝廷只是在祖宗开辟的残破江山中苟延着，合法性已经丧失殆尽，又何来权威？诸多的诘问，只是代表了主子的焦虑，对于内外交困的危局是完全于事无补的。[1]

看来已经被折磨得焦头烂额的朱由崧心情很不爽，对内外文武臣公的表现很不满意。两道谕旨七大问号，道尽了小王朝王朝风雨飘摇，众叛亲离，内外交困的窘境，无奈、痛苦、愤怒、失望的情绪溢于言表。此后，朱由崧干脆放弃了朝政的中兴期待，而在灯红酒绿的享受中和活色生香的女色中苟且着醉生梦死地坐等灭亡。半年后，清兵破扬州，大杀十日，史可法就义。1645 年五月，清兵破南京，福王被俘，弘光政权覆灭。而冯梦龙将这些毫无价值谕旨收入《甲申纪事》，当成重要文献而编入首篇，说明了文学家政治上天真，政治上天真的还有弘光朝的满朝文武，在根本就不明白北京城究竟发生了什么性质事变依然将阶级斗争放在首位，而无视民族矛盾的上升，依然将吴三桂的开门揖盗错误地理解为是"借房平寇"的举措，因而弘光朝的国策竟然是和吴三桂的假象异常合拍地呼应着，两道谕旨的口吻统统是针对贼寇而来，这些昏聩的决策者哪里知道清朝的铁骑已经伴随着隆隆的炮声，气吞万里如虎般向半壁江山的江南大地席卷而来。

二、文震亨的美文和刘宗周的诤言

此刻的大明忠臣冯梦龙和他的文人、官人朋友们依然沉浸在大明中兴美梦中，沉醉不知苏醒。这从被冯梦龙收入《甲申纪事》第三篇的《福王登基实录》中可以窥见其心路之一斑。此文由吴中四子之一文征明的曾孙文震亨所撰写。

文震亨（1585 年 -1645 年），字启美，江苏苏州人，明末画家，也曾经是中年冯梦龙韵社担任社长时期粉丝。生于明万历十三年，他是明代书

---

[1] 《冯梦龙全集第 15 卷・甲申纪事》，江苏凤凰出版社，第 2 页。

画家文征明的曾孙，明天启六年选为贡生。曾参与苏州生员五人事件，营救被魏忠贤迫害的周顺昌。他也是和冯梦龙一样由贡生入官场担任底层书吏一类小官，冯梦龙在《古今笑》序中具体描绘了韵社一群对现实不满的落魄书生狂放不羁的举动：

　　韵社诸兄弟抑郁无聊，不堪复读《离骚》，记唯一笑足以自娱，于是争以笑尚，推社长子犹（冯梦龙）为笑宗。子犹固博物者，至椠编丛说，浏览无不遍，凡挥坐而谭，杂以近闻，诸兄弟辄放声狂笑，飒风起而郁云开，夕鸟惊而寒林跃，山花为之遍放，树叶为之振落。日夕相聚，抚掌掀髯，不复知有南面王乐矣。

　　这位社友文震亨曾经在崇祯年间为中书舍人，武英殿给事。这也是在崇祯朝清算了魏忠贤宦官集团后，为苏州五烈士平反后修墓表彰后的举措，重新启用了五人事件的积极参与者苏州名士文震亨。他后来得以任职于南明，当时著有《福王登极实录》署名为"前供奉臣文震亨"，详细记述了弘光帝在南京继统的过程。由于和东林党人的复杂关系天启朝著名的苏州学潮鼓吹者和煽动市民造反围困朝廷厂卫御史的文震亨遭到阮大铖、马士英等奸佞的排挤，辞官退隐。弘光元年（清顺治二年，1645 年），清军攻占苏州后，避居阳澄湖。清军推行剃发令，自投于河，被家人救起，绝食六日而亡。可见那些当年的持不同政见者本质上依然是忠贞于朝廷维护江山正统儒学的帝国忠贞之士。王朝对忠贞之士的排斥事实上已经堕落为"黄钟毁弃瓦釜雷鸣，逸人高张贤士无名"的没落期，这才形成了对于王朝精英的逆淘汰怪圈。因此，一个充斥着吹牛拍马奸佞的王朝，毁灭只是时间问题。而崇祯的殉国和弘光的即位只是尸有余气的回光返照的假象。文震亨一厢情愿地编造了这种假象。帝国无可挽回的滑落依然不由自主地沿着万历以来绘制的曲线一路狂奔直至彻底寿终正寝而进入历史。

　　文震亨家藏书丰富，本人长于诗文绘画，善于园林设计，曾著有《长物志》十二卷，为传世之作。并著有《香草诗选》《仪老园记》《金门录》《文生小草》等。看来此公完全是一位情感丰富，雅好时尚，是一个很有人文情调和富有正义感的性情中人，因而建立在理性基础上的感性诗意想象十分丰富，相对对于事物本质的科学揣摩推测则严重不足。他所遗留的这篇类似纪实类散文完全是实录加想象发挥的产物，其中渗透着对于新上任的统治者美化,就带有浓厚的御用文人的色彩。隐藏了新建立的小王朝诡异的帮派权力斗争,小朝廷乃至新王朝的诞生带有更多阴谋和权力争斗平衡的色彩。在为笔墨装扮起来的伟光正的背后依然是前朝政治的延续,荒淫无道和党同伐异争权夺利实质上是一个纸糊的王朝,在被涂上更多色彩斑斓油彩,依然是难以阻挡生气勃勃的建州铁骑的。

文震亨此文洋洋洒洒,文采斐然,辞藻华丽,通篇堆砌着汉赋汪洋恣肆的骈文词汇,再现了词臣美好的现象。署名为"前供奉臣文震亨拜首恭纪",这是一篇将丑闻当成喜讯记载的散文,将纨绔王子当成尧舜之君来恭维的马屁文章。兹全文翻译如下,奇文共欣赏:[①]

很高兴地听说福王殿下就任大明监国,由福王府邸来到了淮安。(其实是被农民军追赶逃窜到淮安)南都文武大员及科道诸臣,立即集体商议拥戴确立新皇帝的事情。

大家商议是以贤惠通达为标准还是以亲疏远近来序立。大家一致认为,应该推选能够为民服务的领导来担任帝国元首。操弄此事的大臣为诚意伯刘孔炤,督臣马士英,各自传谕所部将士,给大家带去王朝中兴的喜讯。将士们听说后,喜极而感动得哭了,愿意奉福王为六军总司令,重竖义旗讨伐李自成逆贼。诸臣恭敬地谒拜明孝陵,在太祖皇帝墓前,痛诉江山非常之大变,俯伏悲恸痛哭而至失声哽咽,决心拥戴新的领导率领国家走向光明。之后,告知太祖皇帝推奉福王监国之事。众大臣经充分协商之后议定,由参赞机要事务的兵部尚书史可法去浦口,专程赴淮安承办恭迎福王殿下大驾光临故都南京的神圣使命。礼部司务官召集六部衙门官员在南京具体商量百官恭迎的相关礼仪。百官渡长江而泊燕子矶,施行郊迎大典,决定先以亲王礼仪相见。

春风吹拂下的燕子矶旌旗招展,鼓乐喧天,全套的銮驾卤簿仪仗齐备,文武百官列队郊迎,仿佛正在迎接一个中兴帝国的到来。但见得监国殿下着素袍系角带,见到郊迎的百官悲从中来,放声恸哭。百官行跪拜大礼,殿下以手扶之。在临时搭建的帐篷里,殿下为百官赐茶,谈到宗社倾覆,大行皇帝之死,又痛哭失声。殿下流着眼泪鼻涕

---

① 《冯梦龙全集第 15 卷·甲申纪事·福王登基实录》,江苏凤凰出版社,第 2-5 页。

对史可法、马士英等勋臣亲贵说，"建国封疆的大事，唯有仰仗诸位先生去主持了。至于迎立我做皇帝，愧不敢当。因为王朝由北京播迁南京以来，国母尚无消息，所以我也不敢携带家眷。我本意是准备选择浙江东部偏僻的地方暂时居住的，以便迎奉其他合适的王爷监国，如今正值国难当头，迎立之事我是不忍说出口的。"殿下睿智的声音掷地可作金石之声，这时殿下表情光明爽朗，仿佛浮动着日月之光灿。百官瞻仰，深深感觉到这是光复我大明宗社的福光。

次日为五月初三，，殿下从水西门启驾，至城外骑马至孝陵谒陵。导引官请他从东御路入园陵，监国谦逊地谢绝回避，从西门入享殿。祭告礼毕，又去了懿文太子朱标的陵园，驻足瞻仰了许久。从朝阳门入至东华门，步行过殿陛，至奉先殿行拜谒礼。然后，出西华门，暂时以内守备府为行宫。百官觐见，行四拜礼。传令旨，召诸臣入内议事。兵部尚书史可法、魏国公徐弘基、灵璧侯汤国祚皆有奏对。国祚以户部薪饷奏对时，态度微微有些激动。兵部侍郎吕大器指责说，这不符合臣子对待国君的礼仪，加以制止。京畿道御史祁彪佳认为，维护奏对的纲常法纪为国家之根本，不得加以忽视。吏科李沾合等诸科道官员也认为，朝班奏对是非常严肃的事情，不得有丝毫马虎，这些不合礼仪的事情，皆因为旧京朝仪废弃太久了，诸臣僚已经很不适应了。祁彪佳又提奏说，殿下宜早颁布名号以及敬天法祖之事宜。监国皆虚怀采纳。朝见完毕，群臣告退，进一步商议登极、监国等问题。众臣观察监国的意思，宜早进行发丧祭奠大行皇帝，誓师北伐讨伐逆贼，以此昭告天下以彰讨贼大义，而后正位中宫。目前宜先上监国玺绶，而后劝进。遂以黄金铸造监国宝玺。

次日入朝，大臣仍然面奏劝进。监国再次辞谢，晓谕诸臣说："人生忠孝为本。今大仇未报，孤不能事君。先王殉节，国母去了浙江，孤不能事亲，绝无遽然而登大宝的心理。且闻东宫太子与永王、定王尚在京城中，或可迎至南京。此外，桂王、惠王、瑞王皆是我的叔父一辈，希望诸先生举荐迎接贤者为君主。"说完这些话，眼泪扑簌扑簌直流下来。大臣及言官再次上奏，请求监国允许奏请担任皇帝，殿下依然和从前一样，谦逊地谢绝了臣公们好意。署礼部臣的吕大器率领百官跪奏劝进第一笺，福王传旨依然暂领监国，百官退下不多久，又上了第二笺奏折，命令太监传进。此次福王手书批答，仍然答应担任监国，其余所请一概不允许。

又次日，传百官只穿青色锦绣便服朝拜，仍然行王礼，不必穿戴朝服。然而，百官认为，典礼重大，全部穿戴朝服进入。监国亲自行告天大礼，升坐以后，百官皆四拜叩首。魏国公徐弘基率百官跪进监国宝玺，仪式完毕，再行四拜大礼，百官乃退朝。诸臣公依然有人提出希望监国早日登极定位，以镇人心。御史祁彪佳说："令旨先受监国之请，其名极正，贤德益彰。即可以示谦让，海内外听说后，皆知道监国没有得到皇位的心思。等待正式为大行皇帝发丧之后，择吉日以登大宝，布告天下以为妥当。"礼臣魏国也同意这样的提议，登基大事就这么议定下来。监国当即用右都御史张慎言为吏部尚书。传旨会推内阁成员，疏奏当即呈上，先用兵部尚书史可法，进东阁大学士兼兵部尚书如故。户部尚书高弘图改礼部尚书，进东阁大学士，具即入阁办事。而后召工部侍郎周堪赓为户部尚书，凤阳都督马士英进东阁大学士。兼都察院右都御史，总督凤阳如故。根据以前会议推荐，缮写谕旨等公文仅推荐掌翰林院詹事府詹事姜曰广一人。传旨吏部："我查看了祖制，阁员都可以担任公文写作，至先皇帝有时也会用其他衙门的官员担任公文书写，今正推何止姜先生一人？似与祖制不合，着该部再行添加推荐来看。"吏部会九卿又具奏疏推荐曰："广具首而推荐礼部尚书王铎、礼部右侍郎陈子庄、詹事府少詹事黄道周、右春坊右庶子徐汧令旨再点用首，次二员俱进东阁大学士兼礼部尚书入阁办事，诸臣以次待用。六部九卿诸官员齐备，又催促增补各科各道官员，皆是一时深孚众望的人。特别派遣京畿道御史祁彪佳颁敕谕通告江南民众："此举乃是号召朝野群臣率民众当以福王监国为核心，痛定思痛，在国变之后，擎天之柱摧折，先皇殉国北京，贼寇入侵北京，北方河山沦陷之际；值上苍依然维系我大明国运，致使日月重光，实在是仰赖我大明列祖列宗在天之灵护佑。海内外已闻帝国太阳重新升起，领袖善用能人行政，且全面动员协调各方，万众无不欢欣鼓舞衷心拥戴。世界上没有天朝清平安宁已见端倪，而丑类逆贼不授首受到惩罚的事情，不日我天朝大军收复神京后，将寸磔造反逆贼李自成；我大明民众虽在草莽，也都忍死拭目以待奸贼下场。凡我大明臣民均思我祖宗三百年德泽在人、大行皇帝十七载焦劳求治，功德自在人心；而今以事新主、扫除门户以修职业，何事不可办、何罪不可讨，亦何功名不可成就哉！"

欣闻监国法驾入南京都城之日，都人焚香捧花聚观，山呼万岁，欣喜万分。但见得两大星夹日而行，钟山紫气中五色云见。而先是龙江浮梗楠巨木千章，好像是专为我大明朝鼎新大内而出现；两都并建，南朝顿时呈现出当年我太祖皇帝建都南京时的兴旺旧观。江北四镇诸大师，皆上表劝进监国早登大位。此刻，北京也传来捷报，辽东总兵吴三桂已经疾驰至山海关联结建州大兵入关，大败李自成贼众十数万人，夺其辎重无法计算；边镇诸宿将，无不投袂奋剑，以报国仇。中兴大业，岂是过去汉代灵帝衰亡东汉光武起兵的草率和宋代靖康之乱后偏安南方的赵构政权可比较的！

文震亨曾任职弘光朝，亲身经历了弘光帝在南京监国及继统的过程。当时写有《福王登极实录》一文，体现了甲申之变后南都的一些基本情况。特别是文末提到吴三桂结虏入关，大杀贼十数万，夺其辎重无算等足以证明当时吴三桂营造借兵入关勤王的骗局成功欺瞒了南都朝廷上下的事实。乃至于南朝君臣在奉朱由崧为监国初期即定下了"联虏制贼"既定国策，乃至演绎了派出北使团犒赏吴三桂和满洲武装集团的荒唐闹剧。

福王朱由崧在崇祯吊死煤山后的甲申年四月四日出任监国在十天之后，在演出了历代帝王所谓三次劝进三次谦让后的十五日正式登上帝位，表示对于大行皇帝的尊重改元弘光还得在次年（1645年，清顺治二年）。

如果说，文震亨仅仅是一个享受物质、沉溺风雅的公子哥儿，那他就不值得我们尊重与景仰。但是在国破家亡之际坚持按照儒家忠义信条在舍生取义的大是大非面前，他的气节，他的人格和刘宗周、祁彪佳、冯梦龙一样选择了死节而成就一时美名，与钱谦益、吴梅村、侯方域等人相比是远远不能望其项背。

时至今日，中学课本里还有一篇必读课文，就是大名鼎鼎的复社领袖张溥所写的《五人墓碑记》，说的是天启六年苏州爆发的一场轰轰烈烈的反抗阉党的斗争，五人墓，就在今天的山塘街上。从京城来的公公和东西厂的特务们根本没有想到，当他们去抓捕东林党人周顺昌时，温和儒雅的苏州人陡然间像是变了人似的，从慵懒闲散的生活和绵软悠扬的南曲声中变调成了黄钟大吕，激起一股血性，一起群体起义的事件在苏州街头上演，领头的，居然是那个爱抚琴作画的文震亨！

不知是文家的好名声太盛，还是文震亨在当时就拥有了不少"粉丝"，当巡抚毛一鹭向朝廷报告说文震亨带头造反时，五位民间义士挺身而出，一力担当了所有罪责。而文震亨也没有从此遁世偷生。1644年，大明帝国崩亡，江南烟花地，南明弘光小朝廷在垂死挣扎。1645年五月，清兵攻陷南京，六月攻占苏州城，文震亨避难阳澄湖畔，听闻剃发令下，遂投河自杀，家中人虽将其救起，但终于绝食六日，呕血而死。

弘光帝即位大统依然在马士英、刘孔昭、韩赞周内臣的挟持下，在江左四镇军阀的操控下，持续着明末后期对于忠良的排斥而使奸佞横行肖小当道。于是早期对于弘光还寄予无限希望的一批朝臣如文震亨、祁彪佳、刘宗周、张慎言、姜曰广、高宏图、陈子龙等并不一定如同史可法那般是明显的东林党人门徒，但是那些饱受儒学熏陶有着明显理想主义色彩的忠贞耿直之士在价值取向上是和东林党人一致的。而这些大臣纷纷去职，他们的旗帜兵部尚书大学士史可法被排斥出中枢，去扬州督师，平衡协调各自为政互不买账的江左四镇军阀。

马士英等权贵身后的金主阮大铖等人粉墨登场出任要职，而老牌东林党魁首钱谦益已经完全地依附于马阮集团。已然抛弃了理想主义原则而成一个蝇营狗苟的现实功利主义者。于是魏忠贤余孽阮大铖先是兵部侍郎后来直升了本部尚书，主持江防要务。

甲申年六月，本朝儒学重臣刘宗周被召复启用官复原职担任弘光朝的督察院左都御史也即朝廷的最高监察机构的首长。在官场三起三落的老臣刘宗周满怀恢复故国的宏愿怀揣治国理政的策论从绍兴平静的书斋中走出，进入南京弘光朝廷纷纷攘攘乱七八糟的中枢。这位师承王阳明的理学大师著名思想家给朝廷上的第一道奏疏纵论时政，便直言无忌，得罪了皇上和权臣：

扼守占据形胜之地。因为江左绝非偏安之地，也绝难守成。建议皇上亲率大军东边扼守淮安、徐州，北边控制河南豫州，西边兼顾荆州襄樊，渐图北进收复失地。

重视首都附近藩篱屏障建设。前漕运总督兼淮安、扬州巡抚路振飞坐守淮安城，清廉自守，一直将家眷安置在船上，浮舟远地安贫乐道，堪为楷模。而当下，淮抚由田仰代之，听说田仰、淮安总兵刘泽清和扬州总兵高杰均有家口寄居江南府邸，论理这二镇一抚皆可问斩。

谨慎进行爵禄的封赏。对于各路将帅的封赏，哪些是应该封赏的，哪些是滥封滥赏的应该严格区分。如左良玉大帅以收复失地而建功是应该封赏的，如高杰和刘泽清却是一路败逃而流窜至淮安和扬州也进行封赏，作为大将几乎没有不封赏的？武将即滥，文臣将随之，外廷即滥，太监们也随之，臣恐怕天下闻之而解体。

恢复过去的旧官。北京既然沦陷，有已经投降李自成伪政权而被授予官职的家伙也逃了出来；有的在封守之地放弃守土职责也逃了出来；有的奉有朝廷使命，也擅离职守逃来南方留都。对于这些叛变投机分子均应分别治罪。

刘宗周又言："李自成贼兵进入陕西到达山西，直逼京师，长江以南，有二三督抚坐视君父之危亡，没有派遣一兵一骑前去救援。乃致大行皇帝殉国凶讯坐实，督抚们依然安心坐镇地方，企图坐拥定策之功，未尝肯移动一步。现在新朝既立，应当予派遣北伐之师，而诸臣之计又不是出自于此，纷纷攘攘，全是场面上的空话，更难以解决根本问题。先帝升天的丧诏，距今已有一月有余，浙江中部尚未颁达。临近省份尚且如此，又遑论边远省份。唯希望陛下再发哀痛之诏书，立即兴问罪之师，请自中外诸臣不识时务者开始。"[①]

显然，刘老先生这道上疏虽然是出于老臣的一番肺腑之言，所谓忠言逆耳，但是对于当下腐败不堪的朝政而言显然是不合时宜的，所谓不识时务者应该说是疏奏起草者本人。因为他显然懵懂到并不知道南方小朝廷的

---

① 计六奇：《明季南略卷之一·刘宗周论时事》，中华书局，第45页。

政治只是刚刚覆灭不久的大朝廷政治的延续，而且更加不堪，这批乌合之众事实上并没有形成真正的核心，那些坐拥选择新君权力的军阀、勋贵、太监集团也只不过是一帮心怀叵测居心险恶的既得利益者，有了拥戴的资本正在等着新皇登基后获取巨大的政治收益，获取更大的财产和权力，这正是历朝历代在朝代更替中实施财产和权力的再分配的某种分赃形式。无论自命清流的东林党人亦或是被视为奸佞魏忠贤余孽们目的都是一致的，也就是掌握内阁实权，然而心怀儒家振兴家国理想的东林党人在权力角逐中败北，权力自然落入那些野心膨胀的军人和心怀鬼胎的权贵集团之手，福王朱由崧在表演了一番三次劝进，三次辞让的闹剧后，终于于甲申年农历五月登基，这正是南京的仲春季节，桃花盛开，万物甦生，春风和煦阳光明媚的大自然，使得紫金山郁郁葱葱，仿佛紫气东来，梅花山粉嘟嘟的一片春梅环绕在青松挺拔雄奇巍峨的太祖陵墓周围，有了些许朝气。

大自然制造着王朝中兴的假象，南朝的君臣包括民众上下一起陶醉在新朝建立的喜庆之中，仿佛一切可以在祖龙肇兴之地重新开始一番伟业。

沿着长江北望，江北四镇不管是败军之将还是守成功臣因为拥戴有功统统封爵加官一级。大臣们也自封官晋级，然而朝廷自从武宗朝到崇祯朝延续的党争依然延续着进入了小朝廷。

史可法被排挤出京，带着大学士和兵部尚书的虚衔去扬州督师，去协调永远也难以协调的军阀之间的矛盾。内阁中枢大权完全落入凤阳总督大学士马士英和司礼太监韩赞周之手，这些权臣背后的金主却是魏忠贤余孽阮大铖，这位被先帝革职永不叙用的奸邪小人鼻梁上抹着白粉的戏子，粉墨登场摇身一变成为弘光朝兵部侍郎，不久成为肩负江防重任的本部尚书，史可法被彻底架空。

南明小朝廷覆灭闹剧开锣出演。当然后来清代统治者组织编撰的《明史》将朱由崧彻底的妖魔化了，所谓奸淫幼女，赤身裸体的尸体不断从御宫墙边的金水河中流出；阳春三月命太监们捉取蛤蟆提炼春药以壮阳等等丑陋不堪的谣言不断被正史所坐实，其实这是新朝统治者伪造历史丑化前朝当政者所惯用的伎俩，后来的学者发现清代统治者对于本朝丑闻的篡改美化导致从建州也即沈阳故宫流出的档案有明确删改销毁的痕迹。

明代皇帝的史实，也即是通过对于明代皇帝实录的研究证明了被清代统治者有意识篡改编造的明代帝王从武宗朝到熹宗都进行了抹黑。而对满洲发迹的清代祖宗们的档案也对丑陋进行篡改掩饰，使得野蛮变得文明起来，这些无耻的神化和刻意的美化对于本朝开国君主的化腐朽为神奇，对于前朝君主的隐善扬恶，只是为了证明自己执政的合法性而已。是某种以文字狱钳制众口，而以新的历史观愚弄民众驾驭民众的手段。

铁幕中的历史本来就对尊者讳忌甚多，前朝铁幕被掀翻，新朝铁幕刚刚在血与火中铸就，就开始了意识形态上的愚民驭民老谱翻新，依然靠杀戮和意识形态的掌控两手抓，两手都要硬支撑起一个新的专制王朝。至于老百姓在升平时期就是缺乏政治欲望没有主体意识满足生存需要的顺民，战乱时期就是没有政治头脑没有道德规范和控制能力，以暴力攫取财富的暴民，这几乎就是鲁迅笔下阿Q似众生态的真实描绘，也是受王朝苛政盘剥已久民众情绪的宣泄。这些暴民、乱民、流民组成了李自成、张献忠农民造反大军的基本来源。于是开始以复仇的心态对付统治阶层的戚贵官吏，手段之残忍，杀戮之残酷也为中国历史的冤冤相报留下了血腥肮脏的一幕。

后来的清代专制统治者接受了宋明以来的程朱理学统摄人心尤其是知识分子之心的经验，对于颠覆宋明理学将帝王本位转向个人本位的王阳明心学理论进行了严格封杀，也算是总结了明朝败亡的教训，对于只有将那些自以为"天下兴亡匹夫有责"的敏感知识分子继续收入程朱理学的科举牢笼，才能达到"天下英才尽我彀"为本朝所用，成为王朝工具，也即成就了帝王的文治武功大业。对于那些不服从者，安分守己的就让他们当遗民，不安分的企图以文字诋毁本朝的就作为文字狱的思想犯群体消灭他们的肉体，不怕他们不闭口，由此而铸成了中国历史自秦始皇以来最严重的文字狱实在是从顺治朝演变至乾隆朝升值到最高峰也最完善的体制性国家犯罪。

因此从某种意义上讲历史只能是胜利者的历史。也就是胡适所言的"历史只是任人打扮的小姑娘"而已，美丑全在统治者意念之间，意念变成文字成就了御用文人学者的猎取功名的手段，科举之妙妙在屠戮读书人的心理和嫁接统者头脑使之成为不会独立思考的工具。那些为前朝统者粉饰的文章自然要让他永久的湮灭，比如冯梦龙先生的图书就要让他永久地在神州大地消失，因为这家伙其实就是前朝最顽固的余孽，是王阳明心学延续到李贽和公安三袁性灵学衣钵的传人和文学历史观的辛勤实践者。

　　1645年农历五月,南明小朝廷像是昙花盛开那般登上中国的历史舞台,这年是顺治二年。这一年中国两大民族改朝换代的生死决斗进入尾声,吴三桂率大军进入云南对前朝桂王永历帝进行追杀。一个专制的大一统帝国已经站稳了脚跟。

　　而在春天里出笼的南明小朝廷,正在对这位引狼入室的山海关总兵吴三桂寄予厚望。南明新的统治者前福王朱由崧,谁不知道这位身材臃肿肥胖缺乏理政治国素质的蠢货,被史可法等人称为集贪、淫、酗酒、不孝、虐下、不读书、干预有司等七不贤于一身的花花王爷,只是一个贪财好色的傀儡。因而只要施之于美色,让其沉湎于酒色财气之中,在美女柔弱无骨的肌体消磨其政治的热血和治国热情,他就会安享皇位带来的无尽欲望而放手让权贵去弄权,外朝权贵和内廷中使即可继续在这块东南膏腴之地鱼肉百姓,通过政治权力而攫取财富,这当然只是作为六朝古都南京历史上那些坐拥半壁江山小朝廷所一以贯之的做派,照样在秦淮歌舞中醉生梦死。唐代的杜牧有诗为证"烟笼寒水月笼沙,夜泊秦淮近酒家。商女不知亡国恨,隔江犹唱后庭花。"这样的场面在南明再次重演。

　　因而表面上祭奠大行皇帝和恢复故土的铿锵誓言那都是做给老百姓和在野士人们看的表面文章。表面文章虽可以欺世盗名一时,谎言却不能永久像是纸扎的牌楼矗立于虚幻的梦想和谎言中。

　　刘宗周老先生实在是不了解中枢诸公和在朝文臣武将的真实心态,疏言即如同锋利的矛戟捅穿了王朝中兴的假象,而在揭穿假象的同时自己锻造的剑戟也被如同牛皮一样坚硬的顽固体制所折断。这是一个腐朽的却一直顽固运作着的同构体,这个同构体的每一部分和焊接各个部分的每一颗螺丝钉从上到下都是协调的默契的。坼解每一颗螺丝钉就意味着同构体总体的解构毁灭。这就是怀揣理想主义长矛的唐·吉诃德向风车挑战了。

　　从上而言,福王殿下颠沛流离流窜南都目的就是填补帝国首脑在战乱中留下的真空,享受权力带来美妙和美好,不可能再重新踏上风险未卜的征途去玩那个皇帝亲征的游戏。那简直是将朕躬推向火坑。正统年间英宗皇帝御驾亲征瓦剌被擒拿的教训历历在目,以至于被郕王填补了王位真空导致了明史上著名的"土木堡"事变,此刻皇位周围鲁王、潞王、唐王虎视眈眈都盯着皇位，朕怎么可以御驾亲征呢？至于那些坐等拥驾册立封赏之功督抚总兵们等待的是内阁大学士和公侯伯的爵位封赏，其中不乏那些一路从北方丢盔卸甲烧杀掠夺而来的败军之将和拥兵自守的巡抚总督，再加上一大批从北方逃难而来的降官和失职的庸官，都在眼巴巴地盼望着在王朝权力重组中分一杯羹。

这迂腐不识时务的老书呆子刘宗周一竹篙打翻一船人，可以说是动了整个官僚集团奶酪，触犯了众人的既得利益。在刘宗周老先生的奏疏被搁置的同时，朝野上下形成的共识却是携带大量金银财宝和对吴三桂及建州贵族集团的封赏诰敕派出北使团企图以金钱贿买偏安，这是重复了过去六朝小朝廷的路数以大撒币和裂土封王来求得偏安，保持既得利益集团在南方的利益，然而，出于对北方清国崛起的无知和保持所谓天朝上国的威仪，以井底之蛙似的傲慢，文书口吻依然以天朝上国对待臣属和藩国的姿态去诏安。这显然是小朝廷颟顸和愚蠢的不识时务，南朝君臣上下的态度却是高度统一的。

三、笔耕不辍的冯梦龙

明崇祯十一年（1638年），在寿宁当了四年知县，历时五载65岁的冯梦龙任满归里，回到故乡苏州过了一段相对安逸的著述讲学、隐居山水田园和文人学士诗酒流连朝夕酬唱的乡绅雅士生活。他的小兄弟文征明的曾孙文从简还专门为自己的这位忘年之交写下了一首热情洋溢的诗：

早岁才华众所惊，名场若个不称兄。
一时名士推盟主，千古风流引后生。
桃李兼栽花露湿，宓琴流响讼庭清。
归来结束墙东隐，翰鲙机蓴手自烹。

文从简这位当年韵社小兄弟专为他写的这首律诗，首先深情地回顾了梦龙老大哥的青年时代，他的才华倾倒儒林，名噪东南，在文坛被称为老大哥，他曾经被推荐为韵社社长，他的风流倜傥导引了后来才俊的效仿，如同雨露滋润着高墙下的桃李，曾经培养了许多优秀学生。待他老人家应召出山，去寿宁担当父母官期间，政简刑清，尽日在公堂弹奏古琴。载誉归来后，他隐居在家乡潜心著书立说，亲自烹调鲶鱼加上美味的葱姜，诗酒流连悠游于林泉。

这段时间冯梦龙度过惬意而悠闲的退休生活，他笔耕不辍，接连完成多本专著，直到在亲友们的祝贺声中安度了自己的七十大寿。在七十一岁高龄时在风云激荡的时代变迁中被大潮推向浪峰又翻沉到了谷底，最终奏响高昂的人生绝响。

崇祯十五年壬午（1642年）夏，冯梦龙和儿子冯焴共同编著的《纲鉴统一》三十九卷由著名儒学大师名臣黄道周作序公开刊印出版。这部皇皇史学巨著长达近两百万言。这年清兵攻克松山，洪承畴投降，祖大寿献锦州城投降。清兵入蓟州，连下畿南、山东八十余州县。李自成三打开封，攻克襄阳。内外形势吃紧，但是并未影响东南诸省士大夫仿佛在与世隔绝的桃花源中，依然享受着歌舞升平安度繁华富裕的生活。因为战火暂时尚未延烧到江南膏腴之地，一切嬉戏如常。

四、儒学宗师黄道周的风骨

对于黄道周此篇序言和黄公本人的风骨不能不浓墨重彩书上一笔，因为这和冯梦龙晚年的入闽参与南明隆武朝的抗清活动有着密切关系。

据明史本传记载[①]：

黄道周祖籍莆田文赋里双牌铺（今莆田山牌村），为唐朝桂州刺史黄岸三十世孙、北宋枢密黄中庸二十一世孙、南宋潭州知府黄丰十八世孙。黄道周乞言自序状云："先代从莆田徙居铜海（今福建省东山县）再世矣。"

明万历十三年（1585年）二月初九（3月9日），道周生于漳浦县铜山所，即今东山县铜陵镇，出生世家，年少家贫，自幼聪颖好学，5岁就学于铜山崇文书院；11岁即善文章；14岁游学广东博罗，获誉"闽海才子"；18岁居铜山海中塔屿耕读攻《易》；20岁开始与灵通山结缘；23岁始致力讲学著作；25岁携母迁居漳浦县城；28岁后隐于县城东郊的东皋攻书。

天启二年（1622年）三十八岁的黄道周中进士，与倪元璐、王铎同科。

---

① 《明史下·列传一百四十三·刘宗周、黄道周传》，线装书局，第1378页。

道周先后任明天启朝翰林编修、经筵展书官，崇祯朝翰林侍讲学士、经筵展书官。黄道周感激考官袁可立的赏识，为先师作《节寰袁公传》，记述其一生坎坷多艰的为官历程。袁可立是明万历年间著名的言官，曾因直言进谏被万历皇帝罢官回籍二十六年，又是明末著名的抗清主战派将领，对黄道周一生影响很大，后来黄道周为钱龙锡辩冤和反对杨嗣昌议和直谏皇帝二事，都颇有先师袁可立刚直之风。

崇祯兴大狱，株连甚众，原大学士钱龙锡亦牵连论死。事发，举朝无敢出一言者。唯黄道周激于义愤，"中夜草疏，排闼叩阍"，为钱龙锡辩冤。疏中直指崇祯的过失："今杀累辅，徒有损于国"。崇祯帝大怒，"以诋毁曲庇"，着令回奏。黄道周再疏辩解，表明自己"区区寸心"，"为国体、边计、士气、人心留此一段实话"。他此次抗疏"几坐重典"，降三级调用。由于他据理争辩，钱龙锡方得不死。崇祯五年（1632年）正月，黄道周因病请求归休。将离京时，他又上疏指出："小人柄用，怀干命之心"，以致"士庶离心，寇攘四起，天下骚然，不复乐生"，建议崇祯帝"退小人，任贤士"，并举荐一批有才有志之士。疏上，获"滥举逞臆"之罪，削籍为民。黄道周罢官返乡南归，途经浙江，应浙中诸生之请，在余杭大涤山建书院授业；后返乡在漳州紫阳书院聚徒讲学。

崇祯九年（1636年），召复黄道周原官，迁左谕德，擢詹事府少詹事兼翰林侍读学士，充经筵日讲官。崇祯十一年（1638年），黄道周因指斥大臣杨嗣昌等私下妄自议和，七月初五崇祯帝在平台召开御前会议，黄道周"与嗣昌争辩上前，犯颜谏争，不少退，观者莫不战栗"。崇祯帝袒护杨嗣昌，斥黄道周："一生学问只办得一张佞口！"黄道周高声争辩："忠佞二字，臣不敢不辩。臣在君父之前独独敢言为佞，岂在君父之前谗谄面谀者为忠乎？"他厉声直逼皇上："忠佞不分，则邪正混淆，何以治？"这场有名的辩论之后黄道周被连贬六级，调任江西按察司照磨。

崇祯十三年（1640年），江西巡抚解学龙以"忠孝"为由向朝廷举荐黄道周。解学龙说："我明道学宗主，可任辅导（相）。"崇祯一听大怒，下令逮捕二人入狱，以"伪学欺世"之罪重治。由于几位大臣力谏，改为廷杖八十，永远充军广西。此番杖谪，使黄道周声名愈重，"天下称直谏者，必曰黄石斋。"

崇祯十四年，杨嗣昌暴病而亡。崇祯回想起黄道周当初的预言，便下旨将黄道周复官，入京召见。此时，河南已被李自成农民军攻占，关外大明领土也皆被清军占领，黄道周见朝廷昏庸无道，国运已尽，遂告病辞官，回到老家福建漳浦，结庐先人墓侧，专心著述。

《明史本传》中记载，黄道周：

以文章风节高天下，严冷方刚，不谐流俗，公卿都畏而忌之，……道周学贯古今，所至学者云集。铜山在孤岛中，有石室，道周自幼坐卧其中，故学者称为石斋先生。"精天文历数皇极诸书，所著《易象正》《三易洞玑》《太函经》，学者穷年不能通其说，而道周用以推演治乱。

《明史》中将黄道周和刘宗周两位故明忠臣、一代儒学宗师并列为传，虽然两人均是抗清失败后殉国而死，但是大清帝国的统治者对于这些忠实于朝廷而又在当朝特立独行多次不顾生死冒犯皇帝，最终死节的有道之士给予了很高的评价。在传后对于两人的赞语不分轩轾：

刘宗周、黄道周所指陈深中时弊，其论才守，别忠佞，足为万世龟鉴。而听者迂而远之，则救时济变之说惑之也。《传曰》"虽危起居，尽兴其志，犹将不忘百姓之病也"，二臣有焉，所守岂不卓哉！

这两位大臣当时在朝廷中都是勇于上书皇帝，不计个人生死有才气和骨气的大明忠臣，他们的言行是足可以记载入史书为天下人榜样的。可惜皇帝太迂阔对他们太疏远了，被那些所谓的救时济变的言说迷惑。他们的秉笔直书，几乎引来杀身之祸，危及起居安全，但是这两位大臣依然时刻牵挂到百姓的痛苦，他们的操守难道不是很卓越的吗？

确实两位大臣在学术人品秉性上都具有很多共同点：在野，都是学术宗师，分别开宗设学，成为学派领袖，拥有众多学生和粉丝；在朝，为官清正廉洁，进入内阁，在朝臣中很有威望；都是帝国著名的反对派领袖，多次当庭对皇帝发难，当面与崇祯皇帝发生激烈争辩，且不依不饶，毫不顾及君王脸面，当庭死谏。两人先后被打入死牢，多次贬职罢官，多次起复使用，但都难以重用。两人越是被打击，在朝野反而声望越高，属于清流领袖；两人都是在明亡后，坚守气节对于大明帝国无比忠诚的国士，先后为反清复明奔走呼号，两人虽有门户之见，关系并不十分和睦，但关键时刻守望相助，最终殊途同归，均死于为大明帝国殉节。

黄道周这位被朝臣称之为办事严谨性格端方刚正的不肯流俗之人，是如何评价冯梦龙先生的《纲鉴统一》专著的呢？

黄道周首先从史学的创建开始：黄帝时有大鸟衔图，体备五色，三文成字，有大臣沮诵、仓颉观鸟迹以作文字，改变了过去结绳记事的历史，创建了文字才有可能将文明史记载传承下来。后来才有了最早的史书《尚书》《春秋》《左传》《国语》《史记》《汉书》等等，到北宋以司马光的《资治通鉴》达到史学高峰。观看这些史书起自战国，迄于五代均为效仿《史记》编年之体例，以年代为经，以国事为纬，事例举证查核，灼然具备了人们对于历史兴衰的观念，使人能够明朝政之得失，让历史成为未来的镜鉴，使人能够明白朝纲正统本有所属，对于历史事实和人物的褒贬取舍予夺，就不会发生错误。于是天下凛然于君臣父子之道，匡正了那些模糊不清的是是非非，实在是居功至伟。但是，以往的那些史书，有的事涉远古，记载中多有疑问，宋史尤其多有错误，自会要、玉牒、圣政宝训、公卿列表、起居注等书反映的人物事件不可能全部记载在书中。以后又有《长编》《中兴记》《日历》《目录》《举要》等书，以补《资治通鉴》之缺失等等。这些都说明治史之难，难在对于史料的繁简疏密之间的选择，并且要有独立的史学见解，这对作者而言是十分困难的事情，只能以浅陋的学识，删定古人的著作。到了明代，最流行的节本是《少微通鉴节要》，假托北宋江贽撰，实际上是明代福建教书先生王逢和刻书铺掌柜刘剡改编《陆状元通鉴》而来。这种少微江氏之书，虽然总括前后，但是问题在于史实叙述过于简单，其后出版的一些历史教科书基本因袭了这种形式。对于鄙夫竖儒而言往往苦于史书的博大精深，只能删其八九，导致一个朝代只保留数行，对于一些事件很难从头到尾完整叙述，读者看了茫然不辨始终。

黄道周接着说：

吴中冯犹龙氏悯其失也，于是综会《纲》《鉴》独成一书；参诸史之异同，洗前哲之讹谬。观其《发凡》《引例》，往往创出前人，是正迷惑，俾採要者不苦其繁，务广者不恶其略，虽涑水、新安二氏尚以为功臣，况碌碌著作者流哉。君博学多识，撰辑甚富，海内言《春秋》家，必以君为祭酒，不佞承乏史官，方当以此书献诸黼扆，以备乙夜省揽。

黄道周对于这位退休县令所著的历史教科书评价极高，认为他综合汇总了《纲鉴易知录》和《资治通鉴》史家专著精华，以自己的独到见解自成一家，参照诸种史书的异同，纠正前辈贤人的错讹谬误，看了冯老撰写的书前自署的《发凡》《引例》往往创见超迈前人，本书可以正人心解疑惑，如果领会精华不会苦于其繁琐，如果追求历史知识的广博不会厌烦其简略。那些涑水、新安两地的学者自以为是史学圣贤，也只不过是庸庸碌碌的作者。老兄博学多才，撰写编辑图书十分丰富，海内凡是谈到《春秋》的专家，都是以你为老师，不佞之才黄道周承继史官的位置，应当以此书献给皇帝，以备圣上在夜间闲暇时慢慢省察披览。

这篇序言显然是黄老前辈在被罢官后，在苏州旅游讲学时受冯梦龙委托为《纲鉴一统》一书所写。

崇祯十六年（1643年）在苏州闲居期间冯梦龙高龄七十，依然笔耕不辍，完成了《新列国志》的改编，即当今流通的《东周列国志》。在该书《凡例》中冯梦龙说：

旧志事多疏漏，全不贯串。兼以率意杜撰，不顾是非。如临潼斗宝等事，犹可喷饭。兹编以《左》《国》《史记》为主，参以《孔子家语》《公羊》《穀梁》、晋《乘》、楚《梼杌》《管子》《晏子》《韩非子》《孙武子》《燕丹子》《越绝事》《吴越春秋》《吕氏春秋》《韩诗外传》、刘向《说苑》、贾太傅《新书》等书，凡列国大故，一一备载，令始终成败，头绪并如，联络成章，观者无憾。一云："旧志叙事，或前后颠倒，或详略失宜。兹编一案史传，次第敷演。事取其详，文撮其略。其描写模神处，能令人击节起舞。即平铺直叙中，总属血脉筋节中，不致有嚼蜡之诮。"又云："小说诗词，虽不求工，亦嫌过俚。兹编尽出新裁，旧说胡说一笔抹尽。"

这一年冯梦龙还完成了《三教偶拈》三篇著作。其中最重要是《王阳明先生出身靖乱录》是儒家心学理论大家王阳明重要的传记著作之一，冯梦龙将他作为儒教理论创新的典型隆重推出的。至今依然是王学研究者，必备参考书。

崇祯十七年（1644年，清顺治元年）甲申事变后冯梦龙悠游林下著书立说的平静生活被打乱，以高度的政治责任感全身心卷入帝国政治的变动，为大明帝国无可挽回的毁灭感到悲哀，为帝国的中兴而奔走呼号。这一年他的两本重要政治著作完成：《甲申纪事》和《中兴伟略》，为此写下了诸多锥心刺骨的吊亡诗，凭吊帝国的覆灭，追思诸多为帝国死节的友人，状写帝国中兴的理想抱负，这一年也是他诸多的朋友在人生道路上开始分道扬镳，各自选择了不同的归宿。

比如当年同窗好友侯峒曾、文震孟、忘年之交祁彪佳和亦师亦友的黄道周等人慷慨殉国；还有不少变节事敌的朋友如钱谦益、阮大铖等人，大致殉节者各有不同的死法，变节者也有不同的活法，有的首鼠两端，有的死心塌地。冯梦龙开始自我放逐，去了浙江、福建追随大明王朝的背影负重前行，渐行渐远，最终隐没在一片血红的落日之中，死而后已。

五、草莽孤臣的自我放逐

公元1645年（南明弘光元年、清顺治二年）72岁的冯梦龙不愿剃发易服，做那屈辱的亡国之奴，决心追随南明残余政权抗清到底。春节一过，他就去了浙江，往游湖州、杭州、经吴江拜访友人。

据《祁忠敏公日记》记载，去年（1644年）八月二十六日鲁王朱以海启程到台州，子犹此行或与此有关。沈自晋《重订南谱·凡例续纪》云：

越今年春初，子犹为苕溪、武林游。道经垂虹言别。杯酒盘桓，连宵话楢，丙夜不知倦也。别时与予为十旬之约。不意鼙鼓动地，逃窜经年，想望故人，鳞鸿杳绝。追至山头，友人为余言，冯先生已骑箕尾去也。

沈自晋，字伯明，号西来，又号长康，晚号鞠通生，江苏吴江人。弱冠补博士弟子员，深沉好古，旁及稗官野史，无不穷搜。沈自晋在二十岁左右的时候曾考中秀才，之后不再追求功名。明亡后，隐居吴山，与子辈作曲赋词，优游以终。

由于经历了明王朝灭亡，使得沈自晋的作品风格前后有所不同：前期多是投赠祝寿、咏物赏花、男女风情等闲适的作品，清丽典雅，明亡以后，他在散曲里反复写自己的故国之思，家园之念，发抒兴亡离乱的悲痛感伤，雄劲悲凉，风格为之大变。现存传奇作品有《翠屏山》《望湖亭》《奢英会》（仅存收录在《南词新谱》中的五支佚曲）。另又《广辑词隐先生南九宫十三调词谱》（简称《南词新谱》），对研究南曲腔格和搜辑晚明戏曲作家，尤其是吴江沈氏家族资料，很有用处。沈自晋的散曲集有《黍离续奏》《越溪新咏》《不殊堂近草》，合称《鞠通乐府》，多写明末清初江南一带的离乱情景；沈自晋的散曲作品还有散存于冯梦龙编的《太霞新奏》中的七套套曲、七支单曲以及散存于《南词新谱》的十三支单曲。

沈自晋和冯梦龙同为戏曲创作中道友，冯梦龙去浙江路过吴江时曾经寓居他的家中，两人并做彻夜长谈，次日在垂虹桥相别，并约好十旬以后再见面的，也就是说冯梦龙计划在浙江、福建活动是一百天，和沈自晋相约是十旬以后再见面的，也许就是他想象中"中兴伟略"的实施行动。

想不到的是身处战乱之中，清军鼙鼓动地而来，一路势如破竹攻南京、克杭州、下绍兴几乎无往而不胜。他想象的"中兴伟业"已然化为泡影。沈自晋为避战乱，逃窜经年。这一年中，沈冯两人音讯全绝，直到顺治三年（农历丙戌年1646年）他侨居在浙江绍兴寓山，他才听友人说，冯梦龙老先生已经去世。因为顺治二年（乙酉年1645年）五月，清兵已经占领苏州，下达薙发令，看来冯梦龙是有家回不得了。

沈自晋听说冯梦龙是死在丙戌年六月。① 这时沈自晋的外甥顾况明寄来信件说，曾经拜访冯梦龙的儿子冯焴（字赞明），"出其先人易箦（卧病在床）时手书至嘱，将所辑《墨憨词谱》未完之稿及他词若干，畀我卒业。六月初，始携书并其遗笔相示，翰墨淋漓，展玩怆然，不胜人琴之感。"沈自晋曾写有《和子犹辞世原韵二律》，但冯梦龙本人的辞世诗至今未见流传。估计冯梦龙本人持激烈的反清立场，故清兵攻入苏州后，曾经洗劫冯家，冯的作品长期失传估计与此有关。② 下录沈自晋《和子犹辞世原韵》二律 词意哀婉 可见彼此交谊之深：

---

① 《冯梦龙全集·18集·附录：冯梦龙年谱》，江苏凤凰出版社，第55页。
② 王凌：《畸人·情种·七品官——冯梦龙探幽》，福建海峡文艺出版社，第125页。

其一
忆昔离筵思黯然，别君犹是太平年。
杯深吐胆频忘醉，漏尽论词剧未眠。
计日幸瞻行斾返，逾期惊听讣音传。
生刍一束烽烟阻，肠断苍茫山水边。
其二
感托遗编倍怆然，填修乐府已经年。
豕讹几字疑成梦，枣到三更喜不眠。
词隐琴亡凭汝寄，墨憨薪尽问谁传。
芳魂逝矣犹相傍，如在长歌短叹边。

回忆往昔在离别的宴席上，双方情绪都很低沉黯然，那时虽然战火还未延烧到苏州，但是形势依然令人担忧。一杯杯的苦酒倾吐着肺腑之言，已经醉醺醺地忘却了时间，就是在深更半夜伴随着更漏的点点滴滴声响，我们讨论着戏曲创作的问题忘记了睡眠。你说好去浙闽游览一百天后返回吴江我们再话衷肠。我掰着手指计算着你的归程，然而你逾期并未归来，传来的却是你辞世仙逝的噩耗。你的行踪因为遍地狼烟而阻隔，我寸断肝肠伴随悲痛萦绕在苍茫山水之间。看到你托人带回的遗稿，我倍感凄怆，过去相互之间切磋词曲纠正错讹，几乎已经成了梦，盼望你的早早归来我经常思念到三更难以入眠。然而，等来的竟是你老人家泣血的诗篇，我们是伯牙和子期那般的知音，如今高山流水已成残山剩水，再也听不到你弹奏的美妙琴音了，墨憨斋的薪火已经燃尽无人能够接替。伴随在我身边的只是你老人家的缕缕芳魂，如同依然在我身边长调短歌，诗吟不绝，回肠荡气……

通过沈自晋上述两首七律步韵吊亡诗，可见明末这位十分著名的戏曲艺术家和冯梦龙之间情义的深沉厚重。可惜我们难以见到冯梦龙的绝命诗了，琴瑟相谐，唯听瑟鸣，不闻琴音，殊为遗珠之憾。

其实冯梦龙在出发前就已经做好誓死报效帝国的准备。在《甲申纪事·拟骚体》篇中冯梦龙收录了苏州许琰的《绝命诗》二首，冯老先生还有《和韵二首》和《再和》《奉挽玉重先生四绝》附后。①：

绝命诗·许琰

　　正想捐躯报圣君，岂期灵日坠妖氛。
　　忠魂誓向天门哭，立乞神兵扫贼群。
　　平生磨砺竟成空，国破君亡值眼中。
　　一个书生难杀贼，愿为厉鬼效微忠。

这些绝命诗充满着帝国臣民效忠主子的大话、空话、套话在思想艺术上实在乏善可陈，仅仅是一窥冯梦龙当时的思想踪迹：

和韵二首·有序·冯梦龙

　　吴门许文学琰，字玉重。生平敦孝友，割股救亲者再。甲申端午，闻神京之变。谓闯党流言，逢述者辄斥之。已知不诬，欲向贵人求起义不得，号恸求死，自投胥江。值潞藩舟援出，王怜其志，赠以金，不受。至旧徒家一宿，题诗吕仙庙之壁，投缳门侧，复遇救送归。家人送餐，先生怒甚，其嚼瓯咽之，喉肿。绝粒五日，又做一绝而逝。吴中义焉，私谥曰"潜忠先生"。余刻其诗而和之。

　　朝宁何人肯急君？做令烈日掩襫氛。
　　诸公底事名声气，一个书生已决群。
　　平时标榜尽虚空，节义文章生死中。
　　肉食偷生藿食死，儿童也自别奸忠。

再和

　　谁知草莽不忘君，衔恨重泉为敌氛。
　　莫道诸生无国士，衣冠羞杀马牛群。
　　合眼休言万事空，无穷幽愤郁心中。
　　他年史笔修《吴志》，点缀青编有一忠。

奉挽玉重先生四绝

　　漆室忧时兼为己，泪罗愤世亦居官。
　　先生一死非多事，要与时流换肺肝。
　　可怜绝命两哀吟，幸负生平报国心。

---

① 《冯梦龙全集15卷·甲申纪事》，江苏凤凰出版社，第270/271页。

梦想九天龙驭去，攀髯孤泪有青衿。
将骄卒悍已成风，杀贼还需乞鬼雄。
问道睢阳能佑国，征西前部有吴蒙。
匡时不是书生责，或笑先生事近愚。
龙比自来非俊物，愚忠江左一人儒。

从冯老先生诗中我们大体可以看出，这位许玉重先生，生平就很注重忠孝，曾经一再割下自己的肉来救济自己亲友。当他在甲申年端午闻听北京之变，有人说是李闯进京后，开始大声呵斥传播流言者。当知道谣言确实是遥遥领先的言说时，就曾经向有权势的人请求起义效忠帝国，人家并不同意，于是他痛哭流涕再三求死，自己先是投了胥江，恰巧被经过的潞王大船救起，潞王怜惜他的伟大志向，赠送金钱，他不接受。来到他过去的朋友家借宿一晚，他题诗在吕洞宾庙的墙壁上，在门侧投缳上吊自杀，再次被人救下送回了家。家人送餐，他非常愤怒地咬碎磁盘吞咽，结果喉咙肿胀，绝食五天，又写下一首绝句而死。实在是吴中大义之人，人们在私下里称赞他是"潜忠先生"，所以我老冯写下了和诗、挽诗来悼念这位愚忠的许琰先生。

冯梦龙在诗中虽然肯定了这位在野草莽君子的气节比之那些平时在朝慷慨言说"忠君报国"大话、空话的官僚士大夫要伟大得多。称赞许先生为秀才中的"国士"，比之当朝的那些贪生怕死腼颜事敌的衮衮诸公要强许多，那些人只配和牛马为群，实为衣冠禽兽。所谓国士者，也就是国家最勇敢、最有力量的人。左传成十六年："皆曰国士在，且厚，不可当也。"荀子子道："虽有国士之力，不能自举其身。"国士，一国勇力之士。以天下为己任的杀身成仁，舍生取义的人，是为一国中才能最优秀的人物。但同时不无嘲讽地多次提到这位好朋友的自杀是"愚忠"行为，似乎对于许琰多次求死也有着难以言说的潜台词，也即对于外敌不做任何抗争而只是以命殉国似乎有些不值，最后在挽诗中，说道，可怜老许的两首绝命哀歌，实在是辜负了先生平时的报国之心啊，只是梦想着攀上龙须去升天，眼泪湿透青衫地随龙驭九天的皇上而去。冯梦龙感叹当道的将骄兵悍已成陋习，杀贼竟然还要乞望地下的鬼雄，难道不知道当年面对安禄山叛匪的嚣张气焰，张巡等三大臣坚守睢阳城十个月的典故，共杀敌士兵12万人，最后城池陷落，张巡等三十六名将领全部被俘相继就义，英勇殉国；面对西面曹魏的强悍，吴国的名将吕蒙带队西征曹操。暗喻作为吴国故都苏州的七十二岁的退休草莽之臣我老冯将要高举反清复明的旗帜光复故土。虽然匡正时弊并非书生的责职，或者取笑先生此事近乎愚蠢的举止，就是夏桀和商纣的臣子龙逄、比干劝谏无道昏君被炮烙、剖心而死也并非明智的行为，只是某种愚蠢的忠心而已。愚忠而死的许琰却是江左真正的儒生。

其中的潜台词是，冯梦龙要效仿唐代坚守睢阳城的张巡和率军西征的吕蒙，因为他心中实在没有绝望，他怀揣着一个帝国中兴的梦。因此他去浙江参与到鲁王和唐王反清复明的行列中实现自己的"中兴伟业"。虽然梦龙老臣，口口声声认为书生许琰的行为是某种对于天朝的愚忠，但是依然肯定了许多士子在王朝覆灭时期殉节的愚忠行为，这和他众多文学艺术作品中对于朝政黑暗，苛政、暴政导致民不聊生的无情揭露，甚至他的《寿宁待志》中对于专制体制的机制弊端、结构性腐败分析揭露批判得非常深刻，但是对于王朝却始终不渝地支持效忠。显示了明末知识分子性格矛盾的两面性：一方面的批判，一方面的效忠，许多有思想的明末知识分子基本走的都是这种自相矛盾的愚忠之路。包括后来组织抗清失败后拒不出仕新朝，甘当帝国遗民的顾炎武、黄宗羲等人，虽然他们对于君主专制给予了最猛烈的抨击被誉为中国"民主之父"，但是对于清政府以剃发易服企图割裂中华文明传统的拙劣做法，还是给予了最猛烈的抵抗。相信冯梦龙也是心同此愿情同此理，一厢情愿地走进了浙江、福建做出自己最终的人生抉择。

因为冯梦龙的出走和踏上不归之路和其他反对剃发易服士大夫怀有同样的心情，这次浙闽之行是一次悲壮辛酸而又噩耗接踵而至的旅程，明知不可为而为之，就是飞蛾扑火也是义不容辞，何尝又不是笃信儒家忠信原则臣子的愚忠呢！

这一年的五月，清兵攻破南京，福王逃亡湖州被执。南京小朝廷覆灭。苏松地区就被清兵占领，江阴为了反对剃发易服发生民众的大起义，造成了清军对于民众的大屠杀。几乎与之同时，与苏州冯氏家族有密切往来的通家世好侯峒曾领导了嘉兴民众的大起义，嘉兴城的百姓几乎被屠戮干净，侯峒曾父子尽行殉国，这对冯梦龙来说无疑是非常沉重的打击。

冯梦龙在离开苏州后先后去了苕溪（吴兴）、（武林）杭州、又去了石梁（天台县境内）和天姥（天台县西），在台州期间也就是乙酉年秋七八月间（1645年，顺治二年，明隆武元年），他住在临海县的天宁寺僧舍，见到了由明代嘉靖年间遭受迫害的忠臣杨继盛的三首绝句册页，作《题杨忠愍公赠养虚先生诗册三绝句》序云：

自古忠义之事，虽本天性，亦由培植。东汉之节士，酿于客星；南宋之忠臣，胎于密誓。故有永乐之惨毒，而逆知牧息之风必微；有嘉靖之摧折，而逆知龙比之气必短。培植之效已见于前矣，顾培植者国家激发人心之大端，而天性则士君子所以自立也。性之所至，不爱爵禄，不惜驱命，并不贪后世之名誉，灼然于好恶是非之公，而挺然直达其中之所不得已。愈惨毒，节愈明，愈摧抑，气愈励。夫是之谓忠义。养虚先生与忠愍无半面识，而不难违忠犯忌，力为周璇于桁杨垂毙之中。幸则与赵岐同生，不幸则于臧洪同死。血诚一片，能令三公辱而斧锧荣，金石柔而肝胆韧。此岂俟有所激发而然者哉。养虚不自言，而忠愍言之；忠愍言之，而诸君子和之。应氏孙子又从而装潢成帙，珍重而传之。每一展诵，忠愍如生，则养虚亦如生。是养虚之生忠愍者三年，而忠愍之生养虚千秋万载，与人心具无穷极也。忠义也何负于人乎，而借口与培植之虚，此又愈于不忠不义之甚者矣。虽然，当分宜之日，火烈风发，司刑诸大臣，不能扶忠愍以生，而终不能波养虚以死，此又以见天性无人不具，而培植之不可以已也。余偶游台郡，闻应氏有是册，籍杨明府力求观，因题如左。诗云：

忠臣一日千秋远，何况三年活命恩。
比部生前无片语，福堂赖有手书存。
何曾知面独知心，一片丹诚日月临。
松柏由来同骨气，任教恶木自成荫。
拼得无官舍得躯，世间何事不由吾。
侍郎墓冷尚书朽，千古独传应大夫。

冯梦龙这年是追随唐王朱聿键的步伐来到台州的，因为这年五月清兵攻下了南京，存世一年的南明小朝廷宣告覆灭，六月在湖州将朱由崧抓获。并攻下杭州直取绍兴，所谓的鲁监国朱以海逃窜舟山，只剩下刚刚宣布称帝的唐王朱聿键有幸成为明帝国中兴的象征，恰好冯老先生亦师亦友的黄道周先生先是任南明弘光朝吏部侍郎、礼部尚书，弘光亡后，他回到福建，趋至福州。隆武帝封他为武英殿大学士兼吏、兵二部尚书。成为拥戴唐王继统的股肱大臣。就这一点，使得冯老先生再次在石隙微缝中看到了帝国中兴的一缕星光，也许星火可以燎原，形成一股新的反清势力。

冯梦龙想到自己曾经任职过的寿宁县，还是有些人脉资源可以借助的。寿宁地处边鄙恰好与浙江交界，这样他就鬼使神差地来到了台州临海县，暂时借住在天宁寺大雄宝殿后面的僧舍中。

时年七十二岁的冯梦龙听闻嘉靖年间任职刑部云南司主事应明德之孙藏有杨继盛当年在狱中题写给其祖"手书数百言"。通过临海杨氏知县借来阅之，看了之后感慨万千。遂在杨继盛题赠应明德的诗册上题跋并赋诗三首。

从长长的跋文和短小的诗句中可以看出，冯老先生在看了明代著名的大忠臣杨继盛的诗文后，心潮澎湃，浮想联翩，在灵感的驱动下，欣然命笔，意绪汪洋恣肆，如同江海奔腾，一气呵成完成了这篇序文和三首七绝。

诗文颂扬了前贤的高风亮节，充斥着本人对于孟子"浩然正气"所形成的大丈夫气节高度赞美。既有对于明代敢于反抗阉党权臣的大忠臣杨继盛多有褒扬；又洋溢着对于应明德在忠奸缠斗中挺身而出不惜丢官、丧命保护忠臣的大义凛然精神给予充分肯定。对于在艰难困苦环境中玉汝于成的君子品格塑造表达了由衷敬意。

因此，上述序文和诗均是真情实感的自然流露，充满着士大夫的道德良知出自内心闪烁的璀璨光芒。实在是一篇旁征博引议论风生的美文和美诗。

在冯老先生看来，自古那些充满忠义的先贤和他们的光辉事迹，虽然是先天美好的秉性造化而成，也在于后来艰苦环境的磨砺。贤人和圣人卓越坚韧品格往往是在逆境中孕育而成，在艰难困苦的环境中淬炼了优秀的品质超越了凡俗的尘世，不同凡响地升华到历史的星空，化为永恒的星辰，在夜空中灿发出璀璨的光芒。比如东汉党锢之祸中罹难的李膺、李固、范滂等节义之士的造就，在于客观形势使然，使美好的品质如同星星在黑暗夜空的衬托下发光；南宋诸多忠臣如岳飞、辛弃疾、文天祥、陆秀夫等等脱胎于冥冥中命运密码的程序性安排，也在于个人品格的不断修炼和有意识地塑造。永乐皇帝朱棣在靖难之役中对于方孝孺等忠臣的惨毒杀戮，才有了后来在逆风中千里高扬的凛然正气，这些如同起自于青萍之末的微风，在见微知著中孕育着忠臣伟大的人格；后来嘉靖年间严嵩父子对于忠臣的迫害，在逆势飞扬的大环境下，人们完全可以预知龙蓬、比干这类忠臣的生命必然短促。然而，逆势对于忠臣人格的铸就起到催化培养的作用，所以才更能够起到激化人心的作用。秉性的纯然和良知的淳朴，则使士大夫君子之所以能够在逆势中保持独立人格，以正气自立于天地之间。性情之所至，不爱好高官厚禄，不顾惜身家性命，并且不贪图后世的虚名。以光明磊落爱憎分明的情怀，忠实于是非，无惧于人生之路的曲折，完全是出于公心。就是秉公直言忤逆权贵也是出于不得已的良好初衷。面临的环境越是惨毒，忠臣的节操越是明显，对于良知越是摧残压抑，高尚的气节就越是激励人心。这才是传统所谓的忠义之士。

应明德（字养虚）先生过去和杨继盛（谥号忠愍）先生并没有见过面，相互并不熟悉，但是养虚先生秉持忠义之心不惜违反规定，努力为重刑号枷即将处决的杨继盛周旋。如果幸运的话，可能如同东汉末年声讨董卓的忠义之士赵岐那样保全生命；如果不幸的话就会落得东汉名士臧洪那样被袁绍所杀的悲惨下场。明德先生热血忠诚一片，能够令当朝三公严嵩受辱，以被奸臣加之斧钺为荣耀，实在是具备了肝肠的柔软和金石般的坚韧。这难道不是世道的黑暗所激发的崇高感情所导致的忠诚仁义之心吗？应养虚先生自己不说，杨忠愍先生为他说了，而同道君子的纷纷附和，正表明了黑暗之世道，人心向往光明情同此理。应氏子孙将这些言论装裱成册页，珍重地传至后世。

每每展示诵读，忠愍先生的形象栩栩如生，养虚先生的形象也恍如生前。养虚先生生前多给了忠愍先生三年的生命，忠愍先生却使得养虚先生的事迹流传千秋万代。这是人的心胸无比广阔，历史的空间无穷无尽，大自然的造化，忠义终究是不负人心的，而借口环境恶劣而违背良知，这比不忠不义还要恶劣。虽然当时权奸严嵩（字分宜）当道，邪火猛烈，歪风罡劲，管理刑狱的诸大臣不能给予忠愍一线生机，而终不能波及养虚先生以死，此又可见善良的天性无人不具备，而所谓生态环境之恶劣是不可以作为借口来导致人去作恶的。

冯梦龙的三首绝句,翻译成现代语言就是:

忠臣生死是一日之间的事情

英雄的事迹足以传之千秋久远

养虚先生延长了忠愍公三年生命

却遗存下万口传诵的恩情

比干虽然没有留下片言只语

而牢狱也是福德相聚的地方

幸亏有了忠愍公的手书

历史才见证了弥足珍贵的情谊

过去未曾谋面,现在心心相印

那一片丹心啊,如同日月照临

松柏原本就有相同的骨气

怎能任凭恶劣的树木悄然成荫

拼得无官可做,献出身家性命

世间事都是凭自己的良知把握

侍郎的墓地冷寂了

尚书的尸体腐朽了

应大夫的高风亮节

却千古流芳,永垂后世

这就是七十二岁的退休老臣冯梦龙在拜读了杨继盛诗文册页后,舔笔濡墨奋笔疾书写下的观感和诗文,其中隐含了明末嘉靖年间的一段节义千秋的感人往事。

杨继盛,字仲方、号椒山,河北容城人,忠愍是其冤案平反后在万历朝上的谥号;应养虚,即台州临海的应明德。这两人在患难中结下情谊过去提及很少。杨继盛(1516 — 1557),明史有传[①]。七岁丧母,继母让他去牧牛。经过私塾门口,看着里面的儿童在读书,非常羡慕,请求其兄将自己希望读书的心愿告诉父亲。因为家贫,他数年半牧半读,直至13岁,

---

① 《明史下·卷二百九·列传九十七》,线装书局,第1145页。

才"始得从师学"，故懂得为学不易，遂刻苦过人。举乡试，卒业国子监，内阁大臣徐阶非常欣赏他。终于在嘉靖二十六年（1547年）考中进士，授南京吏部主事，历南京兵部员外郎。这位杨先生是一位以天下为己任敢于为真理而献身的主。

杨继盛先是弹劾皇帝宠臣大将军仇鸾，揭露他谎报军情，杀良冒功，击退鞑坦入侵的谎言。受到仇鸾的疯狂报复，被下狱拷打，贬为狄道典史。时严嵩与仇鸾争权，妄图拉拢杨，将他调入京城，一年内四次升官，但是老杨并不领情，只认真理不认人，书生意气不改本色，到任不到一个月，竟然当庭弹劾严嵩十大罪状。严嵩抓住疏文中有"召问裕、景二王"的字样，构陷老杨勾结二王欲以图谋不轨，触犯皇家禁忌，被打入诏狱，刑杖三百，迫其投降严嵩。

在受刑杖之前，有人送蚺蛇胆，说是吃了可以减轻创痛。老杨严词拒绝说："椒山自有胆，要这蛇胆何用？"表示决不同流合污。刑后，棒伤很重，常常半夜痛醒，他打碎瓷碗，用碎片自割腐肉，肉割去，筋还挂在膜上，他又用手撕去，在旁掌灯的狱卒吓得发抖，差点把灯打碎，他却面不变色。此时，具有"台州式硬气"的临海名臣应明德（嘉靖三十二年进士，授刑部云南司主事）不惧严嵩死党的威胁与迫害，毅然担负起照料杨椒山在狱中的起居生活。是年夏，狱疫大作，杨染病，危殆间，提牢主事曹天佑欲置杨死，适明德视狱，亲至杨枕侧抚摩存问，检医药、视饮食，十四日方出汗，终使得救。为此，椒山手书数百言以赠之。次年冬当论决，明德多方求救无果，仍被严嵩害死，临终前作绝命诗：

浩气还太虚，丹心照千古。

生平未报恩，留作忠魂补。

应明德作诗以哭之。诗曰：

市曹闻说戮言官，公论须当属盖板；

汝与谁人游地下，我将何面立朝端！"

一时舆论汹汹，予以声援。应明德历任职方司员外郎、武选司郎中、后出知黄州府，由于不愿吹牛拍马性格耿直不合于时宜，退休回乡。晚明诗人王樨登为作《黄州太守行》、清康熙年间祀临海乡贤祠，《民国台州府志》为其立传。

应养虚悉心照料杨椒山狱中生活三载，杨不仅手书数百言相赠，并谓人曰："杨得有今日，皆养虚赐之耳"。杨椒山被害七年后，严嵩败。穆宗立，被追谥为"忠愍"，故后人尊之为"杨忠愍"，有《杨忠愍公集》传世。

六、命运多舛的老三冯梦熊

嘉定侯家系当地望族，和苏州冯家为世交。吴门冯氏三兄弟除老二冯梦龙外，大哥冯梦桂，字若木，号丹芬，为有名的画家，名气仅见于中国画家大辞典，未见有作品传世，故很难作出昆仲之间的对比。小弟冯梦熊，字杜陵，号非熊，为太学生，系著名诗人，诗人的品性、作品散见于朋友的文章，文集已不复可见，而且冯氏兄弟的文章还常常为后代的研究者弄得混淆。兄弟三人被称为"吴下三冯"，以老二梦龙最为著名，文学成就最大，掩盖了这位小老弟卓越不凡的品格和掷地有声的诗歌。我们目前欣赏到的只是片段。

据徐朔方在《冯梦龙年谱》记载[①]，万历三十八年（1610年）冯梦龙三十八岁"馆于嘉定侯氏"，是住在侯家和侯家三公子一起读书呢？还是充当侯家的私塾先生，冯学研究者历来有争议，因为其时冯家老三梦熊也和侯家三兄弟一起读书。《吴郡文编》卷二三四收录有冯氏为侯峒曾弟弟侯岐曾的《侯雍瞻西堂初稿》所写的序，记录了当时冯家兄弟和侯家被誉为"嘉兴三凤"的弟兄一起读书的情形：

往与三瞻读书西堂也，盖《靴靴编》初行后云。豫瞻及梁瞻俱弱冠，如渠亭、仙从二人。或指曰：此子房，此子渊。而雍瞻则雪跨霜悬，总角片语，夺尽前辈名家扇簏，虽予当年剑气弓声，不敢略割韩彭右地，实有孙伯符英雄忌人之顾，非徒以暮出端门，花满洛阳，发燕公年位可致之叹也。而荏苒至今，尚与予困诸生间。一旦尽刻其平生之课，而以初稿属弁曰：西堂一会，俨然未散也。因忆西堂读书时，璆城名士，卷帙过从，固无虚日。即黄门先生犹未谒选，时共卧起一室。

---

① 《冯梦龙全集第18集附录：冯梦龙年谱》，江苏凤凰出版社，第21页。

细细品鉴这篇佶屈聱牙的序文，发现和冯梦龙提倡的真情实感明白晓畅的文风有明显的区别。时人指出冯梦熊的诗文喜欢用典，有吊书袋的毛病，这说明了梦熊先生读书广博，且记忆力超强，为诗为文，对于典故信手拈来随意随性使用，但是对于典故深入浅出恰到好处地化解到诗文的意思和意境中，确实有所欠缺。此篇序文在今人看来确实不太好懂。

序文作于天启六年（1626年），梦熊只不过是记载了当年在嘉定侯府西堂和侯家三兄弟一起读书时的情景。那时候正是侯峒曾第一部文集《靴靴编》勘行后不久。老大峒曾（字豫瞻）和老二岷曾（字梁瞻）是孪生兄弟，当时都是二十岁的弱冠之年，互相之间自称是隐居在渠亭山和仙人山学道求仙的高人隐士，他们各自吹捧对方将来前程远大都是帝王身边的人，或者是汉代刘邦的谋士张良，或者是战国时楚王身边的文学侍臣宋玉。可惜老二岷曾在二十一岁时就不幸早早地去世了。那时的侯老三岐曾（字雍瞻）正是头顶扎着两个发髻的顽童，经常嬉皮笑脸地抢夺两位兄长手中名家绘制的竹骨纸扇，这小子正在进行诗词的启蒙，口中念念有词地背诵着那些"雪跨对霜悬，桃红对柳绿"之类的联语，进行诗词格律的基本训练。冯老三梦熊当年也在西堂刻苦学习唐代的名篇，背诵着李商隐的"弓声破漠剑气凌"等慷慨激昂的词句。他们各自学习自己喜欢的知识，如同汉代的大将韩信、彭越坚守着自己的阵地，互不干扰。就像是三国时期东吴大帝孙权忌讳蜀中的刘备和中原曹操的实力，维持现状，不越雷池一步。还未达到唐代燕公张说在殿试结束初登龙门时的得意忘形的境界。想当年张说傍晚时分参加完殿试，因为策论第一，正踌躇满志地迈出洛阳皇宫的端门，名声如同牡丹花那般誉满京城，红光高照天灵的仕途前景使他得意洋洋。宋代诗人梅尧臣在诗中描绘当年的张说时写道"试寻燕公旧赋笔，磨圭刻碧独可完"。而如今岁月荏苒，时光匆匆流逝，侯家老三和冯家老三一样依然困顿于那些秀才之间，尚未取得功名。候老三勘刻了当年在西堂学习时写作的那些文章，已经汇编成文集，而以初稿对冯老三说，西堂我们的相会，至今未有离散，咱哥们依然心心相印。回忆起当年读书时的情景，我们如同玉石相碰撞发出美妙的磬声，声震全城，俨然也算是名士了。我们同窗共读，切磋学问，没有一天虚度过。那是令尊侯震旸先生刚刚考中了进士尚未到朝廷履任时所度过的美好时光。

由此可见，冯老三回忆起和候老三同窗共读的美好时光，留存着那份同学间美好的感情，其中蕴含着诸多仕途蹉跎的感慨。显然十多年过去了，侯老三16岁了，侯老大已经考取进士，冯老二虽然长期困顿场屋，但也成了著名的作家。只有候老三和冯老三依然是在太学里读书的秀才（诸生），实在是有些怀才不遇，壮志未酬。于是他借助为老同学侯岐曾新书写序的机会，回忆往事，发发牢骚。

这篇序文选自于《吴郡文编》。是清人顾沅汇辑的一部文集，共二百四十六卷，四千多篇文章。据路工《访书见闻录·顾沅编辑得〈吴郡文钞〉》介绍，该书成于道光七年（1827年），稿本原存苏州市文管会。大约在六十年代初，发现其中有署名为"冯梦龙"的十七篇轶文，遂辑钞为一册。《冯犹龙文钞》之名，就是辑钞者添加的。其中的文章多为冯梦龙的研究者所引用，但是对于作者究竟是冯家老二冯梦龙，还是老三冯梦熊学界多有争议，属于未经"考订确认"的冯梦龙著作。

这批文章因存在疑问，未能收入《冯梦龙全集》[①]，有学者从行文风格分析应是出于老三冯梦熊的手笔。从年龄和学业成就而言，和侯家兄弟同窗共读的只能是冯梦熊，因为三十八岁的冯梦龙已经是小有名气的作家了，不可能混迹于这批小到未成年大到弱冠之年的年轻人中再去读私塾。冯梦熊出生在哪一年已经不可考，从序文自述推测，和侯氏三兄弟同窗共读的只能是冯家老三。可以确认的是嘉定侯家和苏州冯家关系非同一般，属于通家之好的世交是无疑的。

综上所述，可以从这篇序文看出，冯家老三曾与嘉定"三瞻"即侯峒曾（字豫瞻）、侯岷曾（字梁瞻）、侯岐曾（字雍瞻）关系是非常密切的。侯峒曾之子侯玄瀞所编侯峒曾年谱《侯忠节公年谱》万历三十七年（1609年）条载："府君年十九。复从太常公读书于虎丘铁花庵。所为文章日益富，有《韡韡编》行于世。"可见《韡韡编》刊行于万历三十七年。黄门先生即侯峒曾等三兄弟之父侯震旸。

---

① 《冯梦龙全集》，江苏凤凰出版社，2007年9月。

第十章 国变后的留都君臣

根据民国时清史学者胡寄尘（蕴玉）先生在《清季野史·发史》记载[①]：

侯纪原，字柜园，嘉定人，侯峒曾犹子。峒曾以城陷不屈死，长子演，次子洁皆死。柜园与峒曾幼子潚适在他所，不及于祸。已而捕潚之诏下，柜园不暇顾家，竟挟潚以逃。讹言追者将至，潚大惧，欲归就死，柜园持之泣曰："汝死，吾世父目不瞑也。汝速行，吾代汝死。"乃大书潚之姓名于衣带，跃入水中。会有泅而振之者，良久始苏，土人询之其故，叹曰：此忠义也，盍留故衣于水次？尚有追者，当以示之，绐令求尸水中耳。柜园从其言，易服夜走吴山，一老僧谓之曰："君发如此毿毿，保无有执汝以求利者乎？"柜园曰："身可死，发不可剃也！"老僧曰："既不剃发，削发为僧可否？"柜园领之，乃更名一正。"潚亡命，亦削发"，匿于扬之天宁寺。

也就是说侯峒曾满门忠烈，除老大玄演、老二玄洁随从父亲殉节外，老三侯玄潚，在清廷下诏捕捉时，随峒曾义子侯柜园亡命，后削发为僧，藏匿于扬州天宁寺，完成了父亲年谱的编纂工作。

根据现存的史料记载，冯家老三和温文尔雅老成持重的冯家老二在性格上有较大的差异。老二更加具备了孔子所要求的中庸性格，但是在人生关键处，依然毫不犹豫地选择了舍生取义效忠帝国的人生归宿，冯梦龙显然属于圣贤所要求的那种忠烈人格。而冯老三属于与温柔敦厚无缘与中庸之道格格不入的进取型人格，历史上被称为"狂狷"者是也。这种人格，有悖礼教，属于那种"越名教而任自然"高扬人性大旗反抗邪恶现实的角色。这是一种从来不为专制正统势力所认同的叛逆人格，从某种意义上代表着人的主体意识的觉醒，是敢于反抗专制黑暗，标榜独立个性的社会异端势力，更接近于明末学者李贽和颜山农那般被称为"狂禅"的性格。历史上没有冯梦熊落发为僧的记载，但是他最终穷死在寺庙是无疑的，也就是说他在生前经常寄身在寺庙和佛教有着密切的联系。

可以说冯梦熊个性非常鲜明，虽然才高八斗，却终其一生郁郁不得志，最终死于贫困。他是一位嫉恶如仇，耿怀刚肠，特立独行，具有英雄气概

---

① 《清季野史》，岳麓书社，1985年12月，第238页。

和狂狷气质的诗人，秉持着孟子"富贵不能淫，贫贱不能移，威武不能屈"的大丈夫情怀，对社会弊端大胆抨击，拒绝攀附权贵，对贫苦大众怀有怜悯之心的仗义行侠之人。

冯梦熊有文集，但今已不传，仅有老朋友侯峒曾一篇《友人冯杜陵集序》对其性格特点的描绘栩栩如生。此文收录在《忠节公全集》卷十中：

呜呼，此余故人杜陵冯君之作也。君初名梦熊，字非熊……往余兄弟与杜陵同事笔墨者累年。知其为人率略似狂，癖狂似狷。谈皆舞笑，动与俗疏。时时有所激昂诋讥，皆傅会书史，以发其诧傺无聊不平之气。自予辈交知十数子，临觞接席，非君不欢，而为爱居之贼者亦不少，故所知多忤。然其为人，有独立之行，尝贫病不能出门户。其友某为关白于有司，得若干金。君明日尽以散诸贫族，身困如故。盖君之狷介若此。所为诗文亦矜奇迈俗。万历辛壬之间，名满江左。主司佹得而失之。自是而后，渐诘曲世间，不遂时好。为诸生黜者屡矣。竟以穷死。死且无子，殡于萧寺。僧举一被覆之，仅乃得无暴体，闻者悲之。

用现代的话说，冯家老三是一个才学出众的性情中人，和侯家兄弟都是老朋友。他们多年在一起读书学习写文章，侯家兄弟都知道他为人率性略脱形迹，是个不拘小节，不按照常规礼教办事的人。此公看上去很狂妄，但也是具备做人底线的。也就是孔夫子所言"狂者进取，狷者有所不为"的狂狷之徒。谈笑之间，幽默有趣，手舞足蹈，经常悖离礼法风俗，时时有偏激的言谈举止，对时弊嬉笑怒骂皆成文章，还喜欢引经据典加以抨击，以发泄其失意无聊心中郁闷不平的愤懑。他们交往相知的十多人，经常在一起相聚喝酒，没有冯老三参加酒桌上就失去了欢乐和热闹。而和冯老三在一起相知相交的朋友，有人对他的生存状态提出过诚恳的劝诫。但是，他都以为是违反了他的意志和个人的秉性，难以接受。

看来，冯老三的性格非常执拗。他为人特立独行，很有些诗人屈原似的清高孤傲和嵇康等名士般的狂放不羁。梦熊经常因为贫困和疾病难以出门，朋友将他的情况向官府禀报，官府给这位穷困的太学生以补助。但是他拿到钱之后，立即将钱散发给了贫困的老百姓，他依然贫困如故。他就是那么一个狂狷耿直乐贫安道济危扶贫的侠义之士。而他的诗文境界高迈奇诡脱俗，在万历辛亥和壬午年间名满长江以南。失去了官府的补助，冯老三越来越穷困，后来竟然穷困而死。冯老三终身未婚也没有儿子，死在一座破庙中，和尚仅以一床破被覆盖了他的遗体，而免于暴尸街头。听说他的死，朋友们心中都很悲伤。

侯峒曾这篇序文写得很有感情，将冯家老三经济窘迫穷困潦倒的生存状态以及率性而为的个性，写得非常传神。可以说冯老三就是一个在黑暗社会敢爱敢恨的"少年哀乐过于人，歌泣无端字字真"，耿怀赤子之心的性情中人。可惜慷慨有大义的冯老三文集，我们已不复可见，仅留下了侯峒曾这篇序文，可见其精神风貌之一斑。

冯梦龙虽然困顿于科场，久试不举，依靠着秀才有限的生活补助过着贫寒的底层知识分子生活。但是他在一方面坚持不懈走着科举仕途，一方面瞄准了在商品经济大潮中訇然而起的市场，寻求在市民社会兴起的文化需求中渡过困境的方式。这就是与当时勃兴的出版业结缘，他瞄准科举市场写下了一批阐述"四书五经"的科举教学辅导畅销书，也根据市民社会的需求改编了唐宋传奇写下了脍炙人口的《三言》《列国志》等通俗小说，开我国通俗小说之先河。同时他还根据官场和民间阅读需要和感情倾向收集整理了《智囊》《情史》《古今谈概》，在民歌收集、词曲、戏曲创作均有大量作品勘刻问世，而且本本都是畅销书。因而不必靠写应酬时文为生，其出版投入市场的经济效益就非常可观，足可以维持体面的名士生活。这在他五年的寿宁知县任期就可以看出，为了社会公益事业，他经常捐献知县俸禄，可见那微薄的官俸对他而言是根本不放在眼里的一点零花钱而已。他需要的是良好政绩和循吏的清廉，可见他去寿宁履职是带着一定的积蓄前往的。因此，他完全不需要去靠迎来送往的馈赠敛财，因为他有着较强的经济基础作为后盾来维持官员的廉洁和体面生活。

而冯老三就不同了，至少有朋友郑重劝过他改变自己的行为方式，屈就于世俗，写写应景诗文，混点银子，走出贫困，不妨效仿乃兄梦龙先生，走走世俗市场化道路。但是遭到标榜清高，珍惜洁白羽毛和高尚名节的冯老三严辞拒绝。他宁愿安居贫困，绝不趋炎附势，去钻营觅取财富之道。姚希孟《文远集》卷二一《书牍》中保存着这样一封《致冯杜陵函》，透露出了这样的信息，这对我们破解冯梦熊的思想生平非常有帮助，故全文引用如下：

连得吾兄手教，惨悴无聊，溢于楮墨。每与东林兄相向咨嗟，几至下泪。以吾兄才具，天既厄其一遇矣，又何故而降之酷罚，乃至于此。得非眼光太毒，舌锋太尖，本以涉世日深，感愤日甚，而时有申、商之言，乃感此缘耶？虽然，以吾所见所闻，五十奇穷而竟能晚达者，比比矣，又安知天之非老其才，培其德，而故以此相折磨也？兄宜善承此意。至于涸鲋之濡，弟实不能为兄计。一席皋比，难于南面王。即巧为曹、丘者，安所置喙？而吾兄真率自赏，少世上繁文习俗，恐不能与俗物周旋。且无论其它，即如沈去疑十载丹阳，合三千七十而教诲之，屡试屡挫，而诸弟子与其父兄之心终不变，兄能有此作用否？又如徐汝廉之家事不至于四壁，而一日饭，一日粥，兄且以金粟孤僧为檀樾，而午有肉，夜有酒，出有仆，能甘此澹泊否？又如启美家舅，文字生涯，凡城中锦帐颂祷之文，皆出其手，每篇必一金或二三金，不皆入格，而可以谀俗。又如徐阆风所号为独行君子者也，而少宰韩宗伯之高文大篇，皆代为捉刀，以此有田有庐而终身不困，兄能有此应付否？以此数者参之，致贫之道在此，救贫之道亦在此。爱兄者莫如弟，故敢以狂真之言进。弟五六月间准归矣，弟归虽不能策兄，然朝夕相过，或不致寂寞耳。

这显然是冯梦熊在遭遇噩运，处境奇穷时，向朋友求助，而姚希孟为其指出了"救贫之道"。按照姚先生所见，以梦熊先生的才华，老天不应该降落厄运以梦熊之身。那又是什么原因给他如此残酷的惩罚呢？主要原因是老兄偏执的个性所导致，你思维敏捷，眼光毒辣，语言尖刻，涉世越深感慨和愤怒积聚越多，时时还有些效仿战国时期魏秦申不害、商鞅这些法家的言论，企图染指朝政，改革帝国弊端。这些颠覆帝国的言论都是敢于冒天下之大不韪的话题。以姚希孟的见解，五十岁时处于极端贫困而后发达的人比比皆是，又安能知道老天会否定老兄才华不培养你的德行，老是以磨难来折磨你呢？至于你老兄自比像是陷身于沙滩的鱼那样急需以水救援，我是不能为你筹谋的，因为远水解不了近渴。能够给你的只是一些建议，又怕老兄性情率真自我欣赏，缺少对尘世繁文缛节的认知，难以适应凡俗的习惯，恐怕不能和庸俗的人物去周旋。

应该说姚希孟对于冯梦熊秉性的分析是准确的，给予的从根本上解决梦熊生活困难的建议也是切合实际的。他在信中所举诸人，多为冯氏昆仲友侪，如沈几（字去疑）天启六年曾为冯梦龙《智囊》作序，文从简（字启美）曾与冯氏昆仲有诗往来，徐允禄（字汝廉）曾为侯峒曾兄弟私塾老师，与冯梦熊一起"读书西堂"等等。

姚所举适应世俗以纾解冯老三生活贫困之忧的四个途径中：梦熊显然没有乃兄设帐授徒的经历，对穷极之人讲"一日饭，一日粥"的"安贫乐道"之术也不中用。而由侯峒曾"使得稍稍委蛇诸公间，假其笔扎以为终身资，上者如陈琳书记，马周代奏，次之亦比义山、飞卿之所为。纵不得其科第，安在不可以显其名声而赡其穷？而冯君倔强如故也"（《冯杜陵集序》）。侯峒曾曾经建议冯老三以自己出众的文采效仿三国时期名士陈琳周旋于袁绍、曹操诸公之间，充当幕僚，以文字换取资本；或者如同唐代的马周先是混迹于权贵之家为人代写奏折，渐渐进入官场，不也混成了宰相；其次也可效仿李商隐、温庭筠之流，即使没有科举功名，也可以以文章换取名声而补助贫困的生活，而冯老三倔强如故，并不接受友人们的劝告，乃至贫困而死。他梦熊显然也没有走那条"捉刀"的幕僚意愿。于是能否可以走卖文谋生的道路呢？也就是"文字生涯，凡城中锦帐颂袴之文，皆出其手，每篇必一金或二三金，不皆入格，而可以谀俗的'文从简道路'了"。

所谓文从简道路，无非是写作那些婚丧祝寿的应对风俗的文章来换取每篇一金或者二三金的收入卖文为生之路。这条道路，冯梦熊也不屑于走，那么只剩下一条路，就是在浑浊的世界走向末路，贫困而死，这对自视甚高的冯梦熊而言，不能不说是一条悲剧性的人生之路。

纵观冯梦熊的一生，完全对应了从春秋战国时期屈原楚辞《离骚》所发轫的"士不遇"现象所形成怨诗传统。乃至发展到以孟子发端对于狂放的个性对于极端专制反弹的肯定。走向力主个性自由，相对专制体制而言的异端人格，这就脱离了儒家正统的道德说教，形成狂狷人格。汉代司马迁所总结的发愤著书到魏晋时期出现的阮籍、嵇康都说明了个体政治环境生存状态的恶化，往往导致怨愤心态的产生，使得"越名教而任自然"的个性化道路，成为体制外知识分子生活的常态。

然而，这一切的闲适、飘逸或者狂放、啸傲都是以良好的经济基础为保障的生存状态，如同三闾大夫尚有官俸可依，五柳居士也有家财可靠，至于阮籍、嵇康等名士均为前朝官僚贵族子弟。那些特立独行而不依靠朝廷生存的狂狷之士在经济上皆可独立。独立的个性和思想才能够有条件去广阔的空间驰骋。而经济基础的消失，又不愿为五斗米折腰，坚守道义和良知的在野之士，那只能是冯梦熊似的"竟以穷死"，所谓穷途末路莫以冯老三之死为甚。

姚希孟的信没有编年，但由"弟五六月间准归矣，弟归虽不能策兄，然朝夕相过，或不致寂寞耳。"可以窥知出姚的行踪。据《归庄集》卷七，姚氏是于天启五年"被杖夺京职归"的。请注意，这正是《文钞》大批文章的开始时间。

据明史记载：姚希孟，南直隶苏州府吴县（今属江苏）人。希孟十月，父亲去世，由寡母文氏（属于苏州文徵明家族成员）一手抚养成人。母亲又对他寄寓了很大的希望。后来他和舅父文震孟一起念书，在当时都负有盛名。姚希孟于万历四十七年中进士。天启年间，震孟也考入翰林，甥舅并执清议，名气更是远播四方。但是，姚希孟的仕途并不得志，他和舅父文震孟被阮大铖、崔呈秀之辈作为献给魏忠贤的《天鉴录》列为东林党成员，遂削籍。后来，魏忠贤势败，他的党徒倪文焕害怕受到株连，就派人送厚礼以求得解脱，被希孟知道而报官，可见希孟是一个很正直也很率真的人。但是，也正是因为他近于迂的这种正直，使他一直郁郁不得志，受人排挤，崇祯年间，希孟与姚明恭主顺天乡试，有两个武生冒籍而中试，在这件事中，群小恶希孟，而把责任都推在他的身上，被当权者温体仁等借机贬官，从詹事贬至少詹事，掌南京翰林院，卒于崇祯中期。

冯氏家族和文徵明家族成员有着良好的关系，冯梦熊和姚希孟也是知心好友，因此对于冯老三在经济上求救的信息，老姚还是希望老三发挥自己的特长和优势，面对现实，放下身段去世俗世界中谋取生存之道，因为以他的文名是足以担此职责的。姚希孟《冯杜陵稿序》云："友人冯杜陵，才名夙著，至酉、戌间而欢噪逾狂。一言既成，人必手录而出入携之，如谢玄晖惊人诗。通国之内，上自荐绅，下迨学语小儿，无不奇其才。"（《响玉集·制义序》）侯峒曾也证实了他"所为时文亦矜奇迈俗，万历辛、壬之间名满江左，主司俖得而失之。"（《冯杜陵集序》）合姚、侯两说观之，则梦熊时文享有盛名的高潮，当在辛酉、壬戌间，即万历、泰昌、天启改元之际。但不料"自是而后,渐益诘曲世间,不逐时好,为诸生蹶者屡矣,竟以穷死"。

可见冯老三至死不放弃自己对于价值观的坚守,所谓人穷不失义,道穷不失节,在道义的坚守中如同西周时期的伯夷、叔齐那般走向了死亡。是本色人性的诗人,是和官场戴着理性面具的政客有本质区别的不同人格体现,从骨子里就厌恶吹吹拍拍,两面三刀,以假面示人,对于功利的投机钻营。因此,他是狂放歌哭喜怒哀乐溢于言表的性情中人。

冯梦熊存世的诗歌有《哭通家子侯仲子文中茂才》(指二十一岁英年早逝的侯家老二侯岷曾,载《天启崇祯两朝遗诗》卷八)的诗:

知尔修文处,犹能誉我私。
掬将千古泪,洒作五言诗。
艺苑悲年少,德门叹数奇。
遍除之子耗,惨淡到春迟。

沉痛之至,也表现出他与侯氏昆仲的深情厚谊,正与《侯雍瞻〈西堂初稿〉序》所叙契合。

至于《文钞》中表现出来的对天启年间政治黑暗的愤怒和抨击,也与冯梦熊的诗作相关合,如陈仁锡之子陈济生辑的《天启崇祯两朝遗诗》中选的这几首:

《南中杂诗》

南床谏草又中留,天意垂衣岂睿谋。
钩党清流唐汉季,杞忧婺恤圣明秋。
章缝误国齐华省,节钺筹边孰倚楼。
风雨孝陵十载势,江湖愁绝到松楸。

《南中杂诗》(笔者今译)

忠心谋国的大臣敢于直谏
谏言如同警钟在君王耳旁敲响
振聋发聩,引人警觉
奏章往往被留在圣上床头备览
然而,悬挂的毓冕
挡住了王的视线

奸佞的谗言闭塞了圣聪
忠言逆耳，还是被
束之高阁，留中不予下发了
多难之邦，幻想着尧舜之世
去垂衣无为而治，绝非睿智的谋划
对于朝中清流人士的钩党陷害
诬蔑诽谤，仿佛使人回到汉唐
党锢之祸重启，扰乱了朝纲
阉党对清流的迫害气焰嚣张
实在是忧心国事啊，如同是
失去了丈夫的未亡人在纺纱织布
不怕织得少，担心家国亡
明察秋毫的圣明君主啊
你能够体察臣民的忧心如焚吗？
空谈大义的腐儒，那些陈旧的说教
耽误了国家振兴的大业
又怎能去齐家、治国、平天下
光复我失去的边疆故土呢？
有谁能够手持节钺镇守边关
筹划日益颓败的边防事务
收拾即将坍塌的大明城楼
狂风暴雨吹打着太祖皇帝的陵寝
孝陵浸淫已经有十多年了吧
我身在江湖，看到的只是皇陵墓地
松树和楸树在愁绝中相对饮泣
……

《中秋寓虎丘，客言时事有感（二首）》
闻君时事大堪忧，我自清樽当老谋。
直挽横流回倒海，任他杀气阻邢沟。

么么无地戎生莽，瞑眩何年国始瘳。
独有一愁非兔窟，鱼肠肮脏久荒丘。
阊阖墓望阊阖城，时事传来付半酲。
六月从他书雨雹，一杯劝汝扫长庚。
歌声名上申公法，鼓角楼头觥客程。
独吊太丘经济好，黄巾有狃坐消萌。

《中秋寓虎丘，客言时事有感（二首）》（笔者今译）
中秋月圆之日
月色笼罩着虎丘山麓
有客来访，我们对酒当歌
畅述天下大事，勾引起无限忧愁
面对清樽醪酒，筹谋国事
真他妈想将滔天浊浪
挽回了倒流去东海
澄澈海宇，天下太平
任凭他杀气腾腾，设阻在邗沟
绵绵的心思如同芊芊绿草
已经失去了生长的地方
只能存活于野地林莽之间
如同地火在民间流窜
吃错了药的国家啊
使臣民头昏目眩，昏昏欲睡
如何能够医治帝国的痼疾呢？
黑暗的现状，实在令人愤懑
我独自忧愁啊
只能在隐居的兔窟中发泄悲愤
如同肮脏的鱼肠抛弃在荒凉的山丘
太久太久
……

阖闾
吴国开天辟地的一代雄主
在坟墓中守望着苏州古城
时时传来消息，令人沮丧
只能在半醉半醒之间去听取
姑苏六月，天降风雨和冰雹
天象示警，我们相对而饮
慷慨悲歌，饮尽这杯醪酒
哥们共同去扫除西方的长庚星
实现我们驱除世道不公
伸张正义的理想吧！
听，那城楼上擂响的战鼓和
军营中出征的号角，那是召唤我们
喝完了酒，踏上征程去征服跶虏
收复失去的山河故土
将李自成贼寇的邪恶锋芒
挫杀在萌芽之中
……

对于冯梦熊三首律诗的初步翻译，我们可以体会到这位明末狂狷之士诗歌的风格：沉雄大气，想象奇诡，用典丰富，直击朝政腐败，包括矛头直指昏庸无道的君王，忧国忧民之情溢于言表，慷慨有大丈夫浩然之气。显然，朋友们想要这样的慷慨悲歌之士放弃自己的价值追求，去融入世俗显然是十分困难的。他这种耿怀悲壮风格的诗歌，对于性格温和、处事稳重、汲汲于功名、追求中庸理性的冯家老二冯梦龙是做不出来的。因为冯家老三终其一生是生活在痛苦的感性诗意之中，完全符合韩愈对于"国家不幸诗家幸、赋到沧桑句便工"的对于诗歌的定义。国家遭遇风霜，飘摇不定，诗人才会有素材，而且感情才会激昂亢奋，诗歌是激情的产物，如果一直是安定的生活，诗兴是会被磨浅的，必须是极度的愤怒，极端的情感，才会有极好的诗词。此谓"国家不幸诗家幸"对于诗歌价值的定义。

当然，文人学者除了才华，还有文人本身的天性禀赋、生活经历的折射。文人生活沧桑，句子中的感情就会饱满真挚，这就是赋到沧桑句便工。所谓"诗穷而后工、愤怒出诗人"就是谓此，亦都是大同小异的。可惜当下我们已经看不到冯梦龙这位性格天赋都不同凡响的老弟更多好诗。显然，他是颇有古代名士不步肥马尘，不叩富儿门，不为五斗米折腰的风骨，宁愿在贫困中饥寒交迫而死，也绝不放弃气节去添疮吮痔屈辱苟活的。

冯梦熊的文风，据姚希孟看来，是"吴会一派，习为轻扬和媚之文，其弊至于有肉无骨，有花无实，脚板相随，莫之振起。而杜陵标新立异，常有'古人不见我之恨'。高竖义幢，横开笔阵，至于抵掌骧眉，雄谭侃侃，人如其文，文如其人，又一快也。"（《冯杜陵稿序》）用侯峒曾的话，是"所为时文亦矜奇迈俗"，"独私叹杜陵负博闻强记之资，虽心肠如铁，而下笔绮靡，辄有金谷河阳之丽"（《冯杜陵集序》）。我们看他为《麟经指月》作的序，是能见出这种风格的，虽然以后人之见，这是一种用典没有尽化，词义力求古奥的弊病。

七、反清复明梦难圆

冯梦龙再次由浙江进入福建很大一部分原因是冲着已经任职南明隆武政权的首席内阁大学士兼任兵部尚书的黄道周去的。在年龄上说，他比黄道周要大了十二岁，但是在进入官场的资质上讲黄道周要比他硬正得多。官场是讲出身的，黄道周是正经科班进士出身，而且在崇祯朝就曾经担任过内阁部长，是差一步就进入内阁中枢的理学重臣。虽然老黄两次入狱，九死一生，两次罢官，又重新起复，反而使他忠直之名，誉满天下。在明末士子心目中黄就是一位为了真理而不惜献出生命的贤人、圣人。在闲居家乡期间，他举办书院，讲授理学，更是桃李满天下，学生故旧遍布官场、学界，这一点也使得黄老先生对于在福建反抗清朝统治振兴大明帝国信心满满。

黄老师的心态和愿景不可能不影响到黄的忘年之交，苏州宿儒、大作家冯梦龙在政治上的选择。况且这时候冯老先生已经编撰完成《中兴伟略》一书，正准备踌躇满志地奔向帝国中兴的临时首都福州，去公开勘行问世，实现自己的梦想。他的老朋友，黄道周先生正在向他招手，他没有不去的道理。他义无反顾地带着大儿子冯焴去了,这一去,就没有再能回头。

崇祯十七年(1644年、清顺治元年)黄道周曾经非常勉强地在南明弘光朝担任过短暂的礼部尚书兼侍讲学士协理詹士府事,这官儿也就是从当年九月到年底,不足三个月。那是因为诸事和马士英、阮大铖等阉党余孽多有不合,第二年春,以祭告禹陵为名,离开南京去了浙江,离开前他上疏弘光帝大谈祭祀禹陵的重大意义,现在看这份奏疏,从古至今,引经据典,大谈国难当头,巧用奇兵而使得旧朝得以复兴的故事,顺便谈到了自己的用兵方略:

必如臣愚,得一沉鸷之将,简士三万,春粮一百日,出赣榆韦桥,东逾破车,渡临朐,历博兴,直上盐山、沧州,此间千四百里皆荒旷。如升墟邑,惟临朐、安丘、乐安、阳信之间稍有屯聚,可因粮而食。走七昼夜,至武清,渡白沟,出其不意,从天而下,卤有啸指望宣大关门而遁耳。然后致陛下哀痛之意,祭告扫洒,上十三陵,与长安士民拭涕而靓九庙。

最后他写道:

至于禹陵,三千余载,犹蒙兴朝缱念,宠以太牢,而天寿诸陵,经年缺然。追忆往时,谨从祀官柩趋瞻拜。①

此疏虽然写得文采斐然,说得头头是道,想当然地将武力收复旧河山,祭告十三陵,攻取北京城,看得如同探囊取物那般易如反掌。不过终究纸上谈兵。和他后来离开隆武小朝廷去江西募兵一样的盲目乐观,一样的傲然自负。其实潜藏着自己复杂的心思和南明小朝廷派系斗争的诡异。在朝中他的对立面马士英、阮大铖看来,这只不过书呆子黄道周空发书生议论而已,找一借口逃离朝廷。他们只不过以弘光帝名义顺水推舟,满足了他的愿望,将这个自视甚高的政治对手礼送出了朝廷。免得他借助自己清流的威望在朝中指手画脚说三道四。在黄道周先生离开后的两个月,是年五月南京被清兵攻下,弘光朝覆灭。

从政治谱系而言,黄道周当年是东林党的领袖,本意是和史可法、钱谦益一样,希望立潞王为监国。但是从宗亲远近而言,福王和崇祯均为神

---

① 《南明史料八种·南渡录卷五》,江苏古籍出版社,1999年8月,第348页。

宗嫡系一脉相承，故从宗法亲疏而言，应当立福王。皇权时代的帝位继承，血统亲疏是重要条件，如果没有一定的选择标准，凡朱姓王公均有继统自立为帝的可能性，天下几百个朱姓王爷都会争抢这个炙手可热的皇位，天下还不大乱。这就是甲申之难后，立亲还是立贤的继统而争。从血缘亲疏和皇位继统礼法而言，显然立福王是在情、理、法三者之中的。

只是东林党人暗中担心福王上位后，去翻万历、泰昌、天启朝的旧案，这就涉及福王祖母郑贵妃当年争国本延续到后来的廷击、红丸、移宫等诸多旧案，这种旧案的翻盘又涉及崇祯朝对于阉党逆案的翻盘和已经被查禁的《三朝会典》重新定性问题。这样明末的历史又要重写，因此朝中的东林大臣和他们的几社、复社子弟绝不愿意看到这样的政治格局出现。如果不是来势凶猛的清军，马士英、阮大铖其实已经在朝政掌控上得手，并已经举起了清算的屠刀准备挥向朝中大臣和社会上几社、复社的青年骨干。黄道周、刘宗周、陈子龙、祁彪佳等人已经抽身退步，离开了小朝廷，史可法也已经退出权力中枢，去了扬州。

黄道周原本就不肯在弘光朝任职，只是马士英一句激将说："你难道还想立潞王为监国？"他才非常勉强地出任了朱由崧任命的礼部尚书、侍讲学士兼管少詹府事的职位。现在他借口祭扫禹陵，仿佛鸟儿飞出了牢笼，获得了暂时的自由，天命所归，内部分崩离析的弘光小朝廷，只是轻轻被多尔衮小拇指一弹就如同多米诺骨牌那般訇然倒塌，可谓易如反掌。

此刻，黄道周从绍兴禹陵回归江湖，他没有留在绍兴等待鲁王朱以海的到来，而是将自己的官船荡桨去了富春江，当然他雄心勃勃暂时还没有东汉颜子陵那样隐居富春江的打算，他依然希望闲居住在杭州的潞王能够担当监国之使命承继明帝国的大统。而此时清廷固山贝勒的大军正对杭州城虎视眈眈，潞王殿下已经吓破了胆子，开始隐居不出。

尾声：魂归苍茫山水间

一、中兴梦破身死泪满襟

顺治二年（1645年、隆武元年）秋，七十二岁的冯梦龙在战乱频生的颠沛流离中，去了浙江，最终在流寓台州期间，编撰完成了他的最后一部著作《中兴伟略》在引言中他不无悲愤地写道：

中兴伟略者，为南北变故而辑也。我太祖高皇帝逐胡清华，三百年来文治日久，武备废弛，官军眼眼相觑，贪生怕死，是以至虏寇两犯神京，震惊皇陵，莫大之惨，莫大之冤，恨不咀其肉而灰其魄矣。迨闻吴总兵三桂、洪三边承畴矢志恢复，合谋杀虏，辅弼新主登基。此反虏为明之策，莫大之勋，莫大之泽，泄三百年来不刷之冤，此人人共快，万姓欢呼着也。闽中南安伯郑芝龙，全诸故老元勋朱公继祚、黄公道周等恭迓唐王监国，固守闽广一隅，诏谕彰明，招贤纳士，待天下之清，协扶幼主中兴大务，恢复大明不朽之基业，在兹举也。

完全可以想象出流寓中的七十二岁大明老臣，在秋风细雨中穿越在浙江的山水之间，寄寓在友人或者寺庙之中，目睹了甲申年到乙酉年的种种沧桑事变对他的心灵造成了巨大的冲击，他收集了江南官场和民间种种公文邸报以及那些慷慨激昂的讨贼文件，在激昂的文字和响亮的口号以及那些似是而非的中兴伟略的谏言建议中，堆积起了自己的雄心和壮志。这些纸上谈兵的豪言壮语灌注了更多的错误信息，然而，由于种种原因，南方你方唱罢我登场的小朝廷始终没有实施一步的北伐，使得中兴的想象始终停留在那种对仗工整，辞藻华丽的文辞和响亮的口号中。

透过这些文辞和口号，可以看到小朝廷承继着大朝廷一脉相承的党争内斗和文武之间的争权夺利。最终四分五裂，坐失政治、经济、军事上的优势，在清军铁骑的扫荡下，一个个小王朝灰飞烟灭，冯梦龙的理想壮志化为烟云。他在秋雨敲窗的僧舍中完成的这部著作，成为绝响，甚至中华大地都未能流传，却在过去了若干世纪后的日本被发现。

穿过这些悲愤文字的字里行间，我们可以看见这位饱学之士，对于太祖驱逐鞑虏皇皇业绩的追溯，以至太祖定都南京后对于武臣集团虐杀和文士集团的严厉掌控而自废武功导致了"文治日久，武备废弛，官军眼眼相觑，贪生怕死"的现实，明军的缺乏战斗力是明代政治军事体制导致的结果。而此时的冯梦龙和南明的文武大臣和士子一样对于天下军政大事的盲目，在吴三桂和洪承畴早已经媚颜事敌并亲率大军对于帝国残余进行征讨的情况下，依然视为帝国中兴可以依靠力量加以赞美。而这些文章的主要声讨对象是针对农民起义军的。

他所列举的帝国五位老臣至少有其中三位都投降大清帝国成为新朝的大臣到底中兴了那边，事实已经做出了注解。而帝国一代儒学宗师素有东林党之称的朱继祚和黄道周却始终效忠于帝国，最终在组织义军抗清中完成了自己忠烈人格的塑造。

冯梦龙作为始终周游在儒家学说圈子里的老学士，他的思想脱离不了忠君报国的窠臼，他最终要选择的只能是舍生取义，杀身成仁的道路。因此，他很可能是受到老朋友黄道周的感召在鲁监国流亡海上时，带着他的《中兴伟略》去了福建。是先去了福州刊行出版了《中兴伟略》，还是由浙江台州进入福建闽东的古田，走进闽东他所熟悉的山区进行反清复明的组织工作，还是沿海路进入福州，目前已经没有史料可供考证。总之，在当地《建宁府志》记载，建宁地区曾经对于入侵清军进行了殊死的抗争，而引发了惨绝人寰的大屠杀。

冯梦龙到底死于何时何地，冯学界历来有争议，传统认为是死在故乡苏州。而近年来异军凸起的福建冯学研究者们，对于冯梦龙晚年在福建的行踪进行了大量的考证研究，综合大量地方志记载以及民间传说和新发掘出的史料，确证冯梦龙死在福建的抗清一线，这和祁彪佳日记记载，冯梦龙先是在顺治一年（1644年）八月鲁王启行台州追随鲁王台驾，子犹此行，或与此有关。

根据沈自晋记载，顺治二年（1645年）初，冯梦龙经浙江去福建。顺治三年七十三岁的冯梦龙辞世，老友沈自晋从冯儿子冯焴手中收到冯梦龙《墨憨词谱》未成稿，并在他的《重订南词新谱·凡例续记》中收录他按照冯梦龙绝命诗《辞世》原韵附和的两首七律中有句"生趋一束烽烟阻，肠断苍茫山水间"，显然因为兵燹战火的阻隔，他已经难以跋山涉水返回家乡了，这种地理状态描绘当指闽东的山区，而绝非七里山塘、碧水环绕、舟楫往来、商铺林立、绿树簇拥、人声鼎沸、风光旖旎、繁华富庶的江南水乡苏州市。至于福建学者王凌和黄立云更是经过对于各种地方史料的梳理和实地考察，提出了明确结论，七十三岁冯梦龙死在福建闽东的抗清一线，至于是病死还是被清军所杀，目前还没有定论。

顺治二年闰六月，明唐王朱聿键在当地军阀郑芝龙和明末儒臣黄道周等人的拥戴下在福州称帝，国号隆武。冯梦龙在台州府治所在地临海县天宁寺闻之南明新朝廷的建立，立即动身前往福州，并在福州勘行了《中兴伟略》一书。显然，这时由福建军阀郑芝龙家族掌控东南沿海的一隅，在福州麇集了太多的反清复明的势力，一批以黄道周为首的前明大臣纷纷赶往福州，他们的慷慨陈词加上隆武帝本人雄心壮志形成了浓烈王朝中兴氛围。尽管这些喧嚣仅仅是纸上谈兵似的大话、空话、套话重复了弘光朝初建时期的套路，但是毕竟给残明山水和人心带来了希望。

冯梦龙正是怀揣自己的梦想，带着美好的愿望赶赴福州的。可以想见《中兴伟略》一书的公开面世，一定是得到隆武小朝廷在出版经费上的支持。至于在福州他和黄道周有没有接触交往，因为没有史料的佐证，我们无法断言。但是显然这位当时隆武朝的首席大学士被朱聿键倚为股肱儒学大师对冯梦龙再次跋山涉水趋赴福建是有感召力的。

《中兴伟略》不分卷，扉页题"南窗梓行"，标明为"合南北邸本"也就是本书是在南方出版刊行，所收录的文章均为综合南朝和北朝的邸报即官方文本而成，所谓南朝就是弘光朝和部分隆武朝的文件，所谓北朝乃指崇祯朝的邸报。早在1931年，冯学泰斗容肇祖就著文提出，《中兴伟略》是冯梦龙于"闰六月初二日"至"闰六月二十七日"在福州编印出版的，说"恭迓唐王监国"而不称皇帝，"是在登极以前可知"。《中兴伟略》一书出版发行后，以极快的速度向四方传播，日本正保三年（1646年、顺治三年、隆武二年），即有《中兴伟略》的翻刻本，可见其传播之广，传播速度之快。

《中兴伟略》目次为《弘光皇帝登极诏》等十八篇，实有十一篇。有目有文的十一篇是《弘光皇帝登极诏》《崇祯皇帝血诏》《揭大义以明臣节疏》《北京变故殉难实录节要》《难民确报》《欲建南都中兴奇策》《定中原奇策》《制虏奇策》《吴三桂和番兵谋杀李贼要录》《监国唐王令谕》《鞑鞑考》，有目无文的七篇是《南变榷报（附杀虏快报）》《龙飞记略》《史相公死节报》《唐王诏书》《郑南安同诸老臣迓唐王监国记略》《虏使递战书报》《治乱相因说》。

冯梦龙编撰《中兴伟略》一书的目的就是为了宣传抗清复明。他在《中兴伟略·制虏奇策》中写道："无善将将者，则将不知兵；无善将兵者，则兵不能战。"在清军挥师南下，气吞万里如虎大兵压境之际，冯梦龙希望有岳飞那样的名将，既能够运筹帷幄，决胜千里之外；又能够冲锋陷阵斩将夺关之人来统帅明军，将入侵清军驱逐于关外。然而，当时统治福建的所谓明军将领尽皆出自郑芝龙家族，只知拥兵自肥，保存实力，首鼠两端，待价而沽。

真正希望整顿军备收复失地却是以黄道周为首儒家臣子及其追随者类似于冯梦龙这样底层知识分子。没有强大武装力量和经济实力作为坚强后盾，其他的一切中兴伟略都是名不副实的纸上谈兵，终究化为一场春梦。

冯梦龙由浙江进入福建这条路是如何走的，陆路、水路还是海路我们至今不得而知，也许是水陆并进，舟车交替使用行走在抗清复明的理想梦境之中，因为从临海显然从海路到福州较为便利，再从福州借助舟船或者驱驴前去古田而入寿宁。

七十二岁的冯梦龙带着他的长子冯焞，怀揣国仇家恨，在秋风细雨中由蹇驴拉着篷车踟蹰而行，也许他带着少许书籍和笔墨，昼夜兼程地奔波在台州去福州的路上，一路上忧思悬挂在如痴如幻的旗帜上放飞着自己诗意之幻想，写下一篇篇饱蘸忧国泪水却又不失慷慨悲壮的诗篇，可惜全部流失在历史起伏不平蜿蜒曲折的弯道中，后人不复可见了。

然而，隆武年的这次不凡旅程，显然已经不是崇祯七年的那次仕宦旅多少带有困顿科场苦熬经年，一朝受到朝廷召唤，怀抱初踏仕途的愉悦和轻松，揣着委任状，一路游山逛水，写作吟咏，途中有仆役照料，沿途驿站安排交替接送，到了寿宁界内还可由县政府摊派里役用轿舆抬进寿宁县城，接受当地乡绅的隆重礼迎。

而此番纯属私人性质带有明确政治目的流亡之旅，因为家乡已经沦陷，他只是以退休知县兼前朝耆老的身份，企图继往学，续绝世，游走在孔老夫子当年"克己复礼"的梦中。梦中使命感的驱使，使他知难而上，一往无前，因而再困难的条件和再艰险的环境都不能阻挡其士志于道万死不辞的决心。真理的求索者就是死在路上的，对于冯梦龙而言就是鲁迅先生所言那种死在路上的壮烈之士。既是为挽救旧王朝覆灭的救世者，又是为理想殉难的殉道者。这是符合冯梦龙所受教育的归宿。也就是冯梦龙所批评而又不得不遵循的"愚忠"。

顺治二年的秋天，冯梦龙从浙江台州一路长途跋涉，来到福州十邑之一的古田县，在寺院中与化身为僧的江苏金坛人、明朝故将王祁相识，两人一同前往寿宁平溪开展反清斗争。冯梦龙对古田并不陌生，在寿宁知县任上，他曾多次往来古田，此番从浙江到福州和从福州返回寿宁都必须经过古田。明崇祯七年（1634年）七月，冯梦龙由苏州赴任寿宁知县，就是经古田乘船溯闽江沿建溪到达建宁府治建瓯，而后转陆路到达寿宁。

崇祯十年（1637年）四月，冯梦龙曾与闽中诗坛盟主曹学佺在古田相聚。崇祯十一年，冯梦龙宦寿五载准备返回苏州之前，曾经邀请福建文坛盟主罢官致仕的前明广西副布政使同游寿宁，为鳌阳狮子球岩"一览亭"题联"占山占水些些地，宜月宜风小小亭"，为南阳大莲庵题匾"妙境绝场"。

冯梦龙在任满归梓之时，也是由建瓯乘船顺流而下到古田水口上岸转陆路回老家苏州。曹学佺专程在古田为冯梦龙置酒践行，并赋诗《赠别冯犹龙大令》诗云：

辞君无别径，水次即云崖。胜侣开三雅，清心度六斋。

暂然抛墨绶，旋得傍金钗。河尹风流者，宁妨韵事偕。[①]

曹学佺（1574-1646）字能始，号雁泽，又号石仓居士、西峰居士。明

[①] 黄立云：《一代英灵，魂归何方》，海峡文艺出版社，2015年6月，第95、103页。

代官员、学者、诗人、藏书家，福建福州府侯官县洪塘乡人。清兵入闽，自缢殉节。曹学佺藏书万卷，著书千卷。毕生好学，对文学、诗词、地理、天文、禅理、音律、诸子百家等都有研究，尤其工于诗词。精通音律，擅长度曲，曾谱写闽剧的主要腔调逗腔，被认为是闽剧始祖之一。名联"仗义每从屠狗辈，负心多是读书人"就出自曹学佺之手。万历二十三年（1595）曹学佺以二甲五十名考取进士。会试时，策问"车战"，答曰："臣南人也，不谙车战，请以舟战论。"因而详陈舟战之法。考官张位奇其才，初定第一，因不能破例，改为第十名，授户部主事。后张位被罢官，其门生故吏不敢前往看望，独有曹学佺带许多干粮赶往码头为之送行。事为执政所闻，遂摘取曹学佺会试卷中言论，斥为"险怪不经"，被调任南京天柱大理寺左寺正的闲职，之后又任南京户部郎中。在任闲职七年间，曹学佺精心研究学问。万历三十七年（1609），曹学佺任四川右参政。当时，四川发生灾荒，曹学佺设厂煮粥，赈济饥民，又将饥荒情况绘图上报，获准发放300万两赈济款，"蜀人诧为三百年未有之殊恩"。蜀王府毁于火灾，蜀王要地方官筹资70万两修复，曹学佺援宗藩条例予以拒绝。四川道路险绝，曹学佺集资修复不少道路、桥梁，受到行旅的好评。万历三十九年（1611），曹学佺升任四川按察使。万历四十一年（1613）考绩，因得罪蜀王为其所谤，被罢职，蜀人遮道相送。是年，曹学佺回籍，在故乡洪塘建石仓园，藏书万卷。时常邀请文友，赋诗会文，谈今论古，并创剧社"儒林班"，闽中文风因之昌盛。

天启二年（1622），曹学佺被起用为广西右参议。桂林宗室素来骄横，常有不法行为，曹学佺执法不阿，遇宗室犯法者，即命主管官吏究治；又亲自反复开导，使宗室肃然奉法。有人倚仗宗室势力，私铸钱币，曹学佺严逮问罪，不稍宽纵，私铸之风遂敛；钱局舞弊营私，两年中赢利仅千余金，经曹学佺订立制度，严加管束，一年获利5000金。广西少数民族众多，官吏、差役敲诈勒索，驻军责供给酒食，骚扰不已，经常激起民变。曹学佺对官吏、差役严加约束，改置营镇于他处，严禁驻军骚扰，局势很快恢复安定。

天启六年（1626）秋，曹学佺迁陕西副布政使，尚未赴任，突生变故。事因其在所著《野史纪略》中直书"梃击案"本末，魏忠贤党羽刘廷之挟嫌劾之，谓"私撰国史，淆乱是非"。曹学佺被囚禁70天后削职为民，《野史纪略》书版被毁。

崇祯（1628—1644）初年，曹学佺又被起用为广西副使，但力辞不就。当时，福建沿海海盗猖獗，曹学佺建议当局在闽江口梅花、双龟一带屯兵并建碉堡、编居民，共同防守；又条陈机宜九事。当局采纳其建议，海寇从此远遁。曹学佺热心故乡公益事业，曾筹资疏浚城内外河道与西湖，并建造洪山、万安、桐口3座桥梁。乡人感其德，在洪山桥头立祠塑像以祀。

崇祯十七年（1644），李自成起义军攻入北京，明思宗自缢。曹学佺闻讯，投池自杀，为家人所救。次年，唐王朱聿键在福州即帝位，改元隆武。曹学佺进见，被授为太常寺卿，不久迁礼部侍郎兼侍讲学士。以纂修《崇祯实录》，进礼部尚书，加太子太保。当时诸事草创，朝中大事由曹学佺和大学士黄道周参决。隆武二年（1646），力赞隆武帝亲征收复失地，因年迈不能从行，便捐银万两助饷。同年八月，隆武帝亲征失败。清军于当年进入福建，郑芝龙降清，隆武帝在逃亡汀州的途中被俘，绝食而死。九月十七日，清军攻陷福州，次日，曹学佺香汤沐浴，整顿衣冠，在西峰里家中自缢殉国，死前留下绝命联："生前单管笔，死后一条绳。"另有说法称他是在鼓山涌泉寺自缢的，时年七十四岁。[①]

曹学佺死后，其家被清兵所抄，家人也遭逮捕，藏书被清军抢光。清乾隆十一年（1746），即曹学佺逝世一百年之后，清政府追谥他为"忠节"。曹学佺毕生好学，对文学、诗词、地理、天文、禅理、音律、诸子百家等都有研究，尤其工于诗词，写景抒情诗是他的特长。他的私人藏书量达到上万卷，储于"汗竹斋"有《汗竹斋藏书目》。

徐𤊹记道："予友邓原若、谢肇淛、曹学佺皆有书嗜，曹氏藏书则丹铅满卷，枕籍沈酣。"在文学方面，他与徐𤊹、谢肇浙等人在诗文上颇有建树，并带动了自明朝中期以来沉寂的闽中文坛，被认为是明末福建文苑的复兴者。他与李贽、焦竑等学者都有交往，这两人对他的思想影响很大。同时他也接受了佛教思想。他将佛教的出世解脱和儒家的入世精神统一起来，因而其思想开阔，虽然在官场多年，但功名之心并不太深，内

[①] 《明史明史卷二百八十八·列传第一百七十六·曹学佺传》，线装书局，第1565页。

心追求幽静。曹学佺因先后两次罢职，家居"石仓园"中，著书20年，曾谓：佛家有佛藏，道家有道藏，儒家岂可独无。决心修儒藏与之鼎立。于是，采撷四库书，分类编纂，历时10余年，未完稿而明亡。其一生著书多达30多种；辑有《石仓十二代诗选》，《周易可说》七卷，《书传会衷》十卷，《诗经质疑》六卷，《春秋阐义》十二卷，《春秋义略》三卷，《蜀中人物记》六卷，《一统名胜志》一百九十八卷，《蜀汉地理补》二卷，《蜀郡县古今通释》四卷，《蜀中风土记》四卷，《方物记》十二卷，《蜀画记》四卷，《蜀中神仙记》十卷，《蜀中高僧记》十卷，《石仓诗文集》一百卷，《石仓十二代诗选》八百八十八卷，《蜀中诗话》四卷，另外还有《宋诗选》四十九卷，所有作品共计1329卷。他的著作如《石仓诗文集》因为在清初被列为禁书而失传。仍流传在世的有名的作品包括了《一统名胜志》一百九十八卷与《石仓十二代诗选》，另外福建师范大学藏有《曹大理诗文集》十二册（不全），日本东京藏有《曹能始先生石仓全集》一百卷。

综上所述，冯梦龙决意入闽，福州隆武朝除了好朋友黄道周以外，还有他在福建为官时结识的官场友人，一代文宗曹学佺。他们情趣相投，志同道合，诗词酬唱，南曲和闽剧相互交流，因而同气相求，同声相应，堪为知音、知己，相互间必然以气节相互砥砺，在家国沦亡时，最后走上殊途同归的道路。黄道周和曹学佺就是儒家忠义报国的典型，这种人格肯定是相互影响的。

至于冯梦龙在隆武朝是不是为官或者受小朝廷委派前去寿宁组织抗清活动尚无佐证，但是和隆武朝这些前明大臣私人交往的密切，精神交流的交融互动，在福州应该是有交结的。

顺治二年（1645年）秋，冯梦龙辗转来到古田县，暂寓山中僧寺。此时，35岁的明朝大将王祁为了躲避清兵缉查，也在古田落发为僧，以讲经作掩护，联络旧部，招兵买马，伺机反清复明。冯梦龙与王祁有着共同的反清志愿，在寺院相遇后一见如故，遂成忘年之交。在寿宁当过四年知县的冯梦龙告诉王祁，寿宁地处闽浙边界，险隘雄关易守难攻，邑人重义悍勇尚武，于是两人一同潜至寿宁待机举事。

冯梦龙与王祁晓行夜宿，经过泗州桥、纯池村，来到了阔别七年之久的寿宁平溪村。平溪历史悠久，早在距今八千多年的新石器时代就有人类活动。这里谷地宽广，溪流平缓，人烟稠密，是当时寿宁最大的村庄，村中一水中流，建有"卧龙""平津"两座木拱廊桥如长龙卧波横跨南北两岸；两桥之间的溪流上还有一条长八十五米、共一百一十六齿地的古老琴桥将两岸村庄连为一体。

这里是寿宁通向建宁府的必经之道，官府在村中建有驿站、公馆、粮仓，"内外官司往来，舆马仆从咸萃"，冯梦龙在寿宁知县的前后五年期间，多次往来寿宁、建瓯之间，常在平溪公馆驻留，对这里的山川人文风俗民情十分熟悉。为避人耳目，冯梦龙与王祁就在离村二里远的元代古刹仙崖寺住下。

据黄立云的文章记载，在白骨露于野，千里无鸡啼的兵荒马乱岁月，颠沛流离为抗清奔走的古稀老人冯梦龙常在夜梦乡关中被清兵的血腥暴行所惊醒，伴随着仙崖寺的晨钟暮鼓，洒泪抚读吴嘉纪的《挽姚母》写下了一首《乱离歌》记录了清军扬州屠城的血腥场面，他将亡国之恨，悲愤之情诉诸笔端：

数年以来，朱门娇媛，穷巷幽姿，尽于兵燹者多矣。玉碎香消，花残月缺，魂销蓟北之烟，埋青无地；泣尽江南之血，化碧何年。凤台一梦，鸾箫何处吹云；燕市皆空，马髻当年堕月。时惟静夜，听远笛以哀秋；坐对清宵，黯孤灯而泣雨。为怜冷翠摧残，牵情异域；更恨怨红零落，堕节终天。聊兴嗟乎翰墨，遂致叹于咏歌。

忆昔荒城破，白刃散如雨。杀人十昼夜，尸积不可数。

黄立云先生引用的这篇冯梦龙《离乱歌》的序文和片段诗句，显然是冯梦龙未及完成的诗稿。这篇诗稿出自于清代苏州遗民钱尚濠辑录的《买愁集》之二《恨书》中。也可能就是苏州当地流传的冯梦龙诗作的残篇，在寿宁的荒山野寺的僧舍中，伴着青灯黄卷，耳畔淫雨敲击着窗棂，雨滴敲打着芭蕉，雨夜中传来阵阵梵钟在风雨中发出凄清的声响，使得冯老先生情不自禁地回想起家乡姑苏城昔日的繁华和绮丽，尤其是那些大户人家的淑女才情和小家碧玉的清纯倩影，如今尽毁于兵燹战火，香消玉碎了，像是花儿凋零，明月残缺，来自蓟北的硝烟笼罩着江南，使得这些名媛民女失去了埋葬青春的墓地；泪尽江南，一泓碧血化为长虹又是在何年何月呢？凤凰台上忆吹箫的光景已然恍如梦境，男欢女爱的鸾箫又到何处去吹开云壤，见到明月呢？如今燕京城里街衢都冷寂了下来，能够见到的是清军高昂的马髻在招摇过市，铁骑踩踏着明月的光辉。这时山区的夜啊，静悄悄的，听到远方传来的笛声尽是秋天肃杀的悲歌；坐对凄清的夜色，孤灯幽暗，冷雨敲窗，可怜江南春色已被秋风苦雨所摧残，我虽然羁旅在闽东寺院却情牵着江南的山水，恨别了哪些已凋零的春花和遭遇践踏的秋草，清净的节操从高空坠落了，唯有将悲愤寄托于翰墨，长叹一声化为我的诗歌，记录下家国沦亡的耻辱。

过去繁华的城市荒废残破，雪白的霜刃翻飞如雨，杀人屠戮整整十昼夜啊，堆积的尸体不可胜数。

可惜冯梦龙这些发自内心的泣血之作，那些长歌当哭的诗章全部流失于颠沛流离的战乱，唯剩下一些后人采集的残章断简以窥其风貌一斑，以闻其黄钟玉磬之绝响的尾声有多么悲壮！

顺治三年（1646 年），朱元璋的第十代孙、明宗室后裔郧西王朱常湖在寿宁平溪仙崖寺剃度为僧。朱常湖是永乐皇帝的九世孙，封郧西王，封地在江西建昌。随着甲申之变和清军的定鼎中原，朱元璋的裔孙们纷纷逃离世居的封地。朱常湖由江西来到寿宁平溪村，在距离仙崖寺约十里的天然石洞——鬼足洞避难。《寿宁县志》《监国纪》等史料均有相似的记载，"时常湖以唐败，亦貌僧脱，尝托钵寿宁之鬼足洞。丁亥，祁亦募洞，见王与同单，密语所欲，鼓三百人起洞。"

鬼足洞地形隐蔽，地势险要，处在寿宁、周宁、政和三县交界的平溪乡木场村的深山里，朱常湖曾剃度为僧，借这洞广收门徒，说禅论道，募集壮士数百人以白布缠头，举旗反清，连续攻克寿宁、政和两县，随后声威大震，队伍壮大，继而攻克建瓯、福州、浦城、崇安诸地，一时威震江南，后随朱常湖与其将王祁在建瓯被杀而告失败。这一堪称是寿宁史上最为轰烈的事件，不仅为鬼足洞增添了一段悲壮的历史，也给后人探寻鬼足洞留下了足够的悬念。

想当年七十三岁的老者冯梦龙在儿子和侄孙的搀扶下柱杖蹒跚沿着弯弯曲曲的山路，到达"踞一郡最高之处"海拔 1096 米的木场村。再攀援而上到达 1400 多米高的峰巅，极目远眺政和、庆元、泰顺、寿宁、周宁、福安六县山川尽收眼底。

木场村西水尾有一座仙宫，宫下有3个瀑布。在第三个瀑布旁有一鬼足洞（当地人也有称为鬼谷洞）。洞口高2米，宽1米，可容2人同时进出，里面洞室宽约10平方米。往里又有一个1米左右的圆形洞口，里面有50多平方米的空间。再往里只容一人进出，由于阴森很少有人走到最里面。清顺治四年（1647年），明世裔郧西王朱常湖与明朝大将王祁以木场鬼足洞为据点，聚壮士反清复明。《浦城县志》载："南明郧国公王祁攻下郡属各县后，率兵数万乘胜进逼浦城，与清兵在九秋桥和陂头激战。"一时威震江南，清廷震骇。

站在木场村头，四面岗峦环抱，林木丛生，绿树环绕中，巉岩峭壁耸立，一棵百年枯木伟然立于村旁的山巅上，顿生岁月苍桑之感，往下折去，但见崖壁陡峭，山径险峻，村中涧溪在此撕裂而泻形成瀑布，异常壮观。往前几十米的下个崖瀑更为壮美，瀑布旁就是鬼足洞了，遥观飞流直下的瀑布，还要绕行经与周宁交界的禾溪岔前往，行程还得十多里。不知当年年老体衰的冯梦龙是如何穿行在这些林莽覆盖的山涧小路到达鬼足洞与郧西王相见密谋起事的。

也许冯梦龙在担任寿宁知县时就已经探险过鬼足洞。就是当代的旅游探险者也要手持砍刀、照明用具聘请向导才能进洞以窥奥秘，何况是三百多年以前古稀老人。鬼足洞昏暗潮湿，底部乱石累累，深浅莫测，从古道攀登到悬崖下的鬼足洞处，路程虽短却异常艰险，在鬼足洞左侧便是木场村的另一瀑布，仰望该瀑，高耸云端，宛如丝发飘坠，边上悬崖壁立，灌木星点。入洞须沿瀑下山涧手抓箬枝、脚踩藓苔、躬着身体、爬登前行。崖上一落石恰如屏风拦挡在洞门中央，留下左右两个小口，人从左口入洞，右口胜似观察窗，若不是洞外林木丛生，大可将山里风光一览无余，不规则的菱形洞内宛如寝室，三十来平米见方，三米多高，天生一石似床如桌安于洞深处，怪不得当年朱常湖会以此为据点了。入洞以后会发现空气并不对流的洞里，居然会有凉飕飕的冷风伴随着莫名其妙的气体流窜其中，令人冷涩透凉、不寒而栗。[1]

鬼足洞除在木场村里流传着一些鬼怪作祟的故事外，并无太多的传说，

---

[1] 参见网易博客·安哥日记·探访鬼足洞。

不过着实有些许的神秘，其隐易于躲藏，其险易于据守，其位易于观察。诡异的氛围，足以筹划冯梦龙等人心目中的反清复明大业。

冥冥天意与机缘巧合，让冯梦龙、王祁与郧西王朱常湖在福建寿宁的平溪相逢。共同的事业，神圣的使命，将冯梦龙、王祁、朱常湖推上了历史舞台，在山清水秀平溪点燃了八闽大地反清复明的燎原烈焰。从此，明清鼎革之际那一场绝地反击的惊天地泣鬼神的烽火硝烟，将冯梦龙、王祁、朱常湖和平溪的仙崖寺、鬼足洞一起载入星光灿烂的英雄史册。

冯梦龙对于建宁府所辖的寿宁、政和、建安、建瓯、建阳、松溪、崇安、浦城等县的情况非常熟悉：建宁府的东北与浙江相邻，西北与江西接壤，东南与福宁州交界，西南可通往汀州、广东。这一地区山岭耸峙，河谷与山间盆地交错其间。冯梦龙献策郧西王：首攻寿宁，次取政和，然后夺取建宁府为反清复明基地，最后恢复大明江山。

著名史学家查继佐在纪传体明史《罪惟录》中，对郧西王朱常湖化身为僧在平溪鬼足洞聚众抗清一事记载颇为详细。书中写道：

时郧西王常湖，亦度为僧。丙戌唐事败，王托钵寿宁鬼足洞。王颀长，读书明机事。性好谶，曰："鬼得足不死也"虽荷笠、衣淄单，意气自别。王或言佛事，神其众。洞内外咸异之，争饭王。明年丁亥春，祁也僧服慕洞，见王。王曰："僧何山？"祁曰："行脚耳"王见祁髯在，曰："今髯衲皆非僧，有脚能行乎？"祁也知王非僧，曰："行脚欲行，杀髯鬼也。"王曰："鬼有足无妨也！"因指洞名为谶。祁笑曰："请与鬼以足"。夜共寝处，密言所欲。祁别去，遍以王踪迹，微致所善僧伽。久乃露王于洞之内外人，且曰："王佛祖再生，为主运"，又自言精天文家及奇门、六壬等数学，测无漏，有法呼天兵至。于是众顶礼惟命，得壮士三百人，成习槊，惟左右。且起，而稍稍为寿宁将官所知，出捕洞。洞故壁起，不可蹑。梯空而上时，洞外人皆入洞。官兵仰洞，无如何。祁乃夜间穴地洞，侧身出，疾走寿宁。寿宁兵壁洞外，城单。开门，走其县官。时府檄政和兵共援寿宁，祁又间释寿宁，破政和，逡巡复还洞。

顺治四年（1647年）春，朱常湖命令王祁率众首攻寿宁县城。杀死清朝首任寿宁知县吴允燉。吴允燉，浙江云和拔贡，顺治三年随清兵征福建，以军功任寿宁知县。其妻瞿氏闻变，投缳而死。一女流落安昌村。郧西王所部大军从将领到士卒全部以白布缠头，故民间称为"白头变乱"。王祁义军一路势如破竹，相继克服政和、建瓯、崇安、邵武、顺昌、建阳、松溪及浙江庆阳诸府县，一时威震江南。让立足未稳的清廷十分震骇。

根据黄立云的推测：首先，这场声势浩大波及闽浙两省十几个州县的战争，其事前应该有将近两年的精心筹划，组织串联、兵员积聚等事前准备工作，其所波及的地区全是冯梦龙所熟悉的建宁府管辖区域。其次，平溪村流传着许多有关冯梦龙、王祁，郧西王朱常湖在仙崖寺、鬼足洞反清复明的传说故事，与冯梦龙相关的就有"龙知县""草莽臣""打番兵""平安灯""建白亭"等。再次，寿宁地处山区，到处是山，平溪也一样，由于山多，许多山丘都没有名字但是异乎寻常的是平溪村头的一座小山包却有一个大气磅礴的名称——蟠龙山。

这座山的名称来自于一则关于冯梦龙的传说，顺治三年春，冯梦龙因为年事已高，常来奔波风餐露宿积劳成疾卧床不起，不幸病逝仙崖寺，终年七十三岁。时值故国沦亡，异族秉政，血腥高压统治之际，人们无法对反清义士高规格地发丧举哀。敬仰冯老先生的有识之士，为使老人不至身后寂寞，就在平溪村头寻一方风水宝地，好让第二故乡的袅袅炊烟、星星灯火能与其朝夕相伴，这座原本无名的小山包，因为冯梦龙的在此长眠，有了一个响亮的名字——蟠龙山。

起义遭到了清统治者的残酷镇压，顺治五年（1648年）三月二十九日，清军团团包围建瓯城。四月初四日清军红衣大炮炮轰城墙，炸毁城门，明郧西王朱常湖、国师王祁死于乱军之中。清军入城大举屠戮，"男女老幼身碎锋镝之间，骨穿矢镞之内"，当时建瓯城数十万人，幸存者不过两三百人，史称"建州戊子之役"。顺治五年十月，江西丰城举人饶崇义率五百清兵驰攻寿宁，击败守城义军，夺回寿宁县城，接任寿宁知县。清军复辟之后，强令邑人剃发易服，四处缉捕抗清人士。为使冯梦龙之墓免遭清兵挖掘凌辱，平溪群众偷偷将冯梦龙墓前碑记除去，并将数十位抗清志士悄悄安葬在其上下左右，以混淆真伪。当年这一保护冯梦龙之墓的无奈之举，后来竟在平溪相沿成俗——人们仰慕冯梦龙等抗清志士的耿耿丹心、浩浩正气、铮铮铁骨，纷纷将蟠龙山视为掩埋亡者的首选之地，使一方圣地神山变成了青冢遍地的乱坟岗。

由于年代久远岁月流逝，特别是顺治四至五年的那场惨烈战火，以及康熙、雍正、乾隆三朝长达一百年的文字狱，将冯梦龙在平溪的抗清史籍毁灭殆尽，但是有关冯梦龙古稀之年返回寿宁抗清的传说一直在平溪一带流传，这些应该不是空穴来风，民众的口碑说明了他们对一代文豪、一代廉吏的怀念，他的英魂永远活在青山绿水之间。[①]

福建的冯学研究者们以扎实的史学功底和实事求是的治学态度，从民间传说到史料的挖掘整理，以令人信服的证据，充分论证了冯梦龙最终的人生归宿之地就在福建八闽大地，尤其是以王凌先生为代表一批学者在2016年提供扎实的论文论证了这件事。如果说黄立云先生的考证局限于民间的传说，缺乏相应的史料加以佐证，而王凌等学者的研究则力求突破民间传说的文本走向更加科学的论证，从学术上加以说明冯梦龙归宿之地。

根据王凌（研究员，福建省冯梦龙研究委员会主任，福建江夏学院冯梦龙文化研究所顾问）、程慧琴（女，福建江夏学院副教授，硕士，主要研究方向：古代文学、文化）最近推出的冯学研究文章《冯梦龙及其家族入闽详考——兼谈冯梦龙魂断八闽》考证：

1983年从日本取回的孤本《寿宁待志》胶卷由福建人民出版社正式出版，明代俗文学大师冯梦龙于60岁高龄入闽任寿宁县令四年的活动，方为世人所广泛了解。经多年实地考据及综合分析现存的历史史料和当代学者的研究成果，我们发现，冯梦龙及其家族与福建的渊源颇为深厚。从1589年到1679年的90年间，冯氏家族、亲戚曾多人多次入闽；并确有证据表明，1645年冯梦龙重返福建进行"反清复明"活动，1646年辞世，其辞世地点只能在福建。这对研究冯梦龙，解开冯梦龙的生平之谜具有重要价值。

综合黄立云根据民间传说冯梦龙病逝仙崖寺的推断，以及王凌和程慧琴副教授的论证冯梦龙在福建辞世详细考证，让我们来还原一代大师在抗清复明"中兴"美梦破灭后，仓惶离世的凄凉场景，穿越历史凝重的烟云，我们仿佛看到冯梦龙老人白发飘然的背影，在我们面前渐渐清晰。

---

① 黄立云：《一代英灵，魂归何方》，海峡文艺出版社，2015年6月，第97页。

闽东寿宁的苍茫群山中，早春的季节还带着冬天的寒冷，寺庙周围的树丛刚刚爆出的春芽尚未返绿，光秃秃的枝桠伸向高远寒冷的天空，仿佛在向苍天索取着什么，诉说着什么。傍晚时分，烟云苍茫，山风呼啸，敲打着兀立于荒山的孤岭寺庙。形销骨立须发皆白的冯梦龙已经七十三岁高龄了，他已经日渐感到体力的不支，预感到死神即将光临。两年前，当他怀揣着他的最后一部书稿也即他的《中兴伟略》由台州通过海上或者是水陆并进赶到他理想中的中兴之都——福州时，终于在首席大学士黄道周和福建文宗、隆武朝的礼部尚书曹学佺鼎力相助下出版了他的《中兴伟略》，然而《伟略》如同黄钟大吕那般敲响，但是"中兴"的曙光始终停留在纸面或者是脑海中的畅想，理想之树常青，而现实的演变却是由灰暗转向了完全的黑暗。

存世仅一年多一点的隆武朝廷在内部分崩离析和清王朝的铁骑践踏下已经完全支离破碎，不可能再拼凑成一个完整版图了。恩师与挚友帝国残存的一点正义之士黄道周出走在力量悬殊的抗争中走向末路，慷慨尽节古金陵。此刻，郧西王朱常湖和他的军师王祁正在不远处的鬼足洞密谋起事。

冯梦龙已经老了，身体一天不如一天，这年冬季他的哮喘病不断发作，在喘咳中甚至还出现丝丝血痕，最近甚至常常咳出鲜血来，白天头昏目眩，昏昏欲睡，夜晚却听着满山风声眼望窗户外的漫空寒星整夜无眠，往事伴随着山坳间乱窜的烟云仿佛就在眼前。

他想到自己小桥流水的故乡，山塘街迷你闪烁的红灯和旖旎的穿塘河水，杨柳轻拂水面，波光粼粼中隐现出他的身影，就在这富裕的江南水乡中走过了他的童年和青年时代，他生于斯长于斯，水城所孕育出他的青楼梦和当年韵社才子的报国梦，然而这一切的梦像都化为了一场春梦，却成就了他的文学梦。他终于未能成为一个叱咤风云的政治家，却成了一个名垂千古的文学家，只是在生命的最后一刻，将自己的满腔热血喷涂在政治的墙壁上，原想用热血写一首报国的诗词，然而这面已经被血污浸染弄得面目全非的惶惶高墙即将倒塌而成为一片废墟，墙面已经完全没有一块可供书写的洁净之地了，这里将成为埋葬他的墓冢，他最终将客死异乡，只能书写他悲壮挽词——绝命词，还有一篇他费尽心血对于南曲考证的词谱汇编尚未完稿，他必须对他多年的好友沈自晋有所交待，了结一桩心事。

身体略有好转时，他强撑起病体，在仙崖寺他所居住西厢房里披衣坐定在书案前，望着满目的稿纸和书籍，他在书案前摸索着纸笔，和泪舔墨写下了最后的绝笔。那是一叠八分格的十竹斋石印稿纸，洁白的纸面青青数杆翠竹，使他情不自禁回想起自己在苏州苍龙巷墨憨斋前的那丛翠竹，他常常在竹篁前的甬道上漫步构思、吟哦词曲，推敲戏曲传奇。他到福建随身携带着尚未编完的《墨憨斋词谱》，他修书一封给他的老朋友远在吴江的戏曲家沈自晋嘱咐老友继续自己的未尽的编撰工作，将这篇词谱编撰完成。当他写完这封堪称绝笔的书信时，依然意犹未尽，又写下了两首七律绝命诗，可惜的是这些实物我们已经难以见到，只能从他的老朋友的文章中见到沈自晋按照原韵附和的挽诗。隐约可以推知冯老先生是"生趋一束烽烟阻，肠断苍茫山水间"，他是奔着八闽的烽烟而去，却死在这闽东苍茫的山水之间。

写完这些文字，他似乎已经耗尽了精力，喘咳不已，吐下一口带有鲜血的痰水，那是他的心在流血，他靠在椅背上仰首喘息。他大哥冯梦桂的孙子冯六皆，听闻咳嗽喘息声不停地问为他拍打着前胸，他的大儿子冯焞端来一碗汤药服侍他慢慢饮下，随后两人将老人搀扶上了床榻，让他依靠着棉被斜躺下来。冯梦龙当着冯焞面让他将信和未完成的《墨憨斋词谱》交给沈自晋。这已是交代后事的意思了。

是夜，他已经是汤药不进，进入了弥留状态，只是张口不停地喘息，他浑身的器官进入了衰竭状态，天将破晓时，一代大儒、著名文学家冯梦龙在雄鸡的啼鸣中中抱病身亡，他带着壮志未酬的永久遗憾，仰望苍天，睁着未能瞑目的双眼与世长辞。

是年六月，清兵破绍兴，鲁王败走舟山。八月清兵破福州，唐王败走被俘杀，隆武政权覆灭。福建的一代学宗、隆武朝礼部尚书曹学佺在帝国覆灭的烈焰中在西峰山的家中上吊自尽，洒尽了最后一腔碧血，他的三万多册藏书被清军哄抢一空；九月老海贼郑芝龙叛明降清卖主求荣，却被清廷设计强势擒归了北京，当了一名富贵囚徒；其子郑成功起兵抗清。他们曾经共同的主子唐王朱聿键后来的隆武皇帝也已经杀身成仁歃血在福州街头去了天国。十月桂王朱由榔监国于肇庆，未几称帝，以明年为永历元年。十一月唐王朱聿𨮁即位于广州，建元隆武，随即败亡。十二月清兵入四川，张献忠战败，死于西充凤凰山。

顺治四年秋天（1647年、南明永历元年）冯焴跋山涉水，历经千辛万苦回到老家苏州，将父亲冯梦龙未完成的遗稿、遗嘱、遗诗交到沈自晋手中。

沈自晋在《重订南词全谱·凡例续记》中记载：

重订南谱之役，昉于乙酉仲春……丙戌夏始得乔寓山居……渐而编次，乃得轶焉。（明年）春来病躯，未遑展卷，拟于长夏，将细定之。适顾甥来屏寄语曾入郡访子犹先生令嗣赞明（焴）出其先人易箦时手书致嘱，将其所辑《墨憨斋词谱》未完之稿及他词若干，畀我卒业。六月初，始携书并其遗笔相示。翰墨淋漓，手泽可挹。展玩怆然，不胜人琴之感。虽遗篇失次而典型俱存，其所发明者多矣……于是即予所衷辑，应合于墨憨。凡论未备者，皆从其说。且捐所见而裁注之，必另注冯稿云何，非与所见及也。①

也就是说沈自晋编著的这本《重订南词全谱》是在开始于乙酉年（1645年），在丙戌年（1646年）他避战乱侨居于浙江寓山时逐渐编订完成全篇。第二年春天他一直生病，一直也就顾不上细细校订，准备在夏天将其改定。这时他接到留在苏州家乡的外甥来信说，曾经光顾过苏州梦龙先生的家拜访了冯老先生的长子冯焴（字赞明），冯焴出示了他以故父亲梦龙先生手书的遗嘱和遗诗，并将其父所辑写的《墨憨斋词谱》未及完成的遗稿以及词曲若干，要求沈先生完成。六月初，他才见到外甥所带来书稿和遗书。披览书稿，冯先生小楷清秀，笔墨淋漓，展笺犹闻墨香，把玩书稿，使沈自晋不胜唏嘘颇有琴声留韵悠长，而抚琴之人却已永远离去的感慨。虽然遗稿目录尚未编订次序，但是其中精华具已留存，其独到的见解甚多，于是将自己所编订的《全谱》融汇进梦龙先生的真知灼见，将两稿综合编定，凡自己书中未及论到之处，皆以梦龙先生的论说为准。而对于引用先生论述之处都注明来自于梦龙先生的高论，并非出自沈某人的原创。沈自晋还特别说明了，他还按照冯梦龙《辞世》诗原韵两首七律和了两首已表对死于战乱老朋友的沉痛悼念。（前已全篇进行过解读，此处从略）。

---

① 《冯梦龙全集第18卷·附录：徐朔方著冯梦龙年谱》，江苏凤凰出版社，第59/60页。

而冯梦龙的遗稿到底有哪些特色呢，作为老朋友和戏曲研究专家及著名诗人的沈自晋不仅将冯先生研究的精华引进自己的著作，且非常尊重原作者的著作权，出处一一注明，文章不掠他人之美，可见古人高风亮节。在自己的专著《凡例续记》中对冯著特点进行了专门评价介绍：

阅来稿（冯梦龙稿），自荆、刘、拜、杀，迄元剧古曲若干，无不旁引而曲证。及所收新传奇，止其手笔《万事足》，并袁作《珍珠衫》、李玉作《永团圆》几曲而已。余无论诸家种种新裁，及玉茗（汤显祖）、博山（范文若）传奇、方诸乐府，竟一词未置。岂独沉酣于右，而未遑寄兴于今耶，抑何轻置名流也。子犹常语予曰："人云香令（范文若）词佳，我不耐看，传奇曲只明白条畅，说却事情出便够，何必雕镂如是。"盖瓣香词隐者也。又评云："大抵冯则详于古而忽于今，予则备于今而略于古"……两人意不相若，实相济已有成也。

沈自晋这段话写得相当诚恳坦率，两人既是好朋友，又同是传奇曲词作家，因此对于冯梦龙书稿的优点多有肯定，对于其欠缺也不回避。他仔细阅读了冯先生的来稿认为：冯梦龙从元末明初最著名的南戏作品《荆钗记》《白兔记》《拜月亭》《杀狗记》开始，到元代戏剧古曲若干，无不旁征博引介绍十分详细。及至本朝当代的一些南戏新的传奇作品却停止于本人所创作的《万事足》及袁于令所作的《珍珠衫》和李玉所作的《永团圆》几曲。显然这些南戏传奇不是改编于老先生的小说《蒋兴哥重会珍珠衫》[①]就是老先生弟子所作，李玉在南曲创作上曾经受到老先生的指点，故他们受到老先生的特别偏爱，显然作者有些敝帚自珍的狭隘心理。而当代所谓一些大家的作品却没有收录，如汤显祖的玉茗堂传奇及范文若（原名景文，字更生，号香令，又号吴侬，曾任南京兵部主事）的传奇十六种均不见踪影，以及当地的一些乐府曲调均未有一词提及。可见其独自沉湎于过去的一些南曲传奇，而对当下的作品不感兴趣，显而易见他对当下的一些名流比较轻视。冯梦龙常常对沈自晋说："人家都说范文若的词曲好，我觉得他写的戏不耐看，传奇也只是词曲明白通顺晓畅，故事来龙去脉完整就可以了，不必过于雕琢。"所以他只能将香令词曲省略了。而对于汤显祖传

---

① 《冯梦龙全集第1卷·古今传奇》，江苏凤凰出版社，第1页。

奇却认为很多词曲不合平仄，故而他曾经将《牡丹亭》擅自改过，在调整了曲调平仄后，故事的思想性艺术性均不如汤显祖的原戏。对于汤剧的改动显见了冯梦龙在南曲创作上的片面性。

故而沈自晋总结道，大抵冯先生侧重于古人的传奇而忽视今人的创作，而他自己则偏重于当代而对于古人的作品介绍得比较简略。两人的侧重点各有不同，优势互补取长补短才成就了如今这部《重订南词全谱》问世。

由此可见，在冯梦龙奔走浙江、福建两地宣传反清复明，在创作《中兴伟略》和大量的诗词作品的同时，还在从事着南曲戏剧历史的研究。可惜他的《七乐斋斋诗稿》和《憨墨斋词谱》均毁于战火，而不复所见，我们只能在沈自晋的介绍中，可以窥见一鳞半爪，而神龙见首不见尾了，不能不说是某种遗憾。

二、八闽遗踪杳然存龙迹

明代杰出的文学家和一代硕儒冯梦龙生于苏州长于苏州，却又与福建有着割不断的联系，1634年他在福建寿宁当了四年（黄立云考证是五年）知县，晚年又到福建福州参加过抗清复明的斗争，与福建结下了不解之缘。但因其生平资料十分缺乏，留下了不少不解之谜等待后人破解。追溯其一生的踪迹，据王凌和程慧琴最新研究成果，从冯氏家族与福建的渊源关系入手，探析或推断冯梦龙在福建的活动情况及其魂归之地；同时他们对目前尚未明确的一些问题，依理作出推断，为最终早日揭开冯梦龙生前留下的这些不解之谜提供了依据。

王凌、程慧琴《冯梦龙及其家族入闽详考——兼谈冯梦龙魂断八闽》一文，石破天惊，提出崭新的见解和部分有说服力的依据。

根据梳理目前已掌握的资料，按入闽时间的先后顺序，冯氏家族、亲戚中入闽的人员有：沈儆炌，董斯张（及妻沈硕人），冯梦桂（若木），冯梦熊（非熊），冯梦龙（及子冯焴），冯六皆（冯梦桂孙），冯勋（冯梦桂曾孙）。入闽时间从明万历17年（公元1589）到清康熙十八年（公元1679），前后达90年。这种现象足以证明，冯梦龙与福建的不解之缘绝不是偶然的现象，而是有家族历史渊源，所谓潜龙在渊首尾应当是有踪可以寻觅的。

1. 平叛功臣沈儆烑及其显赫家族

冯梦龙的姑姑（冯父之妹）嫁给浙江湖州沈氏望族的沈儆烑为侧室，并与沈儆烑生下一女；此女后嫁给嘉兴另一望族——董道醇的六子董斯张为正妻。于是，身处苏州的冯梦龙家族便与湖州望族董氏、沈氏均有了姻亲关系。董斯张就成为冯梦龙的表姐夫。当然董斯张是否确系冯梦龙姑姑的女婿，目前笔者尚未见到十分确凿的证据加以佐证。

董斯张的岳父沈儆烑入闽为官很早。

沈儆烑（1554—1631年），字叔永，浙江归安（湖州）人。万历十七年（1589年）进士，有文武才。授工部主事，历任礼部郎中、福建提学副使，累迁河南左布政，迁光禄卿，进右副都御史，巡抚云南，进南京兵部右侍郎，南京工部尚书。其中任福建提学副使，三年考校，咸颂得人，不徇权贵。寻迁建宁道，纪纲肃然，属吏惮之。四十七年，以右副都御史巡抚云南，有讨贼功。后拜南京兵部尚书。[①] 这说明沈儆烑在福建任职提学副使期间留下了很好的政绩和官声，检索网络至今他的一些为当地造福的故事，依然有流传。归安是北宋时期的县名，现在的湖州当时属于归安县。据《竹溪沈氏家乘》记载，湖州竹溪的沈氏为当地望族，沈儆烑的父亲沈子木就是朝廷高官。[②]

沈子木（1508—1609）字汝南，号玉阳，沈应登长子。嘉靖三十八年（1559）己未进士，历南京太常寺卿、都察院右都御史。卒赠兵部尚书，谥"恭靖"。著有《明万历太上黄庭内景玉经》1卷。子四：儆炤、儆焞、儆烑、儆烜。女一。

在介绍到老三沈儆烑时，除了简要介绍了沈老三的官场任职外，重点介绍了他在云南巡抚任上平息当地少数民族叛乱的故事。其中《明史卷二百四十九·列传一百三十七·沈儆烑、袁善传》详细介绍了沈老三曾经一举平息云南土司段进志叛乱，贼首被一举擒获，激起安邦彦联络当地十

[①] 《明史卷二百四十九》，线装书局，第1354页。
[②] 见龚肇智新浪博客。

多家土司更大规模的造反，敬炌启用有争议的边将原云南参将袁善平叛大获全胜的勋绩。敬炌由此大功升任南京兵部右侍郎，后来官拜南京工部尚书，受到阉党石三畏弹劾，落职闲住。只等到崇祯初年铲除阉党，沈老三平反，官复原职，但未及履任即在家去世，他的二儿子沈胤培荫礼科都给事中。沈敬炌生平简单如此，甚至福建副提学任上的事情一件未能提及，只散见于地方府志。①

沈子木、沈儆焞、沈儆炌、沈胤培（后来官至大理寺正卿）四人为明代中嘉、万至明晚期崇祯间的祖孙"三世四进士"；又沈子木、沈儆炌、沈胤培祖孙皆名列九卿。

沈儆炌生于1554年，明万历十七年（1589年）中进士（按，已35岁），不久即入闽②；而此时冯梦龙刚十几岁。③沈儆炌在福建为官十多年，当结识了不少福建同仁，这都是将来冯梦龙入闽为官的政治资源，再加上一位当年同为贡生，共同出入花街柳巷的落魄才子董斯张，使他有可能结交福建儒学文宗曹学佺。

2. 落魄秀才董斯张与冯梦龙的关系

董斯张（1587-1628），原名嗣章，字然明，号遐周，又号借庵，明末浙江湖州诗人。明末监生，耽溺书海，手抄书达百部。因体弱多病，自称"瘦居士"。有《静啸斋词》一卷。平时注意搜集吴兴掌故，所著《吴兴备志》32卷，采摭极富，于吴兴一郡遗闻琐事，征引略备，为湖州方志上乘。清人评为"典雅确核，足以资考据"。另著有《广博物志》，搜罗既富，唐以前遗文坠简，裒聚良多。又有《吴兴艺术补》。董斯张与通俗小说因缘甚深。章回小说《西游补》作者董说为其子。根据著名冯学研究者傅承洲的研究考证《西游补》的作者应为董斯张，傅先生明确说：

静啸斋主人不是董说，而是董说的父亲董斯张。静啸斋是董斯张

---

① 据《崇祯实录》记载，沈胤培为崇祯四年辛未年（1631年）进士，和吴伟业、张溥为同年，后升至山东司主事、官至太常寺少卿、大理寺卿。
② 《万历湖州府志》，第1310、1311页。
③ 《福州府志下册卷四十六·福州》，海风出版社，2001年，第80页。

的室名。他的著作多以静啸斋命名。如《静啸斋集》，朱彝尊《静志居诗话》记载："董斯张，字遐周，乌程人，国子监生，有《静啸斋集》。"冯梦龙《太霞新奏》卷十云："遐周绝世聪明，其所著《广博物志》《静啸斋集》，俱为文人珍诵，惜词不多作。"还有《静啸斋存草》《静啸斋遗文》、清汪曰祯《南浔镇志》、近人周庆云《南浔志》均有著录。以室名作书名，为古人通例。静啸斋又是董斯张的别号。①

白话短篇小说"三言""二拍"的编撰者冯梦龙、凌蒙初均为其友。

王凌、陈慧琴认为"董斯张是在明万历31年（公元1603年）娶沈儆炌第二女为妻，并于第二年（公元1604年）应沈儆炌之命而入闽"。而据《沈子木家族——竹溪沈氏》介绍，沈敬炌的"长女适国子生董斯张，南给事中董道醇少子"。董斯张娶的沈敬炌的大女儿。因而王凌和陈慧琴所考证的冯梦龙姑妈嫁给沈敬炌为侧室一说缺乏明确的资料为佐证，娶二女之说则无从谈起。因为在该文的婚嫁情况中只记载了"沈儆炌配查氏，山东参政查志隆女"。也就是说，这是当时官员之间完全的门当户对的政治联姻。湖州望族沈家娶了海宁望族查氏的女儿，至于侧室却没有记载。而沈敬炌的二女儿也遵循当时的政治家庭连姻习俗"适钱允康，太仆卿钱梦得子"，高官子女嫁高官之子。没有官方背景的冯家二公子和董斯张成为表亲则完全失去了依据不能成立。但是冯董两人确实是过从甚密的铁杆哥们，这是确凿无疑的事实。②

董斯张自号瘦居士，董道醇六子。廪贡生。生于万历十四年，卒于崇祯元年，终年四十三岁。③卒年有董斯张之孙董裘夏《遐周先生言行略》的记载了他膝盖溃疡，久治不愈，导致残疾，杜门著述凄凉晚景：

先生晚病足，杜门著述，体清羸，自为《瘦居士传》行世，辑《吴兴备志》未竟，崇祯戊辰八月廿四日卒，前一日犹兀兀点笔也，年仅四十有三。

董斯张生活在晚明最昏庸的万历、泰昌，天启年间，于腐败的政治感受最深。他出生于一个世代显贵的家庭，祖父董份官至礼部尚书，父亲董

---

① 见傅承洲博客《西游补作者董斯张考》。
② 见龚肇智新浪博客。
③ 见龚肇智新浪博客摘自赵红娟《明清湖州董氏文学世家研究》。

道醇为南京给事中，长兄董嗣成为礼部员外郎，三兄董嗣昭为礼部观政。一家三代四进士，均为京官。"世贵显，豪富冠东南"。可到董斯张时，董家政治上失势，家庭衰落。董份因"奏言天神无两格之礼，请罢一切秘祷，需次揆席，忌者间之，夺职为民"。临终时，遗嘱"毋书吾故官，以白布三尺题曰耐辱主人足矣"。可谓含愤而死，死不瞑目。时万历二十三年。董道醇先父而卒。董嗣成万历二十年为争国本，触怒昏庸的神宗皇帝，"坐以出位妄言罪削籍去"。"愤懑构痁疾，顷之祖亡，哀毁亦卒，年三十六"。董斯张晚年还作诗纪念这位长兄，题为《亡兄伯念仪部壬辰以争国本被放三十二载矣，兹得尚宝卿之赠，感泪交集，成长句二章》。董嗣昭，"年二十一，举乙未进士，礼部观政，仅五十日殁于京邸。"乙未即万历二十三年。这一年，可以说是董家的一个转折点，一家祖孙三人，卒于同一年，小的年仅二十八岁。董家有如从天堂一下子跌到地狱。这年董斯张十岁，目睹了家庭里发生的一切，其家庭变迁、生活经历和后来的小说家曹雪芹很有些相似。家庭的失势给董斯张前程的影响是可想而知的，祖、父、兄是三代四进士，可董斯张连个举人也考不中，长期贫病交加，在读书、著书中排遣自己内心的愤懑。①

　　湖州南浔董斯张家族的败落，看来并没有直接影响到小董浪漫而绚丽的情感生活，所谓瘦死的骆驼比马大，家族的落日余晖继续笼罩在小董的头上，因为依靠和嘉兴望族沈子木家族联姻和家族本身一些阔亲戚的支持，他继续可以一边在科考的路上踯躅而行，一边可以和冯梦龙这些老廪生去花街柳巷寻花问柳，不妨玩弄一些花样新奇断袖游戏，刺激一下科场失意的落寞灵魂。在这一点他似乎和冯梦龙先生有着同是天涯沦落人的惺惺相惜之情。

　　所以，冯梦龙作为小董关系亲密的嫖友去拜访随老岳父去福建董斯张是完全可能的。

　　对于董斯张的福建之行小董在《静啸斋存草》卷2·"客闽稿"序中回忆：

　　"甲辰岁（按明万历三十二年，公元1604年），外舅（按，即董

---

① 见傅承洲新浪博客《西游补作者董斯张考》。

岳父沈儆炌）官剑州，命仆偕往。冀尽览其概。以室从"[1]。

可见当时沈儆炌已任建宁道，住剑州（延平府），负责延平府、建宁府、邵武府、汀州府等四府的按察使工作，且已经50高龄。他希望自己疼爱的女儿和新婚女婿董斯张能跟在身边，就近教诲约束，促其上进，也在情理之中。《客闽稿》收董斯张在闽一年（1604年至1605年5月）所写的诗26篇，详细记录了他在闽一年的所游、所见、所感。这年董斯张19岁。

董斯张在闽期间结识了不少福建文人如曹学佺（能始）、叶向高（台山）等，以后多有来往。在《静啸斋存草》卷3《未焚稿》（作于1605至1607）中，就收有董斯张诗《赠曹能始》。董斯张还在《静啸斋存草》卷6·《寒竽草》"叙"中称："自乙卯（按万历四十三年，公元1615年）后余诗益一变云。记乙巳（万历三十三年，1605年）自闽归吴中，初晤曹能始，能始为说诗之源委，笃好之。后能始宦南曹及还闽，数有书来，以此道相助，仆亦以诗往正。"可见董斯张和曹学佺的交往是十分密切的；在《静啸斋存草》卷四·《留箧稿之一》中，收有董斯张诗《寿福唐叶相公二十八韵》，董斯张和叶向高两人交往密切关系很好；在《静啸斋存草》《寒芋草》卷中，还收有董斯张诗《送周虞卿之闽谒叶太傅》，董斯张还曾介绍熟人拜谒已当高官的叶向高。

据此，可以推测通过董斯张的介绍，冯梦龙才得以结识与他同年却长期为官的曹学佺（1574—1647）和比他年长却身为高官的叶向高（1559—1627）。后来叶向高才有可能成为冯梦龙儒学研究作品《纲鉴统一》的"参阅"者并载入书中。而曹学佺在冯梦龙入闽为寿宁知县时还与他相见并写诗赠他。[2]

董斯张十九岁时，因岳父官剑州，与妻偕往。原本想一睹闽中碧水丹山之美景，然而气候趋于寒冷，已不适合游山玩水，只好萧然楼居，凭栏四瞩，援笔孤咏。第二年四月，因母亲诞辰将至，董斯张驰归献觞。此次入闽，前后将近一年，作诗数十章，命名曰《客闽稿》。其《将之闽中别

---

[1] 董斯张：《静啸斋存草》卷2·"客闽稿"序见四库禁毁书刊（集部108-11），北京出版社，1999年。
[2] 王凌、陈慧琴：《冯梦龙及其家族入闽详考——兼谈冯梦龙魂断八闽》。

友人》诗曰:"六月空装客剑州,存心千里一吴钩。休将离泪轻相赠,匹马看山不浪游。"写出了诗人出门远行前的兴奋心情,大有揽千山秀色于眼前的壮志。又《过桐江》诗云:"薄暮棹歌声,看山不计程。江晴船作市,地僻县无城。蜃气连虹暗,龙腥杂雾生。钓台犹可望,缓楫未须行。"诗歌流畅自然,写出了行旅中的欢快之情和新鲜之感。董斯张在回程中,曾纡道入武夷,一览其美景,并写有长篇五古《游武夷山》。行至浦城,又有《寄内》诗两首。在入闽的诗篇中,小董还不忘记秀秀自己和小自己内人沈硕人的夫妻恩爱,由此可见明末文人是如何处理这种明显畸形的男女和家庭关系的:

客路羁危但一身,音书寄去意难申。风光尽入悲中绪,赖得离时不是春。

溪雨溪风泣野棠,幽蝉历历写愁肠。才离七日犹如此,明发谁堪更路长。①

在孤独的旅途中写尽了孤独的惆怅和对妻子的悠悠思念之情,可见对妻子的恩爱之情是真实的,而和薛彦生那些男女优伶和娼妓的情感却有着逢场作戏的意味了,尽管这种游戏人生的态度却是晚明后期从帝国首脑比明武宗在豹房与娈童的及时行乐到官僚士大夫对于书童的玩弄,甚至在行军作战途中都配有类似左良玉这样面目姣美的武将来侍候上级大员,可见这是从上到下所形成的某种社会风气。

3. 冯梦桂、冯梦熊先后入闽

冯梦龙之兄冯梦桂(字若木)入闽,是董斯张告诉我们的。董斯张在《静啸斋存草》(卷七·寒竽草之二)中,收有《喜冯大若闽归》一诗(本卷所收诗从 1616 年至 1617 年):

花黄九月别闽天,云裹苏台巳一年。

明日到家犹未暇,南浔南畔唤停船。

可见冯梦桂入闽有"一年"之久,时间当在 1616 年至 1617 年。当时董斯张 30 岁,冯梦龙 43 岁,冯梦桂 45 岁左右。

---

① 赵红娟:《试论董斯张的文学创作》。

冯梦龙之弟冯梦熊入闽在冯梦桂之后，应该在天启年间。在清朝陈济生（陈仁锡子）编的《天启崇祯两朝遗诗》卷 8 中，收有长洲冯梦熊撰的《渡剑浦》：

南平峭险削芙蓉，剑浦风生起二龙。
晦暝忽疑雷电绕，飞腾聊腻辟第封。
千年终合张华识，百怪难藏欧冶锋。
何日延津破空去，干将补履斗间逢。

天启元年为公元 1621 年，冯梦熊入闽当在 1621 年后。时冯梦龙已 47 岁，董斯张是 35 岁。

冯梦熊，字杜陵，号非熊。一生也科举不中，怀才不遇，十分落魄。《渡剑浦》一诗诉说了他"何日延津破空去"的愿望，却不幸无法梦想成真。具体体现了梦熊诗的磅礴大气，想象奇诡，用典丰富的特色，颇有李贺鬼才之风。

上述二首诗都不是今日才发现的，且经常被研究者引用；但似乎从来没有人注意并提出其中透露的重要信息——冯氏兄弟曾先后到过福建。

既然冯氏三兄弟中的长兄、三弟两位均已入闽游历过，那么性喜游历的冯梦龙按理也应当早有八闽之行的。虽然在他的《三言》及《古今谭概》、《情史类略》等书中有大量关于福建名人轶事及地方趣闻乃至文物古迹的详细记载，但遗憾的是，至今我们仍然没有找到冯梦龙中青年时曾到过福建的确凿证据。王凌、程慧琴在他们的文章中如是说。然而，这一切均为合乎情理的推测。

4. 冯梦龙 60 周岁入闽为县令

一直到崇祯甲戌七年（即公元 1634 年），冯梦龙 60 周岁那年，他确实去福建了，那是因为他被选任福建寿宁知县。在他亲自撰写的一部长达五万字的《寿宁待志》中，已生动详尽记录了他在寿宁的种种活动，在此不再赘述。

在这段时间中，他除了在寿宁知县任上外，还每年都要往返建瓯府治多次，在此期间的接触了福建当地的一些官员和名人。每年的述职和参加府台召集的会议，协调解决地方的政务、赋税、经费和周边府县的关系等问题。这在《寿宁待志》中都有明确的记载。当时的建宁府管辖有建安县、瓯宁县、浦城县、建阳县、松溪县、崇安县、政和县、寿宁县等8个县（建安县、瓯宁县后合并为建瓯县）。对理清冯梦龙晚年再次入闽抗清复明乃至魂断福建具有重要的意义。

另外，他经浙江仙霞岭入闽，任职期间又去浙江找过祁彪佳，出入时必然多次经过浦城县和政和县，所以他对这一带地形相当熟悉，这为他临终前一年在这一带开展抗清复明活动提供了方便。

冯梦龙曾于明崇祯乙亥8年（公元1635）在建宁府府治建瓯，前往符山寺拜访过当时寄住寺中的福建著名文人徐火勃（火勃两字当为一字，电脑字库中无此字）。徐于"崇祯丙午中秋"（按，公元1636年）写的《寿宁冯父母诗序》中明确提到："昨岁（按，明崇祯乙亥8年，公元1635年）四月浪游建州，而先生新拜寿宁令，赴大府期会，彼此投刺，交相重而交相赏也。"（见钞本徐勃《红雨楼文集》）徐当时是布衣，借住符山寺；冯梦龙到建宁府府治建瓯向上司报告工作时，抽空专门前往拜会徐。两人见了面，"彼此投刺，交相重而交相赏"；徐还写了《赠寿宁冯梦龙令君》一诗给冯梦龙（见钞本《鳌峰集》）：

溪跨长桥映斗文，专城初借大冯君。
县从景泰年间设，地尽韩阳尽处分。
农野镒残歌夜月，公庭讼简闭春云。
新声最是吴歌艳，近制填词愿一闻。

徐回福州后，收到冯梦龙寄给他并希望他为之写序的寿宁吟稿；因徐日程安排很紧，故在写序前他先复《寄冯寿宁》一信（见钞本《红雨楼文集》），直到第二年（崇祯9年）才为冯梦龙撰写了《寿宁冯父母诗序》。这些都是研究冯梦龙在福建的重要材料。徐是冯梦龙的好朋友，二人思想很接近，故后来清兵攻入福州时，冯梦龙选择了抗争，徐则以自尽表达了自己的政治态度，他们都是坚决反清复明的。

冯梦龙此时有没有到过省城福州？有没有拜访过曹学佺？

曹学佺有《赠别冯犹龙太令》一诗，作于崇祯十年（公元1537年）。这首诗，证明冯梦龙此时确实到过省城福州。

当然，冯梦龙是有许多理由要到福州的。尤其是崇祯十年（公元1537

年）这一年，冯梦龙已任寿宁知县三年多，任期快满，他要考虑下一步去哪里。他要去福州求见福建巡抚应城霞，打听一下动向。此前，冯梦龙曾写信拜托祁彪佳向应城霞介绍自己。后冯梦龙在明崇祯丙子 9 年（1536 年）9 月（菊月），专程前往浙江绍兴拜访祁彪佳。《祁忠敏公日记》载：崇祯"九年丙子，先生三十有五。十一月，葬长兄元儒于上方山，亲董工役"。而《远山堂尺牍·与袁凫公》札还说："菊月，冯犹龙兄入越城，弟且以一晤为快，而正值先兄危笃，弟为经理其后事，遂致咫尺成阻。"

冯梦龙此次没见到祁彪佳，但祁彪佳此前已经尽力向应城霞推荐他了。在祁彪佳 1635 年"因病乞身入里"时，就曾复信冯梦龙，信中赞扬冯梦龙："才华肝胆，冠绝一时"，"有为有守，仁声仁闻"。他谈及抱病家中时收到冯梦龙来信，表示愿意勉力向即将赴任福建巡抚的应城霞推荐冯梦龙：

惊承云翰，且拜琼瑶。在台下笃厚逾甚，不肖愧怍转滋矣。至于鸿道卓品，当道自加赏识。然不肖顺风之呼，何敢后乎？应霞老或便道过里，不然亦必有数行相闻。定当力致循卓之政，少慊缁衣之彩也[1]。

后祁彪佳果然写信给应霞城，推荐冯梦龙，并解析推荐的原由：

惟寿宁令冯梦龙作诸生时，为先人所识拔。作学博时，又与弟有共事之谊。恐被资格所拘，难以一时露颖，并祈台台垂目号及焉。（祁彪佳《都门入里尺牍·与应霞城》）

冯梦龙当时不知道祁彪佳对自己的推荐有无效果，他自然要去省城拜见应霞城打听信息；特别是在崇祯十年，他任期将满，要确定离任后的去向，不见应霞城是不行的。现在我们只知道，最后的结果是，有德有才有守有为的冯梦龙，不被当时整体腐败的官场所接纳。于是，他便于任职满后（按，崇祯十一年）退休回苏州老家。曹学佺在上述《赠别冯犹龙太令》一诗中，就已经透露了冯梦龙"暂然抛墨绶"的去向。[2]

---

[1] 祁彪佳：《都门入里尺牍·与冯犹龙》，书目文献出版社，1999 年，第 2017/2018 页。
[2] 王凌、程慧琴：《冯梦龙及其家族入闽详考——兼谈冯梦龙魂断八闽》。

5. 冯梦龙为抗清复明再到福建

冯梦龙再到福建，已是 7 年之后的 1645 年了。

他从 1538 年退职回到苏州后，生活基本安定。直至 1644 年，李自成攻入北京，明崇祯帝自尽，不久清兵又进入山海关。在这时代大变动中，忠君爱国的冯梦龙坐不住了，他以"七一老人草莽臣冯梦龙"的身份，在苏州搜集、编写、自刻了《甲申纪事》13 卷（现有 1645 年弘光三年的冯氏自刻本），呼吁明朝皇室后裔要总结教训，以期东山再起。

身处江南的冯梦龙，对当时局势严重性的估计是远远不够的，他还没有想到，亡国大祸即在眼前，所以"七一老人"的他，当时最想做的还是重订南词全谱。1645 年春离开苏州后，他先到吴江走访、发动沈璟的后人共同从事这个事业。吴江沈自晋（字伯明、长康）是冯梦龙的密友，也是冯梦龙去世前一两年中联系最多的人之一。沈自晋《重订南词全谱凡例续纪》有明确记载。沈自晋的叔伯弟弟沈自南在《重定南九宫新谱序》中，说得更为详尽具体：

岁乙酉之孟春，冯子犹龙氏过垂虹，造吾伯氏君善之庐，执手言曰：词隐先生为海内填词祖，而君家家学之渊源也。九宫曲谱，今兹数十年耳，词人辈出，新调剧兴。幸长康作手与君在，不及今订而增益之，子岂无意先业乎？余即不敏，容作老蠹鱼，其间敢为笔墨佐。兹有雪川之役，返则聚首留侯斋，以卒斯业。於时梅萼未舒，春盘初荐，弟体坐侧，喜谢幸甚。

吴江相见的时间、地点和冯梦龙此行的目的、诚恳态度均表达得十分明确，冯梦龙离开吴江的去向"雪川"（即湖州），与沈自晋说的"苕溪"（即湖州）是一致的。既然时间不算短，"为十旬之约"，又要"返则聚首留侯斋，以卒斯业"，所以年已 71 的冯梦龙必然带有子侄同行，也在情理之中。[①]

冯梦龙想不到的是形势的突变（即沈自晋前文写的"不意鼙鼓动地"）。1645 年 4 月，清兵攻下扬州；5 月，攻陷南京，福王政权瓦解；六月，清兵占领苏州；接着杭州城又降清。清兵再次明令"留头不留发，留发不

---

① 词隐先生：《南词新谱》（全二册）。

留头"。江南知识分子面临严重考验和生死抉择，或如袁于令降清而求生，或如沈氏子弟抗清而殉节，或如祁彪佳等自缢以尽节，等等。以冯梦龙的性格，他是绝不会投降求生，却又有家难回。他离开湖州（苕溪、鸳水、雪川）后曾到杭州（武林），但6月杭州城又降清，故被迫改变了原定与王挺在杭州相见的计划。当王挺到杭州时，冯梦龙已走了。王挺曾祖父曾经是明万历朝内阁首辅王锡爵，祖父王缑山与冯梦龙是密友，王挺本人是冯梦龙晚年的忘年交，必然对冯梦龙晚年的行踪较为关注，在1646年《挽冯犹龙》诗中明确说："去年戒行役，订晤在鸳水，及泛西子湖，先生又行矣。石梁天姥问，于焉恣游履。"可见冯梦龙离开杭州后，前往"石梁""天姥"（均属台州下辖天台县）。因为该年6月，鲁王曾在台州监国，浙东成为抗清中心，冯梦龙对此寄以希望。我们见到"吴门后学七十二老人冯梦龙书于天宁僧舍"的《题杨忠愍赠养虚先生诗册三绝句》，其"序"中明确说："余偶居台郡"，可证他当时确实住在台州府治临海县城内的天宁寺。

可是，鲁王也不是有志图存救亡之辈，且移居绍兴后，很快失败。此时身在台州府临海县的冯梦龙北返无望，他会去哪里呢？现有的材料表明，他去了福州。

其一，为了抗清复明。当年闰6月，唐王在福州监国。冯学泰斗容肇祖早在1931年就著文指出："肇祖按《思文大纪》，唐王于弘光元年（即顺治二年，公元1645年）六月至闽，南安伯郑芝龙上笺劝监国，恢复中兴。闰六月初二日，福建布按都三司左布政司周汝璣等迎贺。遂定初七日驾临布政司监国。《中兴伟略》当作於这时，故说'恭迓唐王监国'。后来中外文武臣僚，恭劝登极，乃于闰六月二十七日即皇帝位于南郊。《中兴伟略》不称皇帝，是在登极以前可知。"[①]

其二，有人引荐。与冯梦龙素有交往并为其仰重的黄道周，原先被福王任命为礼部尚书，受命祭禹陵，等他返回南京时，福王已失败，于是转而到福州扶佑唐王，并被封为吏部尚书。黄道周（1585－1646），字幼玄、螭若、细遵，号石斋。天启二年（1627）进士。崇祯壬午年谪戍广西时路

---

① 容肇祖：《明冯梦龙的生平及其著述》，岭南学报，二卷二期，第61页。

过南京，应邀为冯梦龙儒学新作《纲鉴统一》作"序"本序署"崇祯壬午夏，漳海黄道周书于吴次"。可见黄道周十分敬重冯梦龙。冯梦龙也正是在这位"吏部尚书"的举荐下，到唐王手下任职的。

其三，有海路可走。台州府治临海县就在海边，由海路到福州最为便捷。当时忠于明朝的零散兵马都是走海路南下，冯梦龙可趁此便利。王挺《挽冯犹龙》诗说的"忽忽念故国，匍匐千余里"，当指他由台州到福州的行程。"念故国"，而不是"念故园"，说明冯梦龙去向不是故乡，而是中兴有望的福州。

其四，也是最为重要的一点，即冯梦龙在福州编印了《中兴伟略》一卷。今有唐藩刻本，署名为"七二老臣冯梦龙恭撰"。该书收有崇祯帝"大行皇帝血诏"，弘光帝"福王登极诏"；还有"唐王诏书""唐王令谕""郑南安同诸老臣迓唐王监国纪略"等文；并把《甲申纪事》中的"中兴实录序"改题为"治乱相因说"，收入《中兴伟略》。在《中兴伟略引》中称："闽中南安郑伯芝龙，同诸故老元勋朱公继祚，黄公道周等，恭迓唐王监国，固守闽广一隅……"由1645年冯氏苏州自刻本《甲申纪事》13卷题"七一老人草莽臣冯梦龙"，到同年唐藩刻本《中兴伟略》题"七二老臣冯梦龙"的署名变化，显见冯梦龙在福州编刻《中兴伟略》时已在唐王手下为官了。正如容肇祖早在1931年就著文[①]指出的：《中兴伟略》是冯梦龙于"闰六月初二日"至"闰六月二十七日"在福州编印出版的，这就是他重返福州的铁证。

三、感愤心胸浩然返太始

从在福州编刻《中兴伟略》后，再无冯梦龙的行踪信息了。直至一年以后（1646年下半年），冯梦龙的儿子冯焴（字赞明）把他辞世的噩耗、《辞世》诗及未完成的《墨憨词谱》书稿等带回苏州，交给了冯梦龙好友沈自晋，完成父亲的遗命。

试想，冯梦龙是在1645年闰6月于福州当官并出唐藩刻本《中兴伟略》，

---

① 《中国地方志集成·江苏府县志辑·同治苏州府志三》，江苏古籍出版社，1991年，第314页。

而 1646 年下半年其子冯焴已将他的遗物带回苏州。其间仅有一年时间，清兵入闽，烽火连天，高龄的冯梦龙是无法离开福建北返的，应该说，冯梦龙死在福建是确定无疑的了。

冯梦龙 1645 年离开苏州作浙、闽之行时，已过七十高龄，应当是带了儿子冯焴和侄孙冯六皆（冯梦桂之孙，冯勖之父）在身边以照顾作伴的。因冯梦龙去世后，冯焴要回家乡报信并转达冯梦龙遗嘱，而冯六皆则留在福建看守其叔祖冯梦龙的棺木。冯六皆已确定死在福建，这是冯梦龙辞世于福建又一有力证明。二十多年后，冯六皆的儿子冯勖入闽寻父，此事已明确记载入相关方志。

清同治《苏州府志》中，就有关于冯勖入闽寻父冯六皆的明确记载：

冯勖，字方寅。父六皆客闽中，勖与祖及母居，岁荒乏食，勖为村塾师，得升斗奉养，与妻采荇以食。后耿精忠乱闽，父客死古田，道路阻绝，祖及母复相继殁，贫无以殓。勖仰天长号，遂徒步入京师，会征博学宏词，以荐召试体仁阁，竟得第，授检讨。即请假归，入闽寻父榇。时乱甫平，暴骸如莽，父榇寄破寺中，寺僧皆前死，遗榇纵横，未得其处。勖伏地恸哭，忽有老人告曰：墙西有半寸钉者是。谛视，题识宛然，遂扶以归。

但福建泉州地方学者黄建聪却撰文认为，清施鸿保在《闽杂记》中提到，惠安涂岭亭旁有"冯孝子寻亲处"碣书；他还见到《熙朝续语》记载，确为长洲冯勖到此寻亲。不管冯勖到福建寻冯六皆之棺，到底是到"古田"还是到"莆田"（时惠安涂岭属莆田管辖），冯勖到福建是确定有其事，也确有所因的。[①]

至于冯梦龙死在福建何地、葬在何处？本书还是遵从了福建学者黄立云的推测，可以设想冯梦龙病逝寿宁平溪的仙崖寺，死后棺梓不可能长期存放在寺庙中，被当地民众秘密安葬在平溪蟠龙山下。其后因为水路沿海郑成功水军的誓死抗清已被清廷严密封锁，陆路残明势力不断反抗，进入

[①] 王凌、程慧琴：《冯梦龙及其家族入闽详考——兼谈冯梦龙魂断八闽》。该文系福建冯学领军人物、资深冯梦龙研究专家王凌先生专门惠寄笔者，供写作《雾隐神龙——冯梦龙及其时代》所用。王凌先生系福建新闻出版界前辈，曾经的同事，对笔者写作本书，给予热情的鼓励，无私提供了他过去和当下最新的研究成果，特表示诚挚谢意。

浙江、江西的各个关隘已被清廷控制，因而冯梦龙的侄儿冯六皆已不能正常由福建返回苏州，很可能在颠沛流离中死于兵燹战乱，才有了后来冯甿去福建寻父的故事。

虽然黄立云先生冯梦龙死在寿宁平溪的推测，根据的是民间传说，作为立论的根据有其一定的道理，但是缺少相关史料加以佐证，终究难以使人信服，那只是福建寿宁人民心目中冯梦龙，毕竟还不是借助史实立足于确证的历史中的冯梦龙。王凌先生等人的论述确证了冯梦龙死在福建应该是可以成立的。在没有新的证据明确冯梦龙死在福建何时何地，只能根据民间美好的传说而进行必要的文学加工存活人民心目中冯梦龙的高大形象。

梦龙先生的故去，有明末大戏剧家沈自晋沉痛的悼诗加以哀悼，还有冯老先生的忘年之交苏州名士王挺的一首五言排律寄托了他的悼亡之情。在沈自晋和王挺心目中，冯梦龙显然是他们老大哥似的学者，亦师亦友，德高望重，著作等身，尽可做倾心交谈的知心朋友。

王挺，明末清初江南太仓人，字周臣，号减庵，大画家、太仓名宦、大画家王时敏子。明末以荫补中书舍人，入清不仕。目盲。卒于康熙二十年以前，年五十九。有《减庵诗存》存世。

挽冯梦龙
王挺

学道毋太拘，自古称狂士。风云绝等夷，东南有冯子。
上下数千年，澜翻廿一史。修辞逼元人，纪事穷纤委。
笑骂成文章，烨然散霞绮。放浪忘形骸，殇咏托心理。
石上听新歌，当堤候月起。逍遥艳冶场，游戏烟花里。
本以娱老年，岂为有生累。予爱先生狂，先生忘予鄙。
从此时过从，扣门钮倒屣。兴会逾艾龄，神观宜久视。
去年戒行役，定吾在鸳水。及泛西子湖。先生又行矣。
石梁天姥间，于焉姿游旅。匆匆念故国，匍匐千余里。
感愤填心胸，浩然返太始。

浓浓的哀思如同惨淡的愁雾郁结在心头，化解不开。借助于笔墨在时间的流水中，稀释回顾先生过去的岁月，往事如烟，历历在目。那时你发奋读书，饱览四书五经，旁涉艺文词曲，堪称饱学之士。即使皓首穷经也绝不拘泥古法，决不放弃自己的独立见解。如同魏晋那些高人越名教而任自然，被称为古代的狂狷之士。先生乃风华绝代之人，人中的龙飞凤舞之辈，叱咤风云而关心时政，以文传世而存济世报国之心，不愧为东南大地的冯老夫子啊，恍如曦龙驾车，穿行日月，在数千年历史中风云中耕云播雨。在银河中激起的波澜，激荡在古往今来的二十一部历史的滔滔长河之中。美丽的修辞如同浪花拍打着艺海兰舟荡桨在诗经、周易、先秦散文、汉赋、唐诗、宋词、元曲之间。纪年录事穷极原委和微小细节，嬉笑怒骂皆成文章。华章粲然词彩如同绮丽的云霞散发出烨然的光芒。先生曾经放浪形骸略脱了行迹，展现着真实的性情，九曲流觞诉说着内心的情怀；头枕清泉横卧青石听取乐府青楼传来的玉台新咏；漫步柳堤低首敛眉等待姑苏台上临照的新月；困顿科场的失落，使满腹雄心壮志坠入了花街柳巷，化为冶艳教坊的绕指轻柔；游戏人生在烟花巷里，借助酒色词曲浇灭心中的块垒；本以为可以娱乐人生到老年，然而大梦觉醒，有生之年的书生情怀，家国理念，穷且益坚，难堕青云之志；丈夫志节，岂为生活琐事所累。我爱先生的狂狷进取，先生也不嫌弃我的孤陋寡闻。从此时起，我们过从甚密，来往相交相知，相互拜访倒履相迎。我与你相识在那美好的青春岁月，精神的交流使我们彼此忘记了年龄，唯有睛波如同秋水在天地流淌。去年我们约定了行程，期望去邢台龙岗的鸳水同游。然而，北方已被胡虏占领，我们只能同去西子湖畔荡舟。杭州一别，先生又踏上了旅途，在石梁游过了天姥山，故国情怀使你萦绕牵挂，你是老当益壮，不移白首之心，反清复明的旗帜在福州召唤着你，你又踏上了征程。长途跋涉，风雨兼程，不远千里去了八闽大地。然而，风萧萧兮闽水寒，先生一去不复还！家仇国恨填满了心胸，形成仇恨的海，你犹如蛟龙入海，终究首尾难见。大雾隐龙，归入太虚，混沌如同天地初开，你是天地间道法自然充盈着浩然正气大写的人，与日月同辉，如霁虹照耀神州！

          2017年10月中秋于南京秦淮河畔初稿
          2017年10月22日改于南京金信花园
          2017年12月12日改定于南京